編著
浅野有紀
原田大樹
藤谷武史
横溝　大

著
大西楠・テア
興津征雄
小畑　郁
村西良太

グローバル化と公法・私法関係の再編

弘　文　堂

はしがき

経済や社会のグローバル化は、法学が従来前提としてきた様々な基本概念・思考枠組みに再考の契機をもたらしている。公法・私法関係もその例外ではない。日本の国内法においては、特にドイツ法の影響を強く受けた大陸法的な公法・私法の二区分論が導入され、戦前においては行政裁判所の存在がその制度的な背景となっていた。戦後、行政裁判所が廃止されてもしばらくは公法・私法二元論的な考え方が支配的であったものの、公法＝権力関係という把握に対する強力な批判を梃子に公法・私法の相対化が進行し、現在では一定の社会問題を解決するために投入される法技術としての相違という要素が強調されることが多い。もちろん、両者の相違が完全に消滅したわけではなく、個人の自律的意思決定に基盤を置く私法と、国家の民主的過程を経た正統性を有する決定を基盤に法関係が展開する公法との間には、一定の緊張関係がなお存在する。

ここにグローバル化という要素が加わると、上記の公法・私法関係が前提としてきた国家法さらには法の捉え方に大きな変容がもたらされる。第一は、国家法秩序の自律性の相対化である。国際レジームと呼ばれる政策実現過程では、条約が制度の枠組みを規定し、詳細な内容を締約国会合などにおける議定書等の二次法で定める仕組みが見られる。さらに条約の義務履行確保のため、条約が様々な手続・組織を設定し、国家法の自律性に外側から影響を与えている。第二は、非国家主体による規範形成の増大に伴う法の多元化である。非国家主体による規範形成という問題はグローバル化とともに生じたものではなく、例えば民間主体により定立された技術基準が行政上の規範として機能することに伴う法的問題点は 1980 年代から議論されていた。しかしグローバル化という変数が加わることで、社会の諸制度を統合する国家という枠組みから自由な、分野ごとの規範形成が進行し、国内法側から見れば「法の断片化」という問題状況が生じることとなっている。

本書は、こうしたグローバル化によって生じる公法・私法関係の変容に焦点を当て、グローバル化に対応する法理論の現状、グローバル化による法制度や法実務の変容を分析した上で、グローバル化時代の公法・私法関係を整序する法理論を模索することを目的に執筆された。これに対応して、本書は次の3部から構成されている。本書全体を貫く問題意識を手短に提示する序章に続き、第1部「グローバル化理論の現状分析」では、グローバル化に対応する法理論として各国で議論されている様々な理論の中で本書の問題意識と対応するものを取り上げ、その特色と日本法との接続可能性を論じている。具体的には、ドイツの国際的行政法（第1章「グローバル化時代の公法・私法関係論」[原田大樹]）、アメリカを中心とするグローバル行政法（第2章「グローバル行政法とアカウンタビリティ」[興津征雄]）、イギリスを中心とする法多元主義（第3章「法理論におけるグローバル法多元主義の位置付け」[浅野有紀]）、フランスを中心とする抵触法理論（第4章「グローバル化時代の抵触法」[横溝大]）、国際法の観点から見た法秩序間の整序の理論枠組み（第5章「グローバル化による近代的国際／国内法秩序枠組みの再編成」[小畑郁]）が検討対象となっている。続いて第2部「グローバル化の実証分析」では、グローバル化が法制度や法実務にもたらす影響を具体的に分析するため、いくつかの法分野を取り上げて詳細な検討を行っている。ここでは、財政・金融問題（第6章「財政・金融のグローバル化と議会留保」[村西良太]）、グローバルな再分配問題（第7章「国際知的財産法制に関する分配的正義および人権の観点からの考察」[浅野有紀]、第8章「グローバル化と『社会保障』」[藤谷武史]）、移民問題（第9章「グローバル化時代の移民法制」[大西楠・テア]）、国際的な消費者保護の問題（第10章「インターネットにおける非国家的秩序の様相」[横溝大]、第11章「国際消費者法への展望」[原田大樹]）が取り上げられる。最後に第3部「グローバル化と公法・私法関係論の展望」では、これまでの検討を踏まえ、私法学の側（第12章「私法理論から法多元主義へ」[浅野有紀]）と公法学の側（第13章「グローバル化と公法・私法の再編」[藤谷武史]）から、グローバル化を契機に求められる法理論の対応可能性や、公法・私法の相互関係の今後の方向性を論じている。

本書は、編者の一人である藤谷武史（東京大学社会科学研究所准教授）を研究代表者とする科学研究費・基盤研究（B）「グローバル化に対応した公法・私法協働の理論構築—消費者法・社会保障領域を中心に」（研究課題番号 24330008）の研究成果の一つである。この研究プロジェクトは、グローバル化がもたらす法学への影響に関心を持つ若手・中堅の研究者が、学問の垣根を越えて活発に議論し合い、公法・私法間で共通の理論的プラットフォームを形成することを目的に誕生した。公法側からは藤谷武史と原田大樹（京都大学大学院法学研究科教授）が、私法側からは浅野有紀（同志社大学大学院司法研究科教授）と横溝大（名古屋大学大学院法学研究科教授）が分担研究者となり、比較法的な分析を踏まえ、国内あるいは海外の学会・研究会等で積極的に報告を行いながらコンセプトを発展させるとともに、共通の関心を持つ比較的若い世代の研究者にも研究会等に参加してもらい、その研究フィールドを徐々に拡大させていった。その中間的成果物が、2014 年 3 月に刊行された『社会科学研究』（東京大学）65 巻 2 号に掲載され、これをより発展させたものとして本書の刊行が企画された。

本書の刊行を編者の一人である原田大樹にご提案下さったのは、弘文堂の北川陽子さんである。非常に市場性の薄い研究書の出版を出版社の側から勧めて下さり、また刊行スケジュールがタイトな中で正確かつ迅速に編集の作業を行って下さった。まさに本書の生みの親である北川さんに、心より御礼申し上げる。

2015 年 12 月

浅野有紀
原田大樹
藤谷武史
横溝　大

目　　次

序論　グローバル化と法学の課題

浅野有紀・原田大樹・藤谷武史・横溝　大

Ⅰ　「グローバル化」の意義

1　グローバル化の捉え方

グローバル化とは一般に、何らかの現象や活動が地球規模化することと理解されている。最もなじみ深いのは経済のグローバル化である。かつて国家の枠内で展開されてきた経済活動が現在では国境を越え（広義のグローバル化）、これに起因する様々な課題が生じている。その社会的課題を解決するために様々な法的システムが発達し、結果として「国家の単位で仕切られた（＝国境と国籍によって外部とは区別された）〈社会〉と、当該社会に妥当しこれを規律する〈法〉秩序、の一対一対応が崩れる状況」（狭義のグローバル化）が生じている[1)]。単に人の活動や経済の規模がグローバル化しただけで、これまでと同様に主権国家を単位とする国家法とその組み合わせ、さらには国際条約等に代表される国際法規範がこれらを整序可能であれば、法学にとってグローバル化は大きな課題とは言えない。しかしこれまでの法学が前提としてきた「国家を単位とする法秩序」という構造が動揺すれば、法学の基本的な概念や考え方にも再検討の必要が生じることになる。

この問題を国内公法学の観点からパラフレーズすれば、従来は国家の単位で完結してきた政策基準・法規範の定立→個別的執行・実現→争訟・評

---

1)　藤谷武史「グローバル化と公法・私法の再編」（本書第13章所収）。

価・改善という政策実現過程がもはや国内に収まらなくなり、国際的な水準にまで拡大する現象と表現することができる。この政策実現過程のグローバル化[2]は、政策の問題との距離が比較的近い公法学のみならず、私法がその基盤とする「社会」を変容させるという意味で、「政策手段としての法」とは一定の距離を保っている私法学にも大きな影響を及ぼし得る。私法学は「当事者自治」や「慣習法」などの回路を通じて、従来から非国家法的な側面を擁してきた。グローバル化は、私法学において蓄積されているこのような非国家法的思考のより広い可能性を示唆するとともに、その限界をも示すことによって、ひいては「法」「国家」の意義を問い直す作業にまで我々を導く[3]。

2　法学から見たグローバル化問題

国家を単位とする法秩序、あるいは国家を単位とする政策実現過程という枠組みが弱体化することは、法学に何をもたらすのだろうか。

近代国民国家の成立とともに発展してきた近代の公法学は、国家をその対象と定め、国家による権力行使の正統化とこれに対する個人の防御権の理論を中心に議論が展開されてきた。公法学にとって国家は、様々な諸利害を統合する単位であり、また権利保護のための諸法理を機能させる係留点でもあった。しかしグローバル化はその単位のレレヴァンスを大きく引き下げており、これが自由主義・民主主義・基本権といった従来の公法学の基幹的な考え方に再検討を迫るものとなっている。その一つの解決策として、国家を単位とする理論構築から距離を置き、社会管理単位（ないし行政空間）の規律構造に注目する方法があり得る。アメリカ・ニューヨーク大学を中心とするグローバル行政法（global administrative law）のアイデアは、この立場に立脚するものと評価できる[4]。

2）　原田大樹「多元的システムにおける行政法学」同『公共制度設計の基礎理論』（弘文堂・2014）8～48（9）頁［初出 2010］。移民法制を多元的システムの観点から分析したものとして参照、大西楠・テア「グローバル化時代の移民法制」（本書第 9 章所収）。

3）　浅野有紀「私法理論から法多元主義へ」（本書第 12 章所収）。

4）　藤谷武史「多元的システムにおける行政法学―アメリカ法の観点から」新世代法政策学研究（北海道大学）6 号（2010）141～160 頁、興津征雄「グローバル行政法とアカウンタビリティ」（本書第 2 章所収）。

一方、私法と国家の関係はより多面的である。一面では、国民国家統合の過程で民法典編纂が果たした役割が典型的に示すように、国家単位で社会が（再）編成される中で私法は国家との結びつきを強めた（その陰で、慣習法や中間団体の規範のような法の多元的契機は抑圧された）。他面で、特に国際商事取引の領域では、国家法の任意規定を回避する当事者間の自律的な規範形成が進行し、国家単位の私法のレレヴァンスはグローバル化以前からすでに低下していた。とはいえ、現在のグローバル化は、これらとは異質なインパクトを私法にもたらすことは強調されてよい。多国籍企業による各国市場統合の拡大・深化は、当事者の自律的秩序形成に委ねやすい契約法領域に限らず、従来不法行為法や消費者法が規律してきた法関係にも波及するからである。この結果、例えば多国籍企業の発展途上国での労働紛争ないし人権侵害の問題が端的に示すように、国境で区切られた社会の中で経路依存的に発展してきた各国私法秩序に、他国あるいは（EU のような）超国家的な法秩序（さらには国際人権法までも）を参照した解決が迫られる場面が増加しつつある。こうした法現象に抵触法（広義の国際私法）がいち早く関心を示してきたのは必然である。もっとも、その抵触法自身、国家と法秩序の一対一対応の弱体化からは大きな影響を被ることになる。従来は、各国の私法は内容的に共通でありかつ相互に平等であるとの前提のもとで、抵触法に関する様々な議論が組み立てられてきた。しかし国家と法秩序との結びつきが弱くなることで、抵触法の役割を再検討したり、抵触法の対象に国家以外の法秩序を加えたりすることが視野に入ってくることになる5)。例えばスポーツ法6)のように、国家の枠組みとは関係なく機能領域ごとに様々な規範が成立すると、そもそも何を以て抵触法の対象となる「法」と言うべきなのかという難しい課題が生じることになる。

5)　横溝大「グローバル化時代の抵触法」（本書第 4 章所収）。同「抵触法と国際法との関係に関する新たな動向」法律時報 85 巻 11 号（2013）26～31 頁も併せて参照。

6)　スポーツ法に関する邦語文献として、道垣内正人＝早川吉尚編『スポーツ法への招待』（ミネルヴァ書房・2011）がある。

II　グローバル化と法学の課題

グローバル化に対応する法学の学問的フォーメーションを検討する作業はきわめて多くの個別的諸課題を抱えている。ここでは、作業の一定の見通しを立てる目的で、三つの問題群に分け、分散と統合という二つのモメントから問題を切り分けてみることにしたい。ここで分散とは、問題を分析的に捉え、個別的な意思形成や実現を蓄積する方法で解決する思考枠組みを指す。また統合とは、問題を総合的に捉え、集団的な意思形成過程や実現過程を設定する方法で解決する思考枠組みを言う。グローバル化をめぐる法学の議論要素をこの二つの分析軸に割り振ることで、問題解決の糸口を模索することがここでの目的である。

1　公法と私法の「分散と統合」

(1)　分散（差異化）のモメント　日本法においては、公法と私法の区別の問題は、伝統的に行政法学において方法論と結びつけて論じられてきた。公法と私法の問題は行政法学のアイデンティティを確立する理論的試みであり、日本法においては命令・強制に代表される権力的要素に注目して公法と私法を区分する見解（権力説）が有力に唱えられてきた。法解釈方法としての公法・私法二元論が戦後の最高裁判例や学説によって解体したとはいえ、それは公法という法分野の喪失を意味していない。公法と私法の区分という考え方は、グローバル化が進展しても、次の二つの理由からなお維持される可能性がある。

第一は、公的領域と私的領域を分離することによる、私人の権利・自由保護という考え方である。公的領域に関しては集団的な意思形成とその一方的な実現過程を設定することとし、私的領域に関しては事前に明確に設定されたルールの下での個別的な意思実現の自由を確保するこの考え方は、公的領域の唯一のアクターとしての国家が退場してもなお維持され得る。というのも、グローバル化時代に「私的領域」に生ずる社会的権力はしばしば強大であり、これを何らかの「公的」権力の契機によって規整することは真の意味での「私的領域」の自由に守る上で依然として不可欠だからである[7)]。

第二は、グローバル化における様々な私的領域での紛争解決の実践に、ますます多元化する状況に適合的な実効性が見出される可能性である。この私的領域の中には、私人の経済活動のみならず、様々な分野におけるグローバルなNGOの活動も含まれるべきであろう。公的規制とは区別された私法に固有の方法論、すなわち、法的紛争を個別化・分節化し、他の社会関係から（暫定的にではあれ）分離する手法を再評価することで、グローバル化の下で多元的な要素が複雑に絡み合う問題を解決するための方法論が得られる可能性がある[8)]。

⑵　**統合のモメント**　　他方で、行政法学においては近時、ある社会問題を解決する法技術として公法と私法を互換的に捉え、その組み合わせを模索する見解が強まっている[9)]。これをグローバルなレベルに延長すれば、むしろ公法と私法の統合を目指す方向性が強まるかも知れない。

例えば、国家の立法者（議会）の意思が直接・間接に介在する中で形成された規律体系であるレギュレーションが国際的な水準に向かって拡大する国際的レギュレーション[10)]（政策私法・道具的な私法ルール）という見方や、国際的に形成された規範が国内の裁判所によって執行される国際民事ルール（例：原子力損害賠償）というアイデアはいずれも、公法と私法の組み合わせによる問題解決という考え方をグローバル・レベルにも延長するものと捉えられる。また、抵触法の議論においても、私法は私的領域を規律するものという従来の見方に疑いの眼差しを向け、例えば外国租税法や外国競争法の相互適用により各国で共通する一定の政策に関する国際協力を促進するなど、グローバル・ガヴァナンスを実現するための規律技術

---

7)　原田大樹「グローバル化時代の公法・私法関係論」（本書第1章所収）。

8)　浅野・前掲注3)。法多元主義の理論的展開につき参照、浅野有紀「法理論におけるグローバル法多元主義の位置付け」（本書第3章所収）。

9)　大橋洋一『行政法 現代行政過程論』（有斐閣・2001）74〜86頁、山本隆司「私法と公法の〈協働〉の様相」法社会学66号（2007）16〜36頁。

10)　藤谷武史「市場に対する国際的なレギュレーションの動態と『国際私法における当事者自治』」国際私法年報15号（2014）86〜110頁。

として抵触法を捉え直す見解が主張されている[11]。こうした作業は、公法・私法の分散という枠組みの中で適切な位置付けが与えられてこなかった中間団体を再評価し、場合によっては正統化する議論とも結びつき得る[12]。

2　法規範の生成における「分散と統合」

(1)　分散のモメント　次に、法規範の生成の局面を取り上げる。行政法学においては、規範・基準の定立とその執行・実現という見方で行政過程を分析する見解が以前から見られた[13]。この思考枠組みは、グローバル化に起因する法学の課題を把握するのにも有用と考えられる。これまで、グローバル化をめぐる議論の中で、主として法規範の生成の局面に注目してきたのは公法学の側であった。グローバル化が喧伝される以前から、公法学においては、行政国家現象に随伴した法の機能的多元化（例：専門家による技術基準）の問題が議論されていた[14]。さらに国際法学においても以前から、政策分野ごとに法が発展し、一般国際法による統御が困難になる法の断片化が意識されていた。このような問題関心をグローバル化と接続させれば、国際的な平面では政策分野・部分社会ごとに法規範が生成される多元的なモデルが選択され、それらで共通に重視されるべき価値や手続に一般公法学たる行政法総論の役割が見出されるという見方が発展するかもしれない。これに対して抵触法の側でも、抵触法の対象として非国家法（規範）を含めるという議論は、非国家法（規範）を国家法と並ぶ「正規の」規範と扱う点で、上記の考え方と共通の方向性を示すものと評価し得る[15]。なぜなら、そのような非国家法（規範）を国家法と同様に扱うべきかどうかを判断する際には、これらの規範がどのような主体によりどの

11）　横溝大「私訴による競争法の国際的執行」日本経済法学会年報 34 号（2013）56～67 頁、同「紛争処理における私的自治」国際私法年報 15 号（2014）111～129 頁。

12）　浅野有紀「法多元主義における公私協働」学習院大学法学会雑誌 48 巻 2 号（2013）45～71 頁。中間団体の問題に関する基本的視点を提示するものとして参照、浅野有紀『法と社会的権力』（岩波書店・2002）、原田大樹『自主規制の公法学的研究』（有斐閣・2007）。

13）　小早川光郎『行政法（上）』（弘文堂・1999）51 頁。

14）　代表的な業績として参照、高木光『技術基準と行政手続』（弘文堂・1995）、高橋滋『先端技術の行政法理』（岩波書店・1998）。

15）　横溝大「インターネットにおける非国家的秩序の様相」（本書第 10 章所収）。

ような過程を経て形成されたかという規範生成の側面を考慮せざるを得なくなるからである。

(2)　統合のモメント　しかし、法の多元化・断片化は、内容の矛盾抵触によって、法全体を不透明化させ、その実効性を低下させる可能性がある。そこで法の実効性を確保するという道具的な機能性という観点から、不整合をできる限り除去すべきとの要請が働き得る[16)]。また、とりわけドイツ公法学においては、集団的意思形成の場面では一元的な意思形成が重要であるとの見方が強く主張されてきた。これは、広く社会の構成員に影響を与え得る事項の決定には構成員全員に開かれた決定過程が必須であるとの発想に基づくものと考えられる[17)]。この正統性問題への理論的対応は、グローバル化をめぐる公法学での議論の中心に位置付けられている[18)]。

これに対して抵触法の側でも、伝統的には私的利益の観点から紛争解決のあり方を模索するアプローチが主流であったのに対して、近時では事前の紛争回避のための制度設計やグローバル・ガヴァナンスのあり方を検討する要素が強調されてきている。これは個別紛争という枠組みを超えて、制度のあり方を全体として視野に入れるものであり、グローバル化がもたらす統合のモメントの一つと整理することができる。

3　法規範の実現（執行）における「分散と統合」

(1)　分散のモメント　最後に、法規範の実現（執行）の局面を取り上げる。グローバル化論の中でこの局面に注目してきたのは私法学（特に抵触法）の側であった。渉外的要素が含まれる紛争において、契約・不法行為・物権といった法的問題ごとに適用される準拠法を決定する抵触法の手法は、それ自体が中立的な分析的思考に基づく性質決定により紛争解決を

---

16)　国際法の観点からの検討として参照、小畑郁「グローバル化による近代的国際／国内法秩序枠組みの再編成」（本書第5章所収）。

17)　このことが問題になる典型的分野が財政・社会保障である。参照、村西良太「財政・金融のグローバル化と議会留保」（本書第6章所収）、浅野有紀「国際知的財産法制に関する分配的正義および人権の観点からの考察」（本書第7章所収）、藤谷武史「グローバル化と『社会保障』」（本書第8章所収）、原田大樹「グローバル社会保障法？」同『行政法学と主要参照領域』（東京大学出版会・2015）185〜212頁。

18)　原田大樹「多元的システムにおける正統性概念」同『公共制度設計の基礎理論』（弘文堂・2014）49〜94頁［初出2012］。

図るものと考えることができ、例えばプレーン・パッケージ規制と国際投資協定のように、貿易と公衆衛生といった複数の政策分野にまたがる紛争に関して、抵触法的方法の応用可能性が模索されることになる[19)]。また、紛争を終局的に解決する裁判やその内容を強制的に実現する執行に関する権限・権力が国家に独占されており、各国で個別に当該権限が行使される現状からすれば、法執行に関してはなお分散的なモデルが妥当し続ける可能性が高い。さらに、執行権限・権力の分散は国家のみに妥当するものではない。国家以外の主体による仲裁や調停に一定の実効性を付与する自主的なエンフォースメントや、アーキテクチャによる規制[20)]も、国家の場合と同様に分散的な執行の構造をとっている。

⑵　**統合のモメント**　裁判作用や執行作用が分散的構造をとっていることは、グローバルな政策基準の実現の平準化の阻害要素となり得る。そこで、この構造を維持しつつ平準化を達成するいくつかの要素が発展しつつある。裁判の作用に注目すれば、国際法との関係での裁判官の役割を再定位する試み（judicial dialogue: 司法間調整）が萌芽段階にある[21)]。また国際投資仲裁・租税条約仲裁といった、国際条約・協定に基づく仲裁判断をどのように執行・実現するかという課題も、国内法学者によって認識されつつある[22)]。執行面では、制度設計やガヴァナンスの要素に注目する新しい抵触法理解と、各国行政機関の協力関係の構築を図る行政連携の議論とが、共通の執行構造を有するという「信頼」に立脚した法理論を模索しつつある[23)]。もっとも、法律学はこれまで、個別執行後の過程においては紛争解決（争訟）にのみ注目し、より広くシステムの問題点を把握してフィ

19)　横溝大「知的財産の国際的保護と公衆の健康保護のための国家政策―プレーン・パッケージ規制と国際投資仲裁」同志社法学（同志社大学）64巻4号（2012）1472〜1457頁。

20)　松尾陽「アーキテクチャによる規制作用の性質とその意義」法哲学年報2007（2008）241〜250頁、同「アーキテクチャによる規制と立憲主義の課題」法律時報87巻4号（2015）84〜91頁。

21)　山元一「グローバル化世界における公法学の再構築―国際人権法が憲法学に提起する問いかけ」法律時報84巻5号（2012）9〜16頁。

22)　原田大樹「投資協定仲裁と国内公法」同『行政法学と主要参照領域』（東京大学出版会・2015）269〜287頁。

23)　横溝大「行政法と抵触法」自治研究89巻1号（2013）128〜141頁。その一つの具体例である規制連携につき参照、原田大樹「国際消費者法への展望」（本書第11章所収）。

ードバックする評価には疎い傾向にあった。グローバル・ガヴァナンスの要素を法理論に取り込むとすれば、評価の局面をも法理論の中に体系的に位置付ける必要があるように思われる[24)]。

＊＊＊

本書は、以下の三部構成を通じて、前述の問題意識に基づく考察を展開する。

第1部「グローバル化理論の現状分析」は、先行する諸外国・諸法学領域における最新の議論状況を参照し、国家を単位とする法秩序観に規定されてきた法理論の「グローバル化」への対応可能性を探求する、五篇の論文から成る。

第1章「グローバル化時代の公法・私法関係論」（原田大樹）は、公法・私法関係論が、「政策実現過程のグローバル化」に対応する形でいかに展開可能かという問いを立て、ドイツの「国際的行政法」論を手がかりとした検討を経て、グローバル・レベルで「行政法と民事法の組み合わせによる問題解決」を展開するために「係留点としての国家」に求められる新たな役割を、「連携」と「正統性」の概念に着目しつつ提示する。続く第2章「グローバル行政法とアカウンタビリティ」（興津征雄）は、グローバル行政空間を、アカウンタビリティを基軸とする手続的な法原理によって規律しようとする（アメリカを中心とした）「グローバル行政法」プロジェクトを詳細に検討し、国家中心思考に還元されない構想に固有の意義を認めつつ、その基軸となる「アカウンタビリティ」の概念を法学的に吟味することで、「国家なき行政『法』」の存立可能性を探る。第1章・第2章は、相補う形で「公法学において国家の概念が持つ意味」という問題系を立体的に描き出すものとなっている。

第3章「法理論におけるグローバル法多元主義の位置付け」（浅野有紀）は、「グローバル法多元主義」が、法と社会の各機能領域への多元化を加

24）　理論的なマトリックスを示したものとして参照、藤谷武史「《多元分散型統御》とは何か？―法（政策）学への貢献の可能性」新世代法政策学研究（北海道大学）20号（2013）113～170頁。

速させるグローバル化の現状を適切に把握し、特に私法の伝統的方法論と親和的な方法論によって多元的法の併存を調整することができ、さらに個人に実質的な自律・自由を保障する可能性を有する点において、グローバル化時代の法理論としての優位性を備えるとしてこれを擁護する。第4章「グローバル化時代の抵触法」（横溝大）は、伝統的な公（法）私（法）二元論を単純にグローバルな文脈に延長する発想が（例えば多国籍企業の私的権力への制御が不十分となる等の）限界に直面することに鑑みて、抵触法をグローバル・ガヴァナンスの手段として再構成する近時の抵触法理論を積極的に評価し、各国固有の抵触法が協調してグローバルな規整的権威の適切な調整等、手続的な目標の実現を目指すべき、と提言する。これら二篇の論文は、私法の観点から、グローバル化の下で「国家」が法に対して有する意味の変容に迫るものであり、第1章・第2章の考察と双対をなす。

無論、国内法秩序は国際法秩序のあり方と無縁ではあり得ない。第5章「グローバル化による近代的国際／国内法秩序枠組みの再編成」（小畑郁）は、国際法学の視点から、グローバル化が法（学）のあり方に及ぼす影響を考察する。グローバル化がもたらす諸課題への対応は、各国および多層的な公的規制の交錯・競合を不可避のものとし、各国法秩序の属地主義的「棲み分け」を基礎とする近代的国際法／国内法秩序枠組みの下で自らの一貫性・純潔性を享受してきた国内法秩序にも、規制の実効性と一貫性の矛盾という深刻なジレンマを突きつける。小畑論文は、国連のねらい撃ち制裁措置の既存諸法秩序に照らしての合法性が問われたカディ（Kadi）事件を典型的な事例として挙げ、各（国際・国内）法秩序の完全な自律性を断念し、法定地法の中核的諸原理を保持しつつ、他の関連する法秩序の中核的諸原理を重畳的に適用する方法を「おそらく唯一の脱出口」として提示する。この提言には、「開かれた正統性」（原田論文）、「アカウンタビリティを基礎とする規範構想・秩序構想」（興津論文）、「インターリーガリティ」（浅野論文）、「規整的権威の適切な調整」（横溝論文）に通底する思考様式を見出し得ると同時に、各ディシプリンに固有のニュアンスの差異も看取される。

第2部「グローバル化の実証分析」では、第1部の枠組みを意識しつつ、具体的な法制度・法実務に焦点を移して、グローバル化がもたらす影響や変容が分析される。第２部に収録された論文六篇が取り上げる素材領域は、財政政策、国際知的財産法、社会保障、移民問題、インターネット上の非国家的秩序、消費者保護、と多様性に富むが、いずれも伝統的な国内法学と国際法学の狭間（ないし視野の外）にあって今後本格的な検討が求められる領域であるし、とりわけ国際的な関心の高まりに比して日本の法学における議論展開が十分とは言えない領域でもある。その意味で、第２部の各論文は、第１部総論の具体的事案への適用にとどまらず、総論からの示唆を各領域の関心に応じて発見論的に（heuristisch）用いることで新たな理論的課題の発掘と総論への還元を目指す、実験的な論攷としても位置付けられる。

第６章「財政・金融のグローバル化と議会留保」（村西良太）は、欧州債務危機への超国家的な政策的対応（欧州安定メカニズム：ESM）が自国憲法秩序なかんずくデモクラシーとの間に生じる緊張関係を認識し、議会留保の理論と制度を発展させることでグローバル化時代の政策実現の実効性と正統性のジレンマに対応しようとするドイツ公法学の最新の動向を、丹念に紹介し検討を加える。第７章「国際知的財産法制に関する分配的正義および人権の観点からの考察」（浅野有紀）は、グローバル化の下で強化される国際知的財産法制に伴う分配的側面を批判的に検討し、（世界政府や主権国家間協調の不在ゆえに現実的展望が開けない）国際的な分配的正義の実現に向けた契機を、ポッゲの国際的矯正的正義論とそれに基づく私的なイニシアティヴ（Health Impact Fund）の事例に見出す。第８章「グローバル化と『社会保障』」（藤谷武史）は、現代的な社会国家を単位とする法秩序に規定された「社会保障」が、グローバル化への対応を迫られる中で、国家単位に完結しない分散的な再分配機構の複合領域としての再構成に活路を見出す、という試論を提示し、かかる再構成に対応する法理論上の課題を指摘する。第９章「グローバル化時代の移民法制」（大西楠・テア）は、本書が理論的基礎に置く「多元的システム」論（参照、原田大樹「多元的システムにおける行政法学」同『公共制度設計の基礎理論』（弘文堂・2014）［初出 2010］）に準拠して、国際法・ヨーロッパ法・国内法の多層的構造および市民社会との協働による公的任務の水平的分化によって枠付けられつつも同時に

「再国家化」の契機をも示す（したがってグローバル化を超国家化／脱国家化への単線的な趨勢と捉える理解を斥ける）ドイツの移民法制の動態を、包括的かつ実証的に描き出す。ここまでの四章は、従来は国家単位で完結していた（広義の）再分配が、グローバル化に対応して国境を越えざるを得ない状況の下での法的課題を、多面的に描き出すものと表現することもできる。これに対して、続く二篇の論文は、広い意味でのグローバル市場と消費者保護の問題に関わる。まず、第10章「インターネットにおける非国家的秩序の様相」（横溝大）は、インターネットに関するICANNによる非国家的規範秩序が、現実には公共政策上の関心を有する国家の影響・相互作用の下で展開してきたことを実証的に示し、（法多元主義が好んで論じるように）この領域を国家から完全に自律した非国家的規範秩序として捉えるべきではなく、むしろ国家と非国家主体を横断するグローバル・ガヴァナンスの観点から、インターネットをめぐる様々な利害調整に適合的な組織・紛争解決手続のあり方を検討すべき、と説く。第11章「国際消費者法への展望」（原田大樹）は、国家の枠組みを前提に構築されてきた従来の消費者法が消費者市場のグローバル化によって実効性を失う可能性を指摘し、市場統合が進んでいるEUの状況や経験を参照しつつ、このような問題を解決する法的なスキームとしての複数の制度構想を挙げて検討する。確かに日本法においては消費者市場のグローバル化に伴う法的課題は未だ顕在化していないが、理論が先行してあらかじめ問題認識・対処の枠組みを示しておくべきである、という原田論文の指摘は、本書の全執筆者に共有された問題意識でもある。

最後に、第3部「グローバル化と公法・私法関係論の展望」は、これまでの検討を踏まえつつ、私法学・公法学の対話を通じて、グローバル化への法理論の対応可能性や公法・私法の相互関係の今後の方向性を探るという、本書の課題設定に応答する二篇の論文を収める。

まず、第12章「私法理論から法多元主義へ」（浅野有紀）は、グローバル化の下での多元的な法状態の台頭が法の本来的あり方に反するものではなく、むしろ人々の活動の多様性・紛争の多様性に適合的な解決の場所を提供し、法の機能を高めるものとして積極的に位置付けた上で、私法理論の思考様式と法多元主義の親和性を指摘し、前者によって後者に新たな法理論的基礎を与える。公法私法関係については、すでに公法自体が行政国家の下で多様な規制手段に開かれつつ機能領域ごとに断片化する契機を有していたことを指摘し、公法的要素も（私法的発想に親和的な）機能的法多元主義における考慮に取り込み得る、という（いわば私法側からの）公私協働論の見通しが示される（ここで第2章（興津論文）の言う手続的な法原理による公法の再構成を想起することが許されよう）。その上で、法多元主義が必然的に引き受ける法の抵触問題について、問題を紛争解決の局面ごとにあえて分断し解決すべき対象を限定した上で個別具体的かつ暫定的な解決を与えることを繰り返す国際私法的な法抵触への対処方法が有益である、という見通しを示す。

第13章「グローバル化と公法・私法の再編」（藤谷武史）は、グローバル化が法（学）に突きつける挑戦の本質が「〈国家〉と〈社会〉と〈法〉の関係の相対化・流動化」にあるという本書の基礎をなす認識を示した上で、本書第1部の各論攷からの示唆を踏まえて、グローバル化に対応する法理論の課題を、法の〈正統性の調達〉と〈多元性の調停〉の両契機に集約して提示する。法の存立にとって国家は論理必然的な前提ではないが、従来〈国家〉という単位に結びつけられてきた諸機能を救い出すことが、（公法／私法という区分にかかわらず）グローバル化の下での法（学）の再編成にとって基底的な意味を持つ、という見通しを示す。

法は元来、多様性を容れつつ（〈分散〉の契機）、アナーキーを避ける（〈統合〉の契機）、という、相互に緊張関係をはらむ両義性を有する。国家を単位とする法秩序の下での両契機のバランスのあり方とは異なるが、やはりこの両契機を何らかの形でバランスさせることが、グローバル化の下でも必要となろう。本書はそうした法秩序（観）の「再編成」のあり方を見通す一つの試みである。

第1部
グローバル化理論の現状分析

▶▶▶▶▶▶▶

第1章　グローバル化時代の公法・私法関係論

――ドイツ「国際的行政法」論を手がかりとして

原田大樹

Ⅰ　はじめに――問題の所在

公法・私法関係論は、行政法学にとってはその存立をかけた問いであり続けてきた。ドイツの行政法学の強い影響を受けて成立した戦前の我が国の行政法学においては、権力関係として公法関係を理解することが支配的で、行政裁判所の存在という制度的基盤を背景に、私法とは異なる自立的な法体系の構築が目指されていた。これに対して戦後は行政裁判所が廃止され、実定法の趣旨解釈を重視する最高裁判例が積み重ねられてきたことから公法関係への民事法の適用が広く認められ、技術的な意味[1)]における公法・私法二元論は解体された。これに歩調を合わせるように理論的な意味での公法・私法二元論も弱体化し[2)]、現在では権力関係のみならずそれ以外の行政活動をも幅広く行政法学の対象に取り込む主体説的なアプロー

1)　公法・私法についての理論的な区別の問題と技術的な区別の問題を明確に区別すべきと指摘するものとして参照、宮沢俊義「公法・私法の区別に関する論議について」同『公法の原理』（有斐閣・1967）1〜16（5）頁［初出 1935］。
2)　塩野宏「公法・私法概念の再検討」同『公法と私法』（有斐閣・1989）103〜145（136）頁［初出 1983］。

チが一般化している[3)]。

しかし、理論的な意味における公法・私法二元論の弱体化は、法分野としての行政法学の存在やその独自性を否定することまでは意図してはいない[4)]。それゆえ一方では、行政法学に民事法とは異なる何らかの区別の標準が求められることになる。そこで、比例原則・平等原則に代表されるような公法法理に注目する見解[5)]や、多数当事者間の秩序構造・利益調整過程に注目する見解[6)]が主張されている。他方で、行政法と民事法の差異を前提としつつ、その両者の組み合わせによって一定の政策を実現しようとする見解も強調されている[7)]。

行政法と民事法の組み合わせによる政策実現の議論には、伝統的には行政機関が実現すべきと考えられていた行政上の義務の実現を私人の訴訟提起によって裁判を通じて果たさせる考え方（私人による法執行[8)]）が含まれる。例えば、行政法規が事業者に対して一定の義務を課しており、事業者がその義務に反して契約を締結して消費者に損害が生じた場合、消費者側が行政法令違反を理由に契約の無効を主張する場面（法令違反行為効力論[9)]）がその典型である。また近時は、拡散的で少額な消費者被害を束ねて訴訟を提起する集合訴訟の議論において、行政機関の訴訟担当を可能にする構想が主張された。これはもともと民事上の請求権であるものを行政

3）「制度的契機による行政法理解」から主体説的な把握を理由付ける見解として参照、大橋洋一「制度変革期における行政法の理論と体系」同『都市空間制御の法理論』（有斐閣・2008）346〜368（348）頁［初出 2003］。

4）「二元論批判は行政に関する法の特色を否定するものではなく、旧来型の公法体系論議から離れて行政に関する法の特色を探るべきであるとしているところで、行政法に関する法の一般原理についての探求の重要性は二元論批判においてももとより認められる」（塩野宏「行政法における『公と私』」同『行政法概念の諸相』（有斐閣・2011）83〜101（87）頁［初出 2009］）。

5）高木光「メンガー＝雄川理論の意義」同『行政訴訟論』（有斐閣・2005）143〜168（160）頁［初出 1990］。

6）仲野武志『公権力の行使概念の研究』（有斐閣・2007）314〜318 頁、同「公権力と公益」磯部力他編『行政法の新構想Ⅰ 行政法の基礎理論』（有斐閣・2011）65〜87 頁。

7）代表的な見解として参照、山本隆司「私法と公法の〈協働〉の様相」法社会学 66 号（2007）16〜36 頁。

8）私人による法執行を行政法理論に位置付けた上でこれを彫琢した代表的業績として参照、曽和俊文『行政法執行システムの法理論』（有斐閣・2011）。

9）議論の到達点を示すものとして参照、山本敬三＝大橋洋一「行政法規違反行為の民事上の効力」宇賀克也他編『対話で学ぶ行政法』（有斐閣・2003）1〜18 頁［初出 2001］。

機関が民事訴訟のルートによって実現する構想である[10]。このように、民事上の権利→裁判所による実現、行政上の地位→行政機関による実現という従来の境界線を越えて、行政法と民事法が同時に作動する局面が議論の視野に含まれるに至っている。

この公法・私法関係論に新たな変数として影響を与える可能性があるのが、政策実現過程のグローバル化である[11]。政策形成の局面では、国際機構や国際的な民間組織が内容の大枠を決めてしまい、国家の立法者に実質的な決定の余地が残されていないこと（例：国際環境法）や、グローバル・レベルの基準が国内においては不確定概念の解釈や行政基準の変更によって反映されることで、国家の立法者が介在せずにグローバルな政策基準が国内で実現されてしまうこと（例：国際金融市場規制法）が問題として指摘されている。また政策実現の局面では、他国の規制執行に協力したり情報を提供したりすること（例：金融商品取引法）や、他国の規制当局が日本の管轄内で規制執行を行い得ること（例：独占禁止法）、さらには国際機構が独自の執行組織を有して国家を経由せずにグローバルな政策基準を実施し得ること（例：京都議定書クリーン開発メカニズム）が議論の俎上に載せられている。

政策実現過程のグローバル化という現象に直面して、従来の行政法と民事法の組み合わせの議論を単純にグローバル・レベルに拡張することは可能なのだろうか。法の抵触の問題を議論してきた国際私法学においては、外国公法不適用の原則に見られるように、公法と私法の境界線になお大きな意義を認めている。そこで本章では、政策実現過程のグローバル化が国内法における公法・私法関係論にどのような影響をもたらすのか、これに対する理論的な対応方法としてどのようなものが考えられるかを検討することとしたい。議論の手がかりとして本章が参照するのは、ドイツにおける国際的行政法（Internationales Verwaltungsrecht）をめぐる議論である。

---

10)　原田大樹「集団的消費者利益の実現と行政法の役割」千葉恵美子他編『集団的消費者利益の実現と法の役割』（商事法務・2014）52〜75（67）頁［初出 2011］。

11)　問題状況と議論の現状を示したものとして参照、原田大樹「多元的システムにおける行政法学」同『公共制度設計の基礎理論』（弘文堂・2014）8〜48（9〜18）頁［初出 2012］。

ドイツは、公法・私法二元論を制度上も理論上も採用しており、グローバル化をめぐる議論においても国家の役割がなお大きな比重を占めている。公法・私法という区分や国家・社会という区分によって行政法学が何を目指そうとしてきたのか、グローバル化への対応でその議論に変容がないのかを検証しやすいことから、参照の対象とした。

本章は以下の手順で、グローバル化に対応する公法・私法関係論の構築に向けた基礎理論の探究を行いたい。まず、ドイツにおける国際的行政法の議論状況を整理し、その沿革や議論の素材、さらに目指している方向性を確認する(II)。次に、グローバル化した政策実現過程と国家とを媒介する「連携」の概念について、抵触法の考え方と比較しながら検討する。国際的行政法論の主要な関心の一つは国際的な政策形成と国家行政との接続関係にある。そのため政策調整・行政機関協力の問題としてグローバル化をめぐる事象が把握される傾向にあり、抵触法的な解決やトランスナショナル法という考え方には消極的な評価が与えられている。他方で、連携によって相互の法執行の基盤が平準化すれば、抵触法的解決の前提となる相互の信頼関係が醸成されるとも言える(III)。さらに、グローバル化した政策実現過程を公法学的に分析する際の鍵概念となる「正統性」について、公法学が注目してきた民主政的正統化とそれ以外の正統化の方法とを対比させながら検討する。国際的行政法論は、グローバル化に伴う多様な法規範の存在を認めつつ、それらを国家に接続させることによって正統化を図ろうとしている。これに対しては、国家を介在させない方法で正統性を確保する理論構想もあり得るところである(IV)。こうした議論を踏まえ、グローバル化の文脈において国家にどのような機能を果たすことが期待されているのかを展望することとする(V)。

II　ドイツ・国際的行政法論の展開

1　国際的行政法論とは何か

(1)　国際的行政法論の沿革　　ドイツ公法学において Internationales Verwaltungsrecht の語が登場してからすでに一世紀以上が経過している。

歴史的には、19 世紀末の国際行政連合[12]の誕生を背景に、抵触法類似の国際行政法の理論が展開されていた[13]。しかし行政法学の主流の関心は国際法から離れる傾向を第二次世界大戦のはるか以前から示しており[14]、大戦後にはドイツの公法学の関心はもっぱら国内問題に集中した。その後、ヨーロッパ統合の進展に伴って行政法のヨーロッパ化の議論が 1990 年代前後から本格化した。これに対して、ヨーロッパ化の文脈とは区別されるグローバル化を主題に、その国内行政法学への影響を検討した業績は、まず国際法学から現れた[15]。次いで、グローバル化がトランスナショナルな関係を展開させることにも注目した国内公法学からの検討が始まった[16]。これらの議論で共通して念頭に置かれているのは、グローバル・レベルにおける政策基準の形成が国家の影響力を低下させていることへの危機感であった[17]。21 世紀に登場したこうした議論においてもドイツでは引き続き Internationales Verwaltungsrecht の語が用いられている。しかし、その理論的な方向性は、かつて唱えられた内容とは大きく異なっていることから、本章ではかつての議論を「国際行政法」、近時の議論を「国際的行政法」と訳し分けることとする。

(2)　国際的行政法論の対象　国際的行政法の大きな特色は、その主要な議論の舞台を国内行政法に設定していることである。国際的行政法の主流の議論が伝統的な国際行政法における抵触法的なアプローチを拒絶[18]し

---

12)　国際行政連合の具体例と特色につき、城山英明『国際行政論』(有斐閣・2013) 42〜53 頁。

13)　代表的な業績として、ノイマイヤー (Karl Neumeyer) の手による 4 巻本の Internationales Verwaltungsrecht が 1910 年から 1936 年にかけて刊行された。このうち総論を扱っているのが Karl Neumeyer, Internationales Verwaltungsrecht Bd. 4, 1936 である。

14)　Eberhard Schmidt-Aßmann, Überlegungen zu Begriff und Funktionskreisen des Internationalen Verwaltungsrechts, in: Siegfried Magiera u. a. (Hrsg.), Verwaltungswissenschaft und Verwaltungspraxis in nationaler und transnationaler Perspektive: FS Heinrich Siedentopf, 2008, S. 101–115, 104.

15)　Christian Tietje, Internationalisiertes Verwaltungshandeln, 2001.

16)　Matthias Ruffert, Die Globalisierung als Herausforderung an das Öffentliche Recht, 2004, S. 18.

17)　Christian Tietje, Die Staatsrechtslehre und die Veränderung ihres Gegenstandes, DVBl. 2003, S. 1081–1096, 1084f.

18)　Eberhard Schmidt-Aßmann, Die Herausforderung der Verwaltungsrechtswissenschaft durch die Internationalisierung der Verwaltungsbeziehungen, Der Staat 45 (2006), S. 315–338, 336.

た結果、その対象として通常想定されているのは次の三分野である。第一は、グローバル化された政策実現過程における国内行政法の理論的対応策を模索するものである。第二は、国際機構における行政活動を対象とするものである。第三は、グローバル化された政策実現過程におけるグローバル・レベルに妥当すべきルールを模索するものである。国際法から出発した国際的行政法論においては、このうち第二・第三の要素が比較的強い[19]。これに対して国内法から出発した国際行政法論においては第一の要素が中心に据えられ、国内法と国際法との強い結びつきが重視されている[20]。また、第二・第三の要素を強調する論者にあっても、国家がグローバルな政策実現過程で果たす役割を無視してはいない。

(3)　**国際的行政法論の特色——類似のアプローチとの比較**　国際的行政法の発展の基礎となっているのは、行政法のヨーロッパ化をめぐる議論である[21]。後述の「連携」概念や「正統性」に関する議論もヨーロッパ化との関係でまずは論じられていた。国家の枠組みを超えた政策形成や政策実現の経験は、ドイツ公法学にとってグローバル化への関心を抱かせたことは疑いない。他方でヨーロッパ化は次の二点において、公法学におけるグローバル化の議論をむしろ阻害する要因となった。一つは、国家を超えた政策実現・政策調整の枠組みをEU条約・議定書等の一次法で詳細に制度化していることである。例えば規則・指令といった二次法定立に際しては、閣僚理事会と欧州議会が立法過程で重要な役割を果たし、そこに各国議会の参加手続が設定され、さらには欧州市民の直接的な参加のルートも開かれている[22]。確かにこれらは国家における政策実現の過程と比較して、民主性の観点から様々な問題点を有してはいるものの、グローバル・レベルと比較すれば国家と超国家組織との統治過程の調整はある程度実現してい

---

19)　Armin von Bogdandy, Prolegomena zu Prinzipien internationalisierter und internationaler Verwaltung, in: Hans-Heinrich Trute u. a. (Hrsg.), Allgemeines Verwaltungsrecht - zur Tragfähigkeit eines Konzepts, 2008, S. 683-697, 690f.

20)　Schmidt-Aßmann (Anm. 14), S. 105は、国際的行政法が「国際法で基礎付けられた行政的な規律構造（*im Völkerrecht* gegründeten administrativen Regelungsstrukturen)」を対象とすることが有益であるとする。

21)　議論の現状を概観したものとして、Andreas Glaser, Die Entwicklung des Europäischen Verwaltungsrechts aus der Perspektive der Handlungsformenlehre, 2013, S. 3-52.

22)　中西優美子『EU法』（新世社・2012）119頁。

る。もう一つは、政策分野によっては、グローバル・レベルでの政策形成がEUのレベルで受け止められ、EU域内ではEUの二次法（規則・指令等）で政策が実現される構造になっていることである。そのため加盟国は、グローバル・レベルでの政策形成やその政策基準と国内法との関係に直接触れることなく、国内法とEU法との効力調整の問題として処理できることになる[23]。行政法のヨーロッパ化の経験から国家を超えたレベルでの政策形成に敏感であったはずのドイツ行政法学が、グローバル化への対応に時間を要した理由は、こうした点にあったと考えられる[24]。

国際的行政法論の本格的な展開に先行したのは、グローバル・ガヴァナンス論への注目であった[25]。これは、1990年代後半に強い影響を持っていた制度設計論としての行政法学（Verwaltungsrechtswissenschaft als Steuerungswissenschaft）の問題意識をグローバル・レベルに拡張し、国際レジームの協調的な法形成・法発展の過程を制度設計論的に把握しようとする立場であった。ただし、誘導・制御の考え方が単一の誘導者・制御者を想定するのに対して、グローバル・レベルにはそのような主体が想定できない[26]。そこで、民営化・公私協働の議論において国家の間接的作用や制度設計の問題を把握するのに用いられた規律構造（Regelungsstruktur）[27]論を発展させ、多層的な法規範の複合体の構造[28]や、国家を含む複数の社会管理システムの制度的な配置（institutionelle Konstellation）[29]を議論の対象

23）原田大樹「多元的システムにおける本質性理論」同・前掲注 11）351～373（365）頁［初出 2011］。

24）Hans Christian Röhl, Öffnung der öffentlich-rechtlichen Methode druch Internationalität und Interdisziplinarität, VVDStRL 74 (2015), S. 7-37, 25f. 邦訳として、ハンス・クリスティアン・レール「国際性と学際性による公法の方法論の解放」自治研究 91 巻 11 号（2015）42～75（57）頁。

25）Tietje (Anm. 15), S. 170.

26）Hans-Heinrich Trute u. a., Governance in der Verwaltungsrechtswissenschaft, Die Verwaltung 37 (2004), S. 451-473, 460.

27）Hans-Heinrich Trute u. a., Governance als verwaltungsrechtswissenschaftliches Analysekonzept, in: Gunnar Folke Schppert/Michael Zürn (Hrsg.), Governance in einer sich wandelnden Welt, PVS Sonderheft 41 (2008), S. 173-189, 175.

28）Claudio Franzius, Recht und Politik in der transnationalen Konstellation, AöR 138 (2013), S. 204-288, 220.

29）Christoph Möllers, Die Governance-Konstellation: Transnationale Beobachtung durch öffentliches Recht, in: Gunnar Folke Schppert/Michael Zürn (Hrsg.), Governance in einer sich

にするグローバル・ガヴァナンス論が行政法学の中でも一定の注目を集めている。これに対しては、ガヴァナンスの概念の不鮮明さや、このような把握の仕方では帰責主体を的確に把握できないことが、問題点として指摘されている[30)]。しかし、グローバル・ガヴァナンス論の問題意識やその成果は行政法学にとって参照可能なもの[31)]であり、その問題発見の場としての機能は否定されていないように思われる[32)]。

国際的行政法論とほぼ同時期にアメリカ・ニューヨーク大学を中心とする研究グループによって提唱され、現在ではドイツ以外のヨーロッパ各国でも支持を集めているのがグローバル行政法（global administrative law）論である[33)]。この考え方は、グローバル化された行政活動（グローバル行政空間）への法的対応として、従来の国際法と国内公法の素材と発想が融合され、かつ伝統的な国内公法規範に近づける形で理論化が試みられたものである[34)]。国際的行政法論もこれと問題意識を共有しているものの、次の二点においてそのアプローチの仕方が大きく異なる。一つは、グローバル行政法論はグローバル・レベルにおける行政活動のみを対象としており、国内行政法のあり方との接点が弱いことである[35)]。もう一つは、政策分野

---

wandelnden Welt, PVS Sonderheft 41 (2008), S. 238-256, 240.

30） Andreas Voßkuhle, Neue Verwaltungsrechtswissenschaft, in: Wolfgang Hoffmann-Riem u. a. (Hrsg.), Grundlagen des Verwaltungsrechts Bd. I, 2. Aufl. 2012, S. 1-64, 60f. Rn. 70.

31） Matthias Ruffert, Demokratie und Governance in Europa, in: Hartmut Bauer u. a. (Hrsg.), Demokratie in Europa, 2005, S. 319-348, 340-343; Franzius (Anm. 28), S. 237-240.

32） Thorsten Siegel, Entscheidungsfindung im Verwaltungsverbund, 2009, S. 24.

33） 藤谷武史「多元的システムにおける行政法学―アメリカ法の観点から」新世代法政策学研究（北海道大学）6号（2010）141〜160頁、興津征雄「グローバル行政法とアカウンタビリティ」（本書第２章所収）がきわめて詳細に分析している。マネーロンダリング規制との関係でグローバル行政法論の特色を分析したものとして参照、山内由梨佳「行政化する国際経済犯罪規制について」社会科学研究（東京大学）60巻２号（2009）5〜31頁。

34） Matthias Ruffert, Gedanken zu den Perspektiven der völkerrechtlichen Rechtsquellenlehre, in: ders (Hrsg.), Dynamik und Nachhaltigkeit des Öffentlichen Rechts: FS Meinhard Schröder, 2012, S. 73-84, 81.

35） Armin von Bogdandy, *Developing the Publicness of Public International Law, in* THE EXERCISE OF PUBLIC AUTHORITY BY INTERNATIONAL INSTITUTIONS 3, 24 (Armin von Bogdandy et al. eds., 2010) は、グローバル行政空間と国内行政法との間の前提条件の違いに注意を促す。グローバル行政法論は確かにグローバルガヴァナンスのあり方を中心的課題に据えている（宮野洋一「『グローバル行政法』論の登場」横田洋三＝宮野編『グローバルガバナンスと国連の将来』（中央大学出版部・2008）323〜338（333）頁）ものの、その中には国家の果たすべき役割（後述**Ⅲ１**の「連携」の考え方）は含まれていない。

との関係でグローバルな行政空間の規律のあり方を考えることである[36]。換言すれば、グローバル行政法論は、国家と国家が持つ一元的な集団的意思形成過程を前提とせず、グローバルな行政活動への法的規律のあり方を政策分野ごとに直截に構想するものである[37]。

2　国際的行政法論の参照領域

⑴　**二国間協力関係**　国際的行政法論の顕著な特徴は、二国間の行政協力関係を議論の対象に含めていることである。その代表的な参照領域として警察法・社会保障法・租税法がある。

EU を含む地域ではシェンゲン協定によってパスポート・コントロールが原則として廃止される一方、犯罪捜査などの警察行政協力が進展している[38]。また隣国同士で共同の捜査活動や情報共有を密に行うために、ドイツ・フランス間やドイツ・スイス間で警察行政協力に関する協定が結ばれている。警察法においてもユーロポール（Europol：欧州刑事警察機構）のようなヨーロッパの地域間協力枠組みが存在するものの、協力の内容の中心が捜査協力・情報共有である点は二国間関係と変わらない。

社会保障法においても、社会保険に関する二国間協定に見られるように、二国間の情報提供協力が主要な課題の一つである点は警察法と共通である。ただし次の二点において警察法とは異なる性格が認められる。一つは、給付の実体的権利に関して、ILO における多国間の枠組みによる調整が試みられていることである。もう一つは、抵触法的な考え方が優勢であることである[39]。伝統的に社会保障法は労働法との結びつきが強く、ドイツにおいて労働法は民事法との結びつきが強いことが、抵触法の影響力の強さの背景にあるとされる。

租税法においても、二国間の租税協定に見られるように、租税に関連す

---

36) Matthias Ruffert/Christian Walter, Institutionalisiertes Völkerrecht, 2. Aufl. 2015, S. 267, Rn. 717.

37) このような方向性を示唆するものとして、Eleanor D. Kinney, *The Emerging Field of International Administrative Law,* 54 ADMIN. L. REV. 415, 428 (2002).

38) Schmidt-Aßmann (Anm. 18), S. 318f.

39) Markus Glaser, Internationales Sozialverwaltungsrecht, in: Christoph Möllers u. a. (Hrsg.), Internationales Verwaltungsrecht, 2007, S. 73-120, 107.

る二国間の情報提供協力が重要な要素となっている。それと同時に、二重課税問題への対処に関しては租税実体法の調整が問題になる。租税分野で特徴的なのは、これらの手続・実体面を相互に調整する二国間条約のモデルを OECD が作成し、そのコンメンタールも含めて体系的な解釈を示しているところにある[40]。

⑵　**多国間協力関係**　これに対して、多国間の協力関係が中心となる参照領域として、国際環境法・国際金融市場規制法が挙げられる。

国際環境法の中でも越境汚染のような問題は、二国間の抵触法的解決が必要な分野である[41]。他方で、地球環境条約に典型的に見られるように、条約がグローバルな政策形成と実施の枠組みを設定し、詳細が議定書などの二次法で決定され、それが（場合によっては EU 法を経由して）国内法に影響を与える場面は、国際的行政法論の主要な関心事である[42]。

同様に多国間協力関係が構築されている国際金融市場規制法の分野は、国際環境法のような条約に基づくスキーム（国際レジーム）ではなく、執行を担当する行政機関のネットワークにより情報共有をはじめとする執行協力がなされたり、執行に関する実体的基準を各国間で調整したりする方式が採られている。ここでも EU 法を経由して[43]、行政機関ネットワークで策定されたグローバルな政策基準が国内の法執行に強い影響を与えている[44]。

国際的行政法はさらに、多国間協力関係の中でも国際機構が直接的に私人と接し得る局面を含む参照領域を取り上げている。具体的には開発行政

40)　Ekkehart Reimer, Transnationales Steuerrecht, in: Christoph Möllers u. a. (Hrsg.), Internationales Verwaltungsrecht, 2007, S. 181-207, 191.

41)　この問題に焦点を当てたものとして、Wolfgang Durner, Internationales Umweltverwaltungsrecht, in: Christoph Möllers u. a. (Hrsg.), Internationales Verwaltungsrecht, 2007, S. 121-164.

42)　Claus Dieter Classen, Demokratische Legitimation im offenen Rechtsstaat, 2009, S. 79.

43)　Anne van Aaken, Transnationales Kooperationsrecht nationaler Aufsichtsbehörden als Antwort auf die Herausforderung globalisierter Finanzmärkte, in: Christoph Möllers u. a. (Hrsg.), Internationales Verwaltungsrecht, 2007, S. 219-257, 238-247.

44)　Juliane Kokott, *Soft Law Standards under Public International Law, in* International Standards and the Law 15, 22 (Peter Nobel ed., 2005).

法[45]、移民法[46]、国際規格[47]である。この文脈において特徴的なのは、必ずしも国家との接合が理論上求められないこの関係においても、国家が国民の権利・利益を守るために何らかの役割を果たすべきことが議論の対象に含まれていることである[48]。

3　国際的行政法論の課題

(1)　国際的な行政協力——連携問題への対処　国際的行政法論で頻繁に登場するのが連携（Verbund）の概念である[49]。この概念は、多層的な公共管理・統治過程が結びつく構造を指しており、もとはヨーロッパ行政におけるEUと加盟国との法執行の局面における複雑で強度な結びつきを示す概念であった[50]。その後、欧州委員会とその下部組織によって実施されるEUの直接行政と加盟国が分任するEU行政との協力関係を示す行政連携（Verwaltungsverbund）[51]のみならず、EU条約におけるEUの憲法的部分と加盟国各国の憲法とが複雑に絡み合って形成される憲法構造を指す憲法

---

45)　Philipp Dann, Entwicklungsverwaltungsrecht, 2012.

46)　Jürgen Bast, Internationalisierung und De-Internationalisierung der Migrationsverwaltung, in: Christoph Möllers u. a. (Hrsg.), Internationales Verwaltungsrecht, 2007, S. 279-312. ドイツの移民行政法の議論動向を分析したものとして参照、大西楠・テア「グローバル化時代の移民法制」（本書第9章所収）。

47)　Hans Christian Röhl, Internationale Standardsetzung, in: Christoph Möllers u. a. (Hrsg.), Internationales Verwaltungsrecht, 2007, S. 319-343.

48)　例えば、Röhl (Anm. 47), S. 341.

49)　Schmidt-Aßmann (Anm. 18), S. 337. 連携概念を理解する上での必読の邦語文献として参照、H. C. レール（太田匡彦訳）「行政連携の中のヨーロッパ行政（上）（下）」自治研究82巻1号（2006）3〜20頁、2号（2006）49〜66頁。連携の下位概念である「規制連携（Regulierungsverbund）」については、原田大樹「国際消費者法への展望」（本書第11章所収）参照。

50)　「連携」概念が現れる前の議論として、Eberhard Schmidt-Aßmann, Verwaltungskooperation und Verwaltungskooperationsrecht in der Europäischen Gemeinschaft, EuR 1996, S. 270-301; ders, Strukturen des Europäischen Verwaltungsrechts, in: ders/Wolfgang Hoffmann-Riem (Hrsg.), Strukturen des Europäischen Verwaltungsrechts, 1999, S. 9-43, 18ff.

51)　行政「連携」概念を最初に用いたのは、Eberhard Schmidt-Aßmann, Europäische Verwaltung zwischen Kooperation und Hierarchie, in: Hans-Joachim Cremer u. a. (Hrsg.), Tradition und Weltoffenheit des Rechts: FS Helmut Steinberger, 2002, S. 1375-1399, 1381ff. であった。それによれば、連携とは「二つの組織原理である協力の原理と階層性の原理との組み合わせによって、必要となる活動の単位を生み出そうとする秩序構想」である。この概念についてさらに参照、Matthias Ruffert, Von der Europäisierung des Verwaltungsrechts zum Europäischen Verwaltungsverbund, DÖV 2007, S. 761-770, 766; Claudio Franzius, Gewährleistung im Recht, 2009, S. 152f.

連携（Verfassungsverbund）[52]、欧州中央銀行とユーロ圏の中央銀行との協力関係を示す責任連携（Verantwortungsverbund）[53]、EUと加盟国の法規範の相互関係やそれらが国際法に包摂されている状態を捉えた規律連携（Regelungsverbund）[54]、さらには、ヨーロッパ各国の憲法裁判所とEUの欧州裁判所、欧州人権条約に基づく欧州人権裁判所が相互に類似事件の判断を参照し合って形成される憲法裁判所連携（Verfassungsgerichtssverbund）[55]など、連携の概念は現在きわめて広い範囲で用いられている。

連携の概念は、国家の統治機構のグローバルな政策実現過程に対する独自性・自律性を前提に、相互の協力関係に基づく調整の必要を説くものである[56]。他方で、連携が成立した上で政策実現過程が作動すると、ある特定の活動の帰責主体を特定したり、行政活動の効率性を追求したりすることが困難になる（連携問題）。そこで、透明性や一貫性を指導理念としてこの問題を解決する解釈論・制度設計論が模索されつつある[57]。

(2)　国際的な規範形成——正統性問題への対処　政策実現過程がグローバル化すると、国家の行政機関によって実現される政策基準がグローバル・レベルで策定される局面が増加することになる。グローバルな政策基準の中では最もフォーマルな形式である条約の場合、その交渉や締結は執政府の権限であって、議会が関与できる範囲は限られている[58]。また条約では

52）Eberhard Schmidt-Aßmann, Verfassungsprinzipien für den Europäischen Verwaltungsverbund, in: Wolfgang Hoffmann-Riem u. a. (Hrsg.), Grundlagen des Verwaltungsrechts Bd. 1, 2. Aufl. 2012, S. 261-339, 271 Rn. 14.

53）Christian Seiler, Das Europäische System der Zentralbanken (ESZB) als Verantwortungsverbund, EuR 2004, S. 52-70, 52.

54）ソフトローと法とを接合する概念として規律連携を用いる見解につき参照、Matthias Knauff, Der Regelungsverbund, 2010, S. 398.

55）Franz Merli, Rechtsprechungskonkurrenz zwischen nationalen Verfassungsgerichten, Europäischem Gerichtshof und Europäischem Gerichtshof für Menschenrechte, VVDStRL 66 (2007), S. 392-422, 418; Andreas Voßkuhle, Der europäische Verfassungsgerichtsverbund, NVwZ 2010, S. 1-8, 3; Marion Albers, Höchstrichterliche Rechtsfindung und Auslegung gerichtlicher Entscheidungen, VVDStRL 71 (2012), S. 257-295, 289.

56）「連携」と協力義務を結びつけ、多層的な行政作用の分析概念とすることを提唱するものとして、Georgios Dimitropoulos, Zertifizierung und Akkreditierung im Internationalen Verwaltungsverbund, 2012, S. 36f.

57）Schmidt-Aßmann (Anm. 52), S. 282f. Rn. 27ff.

58）ドイツにおける条約と法律の関係につき参照、山田哲史「グローバル化時代の議会民主政(2)」法学論叢（京都大学）173巻3号（2013）101〜126（103〜106）頁。

なく行政上の文書によって政策基準が策定される場合には、行政機関に実質的な判断権が与えられることになり、議会はもちろん執政府さえも十分な関与の機会を確保できなくなってしまう。

そこで国際的行政法の議論においては、伝統的な民主政的正統化以外の方法で正統性を担保する正統化メカニズムのミックスが盛んに論じられている[59)]。その嚆矢となったのは、EU レベルにおける参加の要素への注目である。EU においては補完性原則や規範の段階的な具体化構造との関係で、参加の要素の意義が強調されてきた[60)]。また、重要な利害関係者を決定過程に取り込むことで、EU 法の執行面における改善を図る考慮も働いていた[61)]。また、ドイツの公法学史を振り返れば、19 世紀における連邦制の議論に顕著に見られたように、多層的な正統化を図る要素は以前から存在していた[62)]。この他にも、正統化の淵源を追うだけではなく、国家権力の行使がその目的を達成したかという観点も問題とすべきとの観点から、アウトプットの要素を補完的な正統化に加える議論[63)]が示されている。

(3)　**国家の役割――開かれた国家**　　政策実現過程がグローバル化すれば、公法学において中心点となっていた国家の役割が低下することは避けられない。しかし国際的行政法論においては、国家にはなお依然として大きな役割が認められることがしばしば論じられている。その前提は、グローバル・レベルにおける政治的な統一体が存在しないという認識であり[64)]、そ

59)　Thomas Groß, Verantwortung und Effizienz in der Mehrebenenverwaltung, VVDStRL 66 (2007), S. 152-180, 171ff.

60)　Juliane Kokott, Die Staatsrechtslehre und die Veränderung ihres Gegenstandes, VVDStRL 63 (2004), S. 7-40, 33.

61)　Christoph Möllers, *European Governance,* 43 Common Market Law Review 313, 323 (2006) は、欧州のガヴァナンス構造分析において、執行手段の要素（加盟国行政組織を使う執行が大半を占める EU の状況）に注目する。同様の背景事情から主張された「市民の動員」(Mobilisierung des Bürgers) につき参照、Martin Nettesheim, Subjektive Rechte im Unionsrecht, AöR 132 (2007), S. 333-392, 354.

62)　Christoph Möllers, *Transnational Governance without a Public Law? , in* Transnational Governance and Constitutionalism 329, 332 (Christian Joerges et al. eds., 2004).

63)　Hans-Heinrich Trute, Die demokratische Legitimation der Verwaltung, in: Wolfgang Hoffmann-Riem u. a. (Hrsg.), Grundlagen des Verwaltungsrechts Bd. I, 2. Aufl. 2012, S. 341-436, 380 Rn. 53.

64)　Rainer Wahl, Erklären staatstheoretische Leitbegriffe die Europäische Union?, JZ 2005, S. 916-925, 923f.

れゆえグローバル・レベルにおいては国家を通じた政治的決定や国際公益の追求がなされざるを得ないという見方が存在する。そこで国家には、国民の受託者としてグローバル・レベルの政策形成に参与する役割が期待されることになる。

このような国家の役割を表現するのが「開かれた国家（offene Staatlichkeit）」[65]という概念である。これは、一方では規範形成の局面において国際機構や民間組織等の新たなアクターを取り込み、あるいはグローバル・レベルにおける二次法による法形成を是認すると同時に、他方では国家に最終的な規範の内容決定権限を留保することによって国家中心の公法学の枠組みを維持する考え方と言える[66]。この構想は民営化論・公私協働論における保障責任とも類似している[67]。

III　連携と抵触法的解決

1　連携と国家

(1)　政策調整問題としてのグローバル化　　国際的行政法の議論では、条約をはじめとする実定国際法の内容が重視され、それが国内法制に与える影響をどのように把握すればよいかが取り扱われる[68]。ここでは実定国際法が国内行政法の内容を平準化する政策調整機能を果たすことが直視され、グローバルな政策の国内における実現に際しては国内立法者の役割に焦点が当てられている。その背景には、実定国際法規範が国際機構によって直接執行される局面は未だ例外的であって、大半のグローバルな政策基準は

---

65)　Schmidt-Aßmann (Anm. 18), S. 327.

66)　Rainer Wahl, Der offene Staat und seine Rechtsgrundlagen, JuS 2003, S. 1145-1151, 1147.

67)　Karl-Heinz Ladeur, Die Herausbildung des globalen Verwaltungsrechts und seine Verknüpfung mit dem innerstaatlichen Recht, DÖV 2012, S. 369-378, 374; Dirk Ehlers, Verantwortung im öffentlichen Recht, Die Verwaltung 46 (2013), S. 467-491, 483. 保障責任論の包括的な研究として参照、板垣勝彦『保障行政の法理論』（弘文堂・2013）。

68)　Schmidt-Aßmann (Anm. 18), S. 336f. は、国際的行政法を「国際機構の行動法（Aktionsrecht）」「国内行政法秩序の内容決定法（Determinationsrecht）」「特徴的な行政連携問題に対応する行政協力法（Verwaltungskooperationsrecht）」の三種類に分類する。ここでの議論はこのうち内容決定法に当たる。

国家の行政機構によってその執行が行われるとの認識がある。

さらに、政策調整の際に国家内部で主要なアクターと位置付けられているのは立法者であって、裁判所ではない。国際的行政法の議論においても後述のように抵触法的解決を模索する立場が存在しているものの、多数の論者は抵触法的な解決に消極的である。その理由として、準拠法（準拠レジーム）選択の自由が当事者に認められないこと[69]、公法においては公益実現のために手続法と実体法が不可分一体のものとして結びついていること[70]、法源論の観点から見れば抵触法は個別の国家法のみを視野に入れており行政機関相互間の協力関係への関心が弱いこと[71]が挙げられている。

⑵　**権限調整問題としてのグローバル化**　国際的行政法の議論では多国間関係のみならず二国間関係も射程に含まれており、行政機関による法執行の議論においては前述の各国行政相互間の協力関係の問題へと収斂する傾向が見られる[72]。ドイツ公法学においては連邦制や地方自治の研究において監督（Aufsicht）[73]や連邦忠誠（Bundestreue）原則[74]がこれまでも議論されてきており、国際的行政法における権限調整問題を検討する手がかりはもともと豊富であった[75]。グローバル化の問題を権限調整問題と捉えた場合、その解決に当たっては国際機構と国家との機能分担を明確化すること（透明性・一貫性）と、役割分担が明確でない場合には狭域による処理を優先させること（補完性）が一応の指針となる[76]。このような議論動向

69)　Schmidt-Aßmann (Anm. 14), S. 105.

70)　Claus Dieter Classen, Die Entwicklung eines Internationalen Verwaltungsrechts als Aufgabe der Rechtswissenschaft, VVDStRL 67 (2008), S. 365-412, 396f.

71)　Eberhard Schmidt-Aßmann, Internationales Verwaltungsrecht: Begriffsbildung im Spiegel veränderter Staatlichkeit, in: Andreas Voßkuhle u. a. (Hrsg.), Verabschiedung und Wiederentdeckung des Staates im Spannungsfeld der Disziplinen, 2013, S. 267-283, 271.

72)　Schmidt-Aßmann (Anm. 18), S. 336f. の三類型で言えば、ここでの議論は行政協力法に当たる。

73)　国家監督に関する包括的研究として、Wolfgang Kahl, Die Staatsaufsicht, 2000 がある。

74)　連邦忠誠に関する詳細な検討として、Hartmut Bauer, Die Bundestreue, 1992 がある。

75)　Christoph Schönberger, Bundeslehre und Europäische Union, in: Claudio Franzius u. a. (Hrsg.), Strukturfragen der Europäischen Union, 2010, S. 87-96, 88. EU における行政連携と、ドイツの連邦制における州際行政協力関係との類似性に注目する見解として、Karl-Heinz Ladeur/Christoph Möllers, Der europäische Regulierungsverbund der Telekommunikation im deutschen Verwaltungsrecht, DVBl. 2005, S. 525-535, 527.

76)　Schmidt-Aßmann (Anm. 52), S. 303 Rn. 52ff.

を踏まえ、日本法において、グローバル化への対応法理として、それぞれの主体が相手方の利害・立場に対して敬意を払う相互配慮が調整原理として重要となることを指摘する見解がある[77)]。この考え方はスメント（Rudolf Smend）[78)]の権限上の配慮原則に由来するものとされている[79)]。

このような権限調整手法を国際化の文脈において明確な形で発展させる原動力となったのは、欧州統合であった。とりわけ、連邦憲法裁判所が欧州統合との関係で示したSolangeの定式[80)]は、授権と権限踰越によるコントロールという公法学にとってなじみのある手法を用いて、欧州統合がドイツ基本法の諸原則（法治国・基本権保障・民主政・連邦国家等）に適合する限りにおいて介入権限を行使しないとするものであった[81)]。このように、行政・司法における調整問題に対しては国際的行政法の議論は問題解決に向けた一定の法理をすでに蓄積している。

(3)　**連携と国家**　　グローバル化を政策調整・権限調整の問題と捉える国際的行政法の議論の背景には、国家の役割をなお重視する見方が存在している[82)]。その根拠は認識論と規範論とに分けられる。現状認識の問題としては、いくらグローバル化が進行しても、政策実現・執行の最終的な権限の大半がなお国家に残されているという点が重視されている。そこで、国際的な規範形成を国家に係留し、従来の公法学の理論枠組みを維持する

77)　大橋洋一「グローバル化と行政法」行政法研究1号（2012）90～113（110）頁。

78)　スメントの統合理論に関する詳細な理論的検討の成果を示すものとして参照、高橋信行『統合と国家』（有斐閣・2012）。

79)　大橋洋一『行政法Ⅰ 現代行政過程論〔第2版〕』（有斐閣・2013）111頁註18。

80)　このような発想を「共生の作法」と位置付ける見解として参照、伊藤洋一「ヨーロッパ法における多元的法秩序間の調整問題について」新世代法政策学研究（北海道大学）4号（2009）93～117（115）頁。Solangeの定式をドイツ国内の専門裁判所と憲法裁判所の関係にも応用する見解として参照、Christoph Schönberger, Höchstrichterliche Rechtsfindung und Auslegung gerichtlicher Entscheidungen, VVDStRL 71 (2012), S. 296-335, 328.

81)　Stefan Oeter, Rechtsprechungskonkurrenz zwischen nationalen Verfassungsgerichten, Europäischem Gerichtshof und Europäischem Gerichtshof für Menschenrechte, VVDStRL 66 (2007), S. 361-391, 376; Hans-Jürgen Papier, Verhältnis des Bundesverfassungsgerichts zu den Fachgerichtsbarkeiten, DVBl. 2009, S. 473-481, 480; Steffen Augsberg, Von der Solange- zur Soweit-Rechtsprechung, DÖV 2010, S. 153-160, 155; Herbert Landau/Michale Trésoret, Menschenrechtsschutz im Europäischen Mehrebenensystem, DVBl. 2012, S. 1329-1338, 1335f.

82)　Karl-Heinz Ladeur, Die Internationalisierung des Verwaltungsrechts: Versuch einer Synthese, in: Christoph Möllers u. a. (Hrsg.), Internationales Verwaltungsrecht, 2007, S. 375-393, 378.

方法が採られることになる。また規範論としては、「国家」こそが個人の基本権の庇護者であり、個人に代わって国際公益の形成に参与する担い手であるとの考え方が見られる。換言すれば、政策実現過程のグローバル化という事態に直面してもなお、国家という統治構造を維持することで個人の自由な行動領域を確保する発想がある。

国際的行政法の議論に特徴的な点としてさらに、国家の統治機構の中でも立法者の役割を重視していることが挙げられる。これは抵触法的解決に対する消極的評価に現れている。また、国際的行政法の議論においてはトランスナショナル（法）という考え方を支持する論者が少数にとどまっている[83]。国家という枠組みが取り払われ、個人が国際法関係の直接の当事者となるトランスナショナルな関係においては、公的主体と私的主体の区別が失われ、私人の自由と公的主体の権限とが相対化されるリスクがあることが説かれている[84]。この議論は、国家の「立法者」こそグローバル化において個人の自由や権利を庇護する役割を持っており、民主政的に正統化された立法者による制度設計の契機が重視されていることを示すものである。

2　抵触法的解決の可能性

(1)　抵触法的発想の不在？　　このようにドイツの国際的行政法においては、抵触法的解決に対する評価は低い。同様の傾向は、我が国におけるグローバル化の議論においても妥当する。その理由として考えられるのは、次の三点の事情である。

第一は、公法学が思考の前提に置いている規範の段階構造の考え方との不整合である。周知の通り公法学においては、憲法を頂点とする授権と具体化の連鎖としての国内法のピラミッドを想定している。そして、国外法の適用の問題は、条約の問題と同様に、憲法と条約の関係をめぐる議論で処理済みと考えているように思われる。

---

83)　そのような立場として参照、Andreas Fischer-Lescano, Transnationales Verwaltungsrecht, JZ 2008, S. 373-383, 375.

84)　Matthias Ruffert & Sebastian Steinecke, The Global Administrative Law of Science 21 (2011).

第二は、行政の行為規範として定立されている行政法の構造との不整合である。実定行政法の中にも確かに国民の権利として行政上の請求権が規定されているものはある（例：行政機関の保有する情報の公開に関する法律3条、生活保護法2条）。しかし行政法規の多くは、行政機関に対する行為規範の形式で一定の決定権限を与え、その際の要件や考慮事項、さらには決定に至る手続を定めている。このような法関係の一方当事者の行為に注目した規範構造は、抵触法の発想とはなじみにくいもののように思われる。さらには行政法においては手続法と実体法とが不可分一体のものとして結合しており、それが実質法と抵触法の切り分けを困難にしている。

第三は、政策法としての公法の性格との不整合である。抵触法の発想の前提には、各国の私法の内容に一定の共通性があるという交換可能性が存在していた。これに対して公法は一般的に国家政策との結びつきが強く、私法のような内容の同質性が存在しない。それゆえ実質法の地理的適用範囲に関する立法者意思に焦点が当てられ、属地主義的な適用が一般的になっていると考えられる[85]。他方で、国際化・グローバル化をめぐる公法学の議論においては、各国間の法制度の際を縮小させる調和化（ハーモナイゼーション）や収斂（コンバージェンス）に注目が集まり[86]、逆に規範の差異や矛盾を前提にその適用調整を考えるという発想は弱かった。

⑵　**公法抵触法の可能性**　　しかし国際的行政法論も、公法の領域において法の抵触という問題が発生していることを否定してはいない[87]。グローバル行政法論と異なり二国間の行政協力関係を明示的に主題化する国際的行政法論においては、自国行政法と外国行政法の適用関係の調整の問題は重要な理論的課題である。そしてこれを行政連携ではなく公法抵触法という方法で解決する可能性が、ドイツ[88]でも日本[89]でも提唱されている。

85）　早川吉尚「準拠法の選択と『公法』の適用」国際私法年報5号（2003）206～228（219）頁。

86）　原田大樹「多層化への理論的対応」同・前掲注11）143～176（150）頁［初出2009］。

87）　Schmidt-Aßmann (Anm. 71), S. 271.

88）　その嚆矢となったのはChristoph Ohler, Die Kollisionsordnung des Allgemeinen Verwaltungsrechts, 2005であり、近時ではMartin Kment, Grenzüberschreitendes Verwaltungshandeln, 2010がこの方向性を示している。

89）　斎藤誠「グローバル化と行政法」磯部力他編『行政法の新構想Ⅰ 行政法の基礎理論』（有斐閣・2011）339～374（349～356）頁。

我が国では具体的には、外国行政行為の国内行政法における位置付け、外国行政法の適用、自国行政法の域外適用、国際的な執行活動の問題が議論されている[90)]。

行政機関が行政活動の際に自国法を適用するのか外国法を適用するのかが問題となる公法抵触法においても、国際私法と同様に交換可能性がその前提をなす。国際人権規範のような政策目標の共通化ないし国際的な利害関係の収斂があれば、交換可能性の基盤が形成されることになる[91)]。また、行政連携と公法抵触法とは相互排他的関係に立つものと理解すべきではない。行政連携によって二国間・多国間の行政機関協力関係が進展すれば、お互いの執行構造が一定程度平準化し、信頼関係が醸成される。さらに、行政連携の基盤となる条約・行政協定等の政策基準を策定する中で、政策目標が一定程度共通化され、交換可能性が高まることもあり得る[92)]。

(3)　**国際民事ルールの可能性**　ドイツの行政法学においても公法・私法の制度的な区別を前提に、両者の組み合わせによる問題解決の議論が進展している[93)]。そして、このような発想をグローバル・レベルにも延長しようとする議論も存在する[94)]。我が国においても、原子力損害賠償条約などを念頭に置いて、グローバルな政策基準を裁判所が実現する国際民事ルールの概念を提唱する見解がある[95)]。この場合には、裁判所が判決を下す際に、抵触法的な解決が必要な場面が想定される（例えば、原子力損害賠償条約では裁判管轄権の規定や判決の承認・執行義務の規定が置かれている）。また、国内の行政法に基づく措置が仲裁判断で争われる国際投資仲裁においても、その執行の局面で仲裁判断の承認・執行の問題が現れることになる[96)]。

---

90)　議論の特色につき参照、原田大樹「国際行政法の発展可能性―書評：斎藤誠『グローバル化と行政法』」同・前掲注 11) 95〜113 (102〜104) 頁［初出 2012］。

91)　Ohler (Anm. 88), S. 103.

92)　横溝大「行政法と抵触法」自治研究 89 巻 1 号 (2013) 128〜141 (136) 頁。

93)　議論の現状を示すものとして、Martin Burgi, Rechtsregime, in: Wolfgang Hoffmann-Riem u. a. (Hrsg.), Grundlagen des Verwaltungsrechts Bd. 1, 2. Aufl. 2012, S. 1257-1318, 1274ff. Rn. 34ff.

94)　Matthias Ruffert, Perspektiven des Internationalen Verwaltungsrechts, in: Christoph Möllers u. a. (Hrsg.), Internationales Verwaltungsrecht, 2007, S. 395-419, 417.

95)　原田・前掲注 11) 23〜25 頁、同・前掲注 90) 101〜102 頁。

96)　横島路子「ICSID 仲裁判断の承認・執行」上智法学論集（上智大学) 53 巻 4 号 (2010) 307〜350 頁、濵本正太郎「投資協定仲裁の公的性質と ICSID 仲裁判断取消制度の新展開」

民事法を通じて国際的な政策基準を実現し、その前提として抵触法的な解決を許容するためには、公法抵触法の実現の前提である交換可能性ないし相互の信頼と並んで、さらにもう一つの考慮要素が加わる。それは、裁判所が当該政策基準の実現・執行に関する判断をなし得るのかという問題である。条約やその国内法化の手段により国際的な政策基準が国内法の中に取り込まれていれば、国内法における行政法と民事法の組み合わせの議論と大差はない[97]。しかしそのような過程を経ていない場合には、国内立法者の判断を俟たずに裁判官が民事法関係の中にグローバルな政策基準を反映させることができるのかが問題となる[98]。ここでもまた、民主政的に正統化された立法者による制度設計の契機の要素が登場する。

IV　開かれた正統性概念

1　正統性と国家

⑴　**人的正統化の重視**　　国際的行政法の議論の中で常に言及される論点が「正統性」の問題である。国家を超えたレベルにおける政策基準の形成を前提に国内の法制度が設定される場合には、国家の立法者の実質的な決定権限がグローバル・レベル（国内法的には執政府・行政機関）に奪われることが問題視される。国際的な行政連携関係により他国の行政機関の執行を援助したり、他国の行政法を自国で適用したりする場合にも、国内の立

法学論叢（京都大学）170巻4=5=6号（2012）395〜420頁。国際投資仲裁と国内行政法学の関係につき参照、原田大樹「投資協定仲裁と国内公法」同『行政法学と主要参照領域』（東京大学出版会・2015）269〜287頁。

97）「国際民事ルール」の類型の多くはこのタイプに属する。それ以外の例として、適合性評価の認証契約とISO/IEC 17065との関係（原田大樹「適合性評価の消費者保護機能」千葉他編・前掲注10）514〜531（529）頁）を挙げることができる。

98）「システムとしての抵触法」「ガヴァナンス形式としての抵触法」（横溝大「抵触法と国際法との関係に関する新たな動向」法律時報85巻11号（2013）26〜31（30）頁）という考え方は、裁判官によるグローバルな政策基準を加味した判断を正当化する要素となり得るかもしれない。同「グローバル化時代の抵触法」（本書第4章所収）ではさらに、抵触法の対象となる「法」に正統性を要求するという形で、公法と私法の架橋を図る興味深い試みが提唱されている。

法者の判断を経由せずに行政機関が権限を行使することが問題となる。国際機構が国内の行政機関を介在させず、直接的に行政活動を実施する場合にも、同様の憂慮が生じる。

ドイツ公法学においては、とりわけ1990年代以降、連邦憲法裁判所の判例法理をベースに、民主政的正統化論（demokratische Legitimation）の議論が盛んに展開されてきた[99]。その特色を簡潔に示すとすれば、国民の自己決定・自己統治の問題として民主政を論じること、国家行為に対する正統化の形式として人的正統化を重視すること、正統性の淵源を国民一般に求めることで部分社会の意思が国家意思を僭称することを防止しようとすることにある[100]。

⑵　**補完的正統化要素の登場**　ところが、国家の枠組みを超えた規範定立がなされると、国民一般からの選挙・選任関係の連鎖によって民主政的正統化を図る人的正統化ではこの種の意思形成に正統性を認めることができなくなってしまう。そこで、伝統的な正統化方法（人的正統化の他、制度的正統化（＝憲法による正統化）、内容的正統化（＝法律による正統化）が挙げられる）以外の補完的正統化要素を認め、これらをいわば足し合わせることで一定の正統性を確保する議論が登場することとなった[101]。

補完的正統化要素としてしばしば論じられるのは次の三つの要素である。第一は「討議・参加」である。前述の通り、行政法のヨーロッパ化をめぐる議論の中で、欧州レベルにおける民主政の欠缺を補完する要素として

99）　Ernst-Wolfgang Böckenförde, Demokratie als Verfassungsprinzip, in: Josef Isensee/Paul Kirchhof (Hrsg.), Handbuch des Staatsrechts der Bundesrepublik Deutschland Bd. II, 3. Aufl. 2004, S. 429-495, 446 Rn. 27. ベッケンフェルデに代表される古典的モデルの詳細な分析として参照、門脇美恵「ドイツ疾病保険における保険者自治の民主的正統化（3）」名古屋大学法政論集（名古屋大学）251号（2013）347～393（366～387）頁。

100）　Christoph Ohler, Internationale Regulierung im Bereich der Finanzmarktaufsicht, in: Christoph Möllers u. a. (Hrsg.), Internationales Verwaltungsrecht, 2007, S. 259-278, 272. 毛利透「行政権民主化論の諸相」同『統治構造の憲法論』（岩波書店・2014）355～375（363）頁［初出2012］、原田大樹「多元的システムにおける正統性概念」同・前掲注11）49～94（78）頁［初出2012］。

101）　Hans Christian Röhl, Verantwortung und Effizienz in der Mehrebenenverwaltung, DVBl. 2006, S. 1070-1079, 1073; Thomas Groß, Zum Entstehen neuer institutioneller Arrangements, in: Dieter Gosewinkel/Gunnar Folke Schuppert (Hrsg.), Politische Kultur im Wandel von Staatlichkeit, WZB-Jahrbuch 2007, 2008, S. 141-162, 157.

「参加」が議論され[102]、EUの一次法においても参加を通じた意思形成が位置付けられている。また、議会の規律責務を強調する本質性理論が、公開の場における反対者を含む討議の要素を議会による本質的事項の決定を要求する実質的な理由付けにしたことを踏まえ、国民代表により構成されていなくても「討議」がされていれば一定の正統化が可能になるとの理解もあり得るところである[103]。第二は「成果・結果」である[104]。前述の「討議」の要素が専門家による討議と結びつくことで、専門性に基づく一定の成果に着目した正統化の議論が見られる[105]。また、基本権の客観法的側面との関係で、決定過程が正当な公共善の目的を達成し得るように設定されたのかを評価する根拠として正統性の議論を展開する立場も見られる[106]。第三は「信頼」である。これは、EUにおける製品安全に対する相互承認のような具体例を念頭に置き、行政活動の公益適合能力を生み出す構造が相手国に存在することを「信頼」と捉えて、補完的な正統化要素に加える議論である[107]。

(3)　**自己決定への注目**　　さらに、自己決定に注目することで民主的正統化論に根本的な変革を加え得る議論が提示されている[108]。これは、個人の自己決定が法的手法により保護される個別的正統化と民主的に構成さ

---

102)　中村民雄「EU〈憲法〉の意味と可能性」阪口正二郎他編『岩波講座憲法5 グローバル化と憲法』(岩波書店・2007) 125～153 (144) 頁、安江則子『欧州公共圏』(慶應義塾大学出版会・2007) 248頁。

103)　この点と関連して、議会の本会議ではなく特別委員会が承認を与えることが許されるかという議論がある。その詳細につき参照、村西良太「多国間の政策決定と議会留保」法政研究 (九州大学) 80巻1号 (2013) 1～59 (57) 頁、同「財政・金融のグローバル化と議会留保」(本書第6章所収)。

104)　Jost Delbrück, *Exercising Public Authority Beyond the State,* 10 Ind. J. Global Legal Stud. 29, 41 (2003); Patty Zandstra, *The OMC and the Quest for Democratic Legitimization, in* Governance and the Democratic Deficit 249, 256 (Victor Bekkers et al. eds., 2007).

105)　Christian Joerges & Jürgen Neyer, *From Intergovernmental Bargaining to Deliberative Political Process,* 3 Eur. L. J. 273, 294 (1997).

106)　Anne Peters, Elemente einer Theorie der Verfassung Europas, 2001, S. 580f.; Armin von Bogdandy, Gubernative Rechtsetzung, 2000, S. 35-38; Anne van Aaken, *Democracy in Times of Transnational Administrative Law, in* Perspectives and Limits of Democracy 41, 53 (Harald Eberhard et al. eds., 2008).

107)　Hans Christian Röhl, Akkreditierung und Zertifizierung im Produktsicherheitsrecht, 2000, S. 44ff.

108)　原田・前掲注100) 77頁。

れた機関が法形成する民主政的正統化は、自己決定や自由意思を有する点で共通の土台を有することを出発点とする[109]。すなわち、自己決定を中心に据えることにより、個別的な意思決定と集団的意思形成が接合し、両者を相補的関係として把握する視座が得られる。例えば、トランスナショナルな活動においては民主的決定過程が欠落することになるので、それゆえに個別的権利保護による正統化（裁判所を媒介とする正統化）が要請されることになる[110]。

このような正統化理解は、政治的統合の単位としての国家の位置付けをも相対化する可能性をはらむ。国際機構・国家・自治組織という多層的なシステムにおける個人は、それぞれの層における決定関与集団に参加しており、各層は独自の規範定立の可能性を持つから、それぞれの層が民主的に正統化されているかが重要な問題となる[111]。このような見方に国際機構にも憲法化を求める議論[112]を接続させると、もはや国家という単位による政治的統合に絶対的な意義は認められず、国家もまた多層的な統合単位の一つにすぎないと評価されることになるかもしれない[113]。

2　開かれた正統性概念

(1)　正統性論の意義　　民主政的正統化論はもともと、国家による決定

---

109)　Christoph Möllers, Gewaltengliederung, 2005, S.33ff.; Claudio Franzius, Europäisches Verfassungsrechtsdenken, 2010, S. 79. 自己決定の問題が正統性の中核にあると指摘するものとして参照、Dagmar Schiek, *Private Rule-making and European Governance,* 32 E. L. Rev. 443, 450 (2007).

110)　Möllers (Anm. 109), S. 244.

111)　Christoph Möllers, Expressive versus represäntative Demokratie, in: Regina Kreide/Andreas Niederberger (Hrsg.), Transnationale Verrechtlichung, 2008, S. 160–182, 173f.; ders, Demokratische Ebenengliederung, in: Ivo Appel u. a. (Hrsg.), Öffentliches Recht im öffenen Staat: FS Rainer Wahl, 2011, S. 759–778, 761.

112)　Thomas Vesting, Die Staatsrechtslehre und die Veränderung ihres Gegenstandes, VVDStRL 63 (2004), S. 41–68, 63; Armin von Bogdandy, Demokratie, Globalisierung, Zukunft des Völkerrechts, in: Hartmut Bauer u. a. (Hrsg.), Demokratie in Europa, 2005, S. 225–252, 238; Christoph Möllers, Verfassungsgebende Gewalt - Verfassung - Konstitutionalisierung, in: Armin von Bogdandy/Jürgen Bast (Hrsg.), Europäisches Verfassungsrecht, 2. Aufl. 2009, S. 227–277, 265.

113)　ゲノッセンシャフト的な国家概念につき、Hugo Preuß, Gemeinde, Staat, Reich als Gebietskörperschaften, 1889, S. 144.

権限の行使が正当なものと扱われる形式的な条件を示す議論であった[114]。ここでその基本的発想をもう少し拡大すると、正統化論とは正統性を論証するための手段であり過程であることがわかる。そして、グローバル化の問題に対応するため、国家活動に限定せずに正統性の概念を用いるとすれば、ある社会的システムやその活動が正当なものと認識され、通用力を有する性質と定義できるように思われる[115]。個人の自由や自律を基盤とする社会においては、個人の自由意思に基づいてその行動が決定されることが理念型としては想定されている。しかし時として、個人の意思を問わず、社会的システムへの服従が強要される場面がある。より正確に言えば、ある社会的システムが個人に対して提示する結果の内容のいかんを問わず、当該個人が社会的システムの活動や結果を受忍することが正当と認識されることがあり得る。このときに当該社会的システムには正統性が認められるのである[116]。言い換えれば、正統性が問題になるのは、ある社会的システムの存在やその決定を当該個人の自己決定によらず受け入れねばならない状況にあるときに限られる。そして、民主政的正統化論の中核に自己決定を据える前述のアイデアをここで応用すれば、正統化の方法としては、自律的で個別的な意思形成の集積による方法（市場による正統化）と、制度的な集団的意思形成による方法（民主政的正統化）の二つがあることになる[117]。

正統性論をこのように捉えた場合、正統化論においては「誰（どのような社会的システム）に対する」「何（どのような活動）を対象とする」正統化の議論なのかが常に意識される必要があるように思われる。伝統的な民主政的正統化論は「国家」に対する「決定としての性格を有する国家行

114)　林知更「憲法原理としての民主政」長谷部恭男他編・高橋和之先生古稀記念『現代立憲主義の諸相（上）』（有斐閣・2013）3〜36（28）頁は、形式的な組織原理としての民主政の構造を法学的に抽出する試みとしてベッケンフェルデの民主政的正統化論を捉えている。

115)　原田大樹『自主規制の公法学的研究』（有斐閣・2007）241〜242頁、同・前掲注100）50頁。Armin von Bogdandy u. a., Völkerrecht als Öffentliches Recht, Der Staat 49 (2010), S. 23-50, 30f. は、国際的な公権力の概念を構想する際に、伝統的な「拘束性」だけではなく、正統性を要求するほどの影響力の行使かどうかをメルクマールとすべきとする。

116)　興津・前掲注33）では、本章に言う正統性を「政治的・行政的アカウンタビリティ（正統性）」と「法的アカウンタビリティ（合法性）」に分離して論じている。

117)　原田・前掲注100）79頁。

為」を対象とする正統化を図るものであった。一方、国際的行政法論が主として注目していたのは、決定としての性格を有する国家行為であっても、その内容形成がグローバル・レベルなどでなされ、国家の立法者の決定権限が空洞化する事例であった。この場合でも形式的には国家による決定がなされ、実質的には国家によってその内容が実現される。そこで、決定権限の空洞化に対しては補完的正統化要素を充塡し、また国家による内容実現の部分を捉えてグローバルな政策基準の定立を理念的には国家に係留する方法が採られている118)。他方、市場における私的活動を対象とする正統化は、自律的で個別的な意思形成の集積と、その裁判所による実現によって果たされることになる119)。ただし私的活動が国家と何らかの結びつきを持てば、制度的な集団的意思形成を基盤とする民主政的正統化が要求されることもあり得る120)。

(2) **正統化の方法** それでは、政策基準の定立とその実現とがともに

---

118) Matthias Ruffert, Rechtsquellen und Rechtsschichten des Verwaltungsrechts, in: Wolfgang Hoffmann-Riem u. a. (Hrsg.), Grundlagen des Verwaltungsrechts Bd. I, 2. Aufl. 2012, S. 1163–1255, 1253 Rn. 174.

119) 私法の正統性をめぐる議論につき参照、浅野有紀「私法理論から法多元主義へ」(本書第12章所収)。

120) 「波及的正統化責任」と「私行政法」の構想はここに位置付けられる。参照、山本隆司「公私協働の法構造」碓井光明他編・金子宏先生古稀祝賀『公法学の法と政策(下)』(有斐閣・2000) 531〜568 (556) 頁。本章のようなアプローチを採用すると、国家の関与が弱くなるほど公法的規律が弱まり、①権利利益の侵害の強度が国家と同程度な「私的」関係や、②国家の関与が擬制的なものにとどまる場合に公法的規律を及ぼすことが難しくなる(興津征雄「書評 原田大樹著『公共制度設計の基礎理論』」季刊行政管理研究 147 号 (2014) 54〜60 (56) 頁)。このうち①について言えば、伝統的な行政法学においても、そのメルクマールである「権力性」は単に権利利益の侵害の強度に注目するのではなく、行政活動の名宛人の同意なき(受忍)義務の有無に力点があったのではないかと考えられる。それゆえ、権利利益侵害の程度が国家に匹敵する私的関係に対しては、侵害の強度のみでは行政法的規律を要請することはできず、それ以外の要素(スポーツ団体を例にすれば、スポーツ団体と国家との財政的な結びつき(小幡純子「スポーツにおける競技団体の組織法と公的資金」道垣内正人＝早川吉尚編『スポーツ法への招待』(ミネルヴァ書房・2011) 39〜60 (56〜59) 頁)や、スポーツ団体の独占的地位を国家が(黙示的に)承認していること(Klaus Vieweg/Paul Staschik, Lex Sportiva, in: Klaus Vieweg (Hrsg.), Lex Sportiva, 2015, S. 17–57, 39–42))が求められるように思われる。また②については、グローバル・レベルでの正統性の向上と、国家レベルでのグローバル政策決定に対する修正・拒否可能性の留保の二つの選択肢が対処方法として考えられるところである。その要求水準を判断する手がかりとして、「古典的な国家の民主政」における正統性の水準を functional に維持する発想に意味があると解するのが、本章の基本的立場である。

グローバルなアクター（とりわけ民間主体）によって担われ、国家活動との接点を欠くような場合（例：ISO による規格定立、スポーツ法）には、どのような形で正統化が図られるのであろうか。このときには係留点としての国家を想定できないものの、何らかの形での集団的意思形成が問題となっている。そこで、国家行政に対して要求される公法法理をグローバルなアクターに対しても段階的に適用する方向が模索されることになる。グローバル行政法論においてはこの傾向がきわめて顕著である[121)]。また国際的行政法論においても、グローバルな政策形成における参加の機会等を要求する万民行政法（Völkerverwaltungsrecht）[122)]の必要性が指摘される他、国内行政法・ヨーロッパ行政法において発達した行政上の法の一般原則の適用や、国際法上の規定が不明確な場合には他領域における実定国際法の規定を積極的に参照することが説かれる[123)]。

グローバル行政法論と国際的行政法論はここまでは軌を一にしているものの、この先に大きな分岐点が存在する。グローバル行政法論においては、多層的で複線的な意思形成を正面から許容し、利害関係者間での合意を調達する利益民主主義的な方向を示す。これに対して国際的行政法論では、分野ごとのグローバルな政策基準に時間的・論理的に先行する一次法（憲法）の存在を重視し、これを起点に具体的な政策基準である二次法規範を整序することで紛争時の権利利益の保護を図る法治主義的な発想が見られる[124)]。そして一次法規範に基本権や各国の国家の憲法（伝統）を接続させること（憲法連携）[125)]で、分野ごとの集団的意思形成を横断的にメタコントロールする枠組みを設定し、それによって集団的意思形成における一元性を維持しようとしているように思われる。

(3)　開かれた正統性概念　　ここまで、ドイツ公法学で盛んに論じられ

121)　藤谷・前掲注 33) 149〜153 頁、興津・前掲注 33)。国家による行政とは別系統の作用としての社会管理（Gesellschaftsadministration）法のアイデア（Dimitropoulos (Anm. 56), S. 368）もこの系統に属する。

122)　Christoph Möllers, Transnationale Behördenkooperation, ZaöRV 65 (2005), S. 351-389, 384f.; ders, Der vermisste Leviathan, 2008, S. 92.「万民行政法」の訳語は、興津征雄准教授（神戸大学）のご教示による。

123)　Schmidt-Aßmann (Anm. 71), S. 278f.

124)　Schmidt-Aßmann (Anm. 71), S. 274f.

125)　Schmidt-Aßmann (Anm. 52), S. 271; ders (Anm. 71), S. 274.

る民主政的正統化論を前提に、正統性と正統化の議論を分節し、正統性の概念を国家における制度的な集団的意思形成でない局面にも開放する作業を行ってきた（開かれた正統性概念[126]）。ここでは、個別的・自律的な意思決定の集積と集団的・制度的な意思形成とが両極に位置付けられる。個別的で自律的な意思決定の集積による正統化がなされる典型的場面は、①個人の決定による影響が当該個人にしか及ばない、②相手方・密接な関係を有する第三者集団にしか及ばない、③不特定多数の第三者に及ぶとしてもそのことが法的に許容されている（＝権利として設定されている）ときであり、このような場合に自己の意思に反する事態が発生すれば、裁判所による解決が目指されることになる。これに対して、不特定多数の利益に関係する場合には集団的な意思決定が必要となり、その意思決定の内容のいかんを問わず個人がこれを承認せざるを得ないシステムが必要となる。これに応えているのが民主政的正統化論である。そして、国家の立法者は、この両者の切り分けを行う権限を有している[127]。

この考え方は、グローバルな政策実現過程における政策目的の確定にも応用可能である。グローバルな政策基準の実現が国家の手に委ねられている場合には、たとえ国際公益の形成過程が多段階化・多元化したとしても、国家の立法者を経由する民主政的正統化がなお有効である。これに対して、グローバルな政策基準の実現が国家と接続しない場合には、国家の立法者を経由しない正統化の可能性が開かれている。ただし、国家は何を自らが実施すべき事務とするかについて幅広い決定権限を有しているから（国家の包括的権限[128]）、国家と接続しないグローバルな政策基準の実現をいつでも自己の任務領域に引き入れて制度化することができる（不介入オプション[129]）。この不介入オプションを介在させることにより、グローバルな

126)　原田・前掲注 90) 106〜108 頁、同・前掲注 100) 77〜80 頁。
127)　もっとも、民事取引の一般ルールに対する立法者の介入には、憲法の諸規定や立憲主義の考え方から一定の限界線が引かれるべきである。この点を「補充的規律事項」という観点から説明したものとして参照、原田大樹「立法者制御の法理論」同・前掲注 11) 178〜234 (211〜212) 頁［初出 2010］。
128)　原田・前掲注 11) 36 頁［初出 2010］。
129)　中里実「国家目的実現のための手法」南博方他編・市原昌三郎先生古稀記念『行政紛争処理の法理と課題』（法学書院・1993) 47〜67 (59) 頁、原田・前掲注 115) 239 頁、同・前掲注 97) 530 頁。

政策形成過程をも国家を舞台とする一元的な集団的意思形成の枠内に理念上とどめようとするのが、開かれた正統性論の基本的な考え方である[130)]。

V　おわりに――グローバル化と国家の役割

本章では、行政法と民事法の組み合わせによる問題解決という発想をグローバル・レベルに単純に延長することができるのかという問題を取り上げ、ドイツの国際的行政法論を手がかりに「連携」と「正統性」の概念に注目して検討作業を行った。その結論を短く要約すれば以下の通りである。

(i)　グローバル・レベルにおいて行政法と民事法の組み合わせによる問題解決を実現するためには、抵触法的解決の可能性が模索されなければならない。しかし、国際私法が前提にしている各国私法の交換可能性は、政策実現のための法としての色彩が強い行政法にはなお妥当しない部分が多い。そこで、グローバルな政策形成過程において実現されるべき政策目標が共通化されることや、政策実施過程において各国間の法執行体制を平準化することで相互の信頼関係を醸成することが求められる。

130)　開かれた正統性論では、個別的意思決定の集積と制度的な集団的意思形成という二極を設定している。このうち制度的な集団的意思形成の典型は国家（とりわけ議会政）ではあるものの、それだけが念頭に置かれているわけではない。国際機構や自治組織など、何らかの制度がすでに存在し、その制度的な決定に正統性を付与するメタ決定が先行している構造のものはすべてこの類型に含まれる。このメタ決定の根拠を突き詰めていくと国家にたどり着くがゆえに、開かれた正統性論は国家を中核とするグローバルな政策実現過程を想定することになる。国家に淵源が求められる理由は、始原的民主政の過程を国家に置くという憲法的な決定と、その前提として国家に強制的な実力行使を含む執行権限が独占されているとの認識であり（原田・前掲注 11）30 頁［初出 2010］）、それゆえこの前提が今後失われることになれば、国家を淵源にしない制度的意思形成はあり得ることになる。このような制度的な決定構造が設定されていない部分での（個人の自己決定に依らない）意思形成方法が個別的意思決定の集積である。この両者の線引きを行うのが国家の立法者であり、それゆえ開かれた正統性論は、正統性・正統化の問題を量的概念と捉え直し、そのバリエーションを創造する場として再定位されるのである（原田・前掲注 100）79 頁）。例えば、スポーツ法における私人間の権利利益侵害が重大であり、制度的な決定の領域に含めたほうがよいと立法者が判断すれば、部分的国家行政化（原田・前掲注 115）271 頁）等の方法でその決定に公法的規律を及ぼす可能性が開かれることになる（このような立場を採るフランスの状況につき参照、興津征雄「フランス」『諸外国におけるスポーツ紛争及びその解決方法の実情に対する調査研究』（日本スポーツ仲裁機構・2014）5～33 頁）。

(ii)　グローバル・レベルにおいて行政法と民事法の組み合わせによる問題解決を実現するためには、裁判官が自国法以外の法を解釈・適用して民事紛争を解決することが許容されなければならない。しかし、グローバルな政策基準は国内の立法過程を経由して内容が形成されたわけではないから、民主政的正統化がなされていないことになる。そこで一方では、国家活動を統制するために発展してきた公法法理をグローバルな政策基準の形成主体や形成手続にその作用の性質に相応するように適用すること、他方でこれが不十分と国家が判断した場合には国家の立法者が政策基準の策定に踏み切ることが求められる。

以上の議論に投影されているグローバル化に対応した「係留点としての国家」に期待されている機能は大きく二つあるように思われる。一つは、公的領域（集団的意思形成）と私的領域（個別的意思決定）とを分離し、国民の自由や権利を保護する機能である[131]。そしてもう一つは、集団的意思形成において利害関係者のみの合意で済ませるのではなく、一元的な意思形成を実現する機能である。前者の基本権の庇護者としての国家という発想は、抵触法的な解決や、トランスナショナル法という捉え方に対する消極的評価と結びついている。また後者の一元的集団的意思形成の場としての国家という発想は、グローバル・レベルにおける政策形成過程の分野ごとの断片化（Fragmentierung）を国家のレベルで統合する考え方と結びついている。

しかし、理論的に考えれば、この二つの機能は必ずしも国家によってのみしか担えないものではない。国民の自由や権利を保護することは、個人を中心とする同心円の団体秩序（ゲノッセンシャフト的な国家）によっても可能かもしれない[132]。また一元的集団的意思形成による政治的統合は、多層的な政治集団ごとの自己決定の積み重ねによっても達成できるかもしれない。本章は、ドイツ公法学のこの点をめぐる豊饒な理論的蓄積の一端

---

131)　棟居快行「グローバル化が主権国家にもたらすもの」長谷部他編・前掲注 114) 695～713 (712) 頁は、国家がグローバル市場を遠ざけておき、この意味での国家と社会の二元性を維持しておくことが、経済的システム・クラッシュに対する保険となるとする。

132)　Wilhelm Ehrhard, Die Grundlagen der Staatslehre Carl Theodor Welckers, 1910, S. 93ff.; Siegfried Grassmann, Hugo Preuß und die deutsche Selbstverwaltung, 1965, S. 16ff.; Günther Gillessen, Hugo Preuß, 2000, S. 37f.

を示し、これを手がかりにいくつかの試論を提示したにとどまる。公法・私法関係論は、行政法学にとってはその存立をかけた問いであり続け、それはグローバル化時代においても変わることがない。本章が提示した、国家の役割や機能にグローバル化という視角から迫る理論的作業を行う際に経由すべきいくつかの転轍点に関する分析を深化させることが、今後の課題となる。

【附記】　本章は、「グローバル化時代の公法・私法関係論――ドイツ『国際的行政法』論を手がかりとして」社会科学研究（東京大学）65巻２号（2014）9～33頁に加筆修正を加えたものである。本章は、JSPS科研費（課題番号25380039；24330008；60114526；25285012；60436508）の助成を受けたものであり、またHumboldt-Stipendium für erfahrene WissenschaftlerおよびKulturwissenschaftliches Kolleg Konstanzの助成に基づく在外研究（2015年３月～9月）の研究成果の一部でもある。

第2章 グローバル行政法とアカウンタビリティ

——国家なき行政法ははたして、またいかにして可能か

興津征雄

Ⅰ はじめに

いつの頃からか、グローバル行政法（global administrative law）と呼ばれる「ちょっと変わった（un peu bizarre）」[1)]学問領域が、世界中の行政法研究者の耳目を集めるようになっている[2)]。行政活動の国際的な展開に対して行政法学がどのように向き合うべきかという学問的課題自体は、決して古いものではなく、これまでにも研究の蓄積が見られたし[3)]、近時の日

1) Jean-Bernard Auby, “La théorie du droit administratif global: Brève présentation critique”, Intervention à la 3e session du Séminaire “Droit Administratif Comparé, Européen et Global”, Chaire Mutations de l'Action Publique et du Droit Public, Sciences Po, Paris, 11 mai 2007, p.1, consultable sur 〈http://www.sciencespo.fr/chaire-madp/sites/sciencespo.fr.chaire-madp/files/jba.pdf〉. 本章で引用するウェブページの最終閲覧日は、すべて 2015 年 6 月 12 日である。

2) 現在、英語版ウィキペディアには “Global administrative law” と題する項目が存在する〈http://en.wikipedia.org/wiki/Global_administrative_law〉。記事の内容は、ニューヨーク大学のプロジェクトを前提に書かれているように見える。

3) 19 世紀後半のフォン・シュタイン（Lorenz von Stein）やド・マルテンス（Frédéric de Martens）らによる国際的な行政活動への着目以来、20 世紀の国際行政法（droit administratif international）／行政国際法（droit international administratif）の対抗（後掲注 21）参照）を経て、21 世紀のグローバル行政法の登場に至るまでの学説史については、Clémentine Bories, “Histoire des phénomènes administratifs au-delà de la sphère étatique: tâtonnements et hésitations du droit et/ou de la doctrine”, *in Id.* (dir.), *Un droit administratif*

本でも、グローバル化・国際化と行政法という研究アジェンダが先駆的な研究者の関心を引き、徐々にではあるが興隆の兆しを見せつつある[4]。そうした研究の最先端の動向は、本書の他の論考で触れられるであろう[5]。それに対し、本章は、特定の研究プロジェクトとしての“グローバル行政法”の紹介および検討を目的とする。すなわち、今日の世界におけるグローバル行政法研究の、少なくとも一つの、そしておそらく最大の、中心をなしているであろうと思われる、ニューヨーク大学法科大学院（New York University School of Law）国際法・国際裁判研究所（Institute for International Law and Justice）におけるグローバル行政法プロジェクト[6]に焦点を当てることにする。

もとより、ニューヨーク大学のグローバル行政法プロジェクトは、日本語でもすでに紹介・検討の対象となっており[7]、本章の企図は屋上屋を架

---

global? /A Global Administrative Law?, Paris: Éd. Pedone (2012), pp.25-60. 1930年代以降の日本における学説史の概観として、斎藤誠「グローバル化と行政法」磯部力他編『行政法の新構想Ⅰ 行政法の基礎理論』（有斐閣・2011）339～374頁、343～347頁。

4)　最近では原田大樹と藤谷武史の一連の研究が双頂の孤峰であろう。両人の関係著作は行論に応じて引用するが、日本およびドイツにおける先行研究を引用しつつ、この領域における現在の到達点と今後の課題とを概観するものとして、原田大樹「国際的行政法の発展可能性―グローバル化の中の行政法（1）」自治研究88巻12号（2012）80～100頁（同『公共制度設計の基礎理論』（弘文堂・2014）95～113頁）参照。また、象徴的な出来事として、定評ある行政法の教科書に「国際行政法との協働」と題する一節が現れたこと（大橋洋一『行政法Ⅰ 現代行政過程論〔第2版〕』（有斐閣・2013）104～112頁（第1部補論））、『行政法の争点』の新版に「グローバル化と行政法」と題する項目が設けられたこと（原田大樹「グローバル化と行政法」高木光＝宇賀克也編『行政法の争点（新・法律学の争点シリーズ）』（有斐閣・2014）12～13頁）を指摘しておく。

5)　特集「グローバル化と公法・私法の再編」社会科学研究（東京大学）65巻2号（2014）も参照。

6)　グローバル行政法ウェブサイト〈http://www.iilj.org/GAL/〉を参照。なお、イタリアの行政研究所（Istituto di ricerche sulla pubblica amministrazione）においても同名のプロジェクトが行われており〈http://www.irpa.eu/gal-section/〉、ニューヨーク大学とは協力関係にあるようである。

7)　宮野洋一「『グローバル行政法』論の登場―その背景と意義」横田洋三＝宮野編『グローバルガバナンスと国連の将来』（中央大学出版部・2008）323～338頁、藤谷武史「多元的システムにおける行政法学―アメリカ法の観点から」新世代法政策学研究（北海道大学）6号（2010）141～160頁、特に146～158頁。また、グローバル行政法の知見を、行政的統治として把握された国際経済犯罪規制に応用する試みとして、山内由梨佳「行政化する国際経済犯罪規制について―マネーロンダリング犯罪研究を手がかりとして」社会科学研究（東京大学）60巻2号（2009）5～31頁、特に13～24頁（国際法と国内法の区分の相対化）、24～30頁（国際法上の行為主体としての国家のプレゼンスの低下・行為主体の理論的定位の必要）。

す懸念がないわけではない。それでも本章があえてグローバル行政法を取り上げるのは、このプロジェクトが、従来日本で主流であったと思われる国家中心の行政法の捉え方とは異なる行政法の構想を前提にしている可能性があると考えるからである。公法学における国家の存在感が、消失したとは言わないまでも低下しつつあることは、一つには規制緩和・民営化・公私協働などの文脈で、もう一つには他ならぬグローバル化の影響下で、すでに指摘されて久しい[8)]。にもかかわらず、日本の行政法の理論体系は、依然として議会立法による授権と正統化の連鎖および独立した裁判所による司法審査を前提として組み立てられており、民主主義と権力分立を基盤とする国家の統治構造を抜きにして行政法の存立を語ることは、木に縁りて魚を求むがごとき所為かに思われる[9)]。ところが、グローバル行政法が妥当し適用されると主張されるグローバルな行政空間は、国家の枠組みを超えた社会であり、民主主義や権力分立が――少なくとも国家におけるのと同じ態様では――存在しない。このような世界において、仮に行政法と呼び得る法が存立し得るとすれば、それはいかなる理論的・規範的基盤に立脚するものだろうか[10)]。これが本章の出発点にある問題意識である。

結論をやや先取りして言えば、グローバル行政法は、民主主義や権利といった価値・理念に依拠することを当面は断念し、グローバル行政におけるアカウンタビリティの確保という手続的な法原理をその規範的基礎付けとしている（後述**II 2(2)**）。アカウンタビリティの意味は本章で詳しく検討

---

8)　こうした現象にアプローチする大前提として公法学が持っておかなければならない概念装備についての本章の理解は、石川健治「承認と自己拘束―流動する国家像・市民像と憲法学」岩村正彦他編『岩波講座現代の法 1 現代国家と法』（岩波書店・1997）31～64 頁に多くを負う。また、今から 20 年以上前に、この文脈で公法学が取り組むべき課題を見通していた同「国家・国民主権と多元的社会」樋口陽一編『講座憲法学 2 主権と国際社会』（日本評論社・1994）71～108 頁も、必読の文献であると思われる。

9)　英米においては国家の概念が理論構築上重視されないという指摘もあるが（藤谷・前掲注 7）146 頁）、ここでは、一応、英米において存在する政府（government）の概念が大陸法における国家の概念に機能的に対応するものと考えておく（小早川光郎『行政法（上）』（弘文堂・1999）8～9 頁）。英米における「国家の論理」の忌避につき、石川・前掲注 8）「承認と自己拘束」52 頁も参照。

10)　*Cf.* Sabino Cassese, “Administrative Law without the State? The Challenge of Global Regulation”, *N.Y.U. Journal of International Law and Politics,* Vol. 37 No. 4 (2005), pp.663-694, p.670; Bories, *supra* note 3, p.55.

するが（後述III 1）、要はグローバルな行政活動に携わる諸主体・諸機関に自らの活動についてきちんと説明し正当化する責任を負わせることで、グローバル行政の公共性を確保しようとする考え方であり、その発想は直感的に見てきわめて健全である。しかし、穏当な常識論であることと、それが法として妥当することとは、別のことである。グローバル行政法が法なかんずく行政法であると主張するならば、その前提とする法ないし行政法がいかなる規範の体系であるかという規範構想や、当該規範によってグローバル社会をどのように秩序付けるかという秩序構想が、理論的に説明される必要があるだろう。仮に国家という覆いを取り払ったときに、アカウンタビリティという概念だけで行政法の存立を基礎付けることが本当に可能なのか、可能とすればそれはいかなる規範構想・秩序構想に立脚するものなのかというのが、本章の直接の論題である。

そうは言っても、日本では未だにグローバル行政法の内容自体が十分知られているとは言い難い。そこで、本章では、まずグローバル行政法の骨子を、その対象としてのグローバル行政空間（II 1）と、その内容をなすアカウンタビリティ（II 2）とに着目して、先行研究との重複をなるべく避けつつ紹介する。次に、アカウンタビリティという概念を軸とするグローバル行政法の規範構想・秩序構想がいかなるものであるかを、複数の論者の所説に照らして考察するが（III 2）、その前にアカウンタビリティの概念自体について一般的な検討を行うことにしたい（III 1）。

II　グローバル行政法の骨子

グローバル行政法という研究領域は、世界的にも未だブレインストーミングの段階にあると見られ、この言葉を一般名詞としてどのように理解しどのように用いるかは、国により論者により多様であり得る。世界中で陸続と公表される研究成果[11]を網羅的に参照してその理解・用法を同定する

11）グローバル行政法に関する文献については、ニューヨーク大学プロジェクトの “Global Administrative Law: A Bibliography”〈http://www.iilj.org/gal/bibliography/〉が包括的であるが、2010年頃で更新が止まっているようである。各論部分は欠くものの、より新しい文

ことはもはや不可能なほどに、この言葉は人口に膾炙しすぎている。しかし、ニューヨーク大学を中心とする一つの「学問運動」[12]ないし「アプローチ」[13]としてのグローバル行政法については、その主唱者であるキングズベリー（Benedict Kingsbury）、クリシュ（Nico Krisch）、ステュワート（Richard B. Stewart）[14]が「グローバル行政法の出現」と題する綱領的論文を公にしており[15]、少なくともプロジェクトの初期段階における共通了解を知るには、他の関係論文とともにこれを参照することが便宜である。

彼らによれば、「グローバル行政法の概念は、グローバル・ガヴァナンスの多くを行政（administration）と理解し得ること、そして、そのような行政がしばしば行政法的な性格を持つ原理（principles of an administrative law character）により組織され形作られていること、という二つの対をなす考え方から始まる」[16]。これを前提とすれば、グローバル行政法の構想は、その対象となるグローバルな行政（活動／主体／空間）（後述**1**）と、そこで妥当するとされる行政法的な性格を持つ原理（後述**2**）とによって理解されることになる。

献リストとして、Sabino Cassese *et al.* (eds.), *Global Administrative Law: The Casebook,* 3rd ed., Kindle edition, IRPA/IILJ (2012), Loc. No. 36522-37330.

12)　藤谷・前掲注7) 149頁（「GAL［グローバル行政法］とは規範論的な動機の下に記述論的体系化作業を行う、一つの学問運動であると理解した方がよい」）。

13)　宮野・前掲注7) 330頁（「『一定の方向づけをもってグローバル行政法と把握しようとする視角と姿勢にこそその本質がある』ことを強調する意味で、『グローバル行政法』論または『グローバル行政法というアプローチ』としておきたい」）。

14)　キングズベリー（ニューヨーク大学教授）およびクリシュ（当時オックスフォード大学マートン・カレッジ　ジュニア・リサーチ・フェロー、現ジュネーヴ国際・開発研究大学院大学教授）は国際法、ステュワート（ニューヨーク大学教授）は行政法が専門である。

15)　Benedict Kingsbury / Nico Krisch / Richard B. Stewart, "The Emergence of Global Administrative Law", *Law and Contemporary Problems,* Vol. 68 No. 3-4 (2005), pp.15-61. この論文は世界各国語に翻訳されている（スペイン語訳、中国語訳、ポーランド語訳はプロジェクトのウェブサイト（前掲注6)）で参照可能。フランス語訳はリンク切れとなっているが、Aline Lemoine (tr.), "L'émergence du droit administratif global", *in* Bories (dir.), *supra* note 3, pp.335-389 に掲載）。

16)　Benedict Kingsbury / Nico Krisch / Richard B. Stewart / Jonathan B. Wiener, "Foreword: Global Governance as Administration—National and Transnational Approaches to Global Administrative Law", *Law and Contemporary Problems,* Vol. 68 No. 3-4 (2005), pp.1-13, p.2; Nico Krisch / Benedict Kingsbury, "Introduction: Global Governance and Global Administrative Law in the International Legal Order", *European Journal of International Law,* Vol. 17 No. 1 (2006), pp.1-13, p.2.

1　対象：グローバル行政空間

グローバル行政法の第一の出発点は、グローバル・ガヴァナンス[17]を、行政法の適用対象たる行政と捉えるところにある[18]。グローバル・ガヴァナンスの概念を論者自身の言葉で定義した箇所は見当たらないが、一般的な語義に従えば、集権的な統治機構（government）の存在しない世界において、国境を越えた諸課題に対処するための国際機関・国家・企業・自治体・非政府組織（NGO）・個人等の諸主体の相互作用の過程ないし枠組みを意味すると考えられる[19]。このようなグローバル・ガヴァナンスの概念が国際行政の概念とオーバーラップすることは常識的に了解可能と思われるが[20]、グローバル行政法の特色は、従来の国際行政法（行政国際法）[21]が

17)　日本の学説においては、グローバル・ガヴァナンスという概念を基礎として法的な議論を展開することに批判的な見解がある（斎藤・前掲注3）339頁註1）、374頁）。グローバル・ガヴァナンスは、もともと国際関係論に出自を持つ概念であるから、法的な道具概念としての意義を持たないのは当然であるが、仮にこの見解が同概念の「問題発見の場」（原田・前掲注4）『公共制度設計の基礎理論』84頁）としての意義まで否定し去るのであれば、行きすぎであろう。斎藤論文でも扱われているように、国家という枠を超えた世界においても行政類似の事象が存在していることは否定できないのであり（国際レジームによる決定の正統性・権利保護につき斎藤・前掲注3）370～371頁）、そうした事象を、行政法をモデルとした思考の枠組みによって把握・規律しようとするところにグローバル行政法の問題意識があり、グローバル・ガヴァナンスを行政と捉えることによってそうした問題状況が明確に認識されるというのが、グローバル行政法の立場であると考えられる。もちろん、それが学問的に成功しているか否かは別の問題であり、本章の課題の一つはその点の検証にある。

18)　Cassese, *supra* note 10, p.670 n. 44は、グローバル・ガヴァナンスの概念が政府の存在を前提としないことを嫌い、「グローバル規制システム（global regulatory system）」または「グローバル規制（global regulation）」の語を用いるが、議論の射程を違える趣旨であるか否かは明らかではない。

19)　山本吉宣『国際レジームとガバナンス』（有斐閣・2008）169頁は、グローバル・ガヴァナンスの基本的な要素として、①目的（多くの問題領域を含む共通の事項の管理）、②主体（公私を問わず、国家・非国家の両方を含む）、③方法（フォーマル・インフォーマルなレジーム・機構を含む）、④行動規範（利益を調整し、協力的な行為に基づく）を挙げる。国際行政学におけるグローバル・ガヴァナンス論の系譜については、城山英明『国際行政論』（有斐閣・2013）21～39頁。

20)　城山・前掲注19）3頁は、国際行政を「国境を越えた諸活動を確保し相互依存に伴う諸課題を解決するための、さまざまな組織的試みの総体」と定義する。

21)　山本草二「国際行政法」雄川一郎他編『現代行政法大系1 現代行政法の課題』（有斐閣・1983）329～364頁によれば、国際行政法（広義）は、狭義の国際行政法（droit administratif international）と行政国際法（droit international administratif）とに分類される。前者は、「各国の国内行政法の適用・妥当範囲と国内行政機関の権限を定める」抵触法規範（同書330頁）であり、後者は固有の国際行政事務について国際法の観点から規律を加える「国際法上の行政法」（同書331頁）である。

対象としてきた条約に基づく制度的な態様の活動[22)]のみならず、公私混合型の行政や私的団体による行政[23)]をも射程に収めていることである[24)]。このようなグローバル行政を担う公私の主体は、グローバル行政主体（global administrative bodies）と呼ばれる[25)]。

グローバル行政法の適用対象は、さらに、グローバル行政活動（global administrative action）およびグローバル行政空間（global administrative space）という概念によって画される。

前者は、「行政立法（rulemaking）、裁決（adjudications）、ならびにその他の条約制定および当事者間の単なる紛争解決を除く決定」[26)]と定義される。これは、国内行政の定義に関する控除説にならったものと見られるが、論者自身認めるように、国際レベルでは国内レベルにもまして一層立法・司法との差異は相対的であり、「暫定的な輪郭付け（provisional delineation）」[27)]にすぎない。

後者は、「いくつかの異なる類型の規制行政組織と、国家のみならず個人・企業・NGOを含む様々な類型の規制対象たる主体が存在する」[28)]空間とされる。このグローバル行政空間の概念は、さらに、グローバル行政法の対象＝主体（subject）と結びつけられ、国家間関係の規律を目的とする古典的な国際法と、グローバル行政法とを分かつ鍵となっている[29)]。すな

---

22)　山本（草）・前掲注21）334～336頁は、国際行政法の主体として、「多数国間条約によって設立され、国家を構成単位とする団体であって、これら加盟諸国の共通利益を継続的に達成するため、固有の組織と権能をもつ」国際組織（同書334頁）と、「正規の国際組織でなくとも、多数国間条約に基づいて、定期会議により継続的にその基本目的の実現をはかる」その他の国際制度（同書335頁）とを挙げる。

23)　グローバル行政法の主唱者は、対象となるグローバル行政を次の五つの類型に分類している。(1)公式の国際組織による行政、(2)各国の規制当局間の協力合意により超国家的ネットワークを形成し、共同で行われる行政、(3)条約・ネットワーク・その他の協力枠組みの下で各国に分配された行政、(4)各国政府と私的主体との混合による行政、(5)規制機能を持った私的機関による行政（Kingsbury / Krisch / Stewart, *supra* note 15, pp.20–23）。具体例も含め詳しくは、宮野・前掲注7）325～327頁。

24)　Bories, *supra* note 3, pp.46–47.

25)　Kingsbury / Krisch / Stewart, *supra* note 15, p.17.

26)　*Ibid.*

27)　*Ibid.*

28)　*Ibid.*, p.18.

29)　*Ibid.*, pp.23–25.

わち、伝統的な理解によれば、国際的な規制執行の枠組みとは、国家が国際法上負う義務を履行するために国内法に基づいて私人を規制するというモデルであり、国家が権利義務の主体となる国際法の世界と、私人が権利義務の主体となる国内法の世界とが、完全に峻別されていた。ところが、条約の実施について国際社会が強い関心を持ち続け国家の活動がコントロールされるケース（ワシントン条約（CITES）[30]、モントリオール議定書[31]、バーゼル条約[32]などの環境条約[33]に多く見られる）や、そもそも国家行為の介在なしに、国際的な決定により私人が直接的な法的帰結を受けるケース（京都議定書によるクリーン開発メカニズム（CDM）認証[34]、国連難民高等弁務官（UNHCR）による難民認定[35]など）が増えている[36]。グローバル行政空間は、このようにグロ

30）　日本におけるワシントン条約の実施体制の不備が国際的な非難を受けて改善される経緯につき、上河原献二「条約実施を通じた国内・国際双方向の変化―ワシントン条約制度実施を例として」新世代法政策学研究（北海道大学）12号（2011）197～214頁、菊池英弘「ワシントン条約の締結及び国内実施の政策形成過程に関する考察」長崎大学総合環境研究14巻1号（2011）1～16頁。

31）　日本にとって「国内で争点化した問題ではなく、条約・議定書という形でいわば「外から与えられた」政策課題」であったオゾン層保護の実施過程につき、久保はるか「オゾン層保護条約の国内実施体制と過程―国内事業者の取組みに焦点を当てて」城山英明＝山本隆司編『融ける境　超える法5　環境と生命』（東京大学出版会・2005）233～273頁（引用は238頁）。

32）　バーゼル条約の国内実施における国内行政法上の問題点につき、島村健「国際環境条約の国内実施―バーゼル条約の場合」新世代法政策学研究（北海道大学）9号（2010）139～164頁、特に144～148頁。

33）　参照、高村ゆかり「環境条約の国内実施―国際法の観点から」論究ジュリスト7号（2013）71～79頁、72頁（「環境条約が定める国際義務は、国家間の関係を規律するに止まらず、その義務の履行に当たって国内の私人の権利や自由、とりわけ経済活動の自由を制限する措置を伴うことが少なくない」）、75～76頁（環境条約規範の迅速・簡略な改定（進化性）と民主的統制との関係）。

34）　CDM認証の（公）法的問題点につき、原田大樹「多元的システムにおける行政法学―日本法の観点から」新世代法政策学研究（北海道大学）6号（2010）115～140頁、123～124頁（同・前掲注4）『公共制度設計の基礎理論』32～33頁）参照。

35）　いわゆるマンデート難民の認定である。See Maja Smrkolj, "International Institutions and Individualized Decision-Making: An Example of UNHCR's Refugee Status Determination", *in* Armin von Bogdandy *et al.* (eds.), *The Exercise of Public Authority by International Institutions: Advancing International Institutional Law,* Heidelberg: Springer (2010), pp. 165-193; Emma Dunlop, "A Globalized Administrative Procedure: UNHCR's Determination of Refugee Status and its Procedural Standards", *in* Cassese *et al.* (eds.), *supra* note 11, Loc. No. 15225-15339.

36）　Kingsbury / Krisch / Stewart, *supra* note 15, p.24.

ーバルな規制システムにおいて権利利益を侵害されるか、少なくとも何らかの利害関係を有していて相互に影響しあう国家以外の多様な主体を視野に収めるための概念である[37]。

2　内容：アカウンタビリティ

(1)　**グローバル行政法の内容**　以上のようにグローバル行政法の対象を特定できるとすると、そのねらいも自ずと明らかになってくる。一言で言えば、グローバル行政法の核心は、グローバル行政主体のアカウンタビリティ（accountability）[38]を確保することにあるといってよい[39]。すなわち、伝統的な国際法と国内法の二元論を前提とすれば、国際機関は国家に対して責任を負い、国家は国民に対して責任を負うことで、国際的な法執行においてもアカウンタビリティが確保されていると一応は言えた。しかし、前項で見たような国際法と国内法の二元論の相対化とグローバル行政空間の出現は、このような国家を媒介としたアカウンタビリティの構造を危殆にさらすことになった[40]。そうした事態に対する処方箋として構想されるグローバル行政法は、「グローバル行政主体が、透明性（transparency）・参加（participation）・理由付けられた決定（reasoned decision）[41]・法による行政（legality）[42]などの適切な基準を遵守することを確保し、グローバル行政主体が制定した規範や行った決定の実効的な審査を提供することで、当該主体のアカウンタビリティを増進し、あるいは少なくともそれに影響を与える仕組み（mechanisms）、原理（principles）、運用（practices）、およびそれらを支える社会的理解（supporting social understandings）を包括す

37）*Ibid.*, pp.25–27.

38）アカウンタビリティの概念、およびこれを“説明責任”と訳さないことについては、後述**III 1**参照。

39）Kingsbury / Krisch / Stewart, *supra* note 15, p.17.

40）*Ibid.*, p.26. 同旨、山内・前掲注 7）14 頁。

41）藤谷・前掲注 7）149 頁は「理に適った決定」と訳すが、その内容は「当事者またはその他の手続参加人（commenters）により提示された主要な主張に対する応答も含めて、行政決定に理由を与える要請」（Kingsbury / Krisch / Stewart, *supra* note 15, p.39）であるから、日本の行政手続法にいう理由提示ないし理由付記に対応するものと考え、本文のように訳した。フランス語訳では motivation（Lemoine（tr.）, *supra* note 15, p.337）となっているが、これは理由付記の意である。後掲注 135）も参照。

42）この訳語については、後掲注 134）参照。

るもの」[43]と定義される。

具体的には、グローバル行政空間におけるアカウンタビリティはどのようにして確保されるのか。論者らは、現に存在するアカウンタビリティ確保のための制度的仕組みをいくつかの類型に分けて提示し、それを素材にグローバル行政法の法原理を提示するという構成を採っている[44]。前者の例としては、国内機関（裁判所[45]・行政機関・議会）によるグローバル行政活動の審査[46]、国際機関内部における手続保障・利害関係者やNGOの参加の仕組み[47]、国内行政機関が国際的な規制主体として行動する際に課せられる一種のデュー・プロセスや人権保障などの諸規範[48]などが挙げられている。それを受けて理論化された後者の例としては、手続的な参加および透明性[49]、理由付けられた決定[50]、審査（裁判所による審査および組織の内部機関による審査）[51]、および実体的基準（比例性、目的手段合理性、不必要な制限的手段の禁止、信頼保護等）[52]が、若干の例外事由（主権免除[53]および各行政領域に即した適用除外の可能性[54]）とともに、グローバル行政法を形成する基本的な法原理として位置付けられる。

---

43)　Kingsbury / Krisch / Stewart, *supra* note 15, p.17.

44)　藤谷・前掲注 7) 150～151 頁に、簡にして要を得た紹介がある。

45)　キングズベリーらが取り立てて強調しているわけではないけれども、異なる法秩序に属する裁判所相互の関係をどのように整序するかは、グローバルな法秩序を構想する上での大きな課題となる。参照、伊藤洋一「ヨーロッパ法における多元的法秩序間の調整問題について」新世代法政策学研究（北海道大学）4 号（2009）93～117 頁、および具体的事例に即した検証として、興津征雄「公正な裁判と論告担当官―ヨーロッパ人権条約 6 条に試されるフランス行政法」濵本正太郎＝興津編『ヨーロッパという秩序』（勁草書房・2013）75～186 頁；Yukio Okitsu, "European Convention on Human Rights and French Administrative Justice: A Case Study on the Dialogue between National and Supranational Legal Orders", *Kobe University Law Review,* No. 47 (2013), pp.14–33. なお、後掲注 148）も参照。

46)　Kingsbury / Krisch / Stewart, *supra* note 15, pp.31–34.

47)　*Ibid.,* pp.34–35. 国際行政機関におけるアカウンタビリティ一般については、城山・前掲注 19) 243–249 頁。

48)　Kingsbury / Krisch / Stewart, *supra* note 15, pp.36–37.

49)　*Ibid.,* pp.37–39.

50)　*Ibid.,* p.39.

51)　*Ibid.,* pp.39–40. ただし、組織の内部機関による審査は、未だ十分な独立性が確保されていないものも多いと言う（*ibid.,* p.40）。

52)　*Ibid.,* pp.40–41.

53)　*Ibid.,* p.41.

54)　*Ibid.,* p.42.

このように見てくると、グローバル行政法が希求する諸規範は、抽象的な法の一般原則および手続法規範が中心であり、実体法規範は非常に希薄である[55]。その理由としては、グローバル行政法が未だ発展途上の法分野ないし研究領域であって各個別行政領域における多種多様な実体的価値・利益を綜合する受け皿が整備されていないという実際上の要因[56]を別にすれば、グローバル行政法が妥当すると主張される国際社会において、個人の権利や民主主義[57]などの価値・理念が普遍的に共有されているとまでは言い切れず、こうした価値・理念を基礎に据えてグローバル行政法の体系を組み立てることが難しいという事情を指摘できるかもしれない。このことを、キングズベリーらの論文に即して、もう少し詳しく見てみよう。

⑵　**グローバル行政法の規範的基礎付け**　　論者らは、グローバル行政法の規範的基礎（normative bases）を探究する前提として、国際社会の秩序付けのあり方を、多元モデル（pluralism）、連帯モデル（solidarism）、世界市民モデル（cosmopolitanism）の三つのモデルに整理している[58]。

第一に、多元モデルとは、「伝統的な国際法の典型的な態様であり、条約、国際機関、および国家間合意に基づく分野に限定された国際行政」[59]を念頭に置く。具体例としては、軍備管理（arms control）および軍縮（disarmament）が挙げられており、このモデルにおいては、国家間における基本的な価値の対立は解消されず、実効性確保は集権化されることなく各国家の手に委ねられたままである。

第二に、連帯モデルとは、「国家間交渉に基づく協力の枠組みではある

55)　*Ibid.*, pp.28-29. ここでは、実体法規範という言葉を、「人権条約のように規制主体の権限およびその限界を定める実体法、および、国家機関がいかなる条件のもとで個人の自由に干渉できるかを定める判例法」（*ibid.*）を含める意味で用いた。比例原則等の法の一般原則も、ここで言う実体法規範に含まれることとなるであろうが、それ以上に具体的な権限発動の要件・効果を定める規範にまでは、この論文の射程は及んでいない。

56)　*Ibid.*, p.29.

57)　民主主義を“実体法規範”や“実体的価値・利益”と並べられることには違和感を覚える向きもあろうが、ここでは、社会・世界の中に存在する個別利益や私的欲求を糾合して一般利益（公益）へと改鋳する回路として民主政を捉え、行政活動により追求されるべき実体的価値・利益を下支えする原理として民主主義をこの文脈に置いた。

58)　Kingsbury / Krisch / Stewart, *supra* note 15, p.42. 旧稿（本章附記参照）では、cosmopolitanism を「普遍モデル」と訳していたが、本文のように改める。

59)　*Ibid.*, pp.42-43.

が、各国家が、短期的な利益計算に反する場合であっても、グローバルな行政システムとその行う決定を護持することにコミットしており、共有された価値に基づいて国際機関およびグローバル行政の権限の強化が図られている」[60]モデルであり、具体例としては国際刑事裁判所がこれに当たるとされる。

第三に、世界市民モデルとは、「国家間交渉ではなく、市民社会のアクター・私的規制主体・メディア・市場の国境を越えたネットワークに基づくグローバル・ガヴァナンス」[61]であり、国際的なスポーツ規制がその例であると言う。

その上で、グローバル行政法を規範的に基礎付ける構想として、行政組織内部におけるアカウンタビリティの確保、権利保護、民主主義の三つが考えられる[62]。このうち、個人の権利保護は、世界市民モデルと連帯モデルでは共通価値として受容されることができるが、多元モデルでは国ごとの価値観の対立が先鋭化するおそれがあり、むしろ国家の権利保護が強調される傾向にあると言う[63]。また、民主主義について言えば、今日の国際社会に共通の民主主義の標準とは何かが必ずしも合意されておらず、民主的な立法機関の存在を前提とした国内法の類推が成り立たないばかりか、そもそも民主政の主体となるべき単一の公衆（the public）の不在が指摘される[64]。これに対しては、グローバル行政における国家代表が各国のそれぞれの公衆（publics）に対して責任を負うことで民主的な正統性が確保できるという提案[65]もあるが、このような処方箋は多元モデルには適合的でも、連帯モデルと世界市民モデルにおいてはグローバル行政と各国それぞれの公衆とが直接の結びつきを持たないため、適用できない[66]。

このように、権利や民主主義といった価値・理念を基礎として、三つのモデルのすべてを包摂し得るグローバル行政法を構築することが難しいと

60）*Ibid.*
61）*Ibid.*
62）*Ibid.*, p.43.
63）*Ibid.*, pp.46–47.
64）*Ibid.*, pp.48–49.
65）*Ibid.*, pp.49–50（citing Anne-Marie Slaughter, *A New World Order*（2004）（n. 34））.
66）*Ibid.*

なると[67]、ここで注目されるのが「制度内アカウンタビリティ（intra-regime accountability）」である。それは、「所与の秩序を前提とし、当該秩序の様々な成員（compounds）および受任者（agents）が、割り当てられた役割を遂行し、当該制度の内部法（internal law）を遵守することを確保することのみを目指すものである。これに基づくと、行政法［の存立］の正当化は、次のように機能的にのみなされる。すなわち、行政法とは、それ自体独立に正当化される制度的秩序の統一性と破綻のない運営とを維持し保証するための道具である」[68]。つまり、一定のグローバルな行政活動およびそれを担うグローバルな行政主体が存在することを所与の前提として、それぞれの主体の内部でアカウンタビリティを課すことで、当該主体の活動・当該制度の運営を確保しようとする構想であると解される。具体的には、世界銀行の査閲パネルが世界銀行の活動を監視し、世界貿易機関（WTO）の紛争解決機関（Dispute Settlement Body）が WTO 法の適用・執行を促進するのがその例であるとされる。

このようなアカウンタビリティの構造は、連帯モデル・世界市民モデルにおいてももちろん妥当するが、実体法規範についてのコンセンサスを欠いた多元モデルにおいては、特に有力な規範的基礎付けとなり得る。もちろん、アカウンタビリティの構造は各制度によって多様であり得るし、アカウンタビリティを確保するための制度を具体的にどう設計するかについてもいくつかの戦略[69]があり得るけれども、ことグローバル行政のように実体的な価値・理念についての合意を調達（する仕組みが存在）しにくい世界においては、アカウンタビリティのような手続的な法原理に注目が集まりやすいことは、見やすい道理であろう[70]。

---

67)　このほか、そのような価値・理念を基礎としてグローバル・ガヴァナンスを規律することは、南北問題を背景にすると、国際社会における北側先進国の既得権益を保護するだけに終わるのではないかという指摘もある（*ibid.,* p.52）。

68)　Kingsbury / Krisch / Stewart, *supra* note 15, p.44.

69)　論者らは、国内行政法の道具概念をグローバル行政に拡張するボトムアップ・アプローチ、国際機関に国内行政と同様のアカウンタビリティ確保の仕組みを整備するトップダウン・アプローチ、国内法からのアナロジーに囚われないアプローチなどを提唱している（*ibid.,* p.52–59）。詳しくは、藤谷・前掲注 7）151〜153 頁。

70)　文脈は異なるけれども、ヨーロッパ人権条約において、公正な裁判を受ける権利という手続的権利が実体的権利よりも重視される傾向があることにつき、興津・前掲注 45）135〜136 頁。

かくして、グローバル行政法が実体法規範よりも手続法規範に軸足を置く構想であって、それに規範的基礎を提供する法原理がアカウンタビリティであることが明らかにされたと思われる。ところが、ここまでの行論では、アカウンタビリティの概念が何を意味するかをあえて問わずにきた。しかし、アカウンタビリティの概念は、未だ説明なしで済ませることができるほど日本の行政法（学）に根を張っているとは言えないので、以下に節を改めて、グローバル行政法の文脈でアカウンタビリティの概念をどう理解すべきかを検討し、それを前提としてグローバル行政法の規範構想を示すことにしたい。

III　グローバル行政法におけるアカウンタビリティ

といっても、実はキングズベリーら三名による綱領的論文では、アカウンタビリティの明確な定義に接することはできない。ある所では透明性や参加と[71]、別の所では適法性や審査と[72]、互換的に用いられており、ステュワートは別の論文で「アカウンタビリティというレトリックの弛緩性」[73]を指摘するほどである。また、アカウンタビリティについて緻密な概念研究を物したボーヴェンス（Mark Bovens）は、「現在の政治的・学問的言説において、『アカウンタビリティ』は、しばしば、透明性・衡平性（equity）・民主主義・効率性（efficiency）・応答性（responsiveness）・完潔性（integrity）など、様々な他の異なる概念を覆う概念の傘（conceptual umbrella）として用いられる。特に、アメリカの学問的・政治的言説においては、『アカウンタビリティ』はしばしば『よき統治（good governance）』ないし方正な行い（virtuous behaviour）と互換的に使われる」[74]と

71）*E.g.*, Kingsbury / Krisch / Stewart, *supra* note 15, p.28, p.61.

72）*E.g.*, *ibid.*, p.45.

73）Richard B. Stewart, "Remedying Disregard in Global Regulatory Governance: Accountability, Participation, and Responsiveness", *American Journal of International Law,* Vol. 108 No. 2 (2014), pp.211-270, p.255（「現在のアカウンタビリティというレトリックの弛緩性には、しかるべく抵抗しなければならず、それに慣らされてしまってはならない」). See also *ibid.*, p.244 (citing Mulgan, *infra* note 78).

評している。

しかし、アカウンタビリティが、グローバル行政法およびグローバル・ガヴァナンスにおける鍵概念であるのみならず、グローバル行政法の構想に大きな影響を与えたと考えられるアメリカ行政法[75]の勘所でもあるとすると[76]、この程度の大雑把な理解で満足するわけにはいかない。そこで、以下では、ひとまずグローバルな文脈から離れてアカウンタビリティの概念それ自体の彫琢を試み、この概念が行政法（グローバル行政法か国内行政法かを問わず）の規範構想において持つ意味を同定した上で（**1**）、グローバル行政法の主唱者のうち特にキングズベリーとクリシュの所説を検討する（**2**）。

1　アカウンタビリティの概念[77]

(1)　アカウンタビリティは“説明責任”か？　アカウンタビリティは、日

74)　Mark Bovens, “Analysing and Assessing Accountability: A Conceptual Framework”, *European Law Journal,* Vol. 13 No. 4 (2007), pp.447-468, p.449.

75)　Richard B. Stewart, “U.S. Administrative Law: A Model for Global Administrative Law?”, *Law and Contemporary Problems,* Vol. 68 No. 3-4 (2005), pp.63-108 は、「グローバル行政法の発展においてより大きなアカウンタビリティを確保するためにアメリカ行政法を参照する可能性について論じる」(*ibid.,* p. 63) とし、その内容は Kingsbury / Krisch / Stewart, *supra* note 15 と重なり合う。藤谷・前掲注 7) 156 頁も、「GAL の論者が……グローバル行政の当面の課題は……答責性や透明性の確保であると強調する背景として、アメリカ行政法学の経験が反映しているのではないか」とする。Auby, *supra* note 1, p.8 も、「アメリカ行政法が疑いなく豊富な蓄積を有する手続的な仕組みが問題となっている以上、［アメリカ行政法が参照されることは］至極当然である」とする。

76)　Jerry L. Mashaw, “Structuring a “Dense Complexity”: Accountability and the Project of Administrative Law”, *Issues in Legal Scholarship,* Vol. 5 Issue 1 (2005), Article 4, pp.1-38, p. 15 (「ひとたびアカウンタビリティが解き明かされ、アカウンタビリティが運用できる制度のレパートリーが理解されたならば、行政法の任務と、その絶えざる危機と批判の状態とをよりよく理解することができるだろう。というのは、行政システムに対する批判のほとんどすべては、黙示的に、時には明示的に、何らかの異なるアカウンタビリティの制度を求めているからである」).

77)　蟻川恒正「責任政治」法学（東北大学）59 巻 2 号（1995）99～135 頁が、美濃部達吉に仮託して論じる「責任」の概念は、accountability という言葉こそ用いていないものの（論文題目の英語表記も “Responsible Government” である）、本文で検討するアカウンタビリティの概念そのものであるように思われる。同論文と共通のモチーフを持つ同「決定―アーカイヴズ―責任―〈3. 11〉と日本のアーカイヴァル・ポリティクス」奥平康弘＝樋口陽一編『危機の憲法学』（弘文堂・2013）59～115 頁も、アカウンタビリティ（やはりこの言葉は用いられていないが）の基盤に関する考察として、重要である。また、鈴木庸夫「アカウンタビリ

本語で“説明責任”と訳されるように、誰かが誰かに対して何かを説明する責任[78)]である。しかし、日本の行政法（学）に言う説明責任の概念は、情報公開法制と結びついて理解され、国民や公衆一般に対して行政が情報の開示ないし提供をすべき客観的な責務であると理解されがちなのに反して、本来この概念は、問責者と答責者[79)]との関係を表すものであった。その詳細は次項以下で改めて検討することにして、ここでは、本章で用いるアカウンタビリティの概念と、情報公開法制における説明責任（責務）の概念との異同を確認し[80)]、本章がaccountabilityを“説明責任”と訳さない理由を説明しておこう。

周知の通り、アカウンタビリティの概念が日本の行政法（学）で一般的

ティと行政法理論―オーストラリア行政法の視点から」佐藤幸治＝清永敬次編・園部逸夫先生古稀記念『憲法裁判と行政訴訟』（有斐閣・1999）619～643頁は、アカウンタビリティが行政活動のみならず統治構造全体にとっての統制原理となっていることを示す貴重な先行研究である。

78）責任を表す英単語としてはresponsibilityがあるが、行政学においては、accountabilityを制度的・外在的責任とし、responsibilityを自発的・内在的責任として、両者を区別することが多い（西尾勝「行政責任」同『行政学の基礎概念』（東京大学出版会・1990）345～371頁、358頁［初出1984］；Richard Mulgan, "'Accountability': An Ever-Expanding Concept?", *Public Administration,* Vol. 78 No. 3 (2000), pp.555–573, p. 558）。しかし、両者は語源的にはいずれも答える責任（answerability）を意味し、accountabilityはresponsibilityの一側面を表しているとされる（Hirohide Takikawa, "Conceptual Analysis of Accountability: The Structure of Accountability in the Process of Responsibility", *in* Sumihiro Kuyama/ Michael Ross Fowler (eds.), *Envisioning Reform: Enhancing UN Accountability in the Twenty-First Century,* Tokyo: UN University Press (2009), p.76）。なお、フランス語にもアカウンタビリティに対応する語は存在せず、フランス語訳ではaccountabilityと英語がそのまま用いられた上で、「すなわち報告する義務（c'est-à-dire ... l'obligation de rendre des comptes）」と原文にはない説明が付加されている（Lemoine (tr.), *supra* note 15, p.337, p.336 n. 3）。英語以外の言語（日本語も含めて！）に、accountabilityに対応する固有語が存在しないことについては、Mel Dubnick, "Clarifying Accountability: An Ethical Theory Framework", *in* Charles Sampford / Noel Preston (eds.), *Public Sector Ethics: Finding and Implementing Values,* London: Routledge (1998), pp.68–81, pp.69–72がエピソードを交えて紹介しており、興味深い。

79）「答責者」「問責者」の語は、瀧川裕英『責任の意味と制度―負担から応答へ』（勁草書房・2003）23～24頁にならった（ただし、同書は責任概念一般の考察であり、アカウンタビリティそれ自体を対象とするわけではない）。

80）アカウンタビリティの概念が日本に受容され、説明責任へと置き換わるにつれて本来の意味が失われたことにつき、山本清『アカウンタビリティを考える―どうして「説明責任」になったのか』（NTT出版・2013）13～43頁参照（ただし情報公開法制への言及はない）。同書は日本語によるアカウンタビリティの総合的研究として、参照する価値が高い。

な認知を受けるようになったのは、情報公開法制の立案過程を通じてであると考えられ[81]、現在ではこの概念は、行政機関の保有する情報の公開に関する法律１条等に規定された「説明する責務」と結びつけて理解されている[82]。ところが、情報公開法制における説明責任（責務）は、次の二点において、答責者が自らの行為・決定についての問責者に対し責任を負うというアカウンタビリティの意味からは乖離があるように思われる。

第一に、情報公開法は何人に対しても開示請求権を付与し、国民主権原理と結びつくことにより“説明”の相手方すなわち問責者が国民・公衆一般へと拡散していること[83]。それはそれで情報公開法制の立法・解釈上は理由のあることであり[84]、また後述（⑸）の通りアカウンタビリティが行政活動の統制原理として機能するためにはアカウンタビリティの連鎖構造が国民・公衆にまで到達していることが重要なのであるが、グローバルな行政空間においては単一の国民・公衆が観念できず、誰に対するアカウンタビリティかが深刻な問題となるので（後述**2**）、少なくとも議論の出発点においては、⑵で定義するようにアカウンタビリティが問責を発し答弁を受ける者と問責に応じて答弁する者との関係を表す概念であると捉えておいたほうが議論の混乱を避け得ると考えられる。

第二に、情報公開は開示請求者によって特定された行政文書を、行政機関による加工や解釈を経ることなくそのまま開示するという制度であり、答弁者が自らの行為・決定を弁証し正当化するという契機が希薄であること[85]。このような制度は、むしろアカウンタビリティとは区別される透明

81）　参照、塩野宏「情報公開法適用上の課題」同『行政法概念の諸相』（有斐閣・2011）157～170頁、158～161頁［初出2003］。

82）　宇賀克也『新・情報公開法の逐条解説〔第６版〕』（有斐閣・2014）30～32頁。

83）　本多滝夫「『行政スタイル』の変容と『説明責任』」公法研究65号（2003）175～187頁、178頁（「アカウンタビリティのもつ規範内容の希薄化」）、182頁（「行政機関情報公開法における説明責任の規範内容は、アカウンタビリティの一局面を意味するにとどま［る］」）。

84）　宇賀・前掲注82）31頁、高橋滋他編『条解 行政情報関連三法』（弘文堂・2011）189頁〔斎藤誠〕。

85）　芝池義一『行政法総論講義〔第４版補訂版〕』（有斐閣・2006）330頁註⑴（「非説明的情報開示」）、角松生史「決定・参加・協働―市民／住民参加の位置づけをめぐって」新世代法政策学研究（北海道大学）４号（2009）1～24頁、23頁（「受動的でアドホックな情報開示のシステム」――ただし市民が第一次情報にアクセスできることに、アカウンタビリティとは区別された情報公開独自の意義を認める）。

性を担保する制度ではないかと思われる[86]。

そうすると、行政法（学）の文脈では、accountability の訳語として“説明責任”の語を用いることは、情報公開法制との関連（のみ）を強く想起させるおそれがあるため、避けたほうが無難ではないかと思われる。そのような観点からすると、「答責性」[87]の語は、問責に対して答える責務というアカウンタビリティの本来の語義を表現する点では魅力的であるが、公法学ではドイツ語の Verantwortlichkeit（accountability とは区別される英語の responsibility に対応する[88]）の訳として「答責性」の語が用いられることがあるので[89]、本章ではそうした先入見を相対化するために、さしあたり原語が容易に想起できることを重視してカタカナ表記を採用することにしたい。ただし、accountability を負う者（accounter）については、「答責者」の語を用いる[90]。

(2)　**関係としてのアカウンタビリティ**　　英語圏の学説では、前述のようにこの概念がもともとは答責者（accounter）と問責者（accountee; account holder）との関係を表す、という点は大方の一致があるようである[91]。例えば、ボーヴェンスは、狭い意味でのアカウンタビリティを「社会的関係としてのアカウンタビリティ（accountability as a social relation）」であるとして、次のように定義する。「自らの行動を説明し正当化すべき義務を負う行為者（actor）と、行為者に対し質問を発し、判断を下し、行為者がその帰結に直面させられるフォーラム（forum）との関係」[92][93]。ここに言う

86)　ただし日本の行政手続法における透明性との関係につき、後掲注 100）参照。

87)　藤谷・前掲注 7）150 頁。

88)　ただし、前掲注 78）参照。

89)　石川健治「統治のヒストーリク」奥平＝樋口編・前掲注 77）15～58 頁、37 頁（ただし「『答責性』のアルファは説明責任であ［る］」とする）。

90)　前掲注 79）参照。

91)　Stewart, *supra* note 73, p.245; Bovens, *supra* note 74, p.450.

92)　Bovens, *supra* note 74, p.450.

93)　ステュワートもおおむねボーヴェンスと同様に、次の三つをアカウンタビリティの要素として挙げている。(1) 特定された答責者――その者の行動の特定された側面ないし範囲について、必要に応じて説明および正当化を含む報告をすることを求められる者、(2) 特定された問責者――答責者の行動について答弁を要求することのできる者、(3) 答責者が挙げた不十分な成果について制裁を科し、またはその他の改善策を発動し、そして場合によっては優れた成果について褒賞を与える問責者の能力および権威（Stewart, *supra* note 73, p. 245）。マショー（Jerry L. Mashaw）は、「誰が、誰に対して、何について、どのような手続によっ

「行為者」に当たるものが公務員や行政機関であることは容易に了解であろう。それに対し、「フォーラム」の概念がわかりにくいが、論者によれば、「フォーラム」は、上司や大臣やジャーナリストのような個人であることもあり、議会や裁判所や会計検査院のような機関であることもある。多くの場合、フォーラムと行為者とはプリンシパル（本人）・エージェント（代理人）関係（PA 関係）[94]に立つが、例えば法的アカウンタビリティにおいて裁判所がフォーラムとなる場合や、専門職アカウンタビリティにおいて専門家集団がフォーラムとなる場合のように、フォーラムがプリンシパルではないこともある[95]。

ここでは、「フォーラム」というやや多義的な概念とは距離を置くとしても、アカウンタビリティが問責者と答責者（行為者）[96]との関係を表す概念であって、その関係は PA 関係であることもあればそうでないこともある、ということを確認しておきたい。後述（**2**(2)）の通り、グローバルな行政空間ではグローバル行政主体が誰に対してアカウンタビリティを負う（べき）かが明確でないことが多いため、このように問責者と答責者（行為者）との関係を抽象的・形式的に捉えておいたほうが、議論の整理に資すると考えられるからである。

アカウンタビリティが答責者（行為者）に対する制裁の可能性を含意するものであるかどうかには、議論があり得る[97]。ボーヴェンスは、損害賠償や刑事罰、あるいは公務員に対する懲戒など法的でフォーマルな制裁のみならず、社会的評価の低下や圧力など黙示的ないしインフォーマルな態様の反応まで含めた中立的な表現として、「行為者が帰結に直面する（the

---

て、どのような基準に基づいて、どのような効果を伴って」という要素により、アカウンタビリティの仕組みが記述できるとする（Mashaw, *supra* note 76, p.17）。

94）政治と行政の関係がプリンシパル・エージェント関係と捉えられることにつき、曽我謙悟『行政学』（有斐閣・2013）第Ⅰ部、特に 18〜24 頁、およびアカウンタビリティとの関連につき 103〜104 頁参照。

95）Bovens, *supra* note 74, p.451.

96）瀧川・前掲注 79）24 頁は、「答責者は行為者であることが多いが、……両者は同じではない」とするが、本章では議論の単純化のために、行為者と答責者とが一致する場合を念頭に置く。

97）*Cf.* Takikawa, *supra* note 78, pp.88–90（制裁の要素をアカウンタビリティの定義には含めないが、アカウンタビリティ確保の仕組みには含める（*ibid.*, p.90））.

actor may *face consequences*)」[98]ことをアカウンタビリティの要素としている。アカウンタビリティの内容が、答責者（行為者）に自らの行為・決定の正当性を説明させ弁証させることであるとすれば、答責者（行為者）による正当化が成功しているかどうかを問責者が評価・判断し、それを承認するところまで、アカウンタビリティ確保のプロセスに含まれると考えてよいであろう[99]。本章では、このような意味で、ボーヴェンスにならって「帰結」という言葉を用いることにする。

(3)　**アカウンタビリティと区別すべき概念**　　アカウンタビリティの概念には含まれないものを見ておこう。

第一に、透明性の概念は、アカウンタビリティの前提となる情報公開を促進するものであり、我が国でもしばしばアカウンタビリティと互換的に用いられるが[100]、上のようにアカウンタビリティを特定の問責者との関係と定義すると、この概念とは区別される。なぜなら、透明性は行政活動ないし決定過程がそれ自体として公に開かれていることを意味し[101]、特定の問責者に対する義務や責任を意味するものではないからである[102]。

第二に、参加の概念もアカウンタビリティには含まれない。なぜなら、アカウンタビリティがすでに行われた決定や行動についての説明を求めるものであるのに対し、参加はこれから行われる決定のためのものだからである。もちろん、実際上は、参加手続の中でこれまでの政策判断についての説明が求められることもあるし、逆に、すでに行われた決定について説

---

98)　Bovens, *supra* note 74, p.452 (emphasis in the original).

99)　参照、蓮生郁代「アカウンタビリティーと責任の概念の関係―責任概念の生成工場としてのアカウンタビリティーの概念」国際公共政策研究（大阪大学）15巻2号（2011）1～17頁、12頁（「アカウンタビリティーのメカニズムにおいて重要なのは、説明が不承認された場合に、不承認の意思表示をするメカニズムが制度化されているかどうかという点である」）。

100)　透明性とアカウンタビリティとの異同につき、角松生史「行政のアカウンタビリティの展開」神戸大学法政策研究会編『法政策学の試み 法政策研究第13集（特集・参加と責任）』（信山社・2012）3～18頁、15頁。なお、日本の行政手続法1条に規定された「透明性」が、少なくとも意見公募手続（同法39条以下）の導入前においては行政活動の相手方に対する透明性を念頭に置いたものだったのに対し、情報公開法制にいう説明責任（責務）が国民・公衆一般を対象とするものだとすると（前述(1)）、本文の整理とは逆転が生じていることになる。

101)　「いわばガラス張りにしてそのまま見られるようにすること」（角松・前掲注100）15頁）。

102)　Bovens, *supra* note 74, p.453; Stewart, *supra* note 73, p.253.

明を求めることが、同時にこれから行われる決定のための意見表明や情報提供になるという側面もある[103]。しかし、概念上は、事前の参加と事後のアカウンタビリティとは、区別される[104]。

第三に、アカウンタビリティは統制（control）そのものではない[105]。統制とは、統制者が被統制者に対して何らかの権力・権威を行使することによって被統制者の行動を操ろうとすることであり、指示・命令やインセンティヴの付与などの事前の手段により行使される態様を当然に含むからである[106]。したがって、アカウンタビリティを課すことは、統制の一手段にはなり得るが、統制のすべての手段がアカウンタビリティに包摂されるわけではない[107]。

(4)　**アカウンタビリティの類型**　以上のような概念規定を踏まえて、アカウンタビリティを確保するための制度的仕組みを類型化して示すことがよく行われる。しかし、アカウンタビリティの仕組みをどのように分類するかは、論者により、観点により、様々であり得る[108]。ここでは、行政

103）Stewart, *supra* note 73, p.253. パブリック・コメント制度（意見公募手続）をその例と見ることも可能であろう（角松・前掲注 85）22～23 頁（パブリック・コメント制度について、事前参加としての意義より説明責任を担保する機能を重視するべきとしつつ、パブリック・コメントで蓄積された情報が次回の政策サイクルにおける立案の資料となるとする））。

104）Bovens, *supra* note 74, p.453; Stewart, *supra* note 73, pp.261-262（表決権を伴わない参加（nondecisional participation）に関して）.

105）*Cf.* Mulgan, *supra* note 78, pp.563-566.

106）ただし、フランス語の contrôle は事後的な審査・検査に本来の語義があり、英語の control とは異なるという（Bovens, *supra* note 74, p.454 n. 31）。コントロールの語義および責任（答責性）概念との関係については、石川・前掲注 89）33～39 頁、52～55 頁も参照。

107）Bovens, *supra* note 74, pp.453-454. 官僚に対するコントロールの意義と態様につき、曽我・前掲注 94）24～29 頁。

108）ボーヴェンスは、問責者が誰か、答責者が誰か、何についての責任か、答責者が負う義務の性質は何か、という四つの観点に応じて、非常に詳細な類型論を展開している（Bovens, *supra* note 74, p.454-462）。マショーは、アカウンタビリティが問題となる局面を統治、市場、社会関係に分けた上で、第一のものをさらに政治的アカウンタビリティ・行政的アカウンタビリティ・法的アカウンタビリティに分類する（Mashaw, *supra* note 76, pp. 17-29）。ステュワートは、問責者から答責者への権限ないし資源の移転を伴う関係について、選挙によるアカウンタビリティ（electoral accountability）、階層的アカウンタビリティ（hierarchical accountability）、監視によるアカウンタビリティ（supervisory accountability）、財政的アカウンタビリティ（fiscal accountability）を挙げ、そうした移転を伴わない法的アカウンタビリティと合わせて五類型に整理している（Stewart, *supra* note 73, pp. 246-249）。アカウンタビリティの類型については、山本（清）・前掲注 80）45～84 頁も参照。

機関のアカウンタビリティを確保する仕組みを、法的なものとそれ以外のものとに分けて示しておく。

まず、法的アカウンタビリティとは、答責者がその行為を説明・正当化する基準、および、問責者がそれを評価・判断する基準が法であるものを言う[109]。権力分立が保障された国家においては、法的アカウンタビリティは、政治・行政部門から独立した裁判所において履行される。日本の用語法だと、訴訟・裁判ないし司法審査制をアカウンタビリティ確保の仕組みと捉えることには違和感があるかもしれないが[110]、英米法系の行政法ではアカウンタビリティの類型に法的アカウンタビリティを含めることは珍しくないようである[111]。法的アカウンタビリティにおいては、答責者たる被告が問責者たる原告ないし裁判所[112]に対して訴訟の主題となる自らの行為・決定について法に基づいた説明・正当化をする責任を負い、それに失敗すると民事法・行政法・刑事法に基づく種々の法的帰結（損害賠償義務・処分の取消し・刑事罰等）を被る。

次に、非法的なアカウンタビリティとしては、政治的および行政的アカウンタビリティを想定することができる。アカウンタビリティの対象が政治的決定かその実施・執行か、アカウンタビリティの基準が政治道徳か行政内部規範か、アカウンタビリティを確保する手段が選挙その他の民主的手段か懲戒処分などの階層的統制かなどによって両者を区別することは可能であろうが、次のようにオーバーラップする面もある。すなわち、代表

109）　参照、瀧川・前掲注79）21～23頁（責任規範による責任の分類）。

110）　とはいえ、行政訴訟における行政の説明責任を認める近時の有力な傾向は、こうした見方と親和的であろう。日本の行政事件訴訟法上の制度と説明責任との関係につき具体的には、北村和生「行政訴訟における行政の説明責任」磯部力他編『行政法の新構想 III 行政救済法』（有斐閣・2008）85～101頁。ただし、日本の行政法では行政訴訟の審理の充実を図るという目的のために説明責任という手段が動員されるのに対し、本文の整理では司法審査制がアカウンタビリティの確保という目的を実現するための手段として位置付けられていることには留意が必要であろう。

111）　Mashaw, *supra* note 76, p.19; Stewart, *supra* note 73, p.22. 鈴木・前掲注77）625頁（「とくに行政救済法がアカウンタビリティにとって重要な意義を有している」）も参照。

112）　法的アカウンタビリティにおいて問責者の立場に立つのは、裁判所なのか（Bovens, *supra* note 74, p.456）、原告なのか（Mashaw, *supra* note 76, p.19）、その両方なのかという問題が残る。訴訟制度の目的論や行政訴訟における弁論主義（的要素）と職権主義（的要素）の現れ方にも関連するように思われるが、本章では深入りしない。

民主政においては答責者たる政治家（議員・大統領）は問責者たる国民（有権者）に対してアカウンタビリティを負い、議院内閣制においては答責者たる内閣は問責者たる国会に対してアカウンタビリティを負い、行政組織の階統においては答責者たる下級行政機関は問責者たる上級行政機関（頂点は大臣ないし内閣に至る）に対してアカウンタビリティを負うという、アカウンタビリティの連鎖構造を観念することができる。このほか、会計検査院[113)]やオンブズマン（審査の内容によっては法的アカウンタビリティに近づくこともあろう）、メディア、利益集団、市場等々に対する／を通じたアカウンタビリティの仕組みを考えることができる。

(5)　アカウンタビリティと行政法　以上のようにアカウンタビリティを答責者（行為者）と問責者との関係として形式的に定義すると、概念としての明晰性は高まるが、公的活動の統制原理としてはなおいくつかの要素を補完しなければならない。というのは、形式的にアカウンタビリティが確保されているというだけでは、当該行為者の行為が公的活動として適正であることは何ら保証されないからである。例えば、上意下達の指揮命令系統が確立し部下の上司に対する説明・正当化が義務付けられている組織であれば、極端な話ヤクザの集団であっても、形式的な意味でのアカウンタビリティは確保されていると言える。しかし、当該組織としての活動が、組織の外部にいる者の目にも適正と映るためには、当該組織がその外部者に対してアカウンタビリティを負っている必要があるだろう[114)]。つまり、ここでは、問責者の資格（誰に対する（to whom）アカウンタビリティか）が問われているのである[115)]。

このことは、(3)で示したアカウンタビリティの類型のうち、政治的・行政的アカウンタビリティにおいて典型的に現れている。行政機関や政治家

113)　収支決算について、財務会計規範に基づいて、監査・検査の方法により確保される財政的アカウンタビリティというカテゴリーを想定することもできる（*cf.* Stewart, *supra* note 73, p. 247）。

114)　*Cf.* Takikawa, *supra* note 78, pp. 82–83（internal accountability と external accountability との区別）.

115)　*Cf.* Nico Krisch, "The Pluralism of Global Administrative Law", *European Journal of International Law,* Vol. 17 No. 1 (2006), pp.247–278; David Dyzenhaus, "Accountability and the Concept of (Global) Administrative Law", *Acta Juridica,* 2009, pp.3–31.

は、民主的な統治構造を介して、国民・公衆一般（the public）に対する責任を負うことで、国民・公衆から見た行動の適正すなわち公共性を獲得する。行政法学・公法学では、このような意味での公共性を正統性[116)]と呼び[117)]、正統性伝達の過程を正統化と呼んで、国民・公衆を出発点とし行政組織の末端にまで至る正統化のメカニズムを特に民主的正統化[118)]として論じてきたが、政治的・行政的アカウンタビリティはこの民主的正統化のプロセスを逆にたどるものであり、両者は一体となって機能するものであると言えよう[119)]。

これに対し、法的アカウンタビリティについてはやや様子が異なる。法的アカウンタビリティについても、政治的・行政的アカウンタビリティと同様に問責者の資格に着目し、独立かつ不偏の裁判所において公開の手続を通じ[120)]、権利主張によって公共性を標榜する[121)]原告に対して、説明・正当化が行われることが、公共性を担保するという考え方もあり得るであろう。しかし、必ずしも民主的正統化の回路に組み込まれていない裁判所が、独立性・不偏性・公開性だけで国民・公衆一般に基礎付けられた公共

116）　正統性とは、「ある社会システムやその活動が正当なものと認識され、通用力を有する性質」と定義される（原田大樹「多元的システムにおける正統性概念―適合性評価を手がかりとして」行政法研究1号（2012）49～81頁、50頁（同・前掲注4）『公共制度設計の基礎理論』49頁））。

117）　公共性と正統性の関係については、井上達夫「公共性とは何か」同編『公共性の法哲学』（ナカニシヤ出版・2006）3～27頁、24～25頁（「一階の公共性」（＝正当性）と「二階の公共性」（＝正統性）との区別）も参照。

118）「民主政的正統化……論は、国家権力の行使が国民の意思に基礎付けられたものであることを要求し、国民全体を統治構造の回路の基盤と位置づけた上で、統治のプロセスを何らかの民主的経路（選挙・選任関係、授権関係、監督関係など）で結びつけるものである」（原田・前掲注116）50頁（同・前掲注4）『公共制度設計の基礎理論』49～50頁））。

119）　Takikawa, *supra* note 78, p.81（「正統性原理としての民主主義はアカウンタビリティを要求する」）。原田大樹『自主規制の公法学的研究』（有斐閣・2007）242頁（「正統性とアカウンタビリティの問題とは多くの類似点を持つ」）も参照。

120）　責任過程が第三者に公開されていることが責任実践の公共性を保障するという考え方につき、瀧川・前掲注79）157頁参照。

121）　権利主張が公共性の標榜になるという考え方については、石川・前掲注8）「国家・国民主権と多元的社会」94頁註（10）（「主観的権利は定義上個人的利益のために行使されるものである以上、個人が公法上の権利主体になるためには、権利行使が全体の客観的公益にもなるという形で公共性の回路を通しておかなくてはならない」（95頁、圏点原文））を手がかりとした。同・前掲注8）「承認と自己拘束」37～38頁、42頁も参照。

性を代表し得るとは言い難いであろうし、現代の行政活動の任務が利害の対立する様々な権利利益の調整・規律にあるという事実を想起すれば、ある原告私人による権利主張が当然に公共性の実現に結びつくという想定も非現実的である。

したがって、裁判所の独立性・不偏性・公開性や原告による権利主張は法的アカウンタビリティが機能するための最低限の条件になるとしても、それ以外に、法的アカウンタビリティにより公共性を確保するための根拠・条件を探究する必要がある。ここでは、仮説的に、法的アカウンタビリティにおける説明・正当化が、法という基準に基づいて行われることが、根本的に重要だという考えを提示してみたい。本章で法とは何かという法概念論に立ち入ることは到底できないが、例えばフラー（Lon L. Fuller）を参照して[122]、個人の自由や自己決定を保障するような一定の形式的条件を法に求めることは[123]、行政法（学）ないし公法（学）が前提とする法のイメージに適うと思われる[124]。このような法という基準に基づく説明・正当化を答責者に求めることは、その公共性を確保する上で、大きな意味を持つであろう。つまりここでは、誰に対するアカウンタビリティかという問題以上に、法を基準とするアカウンタビリティであることが意味を持つのである[125]。

122)　Lon L. Fuller, *The Morality of Law,* Revised ed., New Haven: Yale U.P. (1969), p.39, pp.46-91. L.L.フラー（稲垣良典訳）『法と道徳』（有斐閣・1968）49～50頁、59～114頁。フラーは、一般性、公開性、不遡及性、明確性、無矛盾性、履行可能性、安定性、行政機関の行動との合致を法の内在的道徳として挙げる。

123)　フラーの法概念が予測可能性の保障に資することにつき、長谷部恭男「法の支配が意味しないこと」同『比較不能な価値の迷路―リベラル・デモクラシーの憲法理論』（東京大学出版会・2000）149～162頁、153～154頁［初出1991］。

124)　ただし、日本公法学における法の概念は、特に法の支配論において錯綜した状況にあり、本文の整理は大いに繊細さを欠くものである。日本公法学における法の支配・法の概念論の現状につき、バランスのとれた見取り図を提示するものとして、渡辺康行「『法の支配』の立憲主義的保障は『裁判官の支配』を超えうるか―『法の支配』論争を読む」長谷部恭男他編『岩波講座憲法1　立憲主義の哲学的問題地平』（岩波書店・2007）53～88頁。

125)　Dyzenhaus, *supra* note 115, p.11は、「法に対するアカウンタビリティ（accountability to law）」という表現を用いている。なお、ここでは、法が民主的な議会制定法律であるということは法の形式的条件に含めないことにする。君主の意思が法とされる絶対君主制においても、この意味での「法に対するアカウンタビリティ」を観念することは可能だからである（*ibid.*）。

以上をまとめると、アカウンタビリティの概念は、一つには政治的・行政的な回路を通じて正統性（legitimacy）の確保に資するものであり、もう一つには一定の活動を法の支配のもとに置くことによって合法性（legality）[126]を担保する機能を果たすものである。逆に言えば、行政法という規範構想は、行政活動の正統性と合法性とを保証するメカニズムを体系化したものであり、アカウンタビリティはそうしたメカニズムの法技術的・制度的表現の一つであると理解することができるだろう。民主的議会立法による授権と正統化の連鎖や、独立した裁判所による司法審査という要素は、行政法の規範構想を支える実定制度のうち正統性と合法性の確保という観点から核心となる部分を取り出したものである。

そうすると、グローバル行政法の規範構想において、議会立法や司法審査以外の手段によって、法的アカウンタビリティ（合法性）および政治的・行政的アカウンタビリティ（正統性）を確保することができるということが論証されるならば、国家なき行政法の存立もまた論証されたことになるだろう。グローバル行政法の主唱者らがこの点の論証に成功しているかどうかの検討が、本章の最後の課題である。

2　グローバル行政法の規範構想・秩序構想

(1)（公）法における公共性――キングズベリー　法的アカウンタビリティについて言えば、多くのグローバル行政主体に独立した裁判部門ないしそれに準ずる審査機関が欠けていることは否めない[127]。しかし、司法審査制がなければ行政法が存立し得ないとまでいうのは、偏狭にすぎるかもしれない[128]。なぜなら、前述のとおり、法的アカウンタビリティの核心

126）日本の行政法学では“適法性”という言葉が用いられることが一般的であると思われるが、“適法性”とは、行政活動を規律する法（多くの場合法律）が存在することを所与の前提として、具体的な行政活動がその法に違背していないことを示す概念であるの対し、ここで言う“合法性”の問題には、そもそも行政活動を規律する法が存在しているのか否か、存在しているとすればそれはどのように識別されるかという問題を含むものとする。このような概念を立てるのは、グローバル行政空間においては、そのような法の存在や、一定のルールが存在していてもそれを法と呼べるかどうかが問題となるからである。

127）Kingsbury / Krisch / Stewart, *supra* note 15, p.56; Stewart, *supra* note 75, p.104.

128）Stewart, *supra* note 75, p.105; Dyzenhaus, *supra* note 115, p.22. 藤谷・前掲注 7）156 頁註（69）参照。

は、裁判所の存在ではなく、個人の自由や自己決定を保障し得る一定の形式的条件を充たした法という基準の存在であると考えることもできるからである。

そのような観点からすると、アカウンタビリティについて直接論ずるものではないが、グローバル行政法における法の概念について、きわめて興味深い構想を描くのがキングズベリーである[129]。彼は、ハート（H.L.A. Hart）の「『社会的事実』としての法概念（'social fact' conception of law）」[130]と、フラーの「法の内在的道徳（inner morality of law）」[131]とを結合させて、ハートの言う承認のルールの中に、法は「公的なるもの＝公共性（publicness）」[132]を備えたものでなくてはならないという規範的要請を埋め込む。ここで言う公共性とは、「法が社会全体（the whole society）・公衆（the public）によって精製されたものであるという主張」および「法がその関心事を社会そのものに対して向けるものであるという関連主張」[133]を指す。そして、そこから導かれる「公法の一般原則（general principles of public law）」として、法による行政の原則（principle of legality）[134]、理由付けの原則（principle of rationality）[135]、比例原則（principle of proportionality）、法の支配（rule of law）、人権（human rights）を挙げ[136]、グローバル行政法の規範的基礎付けとしている。

129) Benedict Kingsbury, "The Concept of 'Law' in Global Administrative Law", *European Journal of International Law,* Vol. 20 No. 1 (2009), pp.23–57.

130) *Ibid.,* p.29 (citing H.L.A. Hart, *The Concept of Law* (1961) (p.28 n. 15)).

131) *Ibid.,* p.39 (citing L. Fuller, *The Morality of Law* (1969) (p.39 n. 36)).

132) *Ibid.,* p.31, p.40.

133) *Ibid.,* p.31.

134) この原則は、「権力機構（power system）内部のアクターが、当該機構の規範に基づいて行動するように拘束される」ことを内容とし、規範定立者（rule-makers）が規範執行者（rule-administrators）を統制すること、プリンシパルがエージェントに授権の範囲内で行動するように義務付けることを可能にするものである（*ibid.,* p.32）。したがって、この場合の legality は、日本の行政法学に言う適法性（前掲注 126）参照）の意味に近いと思われるが、行政機関があらかじめ設定された規範（法）に基づいて行動しなければならないという意味を表現するために、「法による行政」と意訳した。

135) 「決定者が自己の決定に理由を与え、当該決定の根拠となる事実の記録を必要に応じて提出する」こと（*ibid.,* p.33）。藤谷・前掲注 7）158 頁註（78）は「適理性」と訳すが、中身は審査（review）と理由提示（reason-giving）である。前掲注 41）も参照。

136) Kingsbury, *supra* note 129, pp.31–33.

キングズベリーの戦略の特徴としては、次の三点を指摘することができる。

一つは、彼は（公）法の概念から出発するために、本章の言う合法性の問題（前述1(5)参照）に焦点を当てているように思われるところ、そこに社会・公衆とリンクされた公共性の要請を埋め込むことで、同時に、正統性の問題にも答えを与えようとしていることである[137]。すなわち、法の公共性が社会・公衆から伝達されることが必要であるとすれば、これは民主的正統化のモデルと等しくなるからである。例えば、キングズベリーは、ダイゼンハウス（David Dyzenhaus）[138]にならって、行政法を構成的行政法（constitutive administrative law）、実体的行政法（substantive administrative law）、手続的行政法（procedural administrative law）の三類型に分けた上で[139]、構成的行政法（日本の行政法学に言う行政組織法に対応する）においては、国際機関の設立過程における国家代表やNGOの参与について論じているが[140]、これは正統性に焦点を当てた議論であろう。

もう一つは、キングズベリーは、グローバル社会に君臨する単一の社会・公衆を措定するのではなく、国際社会における公的主体（public entities）――国家を典型例とするがそれに限られない――ごとに、それを支える公衆・公共性を観念しているという点である。そして、グローバル行政法および国際法一般を、公的主体・公共性相互間を規律する「公際法（inter-public law）」として構想している[141]。公際法としてのグローバル行政法には、国際社会において複数の公的主体がそれぞれの公共性に基づいて産出する法[142]相互間の「抵触法的調整（conflicts of laws arrange-

---

137） Ming-Sung Kuo, "Inter-public Legality or Post-public Legitimacy? Global Governance and the Curious Case of Global Administrative Law as a New Paradigm of Law", *International Journal of Constitutional Law,* Vol. 10 No. 4 (2011), pp.1050-1075, p.1059.

138） Dyzenhaus, *supra* note 115, p.4.

139） Kingsbury, *supra* note 129, p.34.

140） *Ibid.,* p.35.

141） *Ibid.,* pp.55-56. "公際法" という訳語は本章筆者の造語である。公際法の構想を全面的に展開したものとして、Benedict Kingsbury, "International Law as Inter-Public Law", *in* Henry S. Richardson / Melissa S. Williams (eds.), *Moral Universalism and Pluralism,* New York: NYU Press (2009), pp.167-204, esp. pp.188-190.

142） キングズベリーはこのような法イメージを基礎付けるために、「法理論への制度的アプローチ」としてオーリウ（Maurice Hauriou）やロマーノ（Santi Romano）を（いささか唐

ments)」[143)]が期待されると言う。ここで言う公際法や抵触法的調整の具体的イメージは必ずしも詳らかではないが、例えば、グローバル行政主体の執った行為がある国の国内裁判所で審理の対象となったり、逆に国家機関の執った措置が超国家的なグローバル行政主体において問題とされたりした場合に[144)]、公共性を備えた法の一般原則を問題解決の基準として適用していくようなケース[145)]が念頭に置かれているものと見られる[146)]。そうすると、公際法の構想は、日本で近時提唱されている公法抵触法[147)]をめぐる議論のうち、法源・法秩序の多元性を特に強調する立場[148)]との親和性が高いように思われる[149)]。

最後に、「フラーのレンズを通したハートの読解（Hart read through Fuller's lens）」[150)]と評される法理論的構成の当否を論ずることは、本章筆者の

突に）援用しているが（Kingsbury, *supra* note 129, p.55 n. 81（citing Maurice Hauriou, *La théorie de l'institution et de la fondation*（1925）and Santi Romano, *L'ordinamento giuridico*（1917））、それ以上に敷衍されていない。

143）Kingsbury, *supra* note 129, p.56; Kingsbury, *supra* note 141, p.189.

144）*Cf.* Kingsbury, *supra* note 129, pp.41-47.

145）例えば、WTO におけるエビ・ウミガメ事件において、規制国（アメリカ）が被規制国（インド等）に対し、適正手続を執らなかったことが問題とされた例が紹介されている（*ibid.*, p.37）。エビ・ウミガメ事件については、小寺彰『WTO 体制の法構造』（東京大学出版会・2000）137〜140 頁、川島富士雄「米国のエビ・エビ製品の輸入禁止」松下満雄他編『ケースブック WTO 法』（有斐閣・2009）134〜136 頁参照。

146）参照、山本草二『国際法〔新版〕』（有斐閣・1994）231 頁（「今日では、同一の事象と活動に対して複数の国家管轄権が競合して適用されるため、その相互の抵触を調整し優劣関係を確定することが、現実に必要となっている」）。

147）公法抵触法につき、一般的には、斎藤・前掲注 3）特に 348〜361 頁、ならびに同論文の書評である原田・前掲注 4）84〜87 頁（同・前掲注 4）『公共制度設計の基礎理論』100〜104 頁）および横溝大「行政法と抵触法―グローバル化の中の行政法(2)」自治研究 89 巻 1 号（2013）128〜141 頁。

148）「シンポジウム 第一部会 討論要旨」公法研究 74 号（2012）150〜162 頁、158 頁〔原田大樹発言〕。法源・法秩序の多元性と表裏をなす「司法間調整」の問題を指摘するものとして、原田大樹「政策実現過程のグローバル化と国民国家の将来」公法研究 74 号（2012）87〜99 頁、93 頁（同・前掲注 4）『公共制度設計の基礎理論』40〜41 頁）、同「政策実現過程のグローバル化と公法理論」新世代法政策学研究（北海道大学）18 号（2012）241〜266 頁、258 頁。司法間調整については、さらに、前掲注 45）も参照。

149）キングズベリーは、自らの構想を「統一の中の多元主義（pluralism-in-unity）」とも呼んでいる（Kingsbury, *supra* note 141, p.197）。

150）Ming-Sung Kuo, "The Concept of 'Law' in Global Administrative Law: A Reply to Benedict Kingsbury", *European Journal of International Law,* Vol. 20 No. 4（2009）, pp.997-1004, p.998.

手に余るが[151]、次の点を指摘しておこう[152]。すなわち、キングズベリーが、法は公共性を備えたものでなければならないというとき、それは、グローバル行政法の適用に携わる諸機関の事実としての実行を観察した結果を記述しているのか、それとも論者自身の規範的主張を述べているのか、明らかではないということである。キングズベリーは、出発点ではハートにならって、法執行機関による実行を法と捉えるため[153]、その限りでは前者の記述的立場が前面に出ているように思われるが、公共性が（公）法に内在する要請だと述べるときは[154]、自らの規範的コミットメント（ハートの言う内的視点）が表に出てくるように見受けられる[155]。これは、おそらく、キングズベリーの構想が、グローバル行政法のプロジェクトにおいて取り上げるにふさわしい法あるいは法類似（law-like）[156]の実行を選び出し、かつ、選び出された対象について規範的な提言をしていくという二重の実践的意図に導かれたものであったからではないかと推測されるが[157]、理論的にはなお洗練させる余地があるように思われる。

(2)　多元主義――クリシュ　クリシュは、グローバル行政空間において問責者となる者を構成母体（constituency）[158]と呼び、誰に対してアカウン

151）批判的検討として Alexander Somek, "The Concept of 'Law' in Global Administrative Law: A Reply to Benedict Kingsbury", *European Journal of International Law,* Vol. 20 No. 4 (2009), pp.985-995（キングズベリーの構想は行政自然法（natural administrative law）論であるとする）; Kuo, *supra* note 137（キングズベリーの構想は公衆不在の利益衡量的正統性論であるとする）.

152）この段落は、藤谷武史准教授と安藤馨准教授からそれぞれ別々にいただいた個人的教示に負うものである。もちろん、誤りを含めた記述の責任はすべて本章筆者のみに帰属する。

153）Kingsbury, *supra* note 129, p.29.

154）*Ibid.,* p.30. 自らの主張を「ハートの立場とは緊張関係にある」「ハートよりもフラーの見解に適合する」と述べている（*ibid.*）。

155）外的視点と内的視点の区別については、H.L.A. Hart, *The Concept of Law,* 3rd ed., Oxford: Clarendon (2012) [1st ed. 1961], pp.89-91; H.L.A. ハート（矢崎光圀監訳）『法の概念』（みすず書房・1976）98～100頁、H.L.A. ハート（長谷部恭男訳）『法の概念〔第3版〕』（筑摩書房・2014）152～154頁参照。

156）Kingsbury, *supra* note 129, p.30.

157）参照、藤谷・前掲注7）155頁（「[キングズベリーは］各種の領域で次第に形成され共有されつつある規範を、体系化と相互参照によって他の領域にも拡張していくための規範的コミットメントとして敢えて『法』と呼称するとの立場を採る」）。また、同149頁の「学問運動」（前掲注12）参照）という表現も参照。

158）constituency は、国内レベルでは有権者とか選挙民などと訳されるが、国際レベルではこうした訳は不適切であるため、ある秩序を構成しそれに正統性を付与するものという意味

タビリティを負うかという問題を、グローバル・ガヴァナンスの正しい構成母体（right constituencies）は何かという問題で置き換える[159]。このような問題が提起されるのは、国際社会におけるアカウンタビリティが次のような問題をもたらしているからである[160]。

すなわち、国際社会においては、選挙という民主主義の根本的回路が制度として存在しないのみならず、民主政を基礎付け得る単一の公衆（the public）ないし人民（the People）の存在を観念できないということが、国際社会におけるアカウンタビリティの問責者は誰かという問題を惹起する。問責者となり得るのは、行政活動に出資し権限を授権する者と、当該行政活動により権利利益に影響を被る者とが考えられるが、両者は一致しないばかりか、しばしば対立する[161]。例えば、国際通貨基金（IMF）や世界銀行による援助行政のアカウンタビリティは、出資者である先進国（の納税者）に対するアカウンタビリティと、援助を受け入れる途上国の人々に対するアカウンタビリティとに分裂するというのである[162]。このような分裂は、国内レベルでも生じ得るが、民主主義国では選挙を通じて解決され得るのに対し[163]、国際社会では、それに代わる解決のメカニズムは少なくとも一般的な形では装備されていない[164]。そこで、グローバル・デモクラシーの存在しない国際社会において、グローバル行政主体がいかなる

を込めて、“構成母体”と訳した。クリシュにおいては、国内行政法における優越的な構成母体は人民である（Krisch, *supra* note 115, pp.251-253)。

159）*Ibid.,* p.253.

160）Ruth W. Grant / Robert O. Keohane, “Accountability and Abuses of Power in World Politics”, *American Political Science Review,* Vol. 99 No. 1 (2005), pp.29-43.

161）論者は、前者に対するアカウンタビリティを「授権モデル（“delegation” model)」、後者に対するアカウンタビリティを「参加モデル（“participation” model)」と呼んでいる（*ibid.,* p.31)。

162）開発援助の制度に即して具体的に検討するものとして、城山英明『国際援助行政』（東京大学出版会・2007）215～256頁（出資者については国内と世界銀行における評価制度を、受入国については世界銀行査閲パネルにおける異議申立手続を、それぞれ重視)。

163）Grant / Keohane, *supra* note 160, p.33. See also Krisch, *supra* note 115, p.253（人民が超越的な決定主体となるとする).

164）市場による不買運動やNGO相互によるピア評価や国際世論における評判など、国内法には見られないアカウンタビリティ確保の手段が模索されているが（Kingsbury / Krisch / Stewart, *supra* note 15, pp.57-59; Stewart, *supra* note 75, pp.105-106 (citing Grant / Keohane, *supra* note 160 (n. 154)))、民主的アカウンタビリティに代わるものとまでは言えないだろう。

構成母体（constituency）に対してアカウンタビリティを負うのか、さらに説明が要求されることになるのである[165]。

そこで、クリシュは、グローバル行政法における構成母体の可能性を、次の三つのアプローチに分けて整理している。

第一に、国家主義的アプローチ（nationalist approach）によれば、各国家ないしその国民が構成母体となる。このアプローチは、国際法秩序を国家意思に基礎付ける伝統的な国際法理論が前提としてきたものであり、例えばヨーロッパ連合（EU）と構成国との関係に関するドイツ連邦憲法裁判所のマーストリヒト条約判決はこの立場であるとされる[166]。

第二に、国際主義的アプローチ（internationalist approach）によれば、各国家から構成される国際共同体が主たる構成母体となる[167]。環境や国際人権保障など個々の国家意思を超えた共通の価値が認められる領域や、国際連合、WTOの紛争解決機関、世界保健機関（WHO）など、個々の構成国から独立した権限を有する国際機関などがその例である。ただし、国際主義的アプローチはあくまでも国家を通じた秩序形成を志向するものであるから、グローバル・ガヴァナンスは各国家ないし各国民に対してもアカウンタビリティを負わなければならず、また次の世界市民的アプローチとは異なり個人が構成母体となるわけではない。

第三に、世界市民的アプローチ（cosmopolitan approach）によれば、各個人（グローバル・パブリック）から構成されるグローバル共同体こそが、グローバル・ガヴァナンスの真の構成母体である[168]。ただし、このアプローチを採る場合でも、具体的な制度構想としては、世界議会を語る者からNGOの国際機関への参加などを通じて実現しようとする者まで、幅がある。

クリシュは、これら三類型の構成母体のうち、いずれかに対して（国内における人民が持つような）優越的な地位を与えることはしない。むしろ、国内政治の民主主義理論に関するレイプハルト（Arend Lijphart）の多極

165）　Krisch, *supra* note 115, pp.249-251.

166）　*Ibid.*, p.254 n. 22 (citing BVerfGE 89, 155).

167）　*Ibid.*, p.254.

168）　*Ibid.*, p.255. 旧稿（本章附記参照）ではcosmopolitan approachを「普遍主義アプローチ」と訳していたが、本文のように改める。

共存モデル（consociationalism）などを援用しつつ[169]、競合する複数の構成母体が対等の立場で接触し協調することにより秩序を形成する多元主義（pluralism）[170]を提唱する[171]。

具体的には、遺伝子組換え生物について予防的アプローチ（precautionary approach）を採るEUと、これに反する立場を採るWTOとのせめぎ合いを素材に、次のように論じられる[172]。すなわち、WTOは、EU法に基づく規制措置がWTO法に反するという紛争解決機関の判断を通じて、国際主義的な構成母体に対するアカウンタビリティを保証し、逆にEUは、裁判所がWTO法の直接適用を制限することで、ヨーロッパの構成母体（この文脈では国家主義的構成母体と同視し得る）に対するアカウンタビリティを確保する。また、国連食糧農業機関（FAO）と世界保健機関（WHO）により設置されたコーデックス委員会（食品規格委員会：Codex Alimentarius Commission）は、NGOの参加を通じてより幅広い世界市民的構成母体の声をWTOのSPS協定（衛生植物検疫措置の適用に関する協定：Agreement on the Application of Sanitary and Phytosanitary Measures）[173]に反映するのに対し[174]、予防的アプローチに親和的なカルタヘナ議定書（生物の多様性に関する条約のバイオセーフティに関するカルタヘナ議定書）[175]は、WTO法への影響はなお不明であるものの、世界市民的構成母体の意思を反映するものと見得る。他にも、EU裁判所と国内裁判所、EU裁判所と国連安

---

169)　*Ibid.*, p.264 (citing Arend Lijphart, *Democracy in Plural Societies* (1977) (n. 75)).

170)　ここで言う多元主義は、**Ⅱ2(2)**で紹介したグローバル行政法の規範的基礎付けのための三つのモデルの一つである多元モデルとは異なる概念である。

171)　公法学における多元主義の系譜については、石川・前掲注8)「国家・国民主権と多元的社会」、特に76頁（クリシュも引用するラスキ（Harold J. Laski）、コール（G.D.H. Cole）らの多元的国家論について）、101頁註50)（レイプハルトの多極共存型デモクラシーについて）を参照。

172)　Krisch, *supra* note 115, pp.258-261.

173)　SPS協定附属書A（定義）3(a)は、食品の安全に関してはコーデックス委員会の制定した基準等を、衛生植物検疫措置の基準となる国際的な基準等（3条）とする。

174)　以上の制度につき、概括的には、中川淳司『経済規制の国際的調和』（有斐閣・2008）146～156頁、同他『国際経済法〔第2版〕』（有斐閣・2012）192～200頁〔平覚〕参照。

175)　カルタヘナ議定書の成立経緯および概要については、遠井朗子「越境環境損害に関する国際的な責任制度の現状と課題―カルタヘナ議定書『責任と救済に関する名古屋―クアラルンプール補足議定書』の評価を中心として」新世代法政策学研究（北海道大学）14号(2012) 271～306頁、276～285頁参照。

保理、ヨーロッパ人権裁判所と国連安保理などが、同一の事項について当初は対立する立場を示しつつも、相互の譲歩と妥協によって均衡が見出された例が挙げられている[176)]。

キングズベリーもクリシュも、いずれもグローバル行政空間においては複数の公的主体（公衆）ないし構成母体が多元的に存在するという認識を前提としているが、両者を分かつのは、キングズベリーの関心が既存の法秩序相互の抵触法的調整という静態的な秩序維持にあるのに対し、クリシュが各構成母体の動態的な秩序形成への参与を認めるところにあるのではないかと思われる。すなわち、クリシュは、多元主義の秩序構想を、各個人が有する結社の自由および自治・自律の原理に基礎付けており[177)]、各個人が自らの選択する政治的結社に参加し自己統治を図ることで自由を獲得するという法・政治理論を前提としている[178)]。クリシュの議論は、各構成主体間の衝突[179)]が秩序の安定性を損ない、また弱肉強食の権力抗争へと転化する危うさをもはらんではいるが[180)]、むしろそのようなダイナミズムの中にこそ、グローバル・ガヴァナンスの意思決定へと参加できるチャンネルが開かれているということであろう[181)]。

IV　おわりに

本章は、国家なき行政法の存立可能性という問いを頭の片隅に置きつつ、

176）　Krisch, *supra* note 115, pp.267–268.

177）　*Ibid.*, pp.271–272.

178）　*Ibid.*, pp.272–274. 別の著書では、ハーバーマス（Jürgen Habermas）に由来する公的自律（public autonomy）という概念を援用している（Nico Krisch, *Beyond Constitutionalism: The Pluralist Structure of Postnational Law,* Oxford: Oxford U.P. (2010), pp.89–103; p.50 n. 109 (citing Jürgen Habermas, *Between Facts and Norms* [*Faktizität und Geltung*] (1996), ch. 3)）。

179）　クリシュにおいては、各構成母体間の衝突を調整する規範は、「規範的で倫理的な要請（normative, moral demands）」とされる（Krisch, *supra* note 178, p.296）。

180）　Krisch, *supra* note 115, pp.274–277.

181）　クリシュの理論のこのような側面は、「立憲主義なき多元主義」（近藤圭介「憲法多元主義—ヨーロッパ法秩序をめぐる議論の構図」濵本＝興津編・前掲注 45）5〜29 頁、18 頁）と形容される。

グローバル行政法の構想を追跡してきた。これまでの検討をまとめると、以下の通りである。

グローバル行政法の対象は、集権的な統治機構の存在しない世界において、国境を越えた諸課題に対応するための諸々の主体の相互作用の過程ないし枠組みであり、国際関係論でグローバル・ガヴァナンスと呼ばれているこの現象を、あえて行政法の対象たる“行政”と捉えるところが出発点であった。このようにして導出された“グローバル行政空間”は、国家のみならず公私混合的あるいは私的な主体の活動に注目が集まる点、そうした主体の活動が国家の枠を超えて個人や企業の利益にダイレクトに影響を及ぼすことで、伝統的な国際法・国内法二分論の枠組みでは対応し切れなくなっている点が、特徴として指摘された（以上、Ⅱ1）。

グローバル行政法は、こうした現象に対して、アカウンタビリティを基軸とする手続的な法原理で対処することを構想する。権利保護や民主主義などの実体法的な価値・理念を規範的基礎とすることは、国際社会の現状を前提とする限りコンセンサスが得られにくいからである（以上、Ⅱ2）。

ここで言うアカウンタビリティは、日本で情報公開法制と結びつけて理解された説明責任（責務）とは異なって、答責者（行為者）が自らの行為・決定について問責者に対し説明・正当化をすべき義務と理解される。アカウンタビリティは、政治的・行政的手段によって正統性を、法的手段によって合法性を確保することに資する（以上、Ⅲ1）。

グローバル行政法の論者は、アカウンタビリティを基礎としてどのような規範構想・秩序構想を描こうとしているのか。キングズベリーは、（公）法の概念に公共性の要請を埋め込むことで、合法性と正統性の問題に同時に答えようとし、クリシュは、多元主義の秩序構想を唱えて動態的な秩序形成過程を描き出した（以上、Ⅲ2）。

以上が本章の概要である。さて、それでは、国家なき行政法は、はたして、またいかにして、可能であろうか。本章の検討からすれば、何らかのチャンネルで社会・公衆につながる正統性を確保し、また法秩序の妥当を根拠付ける枠組みが、国家以外に見出されれば、国家なき行政法の存立も可能になると言えそうだが、その枠組みがどのようなものかは、残念ながら本章の検討だけでは十分に明らかにならなかった。そこで、最後に、今後の研究課題の確認を兼ねて、若干の見通しを述べ、本章を閉じることにする。

一つの課題は、行政法において国家の概念が持つ意味を、もう一度洗い直すことである。ドイツ法を中心とする大陸法の強い影響下に成立した日本の行政法学は、公共性を独占する国家が、正統性の淵源であると同時に法秩序の妥当根拠であるということ[182]を漠然と前提として、その規範構想を組み立ててきたように思われる。しかし、キングズベリーとクリシュがそれぞれの立場から多元的な秩序構想を唱えたように、これは決して普遍的な前提ではないかもしれない[183]。

例えば、「多元主義的民主制論」[184]を奉じるアメリカ合衆国においては、行政法においても、多元的に構成された行政機構[185]が種々の利益団体の主張を吸い上げ調整する「利益代表としての行政法（administrative law as interest representation）」[186]モデルが提唱されており[187]、これがグローバル行政法にも影響を与えていると指摘されている[188]。日本でも、オーリウ

182）　石川・前掲注8）の二論文を参照。

183）　原田・前掲注148）「政策実現過程のグローバル化と公法理論」264頁は、「［国家という］係留点を持たない理論枠組によるならば従来の公法学の理論蓄積を相当程度放棄する覚悟が必要であろう」とするが、国家という係留点を持たない（かもしれない）理論蓄積にも目を向けてみようというのがここでの問題意識である。藤谷武史「市場のグローバル化と国家の制御能力―公法学の課題」新世代法政策学研究（北海道大学）18号（2012）267～291頁、282頁註（47）も参照（ただし、藤谷・同論文および同「企業・投資活動の国際的展開と国家」公法研究74号（2012）100～111頁も、国家の役割を捨象する議論には懐疑的である）。原田と藤谷の見解については、さらに、原田大樹「グローバル化時代の公法・私法関係論」（本書第1章）および藤谷武史「グローバル化と公法・私法の再編」（本書第13章）をも参照。それに対し、本章筆者の見解について本章の議論を敷衍し、特に原田学説の批判的検討を通じて、行政法のグローバル化と国家の意義について論じたものとして、興津征雄「書評　原田大樹著『公共制度設計の基礎理論』」季刊行政管理研究147号（2014）54～60頁。

184）　石川・前掲注8）「国家・国民主権と多元的社会」87頁。

185）　藤田宙靖「ドイツ人の観たアメリカ公法―『法治行政』と『法の支配』に関する覚え書き」同『行政法の基礎理論（上）』（有斐閣・2005）134～163頁、155～157頁［初出1986］。

186）　Richard B. Stewart, “The Reformation of American Administrative Law”, *Harvard Law Review,* Vol. 88 No. 8 (1975), pp.1667-1813, p.1760.

187）　行政立法手続につき、藤谷武史「『より良き立法』の制度論的基礎・序説―アメリカ法における『立法』の位置づけを手がかりに」新世代法政策学研究7号（2010）149～213頁、161頁も参照。

188）　藤谷・前掲注7）156～158頁。See also Stewart, *supra* note 75, pp.75-76.

(Maurice Hauriou）の制度理論[189]に示唆を受けて、「都市を……一つのまとまりをもった『制度』的法現象として認識」し、国家法から独立した都市自治体に固有の秩序形成を正当化する「都市法学」の構想がある[190]。地方住民・地方公共団体の自己統治や参加民主主義に定位して、「地方公共団体を国に従属させる現在の法理論について批判的検討をおこなう」地方自治論[191]も、ここに数えることができるかもしれない。眼差しを国際社会に転じれば、経済・交通通信・社会・文化等それぞれの専門分野に機能分化した国際的共同体ごとに成立する「国際的利益」を実現する作用としての「国際的公共事務」(service public international）を基盤とする国際行政法の構想が早くから唱えられており[192]、これはグローバル行政法にも影響を与えている[193]。

こうした試みを通じて、それぞれの秩序構想が国家をどのように位置付けており、国家以外にそれを支えるものがあればそれは何かを探究することにより、国家なき行政法の存立可能性を一層具体的に考えることができるだろう。もっとも、国家なき行政法という「意味構成そのものが、事実

189）ただし、最新の研究によれば、オーリウを単純な多元主義者と見ることには留保が必要なようである（小島慎司『制度と自由―モーリス・オーリウによる修道会教育規制法律批判をめぐって』（岩波書店・2013）22～23頁）。

190）磯部力「『都市法学』への試み」成田頼明他編・雄川一郎先生献呈論集『行政法の諸問題（下）』（有斐閣・1990）1～36頁（引用は20頁）。この試みには、石川・前掲注8)「国家・国民主権と多元的社会」107頁註（79）（108頁）および「承認と自己拘束」58頁註(3）が逸早く注目していた。

191）木下昌彦「自由・権力・参加(1)―地方公共団体の法的地位への批判的研究」新世代法政策学研究（北海道大学）16号（2012）353～407頁（引用は361頁）。ただし、同論文は未完のため、結論は未だ詳らかではない。

192）山本草二「国際行政法の存立基盤」国際法外交雑誌67巻5号（1969）529～594頁（引用は536～537頁）。この論考も、つとに石川・前掲注8)「承認と自己拘束」64頁註（72）の目に止まっていた。

193）Kingsbury / Krisch / Stewart, *supra* note 15, p.20 n. 12（山本（草）・前掲注192）を引用）; Kingsbury, *supra* note 129, p.24 n. 5（山本（草）・前掲注192）の英文要約（国際法外交雑誌67巻5号（1969）680頁）を引用). 特にキングズベリーは国際的公共事務の観念に注目しているが（*ibid.*, p.32)、この概念はフランス行政法の鍵概念である公役務（service public）の概念に由来するものと考えられ、行政法の規範構想において持つ意味を考察する必要があるだろう。批判的検討として、奥脇直也「『国際公益』概念の理論的検討―国際交通法の類比の妥当と限界」広部和也＝田中忠編・山本草二先生還暦記念『国際法と国内法―国際公益の展開』（勁草書房・1991）173～243頁（公役務概念については、同180～183頁、230頁註（9)）。

に定礎されない仮想である可能性が残されているのは、もちろんである」[194]が。

【附記】　本章は、社会科学研究（東京大学）65巻2号（2014）57〜87頁に掲載された同題の拙稿（本文中では「旧稿」という）に、必要最小限の文献書誌情報のアップデート、訳語の修正、および表記の補正を施したものである。旧稿の内容については、その執筆・公表の前後に、EUインスティテュート関西・法グループ研究会（2013年7月23日）、河中自治振興財団・第9回行政法制研究会（2014年3月1日）、および科研費「環境条約の日本における国内実施に関する学際的研究―国際・国内レベルでの規律の連関」（研究代表者：児矢野マリ教授（北海道大学））の全体会合（2014年7月25日）において報告の機会を与えられ、それぞれ参加者各位から有益なご指摘を受けた。また、安藤馨准教授（神戸大学）、木下昌彦准教授（同）、小島慎司准教授（上智大学）、斎藤誠教授（東京大学）、島並良教授（神戸大学）、遠井朗子教授（酪農学園大学）、中川丈久教授（神戸大学）、原田大樹教授（京都大学）、藤谷武史准教授（東京大学）、宮野洋一教授（中央大学）には、旧稿（またはその原稿）をお読みいただいた上で貴重なコメントを頂戴した。上記の方々に、この場を借りて改めて御礼申し上げる。本研究は、JSPS科研費（課題番号23730021；23243014；21243007）の助成を受けたものである。

194）　石川・前掲注8）「国家・国民主権と多元的社会」93頁。

第3章 法理論におけるグローバル法多元主義の位置付け

浅野有紀

Ⅰ はじめに

法多元主義は、我が国においては、主要な分析法理学や法理論の潮流（例えばH.L.A. ハートによるルールの体系としての法理解、R. ドゥオーキンによる原理としての法理解など）に対しては、周辺的な位置にあると見なされ、未だその重要性に対する認知度は低いように思われる。しかし、近年の海外、特に英米の法学文献においては事情が大きく異なっており、法多元主義は、いまや法理論における中心的でよく知られたテーマとして取り上げられるに至っている[1)]。例えば、J. ウォルドロンは、第二次世界大戦後の法理学界の一大事であったハート・フラー論争について、これは一般法理学における諸問題に広く関わるものであったが、この論争には欠けており、その後に「法理論において顕著であった、あるいは顕著となった一、二の争点があり……、その一つは法多元主義である」と述べている[2)]。

1） Sionaidh Douglas-Scott, *Brave New World? The Challenges of Transnational Law and Legal Pluralism to Contemporary Legal Theory* in Richard Nobles / David Schiff ed., Law, Society and Community: Socio-Legal Essays in Honour of Roger Cotterrell (Ashgate, 2014), p.80.

2） Jeremy Waldron, *Legal Pluralism and the Contrast Between Hart's Jurisprudence and Fuller's* in Peter Cane ed., The Hart-Fuller Debate in the Twenty-First Century (Hart

このような法多元主義の重要性に対する関心の高まりの主要な原因の一つとして、近年のグローバル化に法理論が対応する際に、法多元主義が有効性を持つのではないかという期待が挙げられる[3)]。グローバル化は、1989年の冷戦体制の崩壊を契機として、それまでとは異なった新たな段階へと進展したとされる[4)]。冷戦体制の終了した1990年代以降、従来の各主権国家内部の国家法体系、各主権国家間の条約としての国際法体系の二元的体系、またそれにより支えられていた国家的資本主義経済の変容・崩壊が進んだ。それは、人々の超国家的活動の増大、宗教や民族などを拠り所とした非国家的法共同体の進展、これらによる国家法の相対化と非国家法の出現として現われ来つつある。

本章では、このような1980年代以降のグローバル化を主要な背景とした法多元主義に焦点を当て、これをグローバル法多元主義として、その法理論における位置付けを明らかにしたい。このためには、まず、背景としてのグローバル化について、ある程度のイメージ整理あるいは理論的な整理をし、その後にこれを前提として、法多元主義を論じるのがよいと思われる。なぜなら、我が国におけるグローバル法多元主義への関心の低さは、法学者にとってのグローバル化という概念の広範さ、曖昧さ、またそれが流行語のように多様な文脈で用いられていることによって理論的な有効性に懐疑を持たれていることを一因とするように思われるからである。

そこで、**II**では、まずグローバル化について、これをどのような理論枠組みで捉えるかを検討する。グローバル化は言うまでもなく複合的な現象であって、法のみならず、経済、政治、さらに人々のより日常的な生活における変化として現れているものである。むしろ、グローバル化そのものを扱う理論においては、法はグローバル化を促進する要因というよりは、後追い的にそれに対応するものとして、むしろあまり重視されていない傾向さえ見られる。そこで、本章では、まずグローバル化の一般理論から、

Publishing 2010), p.135.

3) Paul Schiff Berman, *From Legal Pluralism to Global Legal Pluralism* in Richard Nobles / David Schiff ed., Law, Society and Community: Socio-Legal Essays in Honour of Roger Cotterrell (Ashgate, 2014), p.255.

4) *Ibid.*; Yale H. Ferguson / Richard W. Mansbach, Globalization: The Return of Borders to a Borderless World? (Routledge, 2012), p.62.

法理論にとって重要な側面を取り出す作業を行う。

IIIでは、IIで検討したグローバル化の理論と法多元主義の関係を考察する。IIの考察からは、グローバル化に対して法理論が取り組むべき課題が導き出されるであろう。そして、これらの課題への対応として、法多元主義を論じることの意義を明らかにする。

IVでは、そこまでで明らかにされた法多元主義の理論と、他の法理論との関係性を考察する。最初に述べたように、近年の英米の文献では、法多元主義が、法理論の周辺ではなく中心的な議論の場に登場し始めていることが指摘されており、そこでは従来の法理論との共通点と相違点がそれぞれ何であるのかが問題とされ、論じられている。本章では、その中で、ハート理論との関係、L.L. フラーの理論との関係、またドゥオーキンの理論との関係、さらにリーガル・リアリズムとの関係がどのように論じられているかを紹介する。本章でこのような紹介を行おうとする理由は、法多元主義の内容を、他のよく知られた法理論との比較を通じてより明らかに描き出すとともに、ハート理論やドゥオーキンの理論に精通している我が国の人々に対して、法多元主義への関心を喚起する契機ともなるのではないかと期待するからである。

II　グローバル化とは何か

グローバル化とは何か、またその理論化について論じるに際して、B. アックスフォードの印象深い言葉から始めたい。

「グローバリゼーションは『境界』という理念へのチャレンジである」[5)]。

もちろんこの言葉は、グローバル化が、「国境」という、従来人々の行動を枠付けてきた「境界」を超えた人・物・資本の移動を促進することを意味するが、その現象の理論化に対しても含意を持つことを意図されている。それは、グローバル化やそれに伴って生じるとされる問題が、経済学や国際政治学などの従来の学問的・理論的カテゴリーやディシプリンとい

5) Barrie Axford, Thories of Globalization (Polity, 2013), p.8.

う「境界」の枠内では捉え切れず、学際的なアプローチを必要とすることを意味している。対応を迫られる問題が、地球環境問題、エボラ出血熱の如き伝染病、「イスラム国」などのテロリズムの拡大、大規模な地域的経済危機など深刻なものであればあるほど、その解決をもたらすべく確立された理論的ディシプリンの不存在は、我々の現在住まう世界に対する混沌とした不安を呼び起こす。そこで、我々はグローバル化の理論というディシプリンの確立を求めたくなるが、そのグローバル化が、国境のみならず、自然科学や社会科学におけるディシプリンという「境界」を超える概念であるために、混沌がいや増すのである。

とはいえ、グローバル化をめぐる議論において広く受け入れられている枠組みは存在する。D. ヘルドらは、グローバル化の理論を、ハイパーグローバリスト[6]、懐疑主義、変容主義（transformationalist）の三つに分けて論じている[7]。R. ホルトンもまた、この三種を、重なりつつも発展していく理論的段階と見なす[8]。

ハイパーグローバリストとは、世界経済のグローバル化を歴史的必然と見なす立場である。これには右派と左派があるとされ、右派であるネオリベラルは、ワシントン・コンセンサスの枠組みに沿って、自由貿易の拡大による世界経済の統合の方向を提唱する。彼らは経済的効率性を平等や正義よりも重視し、多くの超国家的企業が、一つの統合されたグローバル市場で競争し、資本の流動性がグローバルに高まることによって、世界中の人々の生活が向上し、福利が増進されると主張する。そしてこのようなグローバル市場の発展は、インターネットの普及や流動性の高いサービス産業の発展という、技術発展と産業構造の変化により、国際的取引や海外投資の制限されていた前時代に比べて、質量ともに未曽有の段階に至っているとされる[9]。

これに対して左派は、マルクス主義の流れを汲むもので、このようなグ

---

6)　単にグローバリストと呼ばれる場合もある。*Cf.* John Glenn, Globalization: North-South Perspective（Routledge, 2007）, p.34.

7)　David Held, Anthony McGrew, David Goldblatt / Jonathan Perraton, Global Transformations: Politics, Economics and Culture（Stanford University Press, 1999）, pp.2–10.

8)　Robert Holton, Making Globalization（Palgrave, 2005）.

9)　Ferguson / Mansbach, *supra* note 4, pp.21–23.

ローバルな市場の統合を資本の発展段階の最終段階と見なし、グローバル資本による労働者の搾取の強化と、グローバルな富の格差の拡大に警鐘を鳴らす[10)]。具体的には、アンチ・グローバリゼーションの運動や環境保護運動の展開の必要性を主張する。もともとマルクス主義は、経済関係を実体的な下部構造とし、国家は道具にすぎず、社会主義の完成後いずれは消滅するものと考え、国境を越えた労働者の連帯を模索する立場であったのであるから、グローバル化において国家により定められた境界が消滅していく世界像には対応しやすい一面を有した思想であったと言えよう。

ネオリベラルとグローバルマルクス主義は、一方は資本主義のグローバル化を支持し、他方は糾弾するものであり、対立する。しかし、資本主義のグローバルな発展、あるいはマルクス主義から言えば資本の独占は歴史的に必然的で避けられないという見方では一致し、またグローバル化を主に経済的・物質的な現象として捉える点においても同様である。

このようなハイパーグローバリズムに対して、第二段階である懐疑主義は、1990 年代以降のグローバル化がこれまでの人類の歴史にはなかったもので、世界の構造を根本的に変えるものであるという主張、見方を否定する。

そもそも国家が不在、あるいは相対的な存在であるという状況は中世において顕著であったし[11)]、19 世紀における移民の規模は現在の規模を超えるものであったし、貿易や国際的投資は戦争や恐慌によって時折妨げられつつ、現在まで継続的に発展してきているのであって、決して現在の状況は特別なものではない、とされる[12)]。

その上で、サブプライム・ローン問題やヨーロッパでの国債破綻の危機などに鑑み、金融や経済の過度の自由化やグローバル化は国家によって制約を課されなければならないし、また制約を課すことが可能であることも明らかであるとされる。国家は、グローバル化の進む世界でもなお、主要なプレイヤーであり、経済はなお国家経済を中心とするのである[13)]。

---

10)　Axford, *supra* note 5, pp.11-12.
11)　*Ibid.*, p.6.
12)　Ferguson / Mansbach, *supra* note 4, p.20.
13)　*Ibid.*, p.19.

さらに、懐疑主義者は、ハイパーグローバリストの言う経済の自由化の進展は事実に反するとして、EUや北米自由貿易協定（NAFTA）を挙げる。これらのブロック経済は、グローバルな経済統合に対抗するためのものであり、またWTOやIMFなどの国際組織の存続と成果も各国の責任にかかっていると主張する。

このように、懐疑主義はハイパーグローバリストの主張するような、人類の歴史始まって以来の特殊な「グローバル化」という現象の存在自体を否定する。これに対して、第三段階とされる変容主義は、グローバル化を物理的現象や歴史の必然的展開としてではなく、社会的に行われる解釈の対象として肯定する。懐疑主義者の認識とは異なり、確かに何か大きな変化が生じているのであるが、それが今後どのような方向に進むかは我々の選択と行動に左右される、とする。18世紀にG.ヴィーコにより論じられた「新しい学（new science）」における対象物の認識の精神依存性、A.グラムシのマルクス主義における理念や創造性の強調、現象学、エスノメソドロジー（ethnomethodology）、行為遂行的言語論、脱構築などの知的遺産の助けを借りつつ、「グローバリゼーションは、思考と行動を枠付け、望ましいもの、さらに可能なものをさえ限定する、（イデオロジカルな）ディスコースとして現れる。別の言葉で言えば、このディスコースは行為者に彼らがその内で行為する環境を認識させ、操作させる[14]」ものであると考えられている。

この変容主義におけるグローバル化理解は、それを客観的実在物として肯定したり、逆にその存在を否定するのではない。それはディスコースであるとされる。また、変容主義は、グローバル化を主に経済的現象として考えるのではなく、文化、安全保障、環境など多様な要素の複合体として考察し、これらの次元は相互に関連しているものと見る[15]。地域や活動領域におけるグローバル化の進行の程度も様々であり、貿易が飛躍的に拡大している地域もあれば、発展途上国では特に変化のない地域もあり、旧共産圏などでは逆に以前の時代よりも閉鎖的になっている例も指摘される[16]。

14）　Axford, *supra* note 5, p.15.

15）　Ferguson / Mansbach, *supra* note 4, pp.25-26.

16）　Keebet von Benda-Beckmann, *Globalisation and Legal Pluralism,* 4 Int'l L.F.D. Int'l

また変容主義においては、グローバリゼーションに対する評価も一元的ではない。例えば経済のグローバル化の人権に対する影響はポジティブな面もあればネガティブな面もある。労働者は規模の大きい急速な資本の移動に対しては脆弱であろうし、消費の一元化は多様な選択肢を減少させるであろう。他方で資本主義の合理性や効率性が、伝統社会の閉鎖性や不公正を打破する局面もある。大規模な移民は、社会的敵対関係を生み出す契機となるとともに、移民労働者の本国への送金は、OECD による補助金の数倍に至ることもあり、先進国から途上国への富の移動のより効率的な手段であるかもしれない[17]。これらのグローバル化の多面的な側面を見て、どのような面は促進し、どのような面は取り除いていくかを考えた上で、方向性を決定していくべきなのである。

変容主義は、1990 年代以降の冷戦構造の変化と世界市場の拡大、インターネットの出現などの変化に瞠目し、主権国家は融解してこのまま世界は統一に向かうとするハイパーグローバリズム、それに対するアンチテーゼとして、特別な変化を認めず、国家の中心的地位を再確認する懐疑主義の両者を、ともに極端な立場として否定し、グローバルに生じている変化を認めつつ、統一か分離か、解放か抑圧かという、その変化の行く先は我々の考えと行動に左右される、と論じる第三の流れとして生じた[18]。このような議論の流れとしては、変容主義の登場は理解のしやすいものであるが、そこには難点も指摘されている。

第一に、変容主義の唱える、人々の解釈、ディスコースとしてのグローバル化においては、先進国の主張や、多国籍企業の利益や、一部のエリートの意見などの語りの声が大きい時には、途上国、労働者、少数者の声は容易にかき消されてしまうであろう。グローバリゼーションの行く末は、我々次第であり、我々はその方向を変化させることができるのだと変容主義者は言うが、政治的・経済的なパワーを持たない人々にとっては、望むべき変化は現実には期待できず、現状を受け入れるしかないとなれば、彼らにとってそれはハイパーグローバリズムと変わらない結果となることが

(2002), p.20.

17) Ferguson / Mansbach, *supra* note 4, p.26.

18) Glenn, *supra* note 6, p.55.

予想される[19]。

第二に、変容主義に対しては、これは単なる現状の記述にすぎず、理論ではないとする批判がある。確かに、ハイパーグローバリズムであればネオリベラリズム、マルクス主義、懐疑主義であれば主権国家理論という基盤があるのに対して、折衷的とも見える変容主義にはそのようなものが見えにくい。「グローバル化」は解釈的な概念である、というだけであれば、社会的生に関わるものは皆そうなのである[20]。

そこで、変容主義をより理論化していくためには、そのディスコースにおけるより明確な指針、共有されるべき視点が必要である。アックスフォードは、国際関係論、国際政治学の制度論的知見をもとに、そのような三つの視点を整理している。

第一に、グローバル化における行為主体としての国家以外の制度への注目である。第二に、個別問題領域、個別活動領域における制度化への注目である。第三に、ヘゲモニー論への対応である。

従来の国際関係論においては、世界秩序を独立の意思を有した主権国家の併存による秩序と見て、国内ではその意思による統一としての国内法体系が存在し、国家間では各国家の利益追求の実現と調整・妥協としての条約を中心とした国際法体系が存在するという、二元的秩序観が前提とされていた。これは、グローバル化の理論における懐疑主義が前提とする立場でもある。しかし、変容主義における解釈主義や脱構築は、このような統一的意思を有する合理的行為者としての主権国家をもはや自明の存在とは見なさず、それを様々な利益の束、社会的力やルールの諸圧力に影響された制度的・文化的・歴史的な偶然的存在と見なす[21]。この視点からは、国家と他の様々な制度的アクターの存在との相互連関が見出され、国際機関、銀行、多国籍企業、あるいは市場、さらにNGOをも含む非国家的アクターの果たす役割が理論的解明の対象に含まれることとなる[22]。これが第一の点である。

19）　Axford, *supra* note 5, p.16.

20）　*Ibid.*, p.15, p.19.

21）　*Ibid.*, p.37.

22）　*Ibid.*

次に、以上のような制度間の相互連関という視点からは、一領域における国家の統一的意思の実現ではなく、個別問題領域、個別活動領域において形成される制度的ルールや社会意識・規範に注目すべきことが導き出される。環境問題や商業的漁業権やインターネットのドメインなどの個別領域におけるレジームが形成されており、その中でいかなる行為規範や制度的解決がなされているのか、またなされるべきなのかが問題となる[23)]。

最後に、従来の国際関係論においては、国際関係を各主権国家の利益追求による紛争の調整秩序と理解し、またその調整を戦略的な観点から見たため、強国による力の支配やそれに伴う西洋的リベラリズム・人権思想の一方的押し付けというヘゲモニーの問題を避けて通ることはできなかった。変容主義における解釈主義や制度論的な発想から見直した時には、グローバル化はこのヘゲモニーの構造を転換し、主権国家の利益追求を他のアクターの利益追求や他のレジームにおける規範との間で相対化し、制度間の協調や共通理解を促進するポジティブな契機とも捉えられる可能性がある[24)]。しかしながら、過度の国家利益追求の危険性も依然存在していることは明らかであり、変容主義の理論はこのようなヘゲモニー論が従来扱ってきた問題を何らかの形で意識していなければならないのである。

以上、グローバル化とは何であるか、その理論化について論じてきた。

以下では、「世界はこれから急速に一つの巨大な市場となっていく」というハイパー理論でもなく、「世界は特に変わっておらず我々も考えを変える必要はない」という懐疑主義でもなく、「世界は確かに変わっており我々は対処しなければならず、その対処により行く先は変わるのだ」という変容主義の立場を前提に論じていきたい[25)]。そこで、考察されるべき点は、第一に、国家とともに非国家的行為主体への注目とその相互連関のあり方、第二に、個別問題領域・個別活動領域でのレジームの形成、第三にヘゲモニー論への対応である。この理論的視点の第三の点は、先に変容主義における難点の指摘の第一として述べた、声の大きな者の語りに少数者の声がかき消され、ディスコースが不成立となる事態にいかに対処するか

23）*Ibid.*, pp.37-38.

24）*Ibid.*, p.39.

25）Glenn, *supra* note 6, p.70.

という問題と重なり合うものと考えられる。第三の視点の検討には、ディスコースの成立の可能性をいかに確保するかという問題への解答が含まれてくるものと思われる。

III　グローバル化への対処としての法多元主義

法多元主義は、「主義」とは言っても、そもそもはある社会領域において、二つかそれ以上の法体系が併存している状況を示すもので[26)]、そのような状況を認めない法一元主義とは異なり、これを法のあり方として認め、場合によっては規範的にも支持する立場である[27)]。

法一元主義は、ある紛争に対して適用されるべき法は一つでなければならず、その法とは通常、特定の領域において統一的に確立された国家法であるとする。これに対して法多元主義は、国家法以外にも人々の行為を導き、拘束し、紛争を解決する法が存在し、このような非国家法と国家法の多元的な併存を認める[28)]。

法が多元的に存在するとされる社会領域としては、植民地において宗主国法とともに固有法や部族法が重なり合って存在している場合のように、テリトリアルな意味での領域が念頭に置かれることも多いが、必ずしも一定の地域に根差した法体系のみが前提とされるわけではない。商取引に関わるレックス・メルカトーリアや国際金融における業界の自主規定、戦争や災害による傷病者救護活動に関わる赤十字の組織・活動規定、スポーツ法の一部とされる国際オリンピック委員会の組織・活動規定、インターネットのドメインとIPアドレスを管理するICANNの規定するルールなどは、それぞれ商取引、人道的救援、スポーツ、インターネットなど、特定の土地とは関連を有しない人々の活動領域に応じて形成されている非国家法であって、これらが国家法と重なって、あるいは国家法の効力の及ばないところで組織規範や行為規範として採用されている。あるいは商事仲裁

26)　Waldron, *supra* note 2, p.136.
27)　Berman, *supra* note 3, p.256.
28)　Waldron, *supra* note 2, p.138.

やスポーツ仲裁など、独自の紛争解決機関を備えている組織においては裁判規範としても用いられている。

テリトリアルな領域における法の重なりとしての法多元主義は、従来の国家と、それに重なり合うEUなどの地域共同体、国際社会、国家内部の民族共同体の各法の間に見られ、これは人々に基本的な生活基盤を与える共同体の重なりによる共同体的な法多元主義である。これに対して、経済、人道的支援、スポーツ、インターネット、環境など、人々の従事する多くの活動領域の中の各個別分野において非国家法や自主規制が形成され、これらの個別的活動領域の目的・機能の促進・実現に寄与している場合があり、これらは機能的な法多元主義として、共同体的法多元主義とは区別することができる。この両者の区別は、時には明確ではない。例えば、カノン法の歴史的例にも見られ、今日も存在する宗教法は、宗教という、人々の活動領域の中の個別分野に関わるものとして機能的法多元主義の範疇において説明されるとも考えられるが、宗教の人間生活に対する影響の全般性から時には国家共同体の内部にあるいは超国家的な宗教共同体が生じて、共同体的法多元主義の様相を呈することもあると言えよう。

機能的法多元主義に関しては、例えば国際金融における取引慣習や自主規制、スポーツ法、インターネット法などのように、国家法が自らの管掌におさめていない活動領域において非国家法が発展するとき、そこには法の重なり合いは見られないため、法の多元的併存の問題はないかのように思われるかもしれない。しかしこの場合も、国内においては禁じられているような不公正な取引や税の逸脱に類することが国際金融市場で行われているかもしれず、スポーツ選手に対するドーピングの抜打ち検査は国家の刑事訴訟法などと比較し手続的公正を欠き人権侵害であるかもしれず、環境保護NGOの活動は国家法によれば犯罪か不法行為に該当するかもしれないように、異なった行為規範、組織規範の併存の潜在的可能性がある。また、国家法と非国家法だけではなく、企業の自主規制と環境NGOの評価基準のように経済活動が環境問題の領域と関わって非国家法間での併存や衝突が生じる場合もある。本書第7章において論じられているWIPO、TRIPs協定を含む国際的知的財産法制と、発展の権利の理念に基づく薬品特許法制に関するNPOの新制度設立の試みなども、非国家法の併存の潜在的事例として考えられよう[29]。

法多元主義は、自覚的な理論としては、植民地における宗主国法と固有法の併存と融解をめぐる文化人類学的法理解を一つの主要な起源とするが、IIにおける懐疑主義への言及部分でも触れたように、中世における統一的主権国家の不在と教会法、商人法、封建領土における分権的な法など、同一領域における諸法の併存は決して新しいものではない。このような観点から見れば、歴史的にはむしろ例外的とも評価され得る、ウェストファリア体制以降の近代主権国家の確立と、それに伴う統一的法秩序への希求、国家法中心的な理論としての法実証主義の普及の後に[30]、今また、グローバル化を背景として、以上に述べたような共同体的法多元主義と機能的法多元主義の両者が進展しているのである。

ここで、IIにおいて論じられたグローバル化論としての変容主義と、法多元主義との関係を改めて考察してみたい。グローバル化をディスコースとして捉える変容主義におけるより具体的な視点は、第一に、国家とともに非国家的行為主体への注目とその相互連関のあり方、第二に、個別問題領域・個別活動領域でのレジームの形成、第三にヘゲモニー論への対応であった。順に論じていく。

第一に、変容主義は、ハイパーグローバリズムと異なり、世界が一つの市場となる、あるいは混沌とした世界「帝国」[31]となるとは考えない。もし、世界が統一化、普遍化の方向へと向かうのだとしたら、法多元主義を論じることは理論的な矛盾となる[32]。変容主義は、世界が一元化に向かうのでもなく、かといって従来通りの主権国家の内部行為と外部行為としての国家秩序と国際秩序の二元論を固持することができると考えるのでもなく、グローバル化において国家は他の多様な非国家的行為主体とともに、その相互連関と相克の中で活動することになると考える。グローバル化において見られる統一化への傾向は、ローカルな秩序の再認識やそこからの抵抗を呼び起こすことによって、むしろ多元化の契機となると見なされ

29）本書第7章所収の浅野有紀「国際知的財産法制に関する分配的正義および人権の観点からの考察」。

30）Douglas-Scott, *supra* note 1, pp.83–84.

31）Michael Hardt / Antonio Negri, Empire (HUP, 2001).

32）Berman, *supra* note 3, p.257.

る[33]。この時、従来の法実証主義的な国家法中心的法観は不十分なものとなり、多様な非国家的行為主体の生み出す非国家法をも視野に入れ、これらの非国家法と国家法のおりなす多元的な法観が必要となる。法多元主義は、法実証主義に代わって、その任務に適した視点を提供することができるであろう。

国家法と非国家法の併存とその相互連関に関しては、法多元主義にはすでに確立されている分析ツールがいくつか存在している。それは、インターリーガリティや、連携ルール（linkage rule）と呼ばれる概念に見られる[34]。法多元主義は、法の併存を単に事実として認めて、それでよしとすることにとどまってはいない。この併存のあり方を考察する何らかの方法論が意識されなければならない。インターリーガリティの観点は、併存する法の関係を、衝突のみならず、競争、協働、包含、模倣、融合、適合、部分的統合、回避、従属、抑圧、破壊などの多様なあり方を持つものとして考察する[35]。このインターリーガリティの概念については、私法が判例の集積などを通じて社会規範と実定法の間をつなぐ役割を有したり、国際私法が各地の異なった私法の適用の調整を果たしたりすることに注目し、私法の伝統的方法論としてこれを理解する考え方も示されている[36]。また、連携ルールとは、ハート理論を法多元主義に適応できるように換骨奪胎する試みから生じた概念である。それは、ハートの説く一次ルールと二次ルールに加え、ある法システムが他の法システムの存在を認識しそれに対処する、いわば三次ルールとして、多元的法システム間の連携のルールが（無意識的であれ）存在していると説明するものである[37][38]。これらインタ

33) Von Benda-Beckmann, *supra* note 16, pp.21-22.

34) これらの概念やこれを主張する論者については、浅野有紀「法多元主義と私法」平野仁彦＝亀本洋＝川濱昇編『現代法の変容』（有斐閣・2013）127頁以下で紹介している。

35) William Twining, *Normative and Legal Pluralism,* 20 DUKE J. COMP. & INT'L L. (2010), p. 489, p.517.

36) Robert Wai, *The Interlegality of transnational Private Law,* 71 LAW AND CONTEMPORALY PROBLEMS (2008), p.107.

37) DETLEF VON DANIELS, THE CONCEPT OF LAW FROM A TRANSNATIONAL PERSPECTIVE (Ashgate, 2010).

38) 以上のような考え方は、法を、従来のように国家などの地理的要素により分断されているものと見るのではなく、いかなる問題を解決するためのものかという機能的な内容に依存した規範群＝制度と見て、広い意味での法は、これらの制度間の多様な調整方法をも含むも

ーリーガリティや連携ルールの特徴は、法の併存が相互補完や調整によりポジティブな結果につながる場合だけではなく、抑圧や無視や暴力的な衝突につながる悲劇的な可能性を、歴史的にも理論的にも視野に入れていることである。法多元主義に対する批判者からみれば、それこそが批判の理由であることになるかもしれないが、法が悲劇を生む可能性を認めなければ、それを回避する方法を探す努力も行うことができないであろう。

第二に、変容主義は個別問題領域・個別活動領域でのレジームの形成を問題とする。この視点と法多元主義との密接な関連性については、もはや多言を要しないであろう。法多元主義のうちでも、経済、人道的支援、スポーツ、インターネット、環境など、人々の従事する諸々の活動領域の中の各個別分野において非国家法や自主規制が形成され、これらの法や規制と、従来の国家法や他の活動領域で形成されている非国家法などとの間で重複や衝突が起こり得る、また調整の必要があることに着目する機能的法多元主義は、特に変容主義のアプローチと平仄が一致する。

第三に、変容主義におけるヘゲモニーの問題には、法多元主義における非国家法や自主規制の正統性を問う視点が対応していると言えるだろう[39]。例えばグローバル市場における企業間での自主規制や慣行は、労働者や消費者の利益を無視して、大企業の利益のみを反映するものであるかもしれない。グローバルなNGOの活動における指針や人材選択は、隠れた人種差別やキリスト教的価値観や西洋的価値観に満ち溢れたものであるかもしれない。国家法における民主的立法の契機が、EU法などの超国家法や、しばしば専門家やエリートによって技術的に定められる非国家法においては欠如しているとの批判もある。また、これは、第一の点において論じたように、インターリーガリティや連携ルールが、ある法システムや法制度が他の法システムや法制度を抑圧、破壊するように働く可能性とも関係している。このように、変容主義におけるヘゲモニーの問題と法多元主義に

のと考える「リーガリティの制度間理論」にも共有されていると思われる。このような考えでは、国家や国連やトランスナショナルな企業連携などは、それ自体が法制度であるとともに、むしろその内に含まれる多様な法制度間の調整方法の例でもあることになる。*Cf.* Keith Culver / Michael Giudice, Legality's Borders: An Essay in General Jurisprudence (OUP, 2010), p.105, p.112, p.165.

39) Douglas-Scott, *supra* note 1, p.92.

おける法の正統性の問題との対応関係は、両者がグローバル化を共通の観点から見ているために、そこにおける問題もまた共通に認識されることを表している。

法多元主義においては、正統性問題について二つの立場からの解答を見ることができる。一つ目は、正統性に代えて実効性を法の主要な存在理由とすることであろう[40]。特に機能的法多元主義の観点からは、インターネットや金融市場や環境ガヴァナンスなど特定の機能的・技術的領域における活動を最も円滑、実効的に行うことができることが重要なのであって、民主主義や政治的利益調整などは問題とはならないと考えられるかもしれない。しかし、このような実効性優位の立場には批判も存在するであろう。

二つ目は、正統性に代えて、法多元主義が人々に、様々な法とそこに反映される価値観や活動の多様性を保障し、自由と自律を与えるという主張である。法の正統性は強制があるからこそ要求される。しかし、多元的な法が存在し、そこに選択の自由があれば、法により他者と共同する可能性が開かれることは強制ではなく自由と自律の拡大である。多元的な法の存在によって、人々には自分の価値観や自分の活動の促進に適う法を選択し、それに従って行為する可能性が開かれる、と[41]。しかし、そう言うためには人々には選択肢が存在していなければならず、ヘゲモニー論はこのような選択肢の現実的な欠如を指摘しているのである。この批判からは、法多元主義のこのような解答は楽観的にすぎると言うことになろう。

すなわち、ヘゲモニー論とそれに対応する正統性問題に対して、法多元主義には答える用意があると思われる。しかし、それは未だ決定的な答えではない。

Ⅳ　法理論における法多元主義の位置付け

以上では、グローバル化における法多元主義の意義について、グローバ

40)　Berman, *supra* note 3, p.256.

41)　Hanoch Dagan, Reconstructing American Legal Realism & Rethinking Private Law Theory (OUP, 2013), pp.171-178.

リゼーションの理論の展開を見て、変容主義の登場とその法多元主義との適合性を確認した。グローバリゼーションの理論としての変容主義と法多元主義は、非国家法の増大、個別的活動領域において展開する機能的な法の多元化、問題意識としてのヘゲモニー論について、それぞれ重なり合う視点を共有している。法多元主義におけるヘゲモニー論への対応法は必ずしも決定的ではなく疑問の余地もあるかもしれないが、そのことが法多元主義の理論としての有効性を否定することにはつながらない。多くの優れた理論も、問題解決への一定の視点を提供するだけであり、決定的ではあり得ないからである。

法多元主義がグローバル化の理論と重なり合う問題意識を有し、グローバル化時代に相応しい法理論であるとしても、その他のよく知られている法理論との関係ではどのように位置付けられるであろうか[42)]。

1　ハート、フラーと法多元主義

Iの部分で述べたように、ウォルドロンは、1950年代におけるハート・フラー論争を今日的観点から評価する論文において、法多元主義の観点からの分析を試みている。

ウォルドロンのポイントは、「法実証主義者であるハートは、まぎれもない国家法中心主義者であり法多元主義とはまったくかみ合わないが、自然法論者であるフラーは、慣習法への言及に見られる彼の法の多様性の認知ともあいまって、より法多元主義を受け入れやすいであろう」という一般的見方に対して、それは単純化されすぎたもので、事態はもう少し複雑であると示すことである[43)]。

H. ケルゼンによる根本規範と並んで、ハートの「承認のルール」は、法体系を一つの源泉に還元し、国家法の一元性を保障する概念であると見なされている。これに対して法多元主義は、法の源泉が国家に限られないことを主張している。

---

42)　同様の問題意識の下で、ハート、フラー、ドゥオーキンの法理論と法多元主義の関係を取り上げたものとして、那須耕介「グローバル化は法概念の改訂を求めているか？」社会科学研究（東京大学）65巻2号（2013）122～128頁。

43)　Waldron, *supra* note 2, p.136.

しかし、ウォルドロンは二つの点に留保が必要であるとする。第一に、ハート理論は、T. ホッブズ、J. ベンサム、J. オースティンにより展開された主権基底的な法理論への対案として論じられていることである。ハートは主権者による命令ではなく、集団によるルールの受容が法の鍵概念であると論じる。このことは、ハートが法多元主義と同様、法を社会的実践に源泉を持つものと考えていたことを示しており、確かに彼は国家法をパラダイムケースと考えてはいたけれども、理論的には法が国家法である必要はなかった、とされる。

しかしハートにとって、二次的ルールが必要な程度に複雑化した社会においては、承認のルールは裁判官や公務員などの一部のオフィシャルによって内的視点から受容されていれば足り、原始的共同体における一次ルールのように一般人にも周知でなければならないものではない。一般の人々は法に受け身であり、極端な場合には官僚主義的な統治機構における家畜の如き存在ともなりかねない。もちろん、法多元主義においても、部族の長や宗教的権威による抑圧的な法の適用はあり得るが、人々に身近な法の発見という法多元主義の基調とエリート主義的・権威主義的な承認のルールのあり方は、異なった法観に基づくとウォルドロンは考えている[44]。

第二に、ハートは慣習法を必ずしも否定していない点である。まず、承認のルール自体が社会的実践であり、その意味では慣習である。またハートは承認のルールによって認められ法の一部を構成する慣習だけではなく、少なくとも非形式的な法としての慣習の存在余地を認めているように見える[45]。また、ハートは法の発展を一次ルール＝慣習のみによる社会からその制度化を伴った二次ルールの存在する社会への移行として説明するが、このような段階的説明は中間的な社会状態を認めざるを得ないものである。ウォルドロンは、ハートが中間段階の社会の存在や、国際法への言及において、決して法と非法のドグマティックな区別を固持していたわけではないことを指摘している[46]。

しかし、他方で、ハートは彼が法とは区別しようと熱心であった社会の

---

44)　*Ibid.*, pp.140–141.
45)　*Ibid.*, p.141.
46)　*Ibid.*, p.143.

実定道徳についてさえ、「男性が女性にあいさつするときには帽子をとる」といった、イギリス社会に一元的なものを想定していたことからしても、ハートが多元的な法や道徳の併存に特にシンパシーを持ってはいなかったという印象はぬぐえない、と結論付けられている[47]。

これに対して、フラーは法と社会的環境との間の関連と相互影響を強調し、法は単に国家によって制定されるものではなく、社会的に生成するものでなければならないとし、慣習法の重要性を強調している。

またフラーは、我々が国家の法のみならず、より狭い「法のような(law-like)」システム、すなわち、労働組合、専門家集団、クラブ、教会や大学などのミニチュア的法システムに目を向けなければならないと論じている。誤った法学のせいで、法という言葉からは国家の権力や権威が連想されがちであるが、もし法が人々の行動をルールによって導くための企図であるとしたら、そのようなルールを我々に提供する場所は国家のみならず生活の多様な場面において存在しなければならないし、そうでなければ、人間の生活においてより多くを占める、国家と関わらない日常的な行動場面において我々は秩序立った活動の基盤を持ち得ないことになってしまうからである[48]。

さらに、フラーは法実証主義への批判として、法実証主義者が道徳という言葉を使う時、そこに、例えばカント的な倫理、宗教、文化的な偏見、個人的なものから集団的なものまで何もかもひっくるめて、法とは区別されるべきものとして論じるが、道徳にもいろいろな段階があることを指摘している。このことはウォルドロンによれば、フラーにおける法と道徳の区別への批判と、それに伴うより広い「法」という言葉の使い方の可能性を表しているとされる[49]。そして、フラー自身は法には必然的にある種の道徳が含まれており、それは法の内在道徳と呼ばれるものであることを明らかにしている。

以上のようにフラーの主張は、法と道徳の区別をなさず、法の道徳的側面を指摘することにおいて法多元主義となじみやすい面がある一方で、実

---

47) *Ibid.*, p.145.
48) *Ibid.*, pp.147-148.
49) *Ibid.*, p.150.

はその内容である法の内在道徳の主張に、法多元主義を否定する契機が含まれている、とウォルドロンは言う。

法の内在道徳が法多元主義と相容れない点は二つある。第一に、フラーの法の内在道徳には、周知のように「法の無矛盾性」が含まれている。法の無矛盾性の原理は、法多元主義においては、まず、多元的な各法の内部での無矛盾性、例えば国家法だけではなく、フラーの言うミニチュア法体系において、労働組合の活動と組織規範の中に矛盾がないこと、教会法の中に矛盾した規範がないことを要求する。しかし、より重要なのは、法が全体として無矛盾性を備えていることである。法多元主義においては、同じ社会領域や、同一の紛争に関して適用される可能性のある複数の法が存在していることが認められるが、その場合、人々は従うべき法として複数のものに直面することになる。この時、人々を一定の行為に導くための確実な指針を提供するという法の役割が損なわれてしまうことになる。人々は、どの法に従えばいいかわからないために法に従った行動ができず、それは法の不存在と同様の効果をもたらすのである[50)]。

第二に、フラーが明示的には述べていないが、法の内在道徳の第一原理である「法の一般性」から導き出されると思われる「法の前の平等」が問題となる。例えばイギリスにシャリーア法を適用する裁判所が設置されたとしよう。このことによって、ムスリムの女性の地位に不利が生じたり、家庭内暴力や性的虐待という実質的な問題が生じるかもしれないという懸念の他に、同じイギリスにいて、あるいは隣人の間で、人によって異なった法が適用される結果が生じる[51)]。これは「同様の事例は同様に扱われねばならない」という形式的正義、形式的平等、さらに法の支配の基本的要請と抵触する事態である[52)]。

以上のように、ウォルドロンは、ハートは一見して思われるよりも法多元主義と適合的な側面を有していること、フラーは逆に一見して思われる

---

50)　*Ibid.*, p.152.

51)　とはいえ、これはイスラム文化のみの問題ではなく、西洋においても女性に関する法と社会規範の間の二重基準が存在することが指摘されている。*Cf.*, Margaret Davies, *The Politics of Defining Law* in PETER CANE ED., THE HART-FULLER DEBATE IN THE TWENTY-FIRST CENTURY (Hart Publishing 2010), p.165.

52)　Waldron, *supra* note 2, pp.153-154.

よりも法多元主義と相容れない側面を有していることを論じている。このことは、グローバル化と法多元主義の関連に引き付けて言い換えれば、ハート理論には非国家法の理論としても理解できる側面があることを示しているであろう。他方、フラーの法の内在道徳は、非国家法を認める結果として生じる法の多元性の調整メカニズムのあり方を問題とする視点につながる。これが、各法制度が人々を恣意的に取り扱う可能性を指摘するものと考えれば、法多元主義におけるヘゲモニー＝正統性問題の一端を示すものだということにもなりそうであるが、ヘゲモニー論は多元的法の全体像よりは、個別的法制度内部における無矛盾性や平等の保障の必要性とより強く関わると考えられる。

2　ドゥオーキンと法多元主義

法多元主義とドゥオーキンの法理論との関係が論じられる際には、しばしばドゥオーキンの論じるインテグリティや法の整合性に焦点が当てられる[53]。N.W. バーバーは、ドゥオーキンや彼の理論の承継者達を「非法実証主義者（non-positivist）」とし、その理論の特徴を次のように整理している。第一に、ある法的問題に対する道徳的に正しい決定が、その問題に関するその決定時での「法」であること。第二に、そこには到達されるべき、唯一の道徳的答えが存在するということ、である[54]。この場合、道徳的に正しい答えとは、制度や人を離れて、道徳的価値それ自体が要求する答えであり、またそれは一貫しており矛盾のないものとされる。そして、このような考えは、リーガル・リアリズムや法多元主義を排除するものとして主張されている[55]。バーバーはこのようなドゥオーキニアンの立場は、法を広い道徳の中に位置付ける点では真実を突いたものであるが、リーガル・リアリズムと法多元主義を排除されるべきものとする点では誤っていると論じる。

53）　Douglas-Scott, *supra* note 1, pp.84-85.

54）　Nicholas W. Barber, *Legal Realism, Pluralism, and Their Challengers* in Ulla Neergaard / Ruth Nielsen eds., European Legal Method: Towards a New European Legal Realism? (DJØF Publishing, 2013), pp.203-204.

55）　Ronald Dworkin, Taking Rights Seriously (1978), pp.15-16.

ここで、リーガル・リアリズムと法多元主義の関係を説明しておく必要があるであろう。この両者が価値多元主義を媒介に密接に結びついていることは他でも論じられているが[56]、バーバーは次のように論じている。

リーガル・リアリズムは従来から、書かれた法と人々の法実践の差、制定法の意図と法が実際に生み出す社会的結果の差、制定法に基づいた法的推論と裁判官の判決を実際に左右しているルールの違いに議論の焦点を当ててきた。これらは、例えば、制定法が契約を一時点での合意に還元しがちであるのに対して、人々において実際に経験される契約は継続的で変遷する関係としてしか捉えられないものであることを明らかにしたり、ビジネスの効率性を増すために制定された法律が実際には逆の効果を生じている事例を明らかにしたり、人々の法回避行動の実態を明らかにしたり、裁判官のジェンダー構成が判決に与える影響を明らかにしたりしてきた。このようにリアリズムは、制定法や判決の中に文字としては現れていないような法の実態を解明することを任としてきたのであるが、それは単に記述的な作業に留まるものではない。多くのリアリストは、このような法の実態と書かれた法のギャップを浮かび上がらせることによって、この両者を批判の俎上に載せるという規範的な作業にも関心を払ってきた。社会的意識に合わない制定法や、目的を達成できない制定法は批判されるべきであるし、法の裏に隠された差別的実践は正されていかなければならないであろう[57]。

法多元主義もまた、法という現象における様々なギャップ、書かれた法とそうでない法的実践、国家法と非国家法、国家法とEUや国際法などの超国家法との間の異なった規範の存在を論じてきた。そして、単に異なった法や規範の併存を記述的に述べるだけではなく、そこに生じるコンフリクトや調整のモデルを提示することによって、やはり現状への批判的な視点を提供する[58]。

以上のように、リーガル・リアリズムと法多元主義は法が一元的、統一的なものではないことを主張し、それを前提により良い方向への併存や調

56） Dagan, *supra* note 41, pp.11–12.
57） Barber, *supra* note 54, pp.189–195.
58） *Ibid.*, pp.195–203.

整のあり方を模索する立場であると言える。

これに対してドゥオーキニアンは、法が多元的であることを認めず、客観的な道徳の要求する統一的な答えが法であるとするが、バーバーによれば、三つの反論が可能である。

第一に、実際に法や判決の中には不整合や悪法や奇異なものが存在しており、リアリズムや法多元主義ではこれらの説明がつくけれども、インテグリティの観点からはその存在を説明することができない[59]。

第二に、ドゥオーキンは批判者に対して、「ドクトリナルな法理論」と「社会学的な法理論」を区別し、自らの理論は前者、リアリズムやおそらく法多元主義は後者であり、規範的な議論なのか記述的な議論なのかでそのレベルが異なるのだと反論している。しかし、前述のようにリアリズムや法多元主義も、現状批判という点で規範的な面を有している。さらに、もしドゥオーキンが主張するように法が道徳的に最善であろうとしたならば、そのような法の最善の意図を実際に達成するためには、リアリズムや法多元主義が明らかにする社会的実践や他の規範による、制定法や判決への影響を考慮に入れなければならないであろう[60]。

第三に、法が道徳的価値の実現であることを認めるとしても、その道徳的価値が多様で共約不可能である場合には、ドゥオーキンの言うように唯一の答えが得られる保証はなく、複数の価値間でバランスの取り方の異なるいくつかの答えが存在し、そのいずれかが間違っているわけではないということがあり得る[61]。

以上、バーバーによるドゥオーキンの理論と法多元主義およびリーガル・リアリズムの論争の整理について紹介した。ここではドゥオーキンは価値多元主義を否定し、法が複数回答をもたらすことを認めない一元主義者として描かれているが、他方で、彼が、ハートなどに比較して法における不一致に敏感である点で、リーガル・リアリズムや法多元主義と共通点を有しているとの評価も存在する[62]。そこでは、ドゥオーキンは法におけ

59）*Ibid.*, p.204.

60）*Ibid.*, pp.205-206.

61）*Ibid.*, pp.206-209.

62）Waldron, *supra* note 2, p.145.

る不一致の契機に敏感であるからこそ、それへの対応としてインテグリティの必要性を論じているとされる。確かに彼は併存して衝突する原理の存在を認めている。オフィシャルによる承認のルールの一致した受容や、ハード・ケースの例外性を前提とするハートとの違いがそこには見てとれる。しかし、異なった原理の調整方法を一つに絞ることが可能である、あるいはそうすべきであると考えるか、複数の方法の可能性を認めるかがドゥオーキンと法多元主義の分かれ目ということになるであろう。

以上のことを、グローバル化と法多元主義の関連に引き付けて言えば、ドゥオーキンは法実証主義者とは異なり、必ずしも国家法中心主義ではない。個々の国家の実定法とは必ずしも一致しない高次の道徳を参照しつつ法を考察するからである。実際、ドゥオーキンは国際法については、現状では実定的には隙間だらけのその法体系において、これまでの国際的な法実践を最善の解釈の下に描き出す「世界裁判所があるかのように[63]」その法内容を考えるべきことを提唱している。これは確かに国家法に拘束された考え方とは異なるように思われる。しかし、ここでは、価値観における少数者を排除することにつながるのではないかという国内法レベルでなされているドゥオーキンへの批判が、グローバルな議論として繰り返されることになるのではないだろうか。「世界裁判所」が、西洋民主主義や西洋的リベラリズムの価値を代弁し、他の文化的価値観を窒息させてしまう可能性である。これはグローバリゼーションの理論におけるヘゲモニー論からの批判には十分に応え切れない立場に帰着するように思われる。

V 結 び

以上、法多元主義を、まずはグローバル化の理論において位置付け、次に法理論において位置付ける作業を行った。本章筆者自身の立場は、IIIの最後に言及したが、法多元主義には解放の理論としての側面があり、価

63) Ronald Dworkin, "A New Philosophy for International Law" 41 PHILOSOPHY & PUBLIC AFFAIRS 1 (2013), p.14.

値多元主義を前提に、国内であれ国境を越えたものであれ、人々における様々な活動とそれを支える多様な価値観を反映した、併存的な法あるいは準法的な個別領域あるいは制度が存在することによって、人々の自律と自由が拡大するのではないかという考えからこれを支持するものである。そのような見解への理解を広めるために、グローバル化の理論、法理論の中での法多元主義の立ち位置を整理し、紹介したのが本章である。しかし、同じ個所で述べたように、このような法多元主義は楽観的なもので、法の併存が衝突や抑圧を生じたり、人々には現実には選択肢が存在しない場合に強制される法の正統性が問題となる場面が当然考えられる。しかし、**IV 2** におけるドゥオーキンのインテグリティの法理論に対する反論で示されているように、法の現実は多分に多元的なのであるから、その多元性を理論的には認めず、無視をしても、多元的法状況において実際に存在する問題に対処することはできないであろう。グローバル化が多元性を推進する契機を含んでいるために、問題を度外視することの悪影響は増大しこそすれ、縮小することはない。

法多元主義において、本章でグローバル化の文脈と一般的な法理論の文脈とにおいて理論的な整理がある程度できたとしたならば、今後の課題としては、本章の観点からは次の二つがまとめられるであろう。第一に、多元的法の併存を調整する、のぞましいインターリーガリティの方法論の発見、連携ルールの探究、そのための失敗例の分析である。第二に、併存する個々の法制度、システムにおける正統性の必要レベルとその必要なレベルに見合った調達の方法の模索、である。

【附記】　本章は、基盤研究（B）「グローバル化に対応した公法・私法協働の理論構築―消費者法・社会保障領域を中心に」（代表 藤谷武史）による研究成果の一部である。

第4章　グローバル化時代の抵触法

横溝　大

Ⅰ　はじめに

本章[1]の目的は、グローバル化に対応した抵触法のあり方をめぐる近時の議論動向を採り上げ、問題となるいくつかの論点について考察することにある。

国際私法とも言われる抵触法は、世界には多数の異なる法秩序が存在しているという多元主義的状況を前提とし、それを調整する仕組みを提供する法分野である。抵触法の成立は12世紀に遡るが、現在の抵触法の基本的枠組みは19世紀に成立した[2]。本章で中心となる準拠法選択という仕組みについて簡単に述べれば、ある国際民事紛争を解決するため、当該紛争に含まれている法的問題を契約、不法行為、物権あるいは婚姻、親子関係、相続といった法律関係に分類し、そのそれぞれの法律関係ごとに、法的判断の基礎となる法（準拠法）を、当事者の合意、結果が発生した地、物の所在地、当事者の国籍といった一定の基準（連結素）に従って選択・適用するというのが準拠法選択である[3]。国際民事紛争の解決につき、国

1)　本章は、社会科学研究（東京大学）65巻2号（2014）129頁に公表した拙稿に、大幅な加筆・修正を加えたものである。なお、同稿を若干発展させたものとして、Dai Yokomizo, "Conflict of Laws in the Era of Globalization", *Japanese Yearbook of International Law,* Vol. 57 (2014), p.179がある。

2)　抵触法の歴史につき、簡単には櫻田嘉章『国際私法〔第6版〕』（有斐閣・2012）36頁以下。

3)　準拠法選択のプロセスにつき、参照、道垣内正人『ポイント国際私法 総論〔第2版〕』

際的な法の統一によって対応するのではなく、関連する複数の法秩序の中からその一つを選択して当該法秩序の法にその判断を委ねるというこの準拠法選択という非常に技術的な仕組みは、各法秩序の多様性とその独立・平等を尊重すべきであるという価値観に基づいている[4)]。

抵触法は従来、国際社会の主体は国家のみであるという法実証主義的な国際法の前提を共有し、法の抵触は国家法の間にしか生じないという考えに基づき、準拠法選択の対象を国家法に限定してきた[5)]。また、国家の組織・構成に関する公法と私人間の法律関係に関する私法との区別を前提とし、前者については国家の関心が高く国家主権と切り離せない分野であるため各国が自国法の適用を主張するのに対し、後者については国家の関心が低く国家主権に関わらない分野であり、特定の国家とア・プリオリに結びついているわけではなく関連する複数の国家のうちの一つを選択する必要がある、という考えに基づいて、準拠法選択の対象を私法に限定してきた[6)]。なお、19世紀後半各国が抵触法を法典化したことと、国際法の対象となるのは国家間関係のみであり、私人間や私人・国家間の関係はそれが国際的なものであっても国際法の問題ではなく国内法により規律されるべきである、という法実証主義的な考え方が国際法上主流となったことから、現在抵触法は、国際法としてではなく各国国内法として存在しており[7)]、日本は国内法の一つとして我が国固有の抵触法を有している。法の適用に関する通則法というのが準拠法選択に関する我が国の法典である[8)]。

（有斐閣・2007）34頁以下。

4）抵触法の目的を法多元主義の管理に求めるものとして、Phocion Francescakis, préface de Santi Romano, *L'ordre juridique* (Dalloz, 1975), p.XVI. 各国法秩序の本質的平等の観念が準拠法選択の方法論を支えていることにつき、石黒一憲『現代国際私法（上）』（東京大学出版会・1986）61頁。

5）例えば、法例研究会『法例の見直しに関する諸問題(1)—契約・債権譲渡等の準拠法について』別冊NBL80号（2003）34頁以下、澤木敬郎「国際私法と統一法」松井芳郎＝木棚照一＝加藤雅信編『国際取引と法』（名古屋大学出版会・1988）127頁、138頁以下。生きる法を主張したEhrlichさえも、準拠法選択の対象を国家法に限定している。Eugen Ehrlich, "Internationales Privatrecht", 126 *Deutsche Rundschau* 419 (1906), p.428.

6）Benjamin Remy, *Exception d'ordre public et mécanisme des lois de police en droit international privé* (Dalloz, 2008), p.310.

7）Alex Mills, *The Confluence of Public and Private International Law* (Cambridge, 2009), pp. 66-72.

8）また、国際裁判管轄に関しては、民事訴訟法3条の2以下が、外国判決承認執行に関して

いわゆるグローバル化という現象は、通信革命と急激な技術革新によりもたらされた人・物・貨幣・情報の移動範囲やその量の拡大を指しており、グローバル化がもたらす影響としては、①個人の自律性の拡大、②国家主権の相対化（私人に対する規律能力の減少）、および③多国籍企業などの支配的集団の登場といった点がしばしば指摘されている[9)]。また、グローバル化が法に及ぼす影響としては、①規範的テキストの増加およびその体系的性格の喪失、②法の契約化、③法多元主義、④交渉によるまたはプラグマティックな法の出現、⑤公法・私法の区別の見直し等が挙げられる[10)]。

経済・社会のグローバル化は、抵触法が前提としていた前述の考え方に対し大きな動揺を与えている。まず、法の抵触が国家法の間でしか生じないという国家中心的な考え方に対してである。現在では、国家に加え、一方ではEUといった超国家的秩序が競争法等の法規範を形成しており、他方では様々な私的団体がその活動領域ごとに、商人法、インターネット法、スポーツ法といった非国家「法」を国家横断的に形成している[11)]。これら

は民事訴訟法118条、民事執行法24条がこれを規律する。

9)　Charalambos P. Pamboukis, "Droit international privé holistique: droit uniforme et droit international privé", *Recueil des cours de l'académie de droit international,* vol. 330 (2007), p. 9, pp.53-76. *Cf.* Ralf Michaels, "Globalization and Law: Law Beyond the State", in Reza Banakar / Max Travers (eds.), *Law and Social Theory* (Hart Publishing, 2013), p.289.

10)　*Ibid.* なお、抵触法の文脈でグローバル化が語られる時、その意味するものは論者により様々である。例えば、ミュイール・ワット（H. Muir Watt）は、グローバル化が齎した変化を、①人、財産、価値の国境を越えた流動化の加速、および、インターネットという仮想空間の出現により、国家の構成要素である領土が国家的立法者の権威の基盤としての意義を喪失したこと、②規制緩和により一定の市場が国家の管理から免れていること、および、③各国立法者間での制度間競争、の「三重のパラダイム転換」と見ている。Horatia Muir Watt, "Aspects économiques du droit international privé (Réflexions sur l'impact de la globalisation économique sur les fondements des conflits de lois et de juridictions)", *Recueil des cours de l'académie de droit international,* vol. 307 (2004), p.25, pp.43-45. B. レミィ（横溝大訳）「効率性と国際私法」吉田克己＝M. メキ編『効率性と法 損害概念の変容』（有斐閣・2010）113頁、134頁も参照。本章では、グローバル化に関するパンブーキス（Pamboukis）の見解に基本的には依拠する。

11)　Charalambos P. Pamboukis, "La renaissance-métamorphose de la méthode de reconnaissance", *Revue critique du droit international privé,* 2008, p.513, p.519; Diego P. Fernández Arroyo, "Compétence exclusive et compétence exorbitante dans les relations privés internationales", *Recueil des cours de l'académie de droit international,* vol. 323 (2008), p.9, pp.26-32; Johanna Guillaumé, *L'affaiblissement de l'État-Nation et le droit international privé* (L.G.D.J., 2011), pp.43-76.

の規範は当該領域において国家法と同様またはそれ以上の実効性を有しており、その結果、法の抵触は国家間という水平関係だけではなく、国家法と地域的・国際的法規範との間や、国家法と非国家「法」との間でも生じ得ると言われるようになっている[12)]。

次に、公法・私法の区別に基づき私法のみを準拠法選択の対象とするという考え方に対してである。公法・私法の区別はすでに、経済法や労働法等、私人間の法律関係を対象とした経済的・社会的国家政策に基づく一連の法規の出現により20世紀初頭から動揺していたが、近時、私人が外国国家に対して拷問等による人権侵害を理由に損害賠償を請求したり、投資企業が国際投資協定を理由に受入国が採用した社会・経済政策的な国家規制により損害を被ったとして国際投資仲裁を申し立てたりする等、私人と外国国家の間の紛争が増加するに伴い、さらに不明確なものとなり、国際法の対象事項と抵触法の対象事項との区別も次第に困難になっている[13)]。

グローバル化による私人の影響力の上昇と国家の影響力の後退が主としてもたらすこうした新たな状況に対応するため、近時では、従来の抵触法の基本的枠組みに替えて、法の抵触の調整に関して新たなアプローチを主張する見解がいくつか登場している。以下では、まず、これらの新たなアプローチの特徴をいくつか指摘した上で、グローバル化への対応において問題となる抵触法上の論点について考察することとする。

II　抵触法における新たなアプローチ

さて、グローバル化に対応すべく提唱されている抵触法上の新たなアプローチは、論者ごとにそれぞれかなり異なっているが、それでもいくつか

12) Christian Joerges, “The Idea of a Three-dimensional Conflicts Law as Constitutional Form”, in Christian Joerges / Ernst-Ulrich Petersmann, *Constitutionalism, Multilevel Trade Governance and International Economic Law* (Hart Publishing, 2011), p.413, p.428; Christian Joerges / Poul F. Kjaer / Tommi Ralli, “A New Type of Conflicts Law as Constitutional Form in the Postnational Constellation”, *Transnational Legal Theory,* Vol. 2, No. 2 (2011), p.153, p.155.

13) Mills, *supra* note 7, pp. 93–94; Horatia Muir Watt, “Private International Law Beyond the Schism”, *Transnational Legal Theory,* Vol. 2, No. 3 (2011), p.347, p.403.

特徴的な点が指摘できる[14]。ここでは、そのうち三点を指摘し、かつ、具体例としてギヨメ（Johanna Guillaumé）の見解を紹介する。

1　グローバル・ガヴァナンスのための抵触法

第一に、従来の抵触法の目標が国際的な私的利益の保護に置かれていたのに対し、新たなアプローチでは、それがグローバル・ガヴァナンスや国境を越えた私的な秩序形成（private ordering）とされている点が挙げられる[15]。例えば、ワイ（Robert Wai）は、抵触法の規整的機能を強調し、抵触法は私的関係の実効的な規整、社会的利益の保護、法的多様性といった政策目的を前進させるのに役立つと主張している[16]。また、ミルズ（Alex Mills）も、抵触法を国際的な秩序形成のためのシステムと見なし、規整的権威（regulatory authority）の適切な配分を司るものと捉えている[17]。このように、新たなアプローチに依れば、抵触法は私的利益に関する国際的な具体的正義の実現のための法というよりも、むしろグローバル社会における規範の抵触を調整するシステムないしモデルであるべきなのである。

抵触法は従来その技術性から、国際政治において中立的であると考えられてきた[18]。この中立性は、私的空間に対する国家の介入を防ぐのに資するという意味において、抵触法の大きな利点であると見なされてきたので

14）　もちろん、ここで示す特徴がすべての論者に当てはまるわけではない。そうした例外については、できる限り注で言及することとする。

15）　Horatia Muir Watt, “Private International Law”, in Jan M. Smits (ed.), *Elgar Encyclopedia of Comparative Law* (2nd ed., Edward Elgar, 2012), p.701, p.713; Pamboukis, *supra* note 9, p. 423. ただし、抵触法の目標を私的利益の保護に置きつつ、それをより一層前面に出すことにより新たなアプローチを模索するものとして、Guillaumé, *supra* note 11, pp.335–337 とはいえ、後述の通り、ギヨメも国家が追求する一般利益と私的利益のバランスを取ることを目指しており、他の見解と方向性においてそれ程大きな違いはないようにも思われる。

16）　Robert Wai, “Transnational Liftoff and Judicial Touchdown: The Regulatory Function of Private International Law in an Era of Globalization”, *Colombia Journal of Transnational Law,* Vol. 40 (2002), p.209, p.243.

17）　Mills, *supra* note 7, p.18. Alex Mills, “Towards a Public International Perspective on Private International Law: Variable Geometry and Peer Governance” (March 1, 2012), *available at* SSRN: 〈http://ssrn.com/abstract = 2025616〉, pp.3–5 も参照（最終確認日 2015 年 6 月 30 日）。ミルズの見解につき、横溝大「抵触法と国際法との関係に関する新たな動向―抵触法と国際法との合流について」法律時報 85 巻 11 号（2013）26 頁以下参照。

18）　Gerhard Kegel, “The Crisis of the Conflict of Laws”, *Recueil des cours de l'académie de droit international,* vol. 112 (1964), p.95.

ある[19]。けれども、この性質は、規範抵触の根底にある政治的な性質を隠蔽し、かえって多国籍企業等の私的権力を十分に制御することなく強大化させる原因となったとして、今や批判されるに至る[20]。そこで、新たなアプローチにおいては、抵触法自らの政治的目標が掲げる論者まで登場している。例えば、ミュイール・ワット（H. Muir Watt）は、抵触法は私的な経済的権力の行使や濫用に立ち向かうことにより世界的公共財を保護するという政治的試みであるべきだと主張している[21]。

実効性のあるグローバル・ガヴァナンスを行うためには、抵触法は、私的団体により形成された規範であってもそれが実効性を有する限りこれを無視すべきではない[22]。また、公法・私法の区別がその意義を失った現状においては、国際私法は純粋に私的な法律関係のみを扱うべきではなく、寧ろ私的権力の増大を抑制し国際公益を促進する観点から、外国競争法や金融規制等といった外国公法の適用可能性をも積極的に考慮すべきだということになる[23]。このように、抵触法の目標がグローバル・ガヴァナンスに置かれることから、従来の抵触法が尊重してきた様々な前提は[24]、新たなアプローチにおいては放棄されている。

19）　Muir Watt, *supra* note 13, p.375.

20）　*Ibid.,* p.378.

21）　*Ibid.,* p.395. ミュイール・ワットの見解につき、横溝・前掲注17) 28頁以下。その他、人権・労働者の権利・環境保護といった特定の利益・権利の保護を抵触法の目標とするものとして、Laura Carballo Piñeiro / Xandra Kramer, "The Role of Private International Law in Contemporary Society: Global Governance as a Challenge", *Erasmus Law Review,* November 2014, No. 3, p.109, p.111. 社会正義の実現を抵触法の目標とすることを示唆するものとして、Veerle Van Den Eeckhout, "The Instrumentalisation of Private International Law: Quo Vadis? Rethinking the 'Neutrality' of Private International Law in an Era of Globalisation and Europeanisation of Private International Law"（August 22, 2013）, *available at* SSRN: 〈http://ssrn.com/abstract = 2338375〉, p.10（最終確認日 2015年6月30日）.

22）　*Cf.* Robert Wai, "The Interlegality of Transnational Private Law", *Law and Contemporary Problems,* Vol. 71（2008）, p.107, p.115.

23）　Horatia Muir Watt, "New Challenges in Public and Private International Legal Theory: Can Comparative Scholarship help?", in Mark Van Hoeke（ed.）, *Epistemology and Methodology of Comparative Law*（Hart Publishing, 2004）, p.271, pp.276–278.

24）　もちろん、抵触法革命を得たアメリカの状況は別である。以下においても、「従来の抵触法」という場合、所謂サヴィニー型抵触法体系を念頭に置く。

2　普遍主義的アプローチ

次に、19世紀後半以来の従来の抵触法が国家法であることを前提としていたのに対し、新たなアプローチでは、普遍主義的な観点が採られている点が挙げられる[25)]。例えば、抵触法における国際システム的アプローチの採用を唱えるミルズは、抵触法は国内・国際規範の混合であり、各国内法秩序に体現される価値の多様性を尊重しつつ国際的な構造と権利との間で均衡を図るよう、多様な国内法システムを調整する、という目的を十分に果たす程「国際的か」否かによって評価されるべきであると主張する[26)]。また、ミュイール・ワットは、抵触法は国家を超えた私的権力の調整に対処すべきであり、国際法との分裂を乗り越え、規範的権威の抵触を調整する政治的機能を果たすべきであると唱えている[27)]。このように、新たなアプローチにおいては、抵触法は、抵触法を有するそれぞれの国家の観点からではなく普遍主義的な観点から論じられている[28)]。

3　手続基底的アプローチ

第三に、従来の抵触法においては準拠法選択に関する予測可能性が重視されていたのに対し、新たなアプローチにおいては選択の柔軟性に力点が置かれている点が指摘できる[29)]。とりわけ大陸法系の伝統的な抵触法においては、私人が尊重しなければならない国家法を予測できるよう、準拠法

25）ただし、抵触法が基本的に国家的制度であることを強調するのは、Wai, *supra* note 16, p. 241. Ralf Michaels, “The Re-state-ment of Non-State Law: The State, Choice of Law, and the Challenge from Global Legal Pluralism”, *Wayne Law Review,* Vol. 51 (2005), p.1209も参照。なお、ミヒェールズ（Ralf Michaels）の見解については、横溝大「抵触法の対象となる『法』に関する若干の考察―序説的検討」筑波ロー・ジャーナル6号（2009）3頁、16頁以下。

26）Mills, *supra* note 7, p.308.

27）Muir Watt, *supra* note 13, p.395.

28）同様に、普遍主義的観点から抵触法を論じるものとして、Florian Rödl, “Regime-Collisions, Proceduralised Conflict of Laws and the Unity of the Law: On the Form of Constitutionalism Beyond the State”, in Rainer Nickel (ed.), *Conflict of Laws and Laws of Conflict in Europe and Beyond* (Intersentia, 2010), p.263.

29）ただし、依然として予測可能性を重視するのは、Guillaumé, *supra* note 11, p 357. Johanna Guillaumé, “The Weakening of the Nation-State and Private International Law: The ‘Right to International Mobility’”, *Yearbook of Private International Law,* Vol. 14 (2012/2013), p.519, p.532も参照。

の予測可能性という点が重視されてきた[30]。これに対し、新たなアプローチにおいては、規範の抵触が非常に多様であることから、国籍といった人の属性や所在地・結果発生地といった場所を基準として特定のルールに依拠するのではなく、紛争が生じた文脈による最も適切な法の選択といった柔軟な原則が提唱されている[31]。このような柔軟性は、グローバル・ガヴァナンスにおいて抵触法が果たす特定の役割という観点から正当化されることもある。例えば、ミュイール・ワットは、いわゆる公法的アプローチが意思決定プロセスにおける透明性や討議といった事前的な問題に着目するのに対し、いわゆる私法的アプローチは個別事例において事後的な損害の回復を図るのであり、抵触法は、損害を補償する義務の事後的な割当てを通じて補充的なガヴァナンス能力を示すのだと主張する[32]。そこで、準拠法を決定する裁判官の役割がとりわけ重要なものとなる。すなわち、民事訴訟は、自らの利益が相手方の利益よりも優先すべきことを当事者が法的に説得しようとする場所であり、そこでは裁判官は、それらの利益の調停者ないし評価者の役割を果たすべきことになるのである[33]。

4　機能的アプローチ――ギヨメの見解を中心として

第四に、従来の抵触法においては、法律関係ごとに行われる準拠法選択がその議論の中心であったのに対し、新たなアプローチにおいては、前述のグローバル・ガヴァナンスや国境を越えた私的な秩序形成、また法多元主義の管理[34]、あるいは、国際的に移動する私人の権利の実効性を確保することによる私的利益の充足[35]といった抵触法の新たな目標が設定された

30）Wilhelm Wengler, "L'évolution moderne du droit international privé et la prévisibilité du droit applicable", *Revue critique du droit international privé,* Vol. 79, No. 4 (1990), p.674.

31）Andreas Fischer-Lescano / Gunther Teubner, "Regime-Collisions: The Vain Search for Legal Unity in the Fragmentation of Global Law", *Michigan Journal of International Law,* Vol. 25, No. 4 (2004), p.999, p.1021.

32）Muir Watt, *supra* note 13, p.418.

33）Robert Wai, "Conflicts and Comity in Transnational Governance: Private International Law as Mechanism and Metaphor for Transnational Social Regulation Through Plural Legal Regimes", in Joerges/Petersmann, *supra* note 12, p.229, p.235; Pamboukis, *supra* note 9, p.418; Guillaumé, *supra* note 11, p.434. 横溝・前掲注25）15頁も参照。

34）Pamboukis, *supra* note 9, p.421.

35）Guillaumé, *supra* note 11, p.337.

上で、その実現のために新たな方法が提唱されている。これらの新たな方法は多岐にわたるものの、現在のところ、その大部分は一定の方向性を示唆するに止まっており、具体的な方法を提唱するものは少ない。その中で、個人の国際的に移動する権利を基軸とし、一定の具体的判断枠組みを提唱するギヨメの見解が注目される[36]。そこで以下、この見解を紹介しよう[37]。

ギヨメは、グローバル化において、一方で国家以外の法秩序が台頭し、他方で私的自治を利用して私的権力が台頭した結果、抵触法における国家の役割と地位は後退しており、従来の国家中心主義的なパラダイムに依拠した抵触法、中でも準拠法選択規則は時代遅れになったとし、国家を中心とするのではなく、個人、特に個人の国際的移動への権利を中心として抵触法の新たな方法を構築することを提言する[38]。

まず、準拠法選択の原則であった近接性原則（principe de proximité）は、インターネット等の通信革命や多国籍企業の活動により生じた真にトランスナショナルな状況に適応できないばかりでなく[39]、個人が国際的に移動する際、法律関係の継続性を担保できず足枷となり得ることから[40]、指導原則として不十分であると指摘される[41]。世界に生じつつある人権共同体から立ち現れる個人の国際的に移動する権利の核心は、法的生活の国際的な継続性、解決の予測可能性、そして個人の保護にあるが[42]、抵触法が当該権利を保護するためには、一方で、外国で個人に対して生じた法的状況

36)　Guillaumé, *supra* note 11; *id., supra* note 29.

37)　なお、Guillaumé, *supra* note 29 は、フランス語から英語に翻訳されたものであるが、誤訳と見受けられる箇所が少なくない。Guillaumé, *supra* note 11, pp.505–511 の結語部分が、その全体像を摑むのに便宜である。

38)　Guillaumé, *supra* note 11, pp.505–506.

39)　*Ibid.*, pp.240–273.

40)　*Ibid.*, p.305. 各国の抵触法が異なる現状においては、私人が国境を越えて移動する際に異なる準拠法の選択を生じさせる結果となり得るからである。

41)　*Ibid.* ギヨメによれば、抵触法が目標とすべき個人の国際的に移動する権利には、抵触法的正義だけではなく、実質法的正義も含まれるため、後者を念頭に置かない双方的な準拠法選択規則は不十分なのである。

42)　ギヨメの言う国際的に移動する権利につき、*ibid.*, pp.292–305. なお、ここで言う個人の保護とは、基本権（droits fondamentaux）の尊重、アイデンティティの尊重、および、個人のアイデンティティそのものと結びついた場合の主観的権利の尊重を指す。*Ibid.*, p.301.

を承認のアプローチ[43]により尊重し[44]、他方で、法廷地において新たに権利関係を形成する場合には、いわゆる実質法的抵触規則により一定の結果を確保し、公序を通じて個人の主観的権利を擁護するとともに、当事者自治原則を基本とすることで、予測可能性を確保することが提唱される[45]。さらに、同様の観点から、手続面においても、重大な人権侵害の場合に関する国際民事訴訟における普遍的裁判管轄の導入や、国際的集団訴訟の促進も提唱される[46]。

このように、ギヨメは、一方で、個人の国際的に移動する権利の保護を基軸とする新たな抵触法的方法の導入を説くのであるが、他方で、国家利益の保護に対する提言も行う。というのも、歴史的に見ても国家こそが個人を保護できる最良の団体であり[47]、国民国家は自ら固有の利益を持つ訳ではなく、個人の利益の集合体としての一般利益の満足を模索するのみであって、国家利益の実現は、終局的には私的利益の満足に貢献するからである[48]。グローバル化の下でその役割と地位が後退した国家が自らの利益を実現するためには、他の国家的法秩序との協力が不可欠であり、そのための方法としては、情報共有や執行共助等に関する国際条約の締結による相互的な協力の外、コミティ（国際礼譲）を基礎とした法廷地裁判所による外国公法・外国の強行的適用法規[49]の適用といった一方的・自発的な協

43）外国国家行為の承認だけではなく、近時フランスを中心に主張されるいわゆる状況の承認のアプローチを含む。婚姻や親子関係の成立といった私人間法律関係に関しすでに外国で形成された法的状況を法廷地でも承認するといういわゆる状況の承認という方法については、Pamboukis, *supra* note 11; Sylvain Bollée, “L'extension du domaine de la méthode de reconnaissance unilatérale”, *Revue critique du droit international privé,* 2007, p.307; Paul Lagarde, “La reconnaissance: mode d'emploi” in *Vers de nouveaux équilibres entre ordres juridiques: Liber amicorum Hélène Gaudemet-Tallon* (Dalloz, 2008), p. 481; Paul Lagarde (ed.), *La reconnaissance des situations en droit international privé* (Pedone, 2013). 議論の全体像につき、加藤紫帆「国際的な身分関係の継続に向けた抵触法的対応—フランス学説の『状況の承認の方法』の検討を中心に(1)～(4・完)」名古屋大学法政論集262号151頁、263号437頁（2015・以下続刊）参照。

44）Guillaumé, *supra* note 11, pp.339-349.

45）*Ibid.,* pp.349-358.

46）*Ibid.,* pp.372-383.

47）*Ibid.,* p.326.

48）*Ibid.,* p.327.

49）国家の社会的・経済的法政策を体現する法規。「絶対的強行法規」とも言われる。

力も提唱される[50)]。したがって、当事者自治の原則が推奨される一方で、裁判においては各国の強行的適用法規の適用によって当事者の活動は事後的にコントロールされることになり、裁判所の役割が重要になるとともに[51)]、当事者はその準拠法の選択に際し一定の責任を負うことになる[52)]。

以上がギヨメの見解である。従来の抵触法と対比しつつ、新たなアプローチにおける他の見解との共通点という観点からその特徴を指摘すれば、①国家間協力[53)]、②当事者自治のさらなる重視[54)]、③一方主義的アプローチの重視[55)]、④実質法的考慮の肯定[56)]、を挙げることができよう。

---

50)　Guillaumé, *supra* note 11, pp.426-448.

51)　*Ibid.*, p.500.

52)　*Ibid.*, p.409.

53)　従来の抵触法は、自国の裁判所がいかなる場合に国際民事紛争を審理すべきかという国際裁判管轄、先述した準拠法選択、そして外国国家機関が行う国家行為（典型的には外国裁判所が下す民事判決）が法廷地国において如何なる効果を及ぼすかという外国国家行為承認の三分野をその基軸としていた。これに対し、新たなアプローチではこれらの分野に加え、情報共有や執行共助等国家機関同士による国家間協力も基軸の一つとされる。Pamboukis, *supra* note 9, p.439.

54)　従来の抵触法において、当事者自治の原則は当初は契約に関する準拠法選択等に限定されており、その正当化根拠も、適切な連結素を見出すことの困難といった消極的な根拠が示されることが少なくなかった。江川英文『国際私法〔改訂増補版〕』（有斐閣・1970）211頁。この傾向は20世紀後半から変化し、次第に当事者自治の原則に好意的な見解が主流となっていくが、今や新たなアプローチの下では、中心的地位を与えられる。例えば、人の地位を主たる対象とした議論において、関係する複数の法秩序のうち何れの法秩序を利用するかを当事者の選択に委ねることを前提に、各法秩序における法廷地法の適用を肯定し、各法秩序が互いに他の法秩序で形成された法的地位を承認し合うことを提唱するものとして、Gian Paolo Romano, “La bilatéralité éclipsée par l'authorité: Développements récents en matière d'état des personnes”, *Revue critique du droit international privé,* 2006, p.457. ただし、当事者による準拠法選択により社会的関心に関る法の適用が回避されるという懸念から、当事者自治の原則に消極的な姿勢を示すものとして、Wai, *supra* note 16, p.256. また、準拠法選択における当事者自治の導入に対し、民主的自治の考えに本質的な公私の自治の一体性を解体するものとであると批判するのは、Florian Rödl, “Values: Private Law Beyond the Democratic Order? On the Legitimacy of Private Law”, *American Journal of Comparative Law,* Vol. 56 (2008), p.743.

55)　従来の抵触法においては、各国法の平等という理念の下、準拠法選択に際し自国法と外国法との双方の適用可能性を前提とする双方主義的アプローチが主流であった（例外的に一方主義的アプローチを提唱したものとして、Pierre Gothot, “Le renouveau de la tendance unilatéraliste”, *Revue critique du droit international privé,* 1971, p.1, p.209 and p.415）。同様に、他の法秩序に関する寛容という新たな根拠に基づき一方主義的アプローチを提唱するのは、Muir Watt, *supra* note 13, pp.413-415.

56)　特定の実質法的政策からの中立を標榜していた従来の抵触法では、密接関連性（近接性）

5　小　括

このように、新たなアプローチにおいては、抵触法はグローバル・ガヴァナンスまたは国境を越えた私的な秩序形成において重要な役割を果たすものとされ、国家中心的で公私の区別を基礎としたものから、より多元主義的で機能的なものに変容すべきだと主張されているのである。

III　若干の考察

以上述べたような抵触法上の新たなアプローチは、抵触法をグローバル化による国際社会の構造変化に対応させようとするその姿勢については、肯定的に評価できる。

による準拠法選択が理念として提唱され（とりわけ参照、Paul Lagarde, "Le principe de proximité dans le droit international privé comtemporain", *Recueil des cours de l'académie de droit international,* vol. 196 (1986), p. 9)、弱者保護や一定の法律関係の成立の促進といった実質法的法政策を体現する抵触規則は限定的なものに止まっていた。我が国において、消費者契約・労働契約に関する特則が導入されたのは2007年の通則法制定時であり（11条・12条)、また、嫡出親子関係の成立に関し、複数の関連する準拠法のうち何れか一つにおいて親子関係が成立すればその成立を認めるという、いわゆる選択的連結が導入されたのは（通則法28条)、1989年の法例改正時という比較的最近のことである。これに対し、新たなアプローチにおいては、もはや最密接関連法の選択という従来の手法では不十分であるとされ、最密接関連法の探求という抵触法的正義は実質法的正義に大きく道を譲るべきであり、準拠法選択は補助的な地位に止まるべきであるとして、実質法的考慮が前面に出されることとなる（その他、実質法的抵触規則の発展を支持するものとして、Joerges / Kjaer / Ralli, *supra* note 12, p.159. また、抵触法的正義と実質法的正義との統合を示唆するのは、Pamboukis, *supra* note 9, p.443)。

例えば、トイブナー（Gunther Teubner）は、法律関係毎に準拠法を選択する従来の方法では、世界社会の現状に十分に対応できないと主張する（トイブナーの見解については、横溝・前掲注25）13頁以下)。というのも、規範の抵触は個々の法律関係ごとにではなく、例えば国際取引（あるいはその一部門)、環境、スポーツ、インターネットといった活動領域（レジーム）ごとに、あるいは、貿易と環境、知的財産権と人権といった各活動領域間で生じるようになっているからである。そこで、準拠法選択は、ある類型の国際取引、スポーツ、インターネットといった活動領域ごとに、公法私法に関わらずこれに関連する規範を選択するべきだと言うことになる。だが、さらにトイブナーは、活動領域間の抵触法を通じた国家横断的な実質法準則の形成までも主張する。すなわち、主として一つの活動領域にのみ属する紛争は例外なのであり、紛争が複数の活動領域により重視される以上、裁判機関により次第に形成されるそのような実質法準則が原則となり、準拠法選択規則は例外となるべきだとするのである（Fischer-Lescano / Teubner, *supra* note 31, p.1022)。

とはいえ、前述した新たなアプローチの特徴は、従来の抵触法の基本的前提に大きな影響を与えるものであり、これらのアプローチの目指す方向を支持するか否かについては、慎重な検討を要する[57]。以下では、まず、新たなアプローチにおいて提唱されていたグローバル・ガヴァナンスのための抵触法、および、普遍主義的アプローチの適否について考察した上で、抵触法に関する主体という観点から、グローバル化に抵触法がいかに対応すべきかを考察する際の今後の方向性について検討する。

1　グローバル・ガヴァナンスのための抵触法？

まず、抵触法がグローバル・ガヴァナンスにおいていかなる役割を果たすべきかという点である。一般に、ガヴァナンスとは、経済や社会が政府（government）のみによって統治されるという伝統的な考え方に対する批判として登場し、公私のアクターの公式・非公式の相互作用により経済や社会を統御して行くという考え方である[58]。グローバル・ガヴァナンスという概念は曖昧で、その内容は用語が使われる文脈によって異なっているが[59]、前述の抵触法における新たなアプローチという文脈では、世界規模の経済や社会に対する様々なアクターによる統御という意味で「グローバル・ガヴァナンス」という用語が用いられており、抵触法がその一翼を担うことが主張されている。抵触法はこのような役割を担うべきなのだろうか。

従来抵触法は、私的アクターのみに着目し、私的利益の具体的保護を強調して、私人間紛争の解決に焦点を絞ってきた。だが、国際社会（世界社会）では個人や私企業の他、国家やNGO・地域統合・国際機関等、私人以外の様々な主体が活動しており、その利害が交差して衝突している。こ

---

57)　*Cf.* Van Den Eeckhout, *supra* note 21, p.5; Piñeiro / Kramer, *supra* note 21, p.111.

58)　Jacob Torfing / Eva Sørensen, "The European Debate on Governance by Networks: Towards a New Paradigm? "*Nagoya University Journal of Law and Politics,* No. 258 (2014), p.27, p.39 は、ガヴァナンスを、「集団的活動を通じ共通の目標に従って社会と経済を舵取りするプロセス（the process of steering society and the economy through collective action and in accordance with common goals）」と定義する。

59)　とりわけ参照、Peer Zumbansen, "Governance: An Interdisciplinary Perspective", in David Levi-Faur (ed.), *The Oxford Handbook of Governance* (Oxford University Press, 2012), p.83.

のような現状においては、私的利益という理由で個人や多国籍企業の利益のみを考慮し、国家利益という理由で開発途上国の利益を無視するということは、国際社会の現状を反映しないばかりでなく、抵触法が市場中心主義等の一定の政治的イデオロギーに資することになり、適切ではないように思われる[60)]。そして、これらの様々なアクターの間の利益調整を考えるのであれば、各々の利益を反映する、人権規範や非国家的規範等、国家法以外の規範を含め様々な規範の間の調整を行うことが不可欠になる。このように考えれば、抵触法は、私的利益に関する国際的な具体的正義の実現のための法であることを超えて、むしろグローバル社会における規範の抵触を調整するシステムであるべきこととなる。

また、私人間における法的紛争の解決という従来抵触法が対象として来た問題に限定しても、今や抵触法による規制やその適用による裁判所における解決以外の紛争解決手段が、一定の実効性を以て存在している。例えば、統一法による規制という手段や、行政当局間の協力、国際仲裁や様々なADR等による紛争解決である。このような現状では、これらの規制・紛争解決手段との関係や役割分担を抵触法は考えざるを得ず、そのためには、グローバル・ガヴァナンスという考え方を採り入れることが適切であろう。

以上から、異なる様々な規範の抵触を調整するシステムであり、他の様々な規制手段とともにグローバル規模での経済・社会を規整する方法の一つとして、「グローバル・ガヴァナンスのための抵触法」と把握することは、有意義であるように思われる。

ただし、このような考えを受け容れるとしても、問題は、抵触法の目標をどのように設定すべきかである。この点については、前述のように、人権・労働者の権利・環境保護といった特定の利益・権利や社会正義等、普

60）　抵触法の中立性の背後にも政治性が存在する点については、Ⅱ1に挙げた見解の外、Piñeiro / Kramer, *supra* note 21, p.110が、抵触法の中立性が他国の事項に対する不干渉の尊重という目標に資して来た点を指摘する。その他、Ralf Michaels, “Globalizing Savigny? The State in Savigny’s Private International Law and the Challenge of Europeanization and Globalization”, Duke Law School Legal Studies Research Paper Series, Research Paper No. 74 (September, 2005), available at 〈http://ssrn.com/abstract=796228〉も参照（最終確認日2015年6月30日）。

遍性があるように響く一定の実体的価値が抵触法が目指すべき目標として挙げられることもしばしばある。だが、これらの実体的価値の内実は多様であり[61]、容易に共通の理念を築くことができないのではないだろうか。そうすると、自らが重要と考える実体的価値の実現を抵触法の目標として設定すべく、立法をめぐって様々な価値観と力がぶつかり合い、抵触法が政治化するおそれがある[62]。そこで、そのような実体的価値を目標として掲げるのではなく、ミルズのように、規整的権威の適切な調整といった、いわば手続的な目標の実現を抵触法は目指すほうが、適切なのではないだろうか[63]。このように考えれば、グローバル・ガヴァナンスにおいて、異なる法秩序間の調整方法としての抵触法の技術性が再評価される余地もあるように思われる[64]。

「グローバル・ガヴァナンスのための抵触法」という主張を受け容れた場合には、抵触法は、主体（抵触法の規整対象および抵触法を規整手段として利用する主体）、規範（目標に適合した規範の検討）、およびプロセス（規範形成過程・規範適用過程・規範実現過程・評価過程）に関し、その研究領域を拡大することとなる[65]。本章では、このうち主体の問題についてのみ論じるが、その前に、グローバル・ガヴァナンスの文脈において抵触法を論じる際、普遍主義的観点と国家主義的観点との何れに立つべきかについて、簡単に触れる。

61）Horatia Muir Watt, "Choice of Law in Integrated and Interconnected Markets: A Matter of Political Economy", *Columbia Journal of European Law,* Vol. 9 (2003), p.383, p.406.

62）共通の社会目的が存在しない場合、法の道具主義的利用が法の支配を脅かす危険性を指摘するものとして、Brian Z. Tamanaha, *Law as a Means to an End: Threat to the Rule of Law* (Cambridge, 2006).

63）*Cf.* Muir Watt, *supra* note 61, p.407.

64）Ralf Michaels, "Post-critical Private International Law: From Politics to Technique", in: Horatia Muir Watt / Diego P. Fernández Arroyo, *Private International Law and Global Governance* (Oxford, 2014), p.54.

65）*Cf.* Peer Zumbansen, "Lochner Disembedded: The Anxiety of Law in a Global Context", *Osgoode CLPE Research Paper* 40/2012, Vol. 8, No. 9 (2012), p.25; *id.,* "Defining the Space of Transnational Law: Legal Theory, Global Governance & Legal Pluralism", in Günther Handl / Joachim Zekoll / Peer Zumbansen, *Beyond Territoriality* (Nijhoff, 2012), p.53, p.56.

2　普遍主義的アプローチか国家主義的アプローチか

新たなアプローチを提唱する論者は、抵触法を一種の普遍的な法として論じることを主張しており、普遍主義的な観点を採用している。だが、現状において抵触法が国家法であるのは明白な事実である。そこで、抵触法は、今後普遍主義的な観点と国家主義的な観点との何れの観点から論じられるべきかが問題となる。

普遍主義的な観点を採用する利点は、抵触法が国家や統合地域、国際機関等の共同体を規制する俯瞰するものとして、（法的拘束力とまではいかなくともソフトな形で）これらの団体に対し一定の影響力を持つという点にある。また、普遍主義的観点を採用することは、現在各々の法秩序において異なっている抵触法の統一化（または調和化）に資すると言われる[66]。とはいえ、これまでの経緯からすれば、抵触法の世界的統一はきわめて困難であると言わざるを得ない。また、各国が各々異なる抵触法を有する現状において、それらの抵触法を普遍的抵触法に移行させることは、その実質的困難を考慮すれば非現実的であろう。さらに、各法秩序の社会的・経済的・文化的背景や政策に応じて、どのような共同体を法秩序として認めどのような範囲で他の共同体で形成された一般的・具体的な規範を受け容れる用意があるかは異なり得る[67]。この点からすれば、個々の法秩序に普遍的な単一の抵触法を受け容れることまで要求するのは決して理想的であるとは言えない。

そこで、国際規範間の抵触を扱うような特定の領域を除いて[68]、一方では普遍主義的観点に立ち、抵触法の目指すべき方向について議論しつつ、他方で各法秩序がそれぞれ固有の抵触法を保ち続けることが適切だろう[69]。この意味で、抵触法は世界法ないし普遍的法としてではなく、各法秩序固有の抵触法として、協調してグローバル・ガヴァナンスにおいて一定の役

66）　江川・前掲注54）42頁。

67）　*Cf.* Santi Romano, *L'ordre juridique* (2e éd., 1945, traduit par Lucien François / Pierre Gothot, Réédition, Dalloz, 2002), §40.

68）　それらについては、普遍的抵触法を確立するのが適切である。

69）　日本の抵触法学においては、例えば江川英文教授がこのような方向を目指していたことにつき、Dai Yokomizo, "Hidebumi Egawa: Founder of the Internationalist Tradition in the Japanese Conflict of Laws", *Japanese Yearbook of International Law,* Vol. 56 (2013), p.243 参照。

割を果たすべきなのではないだろうか。

3　規整の対象

グローバル・ガヴァナンスにおける主体の問題としては、規整の対象となる主体と、規整をする主体との双方がある。

まず、規整の対象となる主体であるが、抵触法が規範抵触の適切な調整をその目標とする以上、ここでの問題は、抵触法が調整の対象となる規範を形成する資格を有する主体は誰か、ということになる。従来は、そのような主体は基本的には国家に限定されていた。だが、グローバル・ガヴァナンスの観点からは、そのような主体が国家に限定される理由はなく、企業や国際機関も、対象となる活動領域において実効的な規範を形成している限りにおいて、抵触法の対象とする規範の形成主体となり得る。

だが、特定の活動領域において当該規範が実効的であるからといって、それらをすべて抵触法が調整の対象とすべき「法」[70]と見なすべきであるとも思われない[71]。実効性のみを基準として規範の調整に入るのであれば抵触法が現状を肯定する役割を担うこと、言い換えれば、抵触法が調整の対象とせず無視することでその実効性を失って行く規範もあり得るということを考慮すれば、ある規範が抵触法上調整の対象となる「法」であることの条件として、一定の正統性を有していることを条件付けることが、グローバル社会への抵触法からの働きかけとして有益であるように思われる。問題は、そのような正統性の基準をどのように設定するかである。この点については、対象となる活動領域に関する規範を形成する機関と当該規範を適用する固有の機関を有していることといった、主体の資格に着目する考え方と[72]、対象となる規範の名宛人が規範形成過程に参加する途が開か

---

70)　横溝・前掲注 25) 18 頁以下参照。

71)　従来の議論においては、このような規範の実効性が重視されてきた感があるが、これらの議論がいわゆる未承認国や不統一法国といった国家の存在を前提としたものであったことには注意が必要である。未承認国をめぐる議論につき、参照、江川英文『国際私法〔新版〕』(有斐閣・1957) 73 頁、池原季雄『国際私法 総論』(有斐閣・1973) 190 頁、溜池良夫『国際私法講義〔第 3 版〕』(有斐閣・2005) 185 頁以下。なお、法多元主義を採用した際の抵触の氾濫につき、Michaels, *supra* note 25, p.1209, pp.1250–1252.

72)　横溝・前掲注 25) 18 頁以下ではこの方向を模索している。

れていることといった、規範形成プロセスに着目する考え方[73]との双方があり得るが、今後さらなる検討が必要だろう。

4　規整を行う主体

次に、抵触法を用いて規範の調整を行う主体としては、当然のことながらまずは裁判所が考えられる。「グローバル・ガヴァナンスのための抵触法」という視点からすれば、裁判所は、従来の二当事者間についてのみではなく、他の関係当事者、とりわけ当該紛争に関し規制を行うことに利益を有する団体や国家の利益をも考慮し、国際裁判管轄および準拠法についての判断の中で、これらの様々な利益とそれを体現する規範の調整を行うという重要な役割を担うことになる[74]。

だが、裁判所は、各法秩序の法により組織されており、その法源は各国の国内法である。そこで、一義的には自らが属する法秩序における紛争解決を主たる役割とする裁判所が、何故グローバル・ガヴァナンスにおいて前述のような役割を担わねばならないのか、その正当化が必要となる。この点については、グローバル社会において様々な法秩序が並存している現状において、規範抵触を調整することが、当該社会を構成する個々のアクターにとっても自らの利益になるため、個々の法秩序が自らの裁判所に、抵触法を利用したそのような規範調整の役割を自発的に要請しているのだ、ということで正当化することが可能であろう。

次に、グローバル・ガヴァナンスのための規範抵触の調整ということからすれば、抵触法の役割は、裁判所における事後的な紛争解決に限定されず、規制当局による競争法等の政策実現立法の国際的な適用範囲の確定、および、他の法秩序の規範との調整、といった、事前規制においても重要となる[75]。このことは、抵触法の具体的内容につき考察する際に、予測可

73)　*Cf.* Poul F. Kjaer, "The Political Foundations of Conflicts Law", *Transnational Legal Theory,* Vol. 2, No. 2 (2011), p.227, pp.237-238; Peer Zumbansen, "Transnational Legal Pluralism", *CLPE Research Paper* 01/2010, Vol. 6, No. 1 (2010), p.1, p.52.

74)　Wai, *supra* note 22, p.119; Christopher A. Whytock, "Litigation, Arbitration, and the Transnational Shadow of the Law", *Duke Journal of Comparative & International Law,* Vol. 18 (2007-2008), p.449, p.458.

75)　事前規制を行う規制当局間の権限配分に抵触法のアプローチを導入することを提唱するものとして、Annelise Riles, "Managing Regulatory Arbitrage: A Conflict of Laws Approach"

能性と具体的妥当性とのバランスについて考える上で影響を及ぼす[76]。

さらに、「グローバル・ガヴァナンスのための抵触法」という観点からすれば、抵触法規則自体を形成する立法機関も検討の対象となろう。このことは、従来立法論として論じられていた、あるべき抵触法規則の内容に加え、立法過程や、立法部と行政部や司法部との役割分担に関しても検討することを促すだろう。

Ⅳ　結　　語

以上、グローバル化に対応した抵触法のあり方をめぐる近時の議論動向を取り上げ、問題となるいくつかの論点について考察した。本章では、異なる様々な規範の抵触を調整するシステムであり、他の様々な規制手段とともにグローバル規模での経済・社会を規整する方法の一つとして抵触法を把握すべきであること、その際には、規整的権威の適切な調整といった、いわば手続的な目標の実現を抵触法は目指すべきであること、また、普遍法としてではなく、各国固有の抵触法という前提に立ってその協力によりグローバル・ガヴァナンスに貢献すべきであること、の各点を指摘した上で、規整の対象と規整を行う主体に関する今後の検討の方向性について若干言及した。新たな抵触法に関する具体的規範や規範形成・適用プロセスについても、今後検討する必要があろう。

最後に、抵触法的方法の他分野への応用可能性という問題もある。例えば、投資における投資家保護を目的とする国際投資協定と人々の健康保護を目的とするたばこ枠組条約との抵触といった[77]、異なる機能領域に属す

Cornell International Law Journal, Vol. 47 (2014), p.63, p.105.

76)　学説上、私法的アプローチの特徴は紛争の事後的解決にあるのだという点を前面に押し出し、予測可能性を高めることよりも個別的に妥当な救済を与えることの方が重要である、という主張もある。Muir Watt, *supra* note 13, p.419, note 353. だが、抵触法の対象領域が公法分野にも拡大する以上、抵触法自体も公法的アプローチにおける事前規制にも対応できねばならないと考えるのであれば、このような具体的妥当性を前面に出すことはできなくなるだろう。

77)　横溝大「知的財産の国際的保護と公衆の健康保護のための国家政策―プレーン・パッケージ規制と国際投資仲裁」同志社法学357号（2012）29頁参照。

る国際規範の間での抵触という、現在国際法の断片化として議論されている問題の解決についても、抵触法のアプローチが一定の役割を果たす可能性が示唆されている[78]。この点についても、今後順次検討して行きたい。

【附記】 本章は、社会科学研究（東京大学）65巻2号（2014）129～142頁に公表した拙稿に、大幅な加筆・修正を加えたものである。基盤研究（B）（平成24～27年度）「グローバル化に対応した公法・私法協働の理論構築—消費者法・社会保障領域を中心に」（代表 藤谷武史）の研究成果の一部である。

78）異なる国際レジーム間の抵触の調整につき抵触法の方法論が有益であることを指摘するものとして、Ralf Michaels / Joost Pauwelyn, “Conflict of Norms or Conflict of Laws?: Different Techniques in the Fragmentation of International Law”, *Duke Journal of Comparative & International Law,* Vol. 22 (2012), p.349.

第5章　グローバル化による近代的国際／国内法秩序枠組みの再編成

――カディ事件を契機とした試論的考察

小畑　郁

Ⅰ　問題提起――グローバル化に伴う公的規制の錯綜

グローバル化を社会科学にとって有用な概念として用いる場合、まずはそれをせいぜい 1980 年代以降に生じた新しい現象として捉えておくことが重要である。こうした立場からは、グローバル化は、日々大量の資本が国境を越えて移動する（長期資本の移動のみならず短期資本の移動が大規模に生ずる）現象を中核とし、それに伴って大量のモノおよびサービスの頻繁な越境移動が起こっている事態を指して言うことができる[1)]。また、こうしたカネ・モノ・サービスの大量・頻繁な越境移動は、それらの担い手としてのヒトの移動も、その限度で加速化させている。

1)　例えば参照、古城佳子「グローバリゼーションの何が問題か」世界法年報 24 号（2005）3 頁以下（13 頁）。

本章は、国際法学のディシプリンから、こうしたグローバル化が、近代的な国際／国内法秩序枠組みのあり方にどのような再編成をもたらし、それは法学のあり方にどのような影響を及ぼすのかを、考察しようとするものである。ここで、「近代的な国際／国内法秩序枠組み」（以下、「近代的法秩序枠組み」ともいう）というのは、諸国家が単に形式的に平等であるばかりでなく、一定の距離を保って「棲み分け」ている状態を基礎とするものである。

近代国際法は、各国家の人格の相互尊重を基礎とするという意味で、人の人格の相互尊重を基礎とする国内私法秩序にしばしばなぞらえられてきたが、それだけでは説明できない特殊な装置が各所に埋め込まれている。つまり、あえて〈権限の配分〉という現代的なあるいは公法的な分析視角を用いて表現すれば、諸国家の権限の間に作為的に消極的抵触をもたらそうという規正が働いているのである。そもそも、国家の管轄権の配分が、圧倒的に場所的基準に基づいてなされていること自体が、そうした規正の現れであるし、戦争に際しての中立法[2]、主権免除[3]や国内的救済原則[4]もそうである。これらは、他の（諸）国家による処理に不用意に自ら関わることは避けなければならない、さもなければ、国家間紛争という、常に武力闘争（戦争）になる可能性が高い事態に立ち至る、という考慮が働いているとしか説明できない原則である。こうした国際法秩序の下で、各国法秩序は、高度な自律性を保つという構造ができあがっていた[5]。

---

2)　これについての、なお古典的な文献は、石本泰雄『中立制度の史的研究』（有斐閣・1958）である。古典的国際法の下では、戦争が一旦開始されると、第三国は戦争に参加しない限り、交戦国双方に対して「中立」の立場に立つことを求められ、交戦国双方を公平に取り扱う義務などが課された。近代国家の「中立」性（あるいは「中性」性）は、より一般化して捉えることができ、この場合には、簡単に言えば、（他国の）政治のあり方に対して、プラスの価値判断もマイナスのそれも差し控えることを意味する。これについては、参照、西平等「神の正義と国家の中立」思想1020号（2009）52頁以下。このような中立概念から、次に述べる主権免除のほか、政治犯不引渡原則も説明できる。この原則については、芹田健太郎「政治犯罪人不引渡原則の成立」同『亡命・難民保護の諸問題Ⅰ』（北樹出版・2000）所収[初出1972]。

3)　この原則およびその現代的展開については、参照、水島朋則『主権免除の国際法』（名古屋大学出版会・2012）。

4)　これについての古典的な文献は、太寿堂鼎「国内的救済原則の適用の限界」法学論叢76巻1＝2号（1964）67頁以下、である。

5)　国際社会の「原子論」的理解という場合、単純に平等な諸国家を構成要素とするフラット

国家の「中立」性からその基礎を奪った戦争の違法化ないし差別的戦争概念への転換は、一つには武力不行使原則と集団的安全保障という国際社会の一般利益に基づく法制度が確立した点で、もう一つには国家の人格を実力から切り離して法的に構成する契機を与えたという点で、このような「棲み分け」ないし消極的抵触の追求という構造に深刻な打撃をもたらすものであった。しかし、第二次世界大戦後のとりわけ日本の社会科学の思考を基本的に支配してきた冷戦は、中立政策を一定程度現実的なものとし、また諸国家の公的規制が相互にまったく異なる価値判断に基づきなされる事態を所与のものとしたので、近代的法秩序枠組みは、根本的な再検討を迫られることはなかった[6]。冷戦の崩壊は、差別的戦争概念が全面展開する条件を作り出し、とりわけ各国家の公的規制は、国際社会の一般利益の実現と関係するか、そうでなくとも共通の価値の実現プロセスを担うものと理解されるようになってきた。

グローバル化に伴うカネ・モノ・サービスの流動化は、メガ・コンペティションを生み出し、市場の暴力性も解放するので、一方で公的規制の必要性を高めるが、他方で国家や国家が創設した国際機構による規制の実効性を決定的に弱めてしまう。また、もともと国家的統合が弱い地域では、脱冷戦・脱イデオロギー化にともなって、「失敗国家（failed states）」が生み出され、他方でこうした国々に対する再植民地化もあらかじめ選択肢から除外されているために、国家的規制の空白地帯ではあるが、なおグローバルな市場の一部である地域も生まれている[7]。こうして、とりわけ越境の自由を獲得した資本にとって、一国的規制が無力であることは明白である[8]。

な社会（上位の構造をもたない社会）という意味だけでなく、それを構成する諸国家が、相互に距離を保ち高度に自律的である、という意味も持っていると考えるべきであろう。

6） より具体的には、参照、小畑郁「特集の趣旨説明に代えて（特集・国際法秩序構想の諸系譜と現在）」法律時報 85 巻 11 号（2013）4 頁以下。

7） ソマリア沖の海賊問題とそれに対する対処を想起せよ。さしあたり見よ、杉木明子「『国家建設』モデルの再考序論―ソマリア沖海賊問題と『ソマリア国家』の事例から」国際法外交雑誌 110 巻 1 号（2011）76 頁以下。

8） （先進）諸国家の規制がときに近代的法秩序原理、とりわけ人権を無視するように暴走するのは、「テロリズム」対策（非正規身柄移送：extraordinary renditions の横行が象徴的である）やサイバー犯罪規制（高度に発展した情報テクノロジーの利用に対する介入）にみら

結局、多少とも実効的な公的規制を加えようとする国家（先進国）は、国境を越える規制権限行使に躊躇しなくなる。いまや合衆国のみならす、EUや日本ですら、競争法の域外適用に消極的とは言えず[9]、したがってさしあたり、これらの間での調整のための協力が必要とされている[10]。普遍主義や受動的属人主義の採用による刑罰法の域外適用も目立っている[11]。このように錯綜する国家的規制に加えて、もともと国家間の利害調整装置にすぎなかった国際機構も、そこでの共通の目的が機構の（あるいは国際社会の）一般的目的と読み替えられて、諸国の国家的規制の調和を図るだけでなくそれらを一定の方向に誘導することを通じて、事実上の規制権限を及ぼすようになっている[12]。さらに、集団的安全保障装置としての国連や国際刑事裁判所といった、そもそも国際社会の一般的利益を実現するための国際機構もその権限を強化しつつある。

こうして、グローバル化に伴って、フォーマルなカヴァナンス装置（国

れるように、その実効性にはせいぜい当たり外れがあることに対する、むしろ焦りと苛立ちがあると見るべきである。したがって、これに対して近代的法秩序原理を持ち出すだけでは対抗できない。なぜなら近代的法秩序枠組み自体が崩れてきているからである。これに対する代替枠組みを構想するとすれば、世界大の連帯に基づくネットワーク型の公共圏の構築ということになろうが、それでも、それが資源配分における様々な不公正を十分に是正するまでに近い将来成長し得ると考えるのは楽観的といわざるを得ない。むしろ国家や国際機構によるフォーマルな公的規制にも依拠する長い過渡期があると考えられる。このフォーマルな規制の論理の内部から近代的法秩序枠組みの再編を論ずる本章にも意義があり得ると考えるのは、こうした現状認識に基づく。

9)　参照、土田和博編著『独占禁止法の国際的執行』（日本評論社・2012）。

10)　2000年の日米独禁協力協定（反競争的行為に係る協力に関する日本国政府とアメリカ合衆国政府との間の協定）は、そのごく端緒的な例である。

11)　1987年に公刊されたアメリカ法律協会のアメリカ対外関係法第三リステイトメントでもなお、受動的属人主義は一般的承認を受けていないとされていた。参照、アメリカ対外関係法リステイトメント研究会（訳）「アメリカ対外関係法第三リステイトメント(1)」国際法外交雑誌88巻5号（1989）69頁以下（83頁）。しかし、日本は、2003年の改正で、刑法の適用に関してこれを採用した（刑法3条の2）。

12)　WTOは、とりわけガット時代には、諸国の有する貿易政策決定権を持ち出した相互主義に基づく交渉（ラウンド）を通じて、そしてその限りで貿易自由化を図る装置にすぎなかったが、現在では、自由で「公正」な貿易の実現は機構それ自体の目的と信じて疑われなくなっており、紛争解決手続のみならず貿易政策検討制度（TPRM）やとりわけ加盟交渉を通じて事実上の規制権限を及ぼしている。さしあたり参照、中川淳司『WTO—貿易自由化を超えて』（岩波書店・2013）。

家と国際機構）による公的規制は、ますます重複し錯綜するようになる[13)]。注意すべきなのは、これらの公的規制は、今や共通の目的をもっていると考えられており、したがって、これらの間のハーモナイゼーションについて語ることができることである。しかし、このことは、近代的な法秩序枠組みの伝統を強く引きずっている各法秩序にとって、深刻なジレンマを生み出す。つまり、一方では、各々の立場から抵触する他の規制を単純に無視してその効力を否定することで済むわけではないが、他の法秩序を考慮することは、自らの一貫性（あるいは純潔性）を傷つけることになり得るからである。

国連のねらい撃ち制裁措置の既存の諸法秩序に照らしての合法性が問われたカディ（Kadi）事件は、このようなジレンマを伴う公的規制の交錯が問題となった典型的な事件ということができる。本章では、以下、この事件を取り上げ、そこで提起された問題をより一般化することを通じて、主題にアプローチしたい。

13）　ここでは十分に考察できないが、こうしたフォーマルな規制の錯綜は、インフォーマルな事実上の規制の展開との緊張関係と関連という視点からも分析されるべきである。これらのインフォーマルな規制は、多くの場合、市場の力を利用することで場合によってはより高い実効性を有するが、そうであるがゆえに正統性問題を惹起せざるを得ない。とはいえこのことを理由に、ますます人為的に範囲を限定された国籍保有者の内部での「民主主義」的決定に依拠する先進国の国民的決定の「正統性」を不問に付すわけにはいかない。インフォーマルな規制には、プロフェッショナルな自律的集団による規律もあり、端的には今日の大学をめぐる状況を想起すれば明らかなように、その「正統性」を相当程度強調しなければならなくなっている。関連して参照、安田理恵「行政法を構成する専門自主法（一）」法政論集（名古屋大学）248 号（2013）123 頁以下（126〜131 頁）。フォーマルな規制とインフォーマルな規制とをどのように結合して、今日の暴力と貧困に対処するかが、きわめてアクチュアルな課題となっているのである。なお、EU においては、さしあたり域内に適用されるフォーマルな規制をその膨大な市場としての力を利用してインフォーマルに普及させる戦略がとられている。たとえば見よ、高村ゆかり「EU の航空機二酸化炭素排出規制―『規制の普及』戦略とその国際法上の課題」法学セミナー 693 号（2012）10 頁以下。これは、上記の論点の多くに関わる。つまり、市場を利用するインフォーマルな規制の正統性、国民的決定の限界、およびフォーマルな規制とインフォーマルな規制の結合を示す例である。

II　第一カディ事件ヨーロッパ司法裁判所判決[14)]
——閉じられた環と開かれた問題[15)]

1　関連事実

1998年8月に発生したケニアとタンザニアにおけるアメリカ大使館爆破事件などに対応して、国連安全保障理事会（以下、安保理という）は、1999年10月15日、決議1267を採択した。この決議は、タリバンやタリバン系企業に対して資産凍結措置を採ることを決定し、この対象者は、安保理のすべての構成国で構成される制裁委員会（以下、1267委員会という）によって指定されるものとした[16)]。翌2000年12月19日に採択された決議1333は、措置の対象者を「ビンラディンとその連携者」にも拡大した[17)]。2002年1月28日に採択された決議1390は、以上の措置を継承・強化し、また特に移動制限措置をも規定した[18)]。

これらの決議を実施するため、ヨーロッパ連合（EU）では、1267委員会により指定された者の付表を付した理事会規則337/2000を採択した[19)]。また、理事会規則467/2001は、EC委員会に付表を改訂する権限を与えた[20)]。

---

14)　*Kadi and Al Barakaat* v. *Council and Commission*, Joint Cases C-402/05 P and C-415, Court of Justice of the European Communities (Grand Chamber), Judgment of 3 September 2008, European Court Reports（以下、ECRと引用する）2008 I-6351（以下、*Kadi I* ECJ Judgmentと引用する）。本判決の紹介ないし評釈として、参照、中村民雄・ジュリスト1371号（2009）48頁以下、中村民雄＝須網隆夫編『EU法基本判例集〔第2版〕』（日本評論社・2010）367頁以下〔中村〕、中西優美子・国際人権20号（2009）125頁以下。なお、ここでは、カディに関連する事実に限定して紹介する。

15)　本節の記述は、本章筆者の次の旧稿（の特に次の箇所）に基づいており、重複部分がある。小畑郁「個人に対する国連安保理の強制措置と人権法によるその統制」国際問題592号（2010）5頁以下（6～8頁）。

16)　S/RES/1267 (1999), paras. 4(b), 6(e).

17)　S/RES/1333 (2000), para. 8(c).

18)　S/RES/1390 (2002), para. 2.

19)　Council Regulation (EC) No. 337/2000 of 14 February 2000, Official Journal of the European Communities（以下、Official Journal of the European Unionと区別することなく、OJと引用する）2000 L 43, p.1.

サウジアラビア国民であるカディの名前は、2001年10月に1267委員会のリストに登載され、数日後EC委員会によって理事会規則467/2001の付表に追加された[21]。この措置は、安保理決議1390に基づく理事会規則881/2002に継承された[22]。カディは、自らに関わる限りで関連規則の取消しを求めてEU司法府に提訴した。

2　一貫性の功罪

2008年9月3日、ヨーロッパ司法裁判所は、第一カディ事件上訴審判決（以下、本件判決という）を言い渡した。それは、原告の請求を支持するものであった。その前提となる判断枠組みは次の通りである。

「国際協定で課される義務は、EC条約の憲法的諸原理を害する効果を持ち得ない。この憲法的諸原理には、すべての共同体の行為は基本権を尊重するものでなければならないという原理を含む」[23]。他方、「共同体司法府により確保される合法性審査は、国際協定を実施しようとする共同体の行為に適用されるのであって、当該協定それ自体には適用されない」[24]。「[国連安保理の憲章7章に基づく] 決議を実施する意図を持ったある共同体の措置が共同体の法秩序における高次の法規則に反すると決定する共同体司法府のいかなる判断も、国際法におけるかかる決議の優位性に関する異議申立てを伴うものではない」[25]。「[EC条約300条7項、現行EU運営条約216条2項] が国連憲章にも適用可能であると想定すれば、国連憲章は、共同体の第二次法規に優越するであろう」[26]。「しかし、共同体法のレベルでの優越性は、第一次法規には、とりわけ基本権を含む一般原則には及ばない」[27]。関連安保理決議に基づく制度は、EC司法府による審査から

20） Council Regulation (EC) No. 467/2001 of 6 March 2001, OJ 2001 L 67, p.1.
21） Commission Regulation (EC) No. 2062/2001 of 19 October 2001, OJ 2001 L 277, p.25.
22） Council Regulation (EC) No. 881/2001 of 27 May 2002, OJ 2002 L 139, p.9.
23） *Kadi I* ECJ Judgment, §285.
24） *Ibid.*, §286.
25） *Ibid.*, §288.
26） *Ibid.*, §307.
27） *Ibid.*, §308.

免除されるべきであると主張されたが、1267委員会の審査手続の内実に鑑みて、いずれにせよ、その手続は、かかる一般的免除を生ぜさせるような性質のものではない[28]。

こうした判断枠組みの下で、実効的司法審査を受ける権利および財産権の侵害があると認定された。

安保理のねらい撃ち制裁レジームの欠陥は、いかなる司法機関も見逃すことができないほど深刻であるから[29]、この判決の結論そのものには多くの支持を見出すことができよう。下級審の第一審裁判所の判決が、国連とEU双方を包含する普遍的法秩序の観点から審査して反対の結論に至ったこと[30]と比較すれば、本件判決がEU法にのみ依拠したことは、違法の結論に直接的につながったとも言えるであろう。

しかし、安保理の行動に対して法的統制を加えるという観点から言えば、本件判決には明らかに限界がある。要するに、裁判所は実施措置の不法性を認定したが、それは、普遍的法秩序のレベルにおける関連安保理決議そのものの合法性や効力には何の関わりもないのである。本件判決は、EUの法原則に従えば安保理決議をそれが求めるように実施することはできないことを明確にしたが、それは単にEU加盟国に、EUと国連のどちらに加盟国としての義務を果たすかの選択を迫るものにすぎない。もしEU加盟国にEUの第一次法規を無視するという選択肢がないとすれば、彼らとしては、関連の安保理の措置の枠組みの修正を求めるほかはない。このプロセスは、法的に克服しがたいジレンマを抱えた政治的なものである[31]。

---

28)　*Ibid.*, §§318-326.

29)　1267委員会の手続の現状については、参照、丸山政己「国連安保理事会と自由権規約委員会の関係(1)」法政論叢（山形大学）48号（2010）1頁以下（20〜22頁）。

30)　*Kadi* v. *Council and Commission,* Case T-315/01, Court of First Instance, Judgment of 21 September 2005, ECR 2005 II-3649; *Yusuf and Al Barakaat International* v. *Council and Commission,* Case T-306/01, Court of First Instance, Judgment of 21 September 2005, ECR 2005 II-3533. これらの判決の評釈として、参照、中村民雄・貿易と関税54巻7号（2006）75頁以下。

31)　なお、本判決後も、1267委員会から得たリスト登載の簡潔な理由が示されただけで、彼の名前は、付表に改めて登載されたため、カディは、改めて提訴した（第二カディ事件）。

いずれにせよ、本件判決は、EU 法秩序の自律性を保持したが、問題そのものは永続的に未解決のままにしているのである。こうした決定は、不可避のものであったのであろうか。そうとは言えないであろう。他ならぬ EU 法の経験そのものから、この点で有益な教訓を引き出すことができるのである。

III　他の法秩序における諸原理を考慮する必要性 ——EU 基本権規範の発展の教訓[32)]

1　EU 基本権規範の淵源と基礎

よく知られているように、EU 基本権規範は、もっぱら判例法の産物であり、判例法を通じて発展してきたものである。すなわち、人権ないし基本権は EC の設立諸条約には規定されておらず、むしろそれへの言及を避ける態度がとられている[33)]。1969 年のシュタウダー事件判決（先行裁決）において、ヨーロッパ司法裁判所は、はじめて「共同体法の一般原則に含まれ、当裁判所がその遵守を確保しなければならない個人の基本権」という概念に言及した[34)]。1970 年の国際商事会社事件判決（先行裁決）では、次のように判示された。

「実際、基本権の尊重は、当裁判所により保護される共同体法の一般原則の不可分の一部をなす。かかる権利の保護は、加盟国に共通の憲法的伝

2013 年 7 月の判決で、ヨーロッパ司法裁判所は、理由の記述それ自体が不十分にしか提供されなかったか、または理由付けに用いられた情報が実質的に十分ではなかった、として、カディの主張を認め、関連規則の取消しを命じた下級審の判断を支持した。*Commission, the United Kingdom and Council* v. *Kadi,* Joint Cases C-584/10 P, C-593/10 P and C-595/10 P, Judgment of 18 July 2013, text downloaded from: 〈http://eur-lex.europa.eu/legal-content/EN/TXT/PDF/?uri=CELEX:62010CJ0584&rid=1〉(最終確認日 2015 年 8 月 20 日).

32)　本節の記述は、基本的に本章筆者の次の旧稿（の特に次の部分）に基づいており、それと重複する部分がある。小畑郁「EU 法における人権規範の展開」同『ヨーロッパ地域人権法の憲法秩序化』（信山社・2014）238 頁以下（289〜291 頁）［初出 2008］。

33)　さしあたり見よ、小畑・前掲注 32）序章、3 頁以下（18〜20 頁）。

34)　*Stauder* v. *City of Ulm,* Case 29/69, Judgment of 12 November 1969, [1969] ECR 419, at §7.

統に着想を得るものであるが、共同体の構造と目的の枠内において確保されなければならない[35]」。

基本権に関する判例法は、早くも1979年のハウワー事件判決（先行裁決）で一応完成した姿を与えられた[36]。ここでは、「共同体機関の措置による基本権侵害の問題は、共同体法に照らしてのみ判断され得る」[37]とされつつ、ヨーロッパ司法裁判所は加盟国に共通の憲法的伝統に着想を得続けるものと認められている[38]。この点で、実際、ヨーロッパ人権裁判所やいくつかの加盟国憲法のテキストが参照された[39]。

この判例法の発展の原動力が、EU機関の行為に対して、加盟国裁判所がその憲法上の権利を援用して審査権を行使することを阻止する必要性にあったことは、むしろ公然の秘密である[40]。実際に、国際商事会社事件についての1974年第一「ゾーランゲ」決定において、西ドイツ連邦憲法裁判所は、憲法上の基本権の優越性に基づき自らのEC法審査権を確認した[41]。この態度は、1986年の第二「ゾーランゲ」決定で修正されたが[42]、こうした各国裁判所とヨーロッパ司法裁判所との間の緊張関係は、現在でもなお存続あるいは強まっている。各国裁判所は、EU法に対する自らの

35） *Internationale Hadelsgesellschaft* v. *Einfuhr und Vorratstelle für Getreide und Futtermittel,* Case 11/70, Judgment of 17 December 1970, ［1970］ ECR 1125, at §4. この判決の紹介として、さしあたり、中村＝須網編・前掲注14）131頁以下〔大藤紀子〕［初出2007］。

36） *Hauer* v. *Land Rheinland-Pfalz,* Case 44/79, Judgment of 13 December 1979, ［1979］ ECR 3727.

37） *Ibid.,* at §14.

38） *Ibid.,* at §15.

39） 見よ、*ibid.,* §§18-21.

40） さしあたり見よ、Paul Craig / Gráinne de Búrca, *EU Law; Text, Cases and Materials,* 4th ed.（Oxford, 2007）, p.381（同書はその後改訂されているが、引用の趣旨に対応する記述は不鮮明になってきているので、第4版から引用する）。庄司克宏「EC裁判所における基本権（人権）保護の展開」国際法外交雑誌92巻3号（1993）33頁以下（33～34頁）、須網隆夫「EUと人権」国際人権18号（2007）8頁以下（9頁）。

41） ［*Solange I*］, Beschluß vom 29. 5. 1974, Entscheidungen des Bundesverfasssungsgerichts（以下、BVerfGEと引用する）, 37, 271. 次の英訳を参照した。963 *International Law Reports* 383.

42） ［*Solange II*］, Beschluß vom 22. 10 1986, BVerGE, 73, 339. 次の英訳を参照した。［1987］ 3 *Common Market Law Reports* 225. この決定の紹介・解説として、奥山亜喜子・ドイツ憲法判例研究会編『ドイツの憲法判例〔第2版〕』（信山社・2003）426頁以下。

審査権を確認し、強化しているとさえ見られるからである[43]。

こうして、ヨーロッパ司法裁判所が表面的にEU法秩序の自律性にこだわるとしても、その態度は、加盟各国憲法のとりわけ基本権に関する規定に配慮する限りにおいて維持可能であることは明白である。

2　ワイラーにおける「高低差のあるスタンダード」という難問

いずれにせよ、現在ではEU法に基本権に関する規範が内在していることは否定できない。それは、基本権憲章という法的拘束力をもつ成文規範さえ有している。しかしながら、そこにカタログ化されたほとんどの権利が相対的なものであるから、EU法で実際どういうスタンダードを採用されていくかは、ほとんど未解決の領域である。実はこの場面で、加盟各国憲法上の基本権への配慮から、きわめて困難な問題が生ずるのである。これが、ワイラー（Joseph H.H. Weiler）がいうところの「高低差のあるスタンダードという難問（conundrum of 'high' and 'low' standards）」である[44]。実際のワイラーの叙述はより複雑かつ婉曲的であるが、本章筆者の理解に従って単純化あるいはパラフレーズして述べれば次のようになる。

つまり、一方で、ヨーロッパ司法裁判所は、どの加盟国の裁判所による審査権の行使をも避けたいと思うならば、それは加盟国憲法が採用するスタンダードのうち最も高いものを採用すべきということになる。しかし、加盟国の憲法規範は各国によって原則として自由に設定できるということを前提とすれば、最高のスタンダードの採用というのは、一加盟国に拒否権を認めることに等しい。これは、EU法秩序の自律性を完全に否定することになるから、EUにとって決して受け入れることのできない選択肢であろう。

他方、個別加盟国の基本権規範と両立できるEU法規則の効力には、何

43）　さしあたり参照、須網隆夫「EU法と国際法」福田耕治編著『多元化するEUガバナンス』（早稲田大学出版部・2011）7頁以下（17〜21頁）、同「ヨーロッパにおける憲法多元主義」法律時報85巻11号（2013）43頁以下。

44）　Joseph H.H. Weiler, "Fundamental rights and fundamental boundaries: on the conflict of standards and values in the protection of human rights in the European legal space", in *id.*, The *Constitution of Europe* (Cambridge UP, 1999), p. 102ff. at pp. 108-116 [1995]. なお参照、Craig and de Búrca, *supra* note 40, p.388f.

らの問題もないというのが、当該加盟国や（その加盟国内での適用に際しての）EUの本音であろう。そうすると、それを単純に表現すれば、ヨーロッパ司法裁判所は、加盟国中最低のスタンダードを採用するということもあり得る。しかし、こうした態度は、多くの国の裁判所による審査権行使を呼び起こすことになるであろう。

結局、ヨーロッパ司法裁判所は、基本権規範を適用するたびに、深刻なジレンマに直面していることになる。その意味で、この「難問」は、決して終わることのない問題である。事実としては、同裁判所は、国内スタンダード間の詳細な比較研究を行っているわけではない。それに乗り出せば直ちに問題が顕在化するからである。

注意すべきは、この「難問」が永続的に存在するからといって、ヨーロッパ司法裁判所が各加盟国の憲法上の諸原理を無視してよい、ということには決してならないことである。ワイラー自身は、スタンダードのレベルではなく、理念（idea）のレベルでのある程度の統一性を確保することを示唆しているように見える[45]。確かに、もし自らの憲法上の原理がまったく尊重されていないと感じる加盟国の裁判所は、EU法に対する審査権を行使するよう誘導されるであろう。ヨーロッパ司法裁判所は、自らはどれほどEUに固有の規範を適用しているだけであるとどれほど主張していようとも、各国の諸原理から乖離した決定を行うことは決してできないのである。

他方、加盟国がEUの目的を支持する限りで、その裁判所もまた自らのスタンダードの採用に固執することはできない。少なくともEU法の適用領域では、加盟国の裁判所は、自らの固有のスタンダードの溶解を認めざるを得ない。それはすなわち完全な一貫性ないし純潔性を放棄することに他ならない。

要するに、「EU法秩序」も「各国法秩序」も、自らの一貫性・純潔性の維持について譲歩し、相互にその諸原理を尊重することが求められているのである。

45）　Weiler, *supra* note 44, at p.114.

3 国連安保理制裁に対する個人の不服への「難問」の平行移動

この「難問」とそれに対する解答を、国連制裁レジームについての事件に（上方に）平行移動して適用することが可能である。上の下線を引いた定式の中の「EU 法秩序」のところに〈国連法秩序〉を入れ、「各国法秩序」のところに〈EU 法秩序〉を入れることができる。単純に表現すれば、ドイツ連邦憲法裁判所が、EU の措置についてドイツのスタンダードのみに照らした完全な審査を行うというのが適当でないと考えるのであれば、ヨーロッパ司法裁判所が国連の措置について EU のスタンダードのみに照らした完全な審査を行うことも適当とは言えない。

つまり、〈国連法秩序〉も〈EU 法秩序〉も、自らの一貫性・純潔性の維持について譲歩し、相互にその諸原理を尊重することが求められている。これにより確かに、ヨーロッパ司法裁判所による国連制裁に対する審査権も許容され、国連による判断権の独占は正統化されないが、しかし、EU 法秩序の中に立て籠もったままの審査も認められないのである。第一カディ事件についてのヨーロッパ司法裁判所判決について言えば、やはり国連法秩序の原理については、考慮すべきであったと思われる[46]。

他方において、国連レベルの決定も、各加盟国の個別の法秩序を考慮に入れるべきである。というのは、後者は、制裁の適用についての正統な「連結」を有しているからである。国連が、そもそも自らが当事者となる独立の制度的な司法的判断機関と言えるものを有していないことがこの問題を増幅させているために見落とされがちであるが、この「連結」の正統性を国連がそもそも承認していないことが、問題の出発点にある。手続的に各加盟国レベルでの審級での判断が許されるかどうかという問題より以

---

46) にもかかわらず、それに踏み込まなかったことには、やはり相当の根拠があると考えられる。ここで提示した解決策を、国連法秩序との間に打ち立てるには、国連法秩序の側の理解がある意味で革命的に転換される必要がある。国連法秩序が加盟国法秩序に部分的に譲歩しなければならない場合があるというのは、既存の国際法学でも異端的主張であるからである。ヨーロッパ司法裁判所は、そのような認識のもとに、自らの地域的に限定された基盤も考慮し、EU 法秩序内部に「立て籠もる」戦術を採用したのではないかと思われる。次注に述べる、グローバル立憲主義に対するいわば内在的な批判とあわせて、それ自体がどの程度（ヨーロッパを越えて）普遍的に確立しているか、という、いわば外在的批判も、十分に受け止めて今後検討していかなければならない。グローバル立憲主義については、さしあたり参照、最上敏樹「国際立憲主義の新たな地平」法律時報 85 巻 11 号（2013）6 頁以下。

前に、それぞれの国の憲法原理との抵触がある場合に、これらの国にもたらされ得る苦境を理解しようとする態度が示されていないのである。この状況が続けば、国連制裁レジームは、国内裁判所によるより大胆な審査あるいはサボタージュによって、掘り崩される可能性がある[47]。

IV　「強行法規の特別連結」論の拡張的適用——ポスト近代の法秩序枠組みの展望

上の考察から、グローバル化が進行すると、各（国際・国内）法秩序の完全な自律性というものは失われることがわかる。他の法秩序を無視することもできないが、他方で（最高の）スタンダードを完全に適用することもできない。おそらく唯一の脱出口は、法定地法の中核的諸原理を保持しつつ、他の関連する法秩序の中核的諸原理を重畳的に適用することであろう。これは、実質的にヴェングラー（Wilhelm Wengler（1907-1995））が提唱した、「強行法規の特別連結（Sonderanknüpfung）」の考え方である[48]。

この概念の（拡張的）適用には、二つの障害があったと言えよう。一つ

47)　もっとも、この状況は、いわば力比べあるいは我慢比べであって、それにはさらに理論的問題が残されている。つまり、理論的に言えば、このプロセスに参加できる国や各国裁判所の範囲は実際上限定される。その「資格」は、国の軍事力を中核とする実力によって、制裁を安保理決議通りに実施すべしという圧力に耐えられるということ、さらに、国の裁判所における法的推論を支える理論の担い手が、この分野での国際的なアカデミア・ネットワークにおける評価に堪える知的ヘゲモニーを有していることである。この二つの条件は、国家平等原理とは無関係に備わる特権であるから、国連法秩序のあり方を決定していくのは、安保理はもとより、国連総会における一国一票制を基礎とする討議の過程とは性格的に異なるプロセスということになる。それは（どの程度）「正統」と言えるだろうか。ここに、近時の「グローバル立憲主義」に対する根源的な批判（の可能性）が集約的に現れていると言うことができる。

48)　Wilhelm Wengler, “Die Anknüpfung des zwingenden Schuldrechts im internationalen Privatrecht”, *Zeitschrift für vergleichende Rechtswissenschaft,* Bd. 54, Heft 4 (1941), S.168. 抄訳とも言える研究として、桑田三郎「強行的債務法の連結問題」同『国際私法研究』（文久書林・1966）235頁以下［初出1952］。ヴェングラーの理論については、参照、佐藤やよひ「ヴェングラーの『強行法規の特別連結論』の理論構造」国際法外交雑誌97巻3号（1998）301頁以下。ヴェングラーの学説を強行法規の特別連結論全般の中で位置付けて考察するものとして、参照、折茂豊『当事者自治の原則』（創文社・1970）186～231頁。

には、特別連結を認める法秩序の範囲をどのように画するか、ヴェングラーの理論からすれば、世界中の法秩序における強行法規が連結を認められる場合もある。そこまで認められないとしても結局適用すべき法が錯綜し、法的安定性の考慮からは懸念が高まることは避けられない。この問題の本格的検討を行う準備はないが、次のことだけ言っておきたい。支配的国際私法学説は、一つの単位法律関係に一つの準拠法が対応すること、その他には法廷地の公序が適用されることを前提としてきたが、こうした考え方もまた基本的には国家間の「棲み分け」という近代的法秩序枠組みを前提としていることである。したがってグローバル化により、この考え方の修正もまた迫られているということができる。

特別連結論についてのもう一つの問題は、こうした概念は、せいぜい国際私法の分野に妥当するものと考えられてきたことである。しかし、グローバル化の進行に伴って、従来の前提が次の点で変化していることに注意が必要である。公法の領域外への適用は今日例外扱いで済むような状況ではなく、また国際法における公法的規律が国家の壁を突き抜けて（私人を含む法律関係を直接規律するような形で）及んでいることである[49)]。そうすると、従来国際私法学の内部で培われてきた抵触法的正義をより広範に公法分野にも適用する必要が出てきたということであろう[50)]。

実のところ、ほとんどそのようには認識されていないが、法廷地の公序の適用とまったく同じ現象が、犯罪人引渡しの分野では認められてきた[51)]。ヨーロッパ人権裁判所のゼーリング事件の判決[52)]は、きわめて明快にヨーロッパにおける人権基準は完全な形では域外に適用されないことを、次のように認めている。

---

49) 後者の点については、とりわけ参照、古谷修一「国際刑事裁判システムの国際法秩序像」法律時報 85 巻 11 号（2013）32 頁以下。古谷がこの論文の副題として「『介入の国際法』の顕在化」と述べていることに注意。

50) 参照、横溝大「抵触法と国際法との関係に関する新たな動向」法律時報 85 巻 11 号（2013）26 頁以下。

51) 本章筆者による指摘として、見よ、小畑郁「判例紹介・ゼーリング事件／キンドラー事件」松井芳郎他編『判例国際法〔第 2 版〕』（東信堂・2006）248 頁以下（251 頁）［初出 2000］。

52) *Soering* v. *United Kingdom,* Judgment of 7 July 1989 [PC], Publications of the European Court of Human Rights: Series A, no. 161.

「[ヨーロッパ人権条約] 1条[53]は、次のような一般原則を正当化するものとは読めない。つまり、締約国は、その引渡義務にもかかわらず、引渡先の国において手続の対象者を待つ諸条件が条約の各々の保障に完全に合致していると得心しなければ、彼を引き渡してはならないという原則は認められない[54]」（下線は引用者）。

ヨーロッパ人権裁判所は、その後、実際には条約3条（拷問等の禁止）の規定に違反する待遇が待っている場合にのみ送還が許されないとしてきたが（ノン・ルフールマン原則）、近年、拷問による証拠が使われるという6条（公正な裁判）の違反の場合[55]、および5条（恣意的拘禁の禁止）についてその甚だしい違反（flagrant breach）[56]の場合にも、そうした待遇が待つ場合の送還禁止を導き出している。しかし、いずれにせよ、領域内で刑事手続が完結する場合とは異なり、中核的原理しか適用されないことは、一貫して認められているのである。

V　結　　語

こうして、今日の法律家は、自らの属する法秩序の自律性に固執するのではなく、ますます多元的な見方をとる必要性に迫られていると言えよう[57]。比較法史的見地はむしろ、譲れない価値や原理を守るためにも必要とされている。それは、各法秩序固有と考えられてきた価値や原理のなかから、普遍的なものを取り出し、それらを他の法秩序からの十分な考慮に

53）「締約国は、その管轄内にあるすべての者に対し、この条約の第1節に定義する権利および自由を保障する。」

54）*Soering* Judgment, *supra* note 52, para. 86.

55）*Othman* (*Abu Qatada*) c. *Royaume-Uni,* arrêt du 17 janvier 2012, para. 267. これは、ゼーリング判決で「甚だしい裁判拒否」について理論上認められていた法理の適用である。*Soering* Judgment, *supra* note 52, para. 113.

56）*El Masri* v. *Macedonia,* Judgment of 13 December 2012 [GC], para. 239.

57）それは、一体的な法体系を前提として、過去の判断との齟齬をできるだけ避けて、一貫性のある解釈を与えるという、近代法学（特に国民国家の官僚法学）の一つの側面とは矛盾する。しかし、法学のもう一つの側面としては、正義を具体的経験に即して具体的に見出す、という任務もあったことを想起すれば、なおこうした作業を法学の知恵の範囲の中に位置付けることができるであろう。

値するものとして鍛え上げる作業の基礎となる知恵だからである[58]。

もちろん、こうした実践的立場を選択することの前提は、世界における基底的価値の共通化（意識）の傾向を一旦受け入れることにあり、共通化していると理解されている諸価値の普遍性の検証は、たえず必要であろう。また、その機能を支える法律家の世界的共同性という観念には、それに関わる知的ヘゲモニーが少数の特定の場から生み出され、再生産されるという状況を想起すれば、構造的な不公正が埋め込まれていることも、軽視できない[59]。いわば、ゲームのルールの変更を直視してそれに慣れることとともに、新しいルールの公正さを検証していくことも必要であろう。

【附記】　本章筆者は、2013年2月18日、19日の両日、ストラスブールで開催されたContextual Approach to Human Rights and Democracyと題するシンポジウムで、"Towards a Pluralistic Conception of Human Rights Protection: *Kadi,* ECJ and the Never-ending 'Conundrum of High and Low Standards'"という報告をする機会に恵まれた。また同年9月14日、慶應義塾大学で開催された研究会において、ほぼ同内容の「グローバル化と一貫性志向の法学の危機」という報告を行った。社会科学研究（東京大学）65巻2号（2014）143〜156頁に掲載された本章と同名の拙稿は、これらの報告用原稿を日本語にし、加筆・修正したものである。本来であれば、その後の考察を体系的に反映させる形で、抜本的修正を加えたかったが、わずかな加筆・修正に留まっている。書籍化を契機に一層のご意見を頂戴できれば幸いである。

58）　その一つのささやかな試みとして、見よ、小畑郁「人権条約機関における人権概念と判断手法」比較法研究75号（2013）221頁以下。

59）　参照、小畑郁「国内的実施の進展と補完性原理」同・前掲注32）319頁以下（332頁）［初出2008］。

第2部
グローバル化の実証分析

第6章　財政・金融のグローバル化と議会留保
──ドイツ公法学から見た欧州債務危機の諸相

村西良太

Ⅰ　はじめに

(i)　現在も一向に終息の兆しを見せない債務危機の副産物として、欧州各国の財政政策決定権はこのところグローバル化の波に洗われ続けている。例えば、超国家的なルールとして債務規律を設け、これに違わない加盟国に制裁を用意する営みが目に留まる。あるいは、過重債務に陥った加盟国に財政支援を提供し、その保証を他の加盟国に引き受けさせる多国間融資の枠組みが活用されている。これらの施策に伴って、公債発行に係る政策判断は自由でなくなる。他国の失政を繕うための莫大な出費が将来にわたって求められ得る。本章では、このことが招来する公法学上の懸念とその解消に仕える理論的営為の一端を、かかる考察において豊かな蓄積を持つドイツ公法学によりつつ素描してみたい。

(ii)　今述べた公法学上の懸念は、何よりもまずデモクラシーの原則に由ると見てよいだろう。議会制民主主義を前提にこれを言い換えるならば、重要な政策決定がグローバルな地平に移されることによって生ずる〈国内議会の権限喪失〉が一次的な論難の対象なのである。それゆえドイツでは、多国間の政策決定に国内議会を関与させることによって、いわば失地の回復を図ろうとする試み（議会留保）が登場した。超国家的な債務規律にせよ、多国間融資の機構にせよ、そうした国際的な枠組みを新たに創り出し、そこへ参画する場合には、国家間（政府間）の合意が先行する。この合意に対する承認権を国民代表機関としての議会に授けることが、デモクラシーとの調和をもたらす第一歩と考えられた（一次的・総括的な議会留保）。さらに、こうして議会の承認に基づき一旦動き出した枠組みの、その運用に係る決定にもいちいち議会を関与させる方策が、ドイツではデモクラシーの要請として語られてきた（二次的・個別的な議会留保）。現在まさに稼働中の欧州安定メカニズム（ESM）を例にとるならば、この融資機構に参与すること――保証の引受けを含めて総額1900億ユーロ以上の金銭負担を諾すること――への同意に加えて、個別の財政支援やその条件についても、決定のたびごとにその認否を議会に確かめてこそデモクラシーの要求は満たされるというのである。

(iii)　以下、本章のIIにおいて、かかる〈二重の議会留保〉が分析の対象となる。国際条約に対する国会の条約承認権（日本国憲法73条3号）を想起するならば、前述の〈一次的な議会留保〉は、一見したところ特筆すべきことがらではないように見受けられる。けれどもドイツにおいては、殊に財政政策決定権の縮減をもたらし得る案件の場合に、その一次的な議会留保を一般的な条約承認法律と同列に論ずることの無理が指摘され、その結果、単純多数決による承認で十分かどうかの議論が喧しい。また、議会の同意さえあれば財政面でのいかなる国際合意も許されるわけではなく、ときに〈二次的な議会留保〉の存否が連邦憲法裁判所による当該合意の憲法判断を左右したことについても、ここで概説したい。

(iv)　続いて本章のIIIでは、もっぱら二次的な議会留保の主体に焦点が絞られる。すなわち、個別具体的な融資措置に対する承認は「本会議」によって与えられなければならないか、それとも「予算委員会」による承認で足りるか、あるいはもっと規模の小さな「特別委員会」への授権も一考に値するのか、という問題がそれである。「議会の」決定権は、「本会議の」権限と解されるのが一般的であり、そのための準備段階において審議の一部を委員会に任せるだけならばともかく、枢要な審議とそれに基づく決定をすべて委員会に委ねる企ては、むろん憲法上の疑義を免れないように思われる。その一方で、グローバルな政策決定にしばしば「緊急性」や

「秘匿性」が随伴することを考えると、小規模かつ非公開の審議組織を用いるべき場面も考えられないわけではない。この問題を扱った近時の連邦憲法裁判所の判断を、そこで言及された先例とともに検討の俎上に載せ、もって「本会議」と「委員会」との適切な協働秩序に向けた本格的な考察の端緒としたい。

II　財政政策のグローバル化と二重の議会留保

1　検討素材としての二つの国際条約

議会制民主主義の代名詞と言うべき地位を占めてきた財政政策の決定は、ドイツの場合、今や国内で完結できるとは限らないようである。その好例として、債務規律の国際化と多国間融資にからむ保証引受けの仕組みをここで取り上げよう。

(1)　財政協定――債務ブレーキ条項導入の義務付け　EU加盟国を共通の債務規律に服させようとする構想は、例えば「EU機能条約」[1)]、さらには同条約に基づく「安定成長協定」[2)]の中に見出されるところ、2012年3月に（EU法とは別の一般的な）国際条約として締結された「財政協定」[3)]は、債

1)　121条および126条を参照。121条では、一般的経済政策の遂行に当たってEU域内の協調を重んじる義務が加盟国に課され（1項）、そのための基準定立、当該基準の遵守に対する監督、さらには必要な警告および勧告の権限が欧州委員会および理事会に与えられている（2〜4項）。126条では、「過剰な」赤字を回避する義務が加盟国に課されており（1項）、その遵守を監督する権限が欧州委員会に与えられた上で（2項）、財政収支の是正を命ずべき場合の手続（過剰赤字是正手続）が定められている（とりわけ6〜9項および11項）。なお、（イ）一般政府の財政赤字が対GDP比3パーセント、（ロ）公的債務残高が同比60パーセントをそれぞれ超過する場合に、本条に言う「過剰な」赤字状況が認定される。この基準を定める附属議定書（加盟国の過剰赤字是正手続に関する第12議定書）もまた、EU機能条約と同様、EUの法体系上「一次法」に属している（EU条約51条を参照）。

2)　この協定（1997年）は、欧州理事会による決議（法的拘束力を持たない決議）1件、および当時の欧州共同体規則2件によって構成されている。一つ目の規則（VO (EG) Nr. 1466/97）は、各国の経済政策に対する実効的な警戒・監視を通じて、各国における過剰赤字の芽を早期に摘むことをねらっている。他方、二つ目の規則（VO (EG) Nr. 1467/97）は、過剰な赤字を抱えるに至った加盟国に対する是正措置につき、その細目を補完的に定めている。前者は現行のEU機能条約121条6項、後者は同126条14項の授権にそれぞれ基づいている。

3)　正式名称は「経済通貨同盟の安定・協調・ガヴァナンスに関する条約」である。本文にも

務規律のさらなる厳格化を志向している[4]。それによれば、加盟国は一般政府の財政収支を均衡または黒字化させなければならず（3条1項a)、具体的には、景気の動向に左右されない構造的な財政赤字の中期目標が対GDP比0.5パーセント以内（ただし公的債務残高が対GDP比60パーセント以下の加盟国においては1.0パーセント以内）に抑えられていなければならない（同項b・d)。かかる中期目標からの重大な逸脱が認められる場合には、自動的に是正メカニズムが発動される（同項e)。そしてとりわけ目を惹くのが、こうした財政均衡化ルールの国内法化を義務付ける次の条文である。

「[3条] 1項の諸規定は、条約加盟各国の国内法において、拘束的かつ永続的で、なるべく憲法レベルの規定の形式において、または別の方法にせよ国内のあらゆる財政手続においてその完全な遵守が保障される規定の形式において、本条約の発効から遅くとも1年以内に実効化されるものとする。条約加盟国は国内法の平面で、本条1項eに定められた是正メカニズムを整備し、その際には、欧州委員会によって提案される共通の諸原則、とりわけ……講じられるべき是正措置の種類、範囲および期間、ならびに本条1項に定められた規定の遵守を国内の平面で監視すべき機関の役割および独立性と関わる諸原則に基づくものとする」（3条2項)。

この規定に違わない加盟国には、次のような制裁措置が予定されている。すなわち、上記3条2項に基づく国内法制の整備が果たされているかどうかを欧州委員会が調査し、そこで消極的な評価が下された加盟国に対して、

述べた通り、これはEU法の外側で締結された一般的な多国間条約である。もともと加盟国政府の全会一致決定に基づくEU条約の改正が企図されたものの、その実現はイギリスの拒否権によって阻止された。イギリスの他チェコも本件条約（財政協定）への調印を見送り、現在の締結国は25か国（このうちユーロ圏加盟国は17か国）となっている。本条約に関する叙述においては、庄司克宏「EU財政条約とユーロ危機」貿易と関税60巻3号（2012）26頁以下を参照している。

4）EU条約の枠内で債務規律を強化する営み——すなわち前掲注2）で述べた「安定成長協定」の規制を厳格化する試み——は、「シックス・パック」（2011年）や「ツー・パック」（2013年）と称される複数の指令・規則を通じてすでに行われており、「財政協定」もそうした一連の規制強化の延長線上に位置している。例えば4条（公的債務残高の対GDP比が60パーセントを上回った加盟国に対して、その超過分を毎年0.5パーセントずつ削減するよう義務付ける規定）には、かかる従前の規律との連関が顕われている。Vgl. Albrecht Weber, Die Europäische Union auf dem Wege zur Fiskalunion?, DVBl. 2012, S. 801ff.; Matthias Ruffert, Mehr Europa: eine rechtswissenschaftliche Perspektive, ZG 2013, S. 1 (11-14).

欧州司法裁判所は必要な是正措置を命ずることができる（8条1項)。そしてこの判決が顧みられない場合、欧州司法裁判所は当該加盟国に対して、そのGDPの0.1パーセントを超えない範囲で制裁金を課すことができるというのである（同条2項)。

起債は納税者に負担を強いることなく当座の資金不足を補う手法であり、政治部門にとっては魅惑的な選択肢に違いない[5]。それだけに際限のない濫発へと陥りやすく、これに対する歯止めは公法学の切実な課題となり得る。いわゆる債務ブレーキ条項を憲法典の中に整備するドイツの例は、なかでも窮極的な起債抑制の制度化であるところ[6]、これを多国間の条約に基づいて――しかも罰則による担保を付して――締約国に義務付けようというのが、このたびの「財政協定」の構想である[7]。この債務ブレーキとは要するに、議会や政府の財政政策決定権を縮減させる試みに他ならない。このような意味での統治権の制約を政府間の合意によって追求することに無理はないのか。それが許されるとして、各加盟国の国内レベルでどのような手続を履む必要があるのか。なかんずく各国議会の関与権の有無や射程について、公法学の関心が向けられることとなった。

(2) ESM設立条約――多国間財政支援機構の組織構造と融資手続　財政政策

---

5) Vgl. Hermann Pünder, Staatsverschuldung, in: Josef Isensee / Paul Kirchhof (Hrsg.), Handbuch des Staatsrechts, Bd. 5, 3. Aufl. 2007, § 123 Rn. 1.

6) 「連邦および州の予算は原則として信用からの収入なしに均衡させられなければならない」と定めるドイツ連邦共和国基本法109条3項、ここでの均衡とは「信用からの収入が名目GDPの0.35パーセントを超えない」場合を指すと明定する同115条2項を参照。これら債務ブレーキ条項の導入に至る背景や今日までの経緯については、石森久広「ドイツにおける憲法上の公債規定の変遷と公債制御」西南学院大学法学論集46巻1号（2013）109頁以下を参照。

7) 財政協定による債務規律の整備はむろんこれに尽きるわけではない。例えば、EU機能条約126条に基づく過剰赤字是正手続の対象となった加盟国は、そうした過剰赤字の削減に仕える構造改革の詳細を「財政・経済連携プログラム」にまとめて理事会および欧州委員会に提出し、その審査を受けなければならない（5条1項・2項)。他に、財政赤字基準（前掲注1）の通り対GDP比3パーセント以内）に違背する加盟国に向けられる欧州委員会の提案・勧告につき、これに協力することを加盟国に義務付ける条文がある（7条)。加盟国の三分の二以上の反対がない限りで欧州委員会の判断に法的拘束力を認め、もって過剰赤字是正手続の円滑な実施を図るための規定である。Vgl. Christian Calliess / Christopher Schoenfleisch, Auf dem Weg in die europäische „Fiskalunion"? ―Europa- und verfassungsrechtliche Fragen einer Reform der Wirtschafts- und Währungsunion im Kontext des Fiskalvertrages, JZ 2012, S. 477 (482f.).

をめぐる政治部門の権限配分と関わって、欧州債務危機はもう一つ、公法学に対して興味深い検討素材をもたらした。多国間融資の制度設計とそこでの保証引受けに際しての、国内レベルでの決定権の所在がそれである。極度の債務超過ゆえに市場での資金調達が困難となり、財政破綻の瀬戸際まで追い込まれたユーロ圏加盟国に緊急融資を行う多国間システムは、いわゆるギリシャ危機をきっかけに、今日まで継続的に整備されてきた。2010年6月にユーロ圏加盟国同士の私契約によって設立された時限的融資機構EFSF（欧州金融安定化ファシリティ）に加えて、2012年10月にはユーロ圏加盟諸国の条約に基づく恒久的融資機構ESM（欧州安定メカニズム）が始動に漕ぎ着け、現在では後者のESMのみが新たな融資を引き受けている[8]。暫定性が取り払われただけでなく、融資可能額の規模も大きくなったESMの概要をここで紹介しておこう[9]。

(a)　**資本構成**　　第一に、前身のEFSFと比べて資本構成が大きく変化した。EFSFにおいては、資金調達はもっぱら債券（EFSF債）の発行によって行われ、その保証を加盟各国が引き受けたのに対して、ESMの場合には、各加盟国はこうした保証の引受けと並んで最初に一定の資本金を拠出しなければならない。すなわちESM設立条約によれば、資本金総額7000億ユーロのうち（8条1項）、800億ユーロが払込資本（eingezahlte Anteile）とされ（同条2項）、加盟各国はこれを20パーセントずつ（つまり160億ユーロずつ）5年間にわたって払い込む（41条1項）[10]。これに対して、残りの6200億ユーロは請求払資本（abrufbare Anteile）と呼ばれ（8条2項）、資金不足が生じ得る場合にはいつでも、加盟各国に対してその支払が求められ得る（9条1項）。融資の財源はESM債の発行によって賄われるところ、被融資国の返済が滞ったときには、この支払請求が現実化する。なお、ESMの融資総額については、5000億ユーロが上限として設定され

---

8)　EFSFによる財政支援には当初から3年間の期限が付されており、ESMはその後継機構として整備された。ESMの運用は当初の予定より早く開始された一方、EFSFは計画通り2013年6月をもって新規の融資受入を停止した。

9)　Vgl. Felix Bark / Andre Gilles, Der ESM in der Praxis: Rechtsgrundlagen und Funktionsweise, EuZW 2013, S. 367ff.

10)　もっとも、この計画は2012年3月30日のユーロ圏加盟国財務大臣会合の決定に基づき前倒しされ、2014年にすべての払込みが完了に至った。

ている。

(b)　**組織構造**　　第二に、組織構造の概観性が高まった。具体的には、理事会（Gouverneursrat）と取締役会（Direktorium）がESMの意思決定機関として設けられ、それぞれの構成と所管事項が条約の中で詳細に定められている。それによれば、理事会は条約加盟各国の財務大臣からなるのに対して（5条1項）、取締役会は各国が1名ずつ送り込む経済財政の専門家によって構成される（6条1項）。ESMの基幹的決定事項については、理事会が常に全会一致でこれを決定しなければならない（4条3項、5条6項）。例えば資本金総額の変更、融資総額上限の見直し、個々の融資決定、加盟各国に対する請求払資本の支払請求、新たな加盟国の受入れ等、第一級の重要性を帯びた諸決定がこれに当たる。理事会はこれらの決定を取締役会に委譲し得るところ、かかる任務委譲の決定もまた全会一致で下されなければならない（5条6項m）。他方、同じく理事会の所管に属しながらも、特別多数決が許される案件も規定されている[11]。新たな加盟国を受け入れる際の技術的細目に関する決定、理事会や取締役会の議事規則の制定、取締役会の議長職たる最高経営責任者（Geschäftsführender Direktor）の任命等がその例である（5条7項）。

(c)　**融資手続**　　第三に、個別の融資決定に当たっての手続も条約の明文規定によって整備された。①財政支援を要する加盟国は、まず理事会に対して融資を申請する（13条1項）[12]。②理事会はこれを受けて、欧州委員会に査定を依頼する。財政破綻を回避するだけの耐久力が申請国に残されているかどうか、申請国の目下の——あるいは将来にわたって生じ得る——資金不足はどの程度か、といった項目もさることながら、当該債務危機が申請国のみならずユーロ圏全体の財政の安定性を揺るがすかどうか、という点が査定の対象となる（同条同項）[13]。この査定に基づいて、③理事

11)　特別多数決の場合、決定には投票総数の80パーセント以上の賛成が必要となる。ESM設立条約4条5項を参照。

12)　申請国は前述の「財政協定」を批准し、その3条2項に規定された債務ブレーキ条項の整備義務を履行しておかなければESMからの融資を受けることができない。このことはESM設立条約前文5項に規定されている。

13)　ESMは、過重債務に苦しむ加盟国に対して、財政健全化のための厳格な義務と引き換えに金融支援を供するための機構であるところ、その窮極の目的は、ユーロ圏全体の財政の安

会は財政支援の準備を進める方針を決定し（同条2項）、その上で④財政支援の諸条件にかかる覚書の交渉を欧州委員会に委任する[14]。同時に最高経営責任者は、財政支援合意書の作成に着手する（同条3項）。これらの書類は申請国との間で手交されるところ、最終的には⑤理事会が覚書と合意書の双方を承認し、覚書には欧州委員会が署名する（同条3項・4項）。⑥取締役会は合意書を正式に受け入れ、財政支援を承諾する（同条5項）。以上の手続の中で、③方針決定、④欧州委員会への委任決定、そして⑤覚書と合意書に対する承認決定のいずれも、理事会が全会一致で下さなければならないことは、すでに述べた通りである（5条6項f・g）[15]。

かような国際的融資制度の創設・運用に参画するとき、すなわち加盟国として資本金を払い込み、将来にわたって保証を引き受けるとき、国内の平面では「財政協定」の場合と同様の疑問が浮かび上がる。手続的観点からは、およそ執政府の主導する多国間の政策決定における議会関与のあり方が問われる一方、そうした承認手続を経てもなお踏み越えられてはならない実体的な憲法上の制約の有無があわせて問題となる。ここで項を改めて、これらの点に関するドイツの議論を追いかけてみよう。

2　〈一次的・総括的な議会留保〉と特別多数決

多国間協定の下で財政収支を超国家的な統制に服させること、あるいはESMの下で他国の債務保証を引き受けることを、ドイツの連邦政府は独断で決定できるか。そう問われて首を縦に振ることは難しいはずである。他国との交渉を含めてグローバルな財政政策の形成は主として執政府の任務に属するとしても、その国内的実施に当たって議会の関与が求められる

定性を維持することに向けられている。このことを明示的に謳う規定として、ESM設立条約3条をあわせて参照。なお、欧州委員会は本文に述べた諸項目について、欧州中央銀行と協力しながら査定を実施する。

14)　ESM設立条約13条3項によれば、欧州委員会はここでも欧州中央銀行——さらに可能であれば国際通貨基金——と協力しつつ、受任業務を遂行する。なお、覚書に記されるべき財政支援の諸条件とは、ESMによる財政支援と引き換えに被支援国に課される義務の個別的内容を指している。

15)　ただし、ユーロ圏の財政の安定性を護持するために財政支援の緊急決定が必要と認められる例外的場合には、投票総数の85パーセント以上の特別多数決が許される。ESM設立条約4条4項を参照。

べきことは、おそらく異論のないところであろう。ただ、憲法上その論拠をどう組み立てるかによって、議会関与の強度に少なからぬ差異が生じ得る。

(1)〈一次的・総括的な議会留保〉の憲法上の論拠　ドイツ連邦共和国基本法（以下、「基本法」という）は、国際条約の締結に際して、主として連邦議会の承認を義務付けている（59条2項）[16]。ドイツが負うべき前述の義務はいずれも、条約形式での合意に基づくから、かかる意味での承認法律が要求されるのは当然である。他方、これとは別に、議会に与えられた予算自律的決定権（Haushaltsautonomie）に着目する立論もあり得る。具体的には、連邦のいかなる財政収支も予算案に計上し、会計年度ごとに「予算法律」によって確定させなければならないこと（同110条1項・2項）、将来の会計年度における支出を生じさせかねない保証の引受けには「連邦法律による金額の特定された授権または金額の特定可能な授権」が必須であること（同115条1項）を根拠に、連邦議会の承認権を基礎付ける道が考えられる[17]。

そしてもう一つ、以上のような視角から注目されてきたのが、基本法23条1項である。その規律内容をやや丁寧に跡付けるならば、最初に、ドイツ連邦共和国は欧州統合の実現に資するべく欧州連合（EU）の発展に協力することが国家目標として謳われている（同1文）。そうした協力の一環として、連邦はEUに統治権（Hoheitsrechte）を委譲できるところ、この決定は「連邦参議院の同意を得た法律によって」下されなければならない（同2文）[18]。つまり、欧州統合の進展に対する「協力」義務を連邦諸機関に課しながら、かかる「協力」の中身――具体的に国内のいかなる統

16）　正確には「連邦の政治的関係を規律する条約、または連邦立法の対象と関わる条約」の批准に当たって、立法府による「連邦法律の形式での」承認が必要と規定されている。

17）　本文ですでに述べた通り、ESMの前身機構たるEFSFは、条約形式ではなくEFSF事業体と加盟各国との間の私契約によって設立された。そのため、条約承認法律を求める基本法59条2項の出番はなく、もっぱら「予算自律的決定権」が議会関与を義務付ける論拠として援用された。参照、村西良太「多国間の政策決定と議会留保」法政研究（九州大学）80巻1号（2013）1頁以下。

18）　この法律が単に「条約の承認」のみならず「統合の推進」に仕える（Vertragsgesetz と Integrationsgesetz の機能を併有する）ことについて、Vgl. Frank Schorkopf, in: Bonner Kommentar zum Grundgesetz, Art. 23 (Stand: August 2011) Rn. 73.

治権をどれだけ欧州連合に譲り渡すか——については、連邦議会と連邦参議院に決定権が留保されているのである[19]。しかもこの決定には、通常の多数決よりも高い要件が課され得る。すなわち、「EU の創設」に関わる場合、さらに「その条約上の根拠の変更およびこれに匹敵する規律であって、それによって基本法が内容的に変更または補完され、もしくはそのような変更または補完が可能となる」場合には、いわゆる特別多数決——連邦議会（総議員）および連邦参議院（投票総数）の三分の二以上の承認——による決定が必要となる（同3文、79条2項）。

以上から明らかなように、一口に議会の関与と言っても、連邦議会のみならず連邦参議院にも対等に承認権が与えられるかどうか、また通例通り過半数の賛成をもって満足するかどうかの二点において、バリエーションが認められる。議会に留保されるべき承認権を基本法のどの条文によって基礎付けるか、それ次第で民主的正統化のあり方は変わってくるのである。このことを踏まえつつ、議会の同意を調達すべき執政府の視点に立つならば、とりわけ基本法23条1項の適用可能性が焦点となることは見やすい道理である。

(2)　基本法23条1項——特別多数決の適用可能性　それでは「財政協定」および「ESM 設立条約」の批准は、本条項に基づく「特別多数決」に服すると考えられるべきであろうか[20]。この問いに対して、「統治権」なる概念の捉え方を起点として、すなわち既述のごとき条約上の義務をドイツが引き受けることは基本法23条1項2文に言う「統治権の」委譲に当たるかどうかの視点から、結論を引き出そうとする学説も散見される。例え

19)　Vgl. Wolfgang Durner, Verfassungsbindung deutscher Europapolitik, in: Josef Isensee / Paul Kirchhof (Hrsg.), Handbuch des Staatsrechts, Bd. 10, 3. Aufl. 2012, § 216 Rn. 16f.

20)　既述の通り、これら二つの多国間の合意はEU法の枠外に位置する一般の国際条約であるから、これをもって「EU の」案件ではないと考えれば、基本法23条（1項のみならず2～7項までも含む）の適用は遠のくだろう。もっとも、これら条約の締結主体はEU加盟国（またはそのうちユーロ圏加盟国）であり、その運用に当たって欧州委員会や理事会といったEUの諸機関が重要な役割を担っていることからすれば、「EU法との特別な近接性」がおそらく認められ得る。連邦憲法裁判所はこのような視角から、基本法23条2項の「EU の案件」を拡張的に理解してきた。Vgl. BVerfGE 131, 152 (199ff.); BVerfGE 135, 317 (428 Rn. 232). 基本法23条1項についても、同様の見地から本件に適用を及ぼそうとする考え方が有力である。Vgl. Christoph Gröpl, Schritte zur Europäisierung des Haushaltsrechts, Der Staat 52 (2013), S. 1 (10f.).

ば市民の法的地位に対する拘束的な規律をもって同概念のメルクマールと見るならば、「財政協定」と「ESM 設立条約」のいずれにせよ、「統治権の」委譲を認定するのは困難であろう[21)]。これに対して、この概念を立法権・執行権・裁判権といった「公権力」と同義に解するとき、少なくとも「ESM 設立条約」においては「統治権の」委譲を見出す余地が生ずるかもしれない[22)]。

もっとも、特別多数決（基本法 23 条 1 項 3 文）の適用範囲を画する上で、もっぱら「統治権」概念（同 2 文）の広狭に関心を向ける論法は当を得ているのだろうか。そうした立論の前提として、おそらく「統治権の委譲」（2 文）に該当する国際約束だけは常に 3 文の要件を満たす――つまり「EU 条約の変更」に少なくとも匹敵し、それに伴って実質的な「基本法改正」を可能ならしめる――との了解[23)]が控えているのであろう。けれども、こうした了解を無批判に容れることはできそうにない。多国間の合意に基づきドイツが一定の義務を負うとして、そのことが「統治権の委譲」には当たるものの 3 文の要件を満たさない場合も絶無とは言い切れないし、逆に、「統治権の委譲」には当たらないのに 3 文の要件を充足する場合も考えられる[24)]。そうすると、ここでの考察に当たっては、3 文の要件充足性を直截的に問うほうが賢明であろう。すなわち、「財政協定」および「ESM 設立条約」は、むろん EU 条約の改正ではないとしてもこれに匹敵し、しかも基本法から逸脱する内容を含んでいるかどうか、これこそが正面から論じられなければならない[25)]。

「財政協定」について言えば、財政政策を加盟国の決定に委ねてきた従

21）Vgl. Christian Calliess, Der Kampf um den Euro: Eine Angelegenheit der Europäischen Union zwischen Regierung, Parlament und Volk, NVwZ 2012, S. 1 (3).

22）Vgl. Hanno Kube, Rechtsfragen der völkervertraglichen Euro-Rettung, WM 2012, S. 245 (248).

23）例えば Vgl. Schorkopf (Anm. 18), Rn. 81. もっとも、その逆の命題は必ずしも妥当せず、「統治権の委譲」には当たらない EU 条約の変更・補完はあり得るという。

24）Vgl. Hans D. Jarass, in: ders. / Bodo Pieroth, GG Kommentar, 13. Aufl. 2014, Art. 23 Rn. 34; Rupert Scholz, in: Theodor Maunz / Günter Dürig (Hrsg.), GG Kommentar, Art. 23 (Lfg. 56, 2009) Rn. 118.

25）Vgl. Christoph Möllers / Jörn Reinhardt, Verfassungsrechtliche Probleme bei der Umsetzung des Europäischen Fiskalvertrages, JZ 2012, S. 693 (696).

前のEU条約との齟齬が最初の論題となり得る。その上で、例えば財政均衡化ルールの憲法レベルでの国内法化を加盟国に義務付ける規定（3条2項）が呼び起こされる。ドイツの場合、厳格度においてこれを上回る規定がすでに基本法の中に存するとは言え（115条2項）[26]、この規定の改廃が禁じられるという意味では基本法変更の要素を含んでいると指摘されたことがある[27]。また「ESM設立条約」に関しては、EU条約において長らく認められてこなかった加盟国間の債務保証が解禁されるところ[28]、これに対するドイツの参画は、基本法上の議会の財政権限を大きく削いでしまうとの懸念が示された[29]。実際に肩代わりを強いられる弁済額の多寡は、被支援国が自ら手がける財政健全化政策の成否に依存せざるを得ない。ドイツの立場からこれを見れば、他律的な金銭負担を引き受けるのに等しく、このことが議会の自律的な財政政策決定権の縮減と重なり合うのだろう[30]。

これらの見解は、少なからず異論の余地を残しつつも[31]、結果的に実際

26）　前掲注6）を参照。

27）　BT-Drucks. 17/9046.

28）　EU機能条約は、EU加盟国相互間の公的債務の肩代わりを明文で禁止している（125条1項2文）。EFSFの創設時にこの規定との整合性が問われた経緯があり、国際条約に基づく恒久的なESMへの衣替えに際しては、こうした懸念の払拭を求める声が高まった。その結果、EU機能条約に新たに挿入されることとなったのが、次の条文である。「ユーロ圏加盟国は、ユーロ圏全体の安定を保持するために不可欠な場合に起動する安定メカニズムを創設することができる。このメカニズムの枠内で必要となるすべての財政支援の供与は、厳格な条件に服する」（136条3項）。この条約改正に対する承認法律（BGBl 2012 II S. 978）の基本法適合性を連邦憲法裁判所が肯認したことについては、Vgl. BVerfGE 135, 317（406-408 Rn. 177-182）.

29）　Vgl. Kube（Anm. 22）, S. 248.

30）　Vgl. Matthias Herdegen, Die Vertiefung der Europäischen Wirtschafts- und Währungsunion: der verfassungs- und europarechtliche Rahmen, in: FS f. Hans-Jürgen Papier zum 70. Geburtstag, 2013, S. 59（62）. もっとも、ヘルデーゲンによれば、通貨連合の設立に関するEU条約上の諸条件――かつて特別多数決によって承認された通貨権限の委譲に関する諸条件――の実質的変更こそが本件において特別多数決を作動させる根拠であり、厳密な意味での基本法との内容的な抵触は基本法23条1項3文の適用にとって必須の要件ではないと述べている（S. 63f.）。この点については、同じ著者による次の評論も参照されたい。Vgl. Matthias Herdegen, Das belastbare Grundgesetz, FAZ v. 5. 4. 2012, S. 7.

31）　例えば「財政協定」の批准について基本法23条1項3文の適用を否定する見解として、Vgl. Sven Hölscheidt / Kristin Rohleder, Vom Anfang und Ende des Fiskalvertrags, DVBl. 2012, S. 806（808f.）. さらに「ESM設立条約」の批准も含めて特別多数決の適用を斥ける見解として、Vgl. Ralph Alexander Lorz / Heiko Sauer, Verfassungsändernde Mehrheiten für die Stabilisierung des Euro?: Mehrheitserfordernisse bei der Zustimmung zum Fiskalpakt, zum

の批准手続を彩った。すなわち、いずれの条約についても、基本法23条1項3文に従い、特別多数決によって承認法律が議決されたのである[32)]。

3　デモクラシー原則の堅持と〈二次的・個別的な議会留保〉

それでは、こうして通例以上に厳格な多数決の要件さえ満たせば、欧州統合の拡充を目指す決定は無制約に許されるのか。この問いもまた、基本法の下では消極的な回答に逢着せざるを得ない。例えば法治国原則、社会国家原則等、絶対に放棄されてはならない支柱が基本法には明示されているところ（23条1項3文、79条3項、20条）、かかる文脈において従来最も高い関心を惹きつけてきたのはデモクラシーの原則である。すなわち、欧州統合の深化にいかに貢献するにせよ、ドイツ国内の地平においてデモクラシーの原則を放擲することは端的に違憲であり、同原則を枯死させかねない統合に対して明確な反対を突きつける義務が、ドイツの統治機関――なかんずく連邦議会（と連邦参議院）――には課せられていると見ることができる[33)]。本節の主題を構成する二つの条約も、このような観点からの批判を受け、その決着は連邦憲法裁判所に委ねられることとなった。

⑴　**財政協定と議会の財政政策決定権**　結論としてはいずれも合憲判決に落ち着いており、なかでも「財政協定」に関しては、その理由付けも相対的に簡明である。連邦憲法裁判所の見立てによれば、この条約によって加盟国に課される義務の多くは、既存のEU機能条約の反復ないし詳細化（具体化）に留まっており[34)]、そうした従前の枠組みに収まり切らない規制

ESM-Vertrag und zur Änderung des AEUV, EuR 2012, S. 682ff.

32）「財政協定」の承認法律についてはBT-Drucks. 17/9046, 17/10125を、「ESM設立条約」の承認法律についてはBT-Drucks. 17/9045, 17/10126をそれぞれ参照。いずれの法律も2012年6月29日に特別多数決によって可決されたものの、その基本法適合性が連邦憲法裁判所において争われたため、連邦大統領は当面のあいだ認証手続（基本法82条）を中断した。これら法律の正式な成立は、連邦憲法裁判所による仮処分手続（BVerfGE 132, 195の合憲判決）の翌日、2012年9月13日を待たなければならなかった。BGBl. 2012 II S. 1006; BGBl. 2012 II S. 981.

33）Vgl. Durner (Anm. 19), Rn. 19, 35.

34）BVerfGE 132, 195 (282f. Rn. 205–208). 前掲注4）および7）もあわせて参照されたい。なお、EU機能条約126条の基本法適合性がすでに一度ならず連邦憲法裁判所によって肯認されてきたこと、さらに同条に基づく過剰赤字の抑止義務が現在では基本法109条2項に書き込まれていることについて、Vgl. BVerfGE 132, 195 (283f. Rn. 209).

は、本節冒頭に掲げられた3条1項・2項および8条1項・2項に限られる。再説するならば、これらはいわゆる債務ブレーキの憲法レベルでの国内法化を義務付けるとともに、これに遵わない加盟国に対する制裁金の賦課を定める条項である。既述のごとく、信用（公債発行）による資金調達に上限を設ける規律は、窮極のところ議会の財政政策決定権を縮減させる営みに他ならず、これを国際条約によって強いるとすれば、前に述べたデモクラシーとの緊張は避け難いように見える[35]。にもかかわらず合憲の結論が示されたのは、ひとえに「議会の具体的な財政政策決定権（die konkrete Gestaltungsfreiheit des nationalen Haushaltsgesetzgebers）」の縮減が本件では認定されなかったことによる[36]。3条1項・2項はあくまで加盟国自身によって確定された財政中期目標の遵守を求めており、当該目標からの著しい逸脱に対する是正メカニズムの整備をも一次的には加盟国自身による国内法規定に委ねている。換言すれば、3条によって加盟国に課されるのは債務ブレーキ制度の構築に関する（institutionell）義務にすぎず、8条に基づく制裁もこのような制度化それ自体を怠ったことに対するペナルティであって、当該制度の内容をいかに形成し、これをどう適用するかも含めて、実質的な（materiell）財政政策決定権はなお国内議会に留保されたままと考えられたのである[37]。もっとも、債務ブレーキの具体的な目標基準は条約の中に書き込まれており、前述の是正メカニズムも欧州委員会の提示する共通原則に縛られることに鑑みれば、かかる判示に疑問の余地が

35）　Vgl. Christian Calliess, Die Reform der Wirtschafts- und Währungsunion als Herausforderung für die Integrationsarchitektur der EU: Europa- und verfassungsrechtliche Überlegung, in: Hermann Hill u. a. (Hrsg.), Brauchen wir eine neue Verfassung?: Zur Zukunftsfähigkeit des Grundgesetzes, 2014, S. 153 (161). 連邦憲法裁判所も指摘する通り、起債に上限を設けることは現下の立法者の判断余地を狭める反面、長期的な視野に立てば国庫収支の著しい不均衡を防ぐことによって、むしろ立法者の手に財政政策の豊富な選択肢を確保することにつながる。それゆえ憲法によってそうした制約を課することはデモクラシーの観点からも合理的な規律たり得るものの、これが国際条約によって外在的に強いられる場合には、むろん憲法上の懸念が生じ得る。Vgl. BVerfGE 135, 317 (403f. Rn. 168f.); Ruffert (Anm. 4), S. 14f.

36）　BVerfGE 132, 195 (285 Rn. 213). 文中の概念を直訳すれば「国内の予算立法者の具体的な形成の自由」となるところ、本章における概念の統一性を図る考慮から、ここでは意訳を施した。

37）　BVerfGE 132, 195 (284f. Rn. 211f.).

ないわけではない[38]。けれどもドイツの場合には、財政条約に先立って、しかも一層厳格な債務ブレーキ制度を基本法が導入している点（109条3項、109a条、115条2項）も加味された結果、超国家的な義務に伴う財政政策決定権の縮減は存しないとの判断が示された[39]。

⑵　**ESMと他律的な財政負担**　　これに対して「ESM設立条約」の場合には、同じ合憲判決でも問題の様相が少なからず異なっている。既述の通り、過重債務に苦しむユーロ圏加盟国からの融資申請を受け付け、財政支援の提供を決定するのは国際的機構たるESMの理事会である。被支援国には融資と引き換えに財政健全化をねらった緊縮策の実施が義務付けられるところ、こうした義務の約定を最終的に承認するのも同理事会である。そしてこの理事会の求めに応じて、いざとなれば必要な資金を供出すること――すなわち返済不能に陥った被支援国の債務を肩代わりすること――が、加盟国の条約上の義務なのである。そうするとドイツは、多国間（加盟国政府間）の合意に端を発し、しかも他国（被支援国）の財政再建策の成否次第でいつ現実化するかわからない、多額の金員拠出義務を見据えて必要な予算措置を講じなければならない。ここには、超国家的な義務に伴う財政政策決定権の縮減が厳存していよう[40]。ESMはこのままでは、デモクラシーの要求を満たさない違憲な多国間プロジェクトになってしまう。そうした懸念を払拭すべく、憲法上の要請として前面に掲げられた原則が「議会留保」である。連邦憲法裁判所は、財政政策決定権の制約となり得るESMの個別の決定に連邦議会の事前の承認を求めることにより、そうした承認を得られなかった案件がそれにもかかわらずESMの決定として押し通される――すなわち連邦議会の承認を欠いたまま条約上の義務がドイツに降りかかる――ことを徹底的に避けようとした。

⑶　**ESMの意思決定と連邦議会の「拒否権」**　　遡ればEFSFをめぐる2011年9月7日の判決[41]によって打ち立てられた「議会留保」の要求は、

---

38)　Vgl. Frank Schorkopf, Startet die Maschinen: Das ESM-Urteil des BVerfG vom 12. 9. 2012, NVwZ 2012, S. 1273 (1275).

39)　BVerfGE 132, 195 (279-282 Rn. 198-204). 前掲注6）もあわせて参照されたい。

40)　Vgl. Kai von Lewinski, Nationale und internationale Staatsverschuldung, in: Isensee / Kirchhof (Anm. 19), § 217 Rn. 95. 前掲注29）、30）もあわせて参照されたい。

41)　BVerfGE 129, 124. 後掲注53）および54）もあわせて参照されたい。

目下いわゆる「ESM 資金供与法」[42]によって実定化されている。「ESM 設立条約」の承認法律と同時に制定されたこの法律は、同条約に基づいてドイツに割り当てられる金銭負担――最初に払い込まれるべき資本金 217 億 1712 万ユーロおよび ESM からの請求に応じて拠出されるべき資本金 1683 億 768 万ユーロの合計 1900 億 2480 万ユーロ――を確認し（1 条 1 項）、このうち後者の請求払資本金について保証の引受けを連邦財務省に授権するとともに（同 2 項）、ESM の諸決定に対する連邦議会の関与手続を規律している。それによれば、「ESM の案件のうちドイツ連邦議会の財政政策上の総合的責任と関わる」決定において、その責任は「ドイツ連邦議会の本会議によって」果たされなければならない（4 条 1 項）。すなわち、かくも重要性の高い案件が ESM の意思決定機関に上程され、連邦政府がその代表者を通じて議案に賛成する場合（または票決を棄権する場合）には、そのことについて事前に連邦議会（本会議）の承認決議を得なければならないというのである（同条 2 項）。

こうした「議会留保」の対象、つまり「ドイツ連邦議会の財政政策上の総合的責任と関わる」案件は「ESM 資金供与法」の中で具体的に例示されている（4 条 1 項 2 文）。その劈頭を飾るのは、言うまでもなく ESM の融資に係る諸決定――財政支援の実施決定（ESM 条約 13 条 2 項）、ESM と被支援国との間で交わされる覚書の承認決定（同条 3 項 3 文）、さらには同様に作成される合意書の承認決定（同条 4 項）――である。既述の通り、これら決定の舞台は ESM 加盟各国の財務大臣からなる理事会であり、しかも決定の方式として全会一致が求められている（同 4 条 3 項、5 条 6 項 f）。かように「議会留保」と ESM の意思決定機関における「全会一致方式」がセットで保障されるとき、ドイツの連邦議会はいわば「拒否権」を握るに等しく、このことが連邦憲法裁判所にとって基本法適合性を肯んずる指標となった[43]。例えば、加盟各国にさらなる金銭負担――ドイツの場合には前述の 1900 億 2480 万ユーロを上回る金銭負担――が強いられる場合について、連邦憲法裁判所は次のように合憲判断を導いた。すなわち、ESM

---

42)　正式名称は「欧州安定メカニズムへの財政的参画に関する法律」である。BGBl. 2012 I S. 1918.

43)　BVerfGE 135, 317 (411 Rn. 191).

条約においてそうした負担の引上げはもっぱら資本金の増強（10条1項）によってのみ可能であるところ、この決定にはESM理事会における全会一致の賛同が不可欠であり（5条6項d）、かつ連邦議会の承認なくしてドイツの賛同はあり得ない（ESM資金供与法4条1項2文）ことから、デモクラシーの要求は満たされているというのである[44]。

付言すれば、ユーロ圏の経済・財政の安定を保つ上で緊急の融資が必要と認められる場合には、前述の財政支援に関する諸決定は全会一致の要求を免れ、投票総数の85パーセントの賛成で足りる旨が規定されている（ESM条約4条4項）[45]。連邦憲法裁判所によれば、この規定にも憲法上の懸念は及ばない。というのも、理事会にせよ取締役会にせよESMの意思決定機関における各国の持ち票は資本金の負担に応じて傾斜配分されており（同4条7項）、ドイツは27.1464パーセントの投票権を手中に収めているからである。つまり、単純多数決は論外としても、80パーセント以上の賛成票を求める特別多数決であれば、ドイツの意思決定が負かされることはないから合憲、というのが同裁判所の結論なのである[46]。

ドイツがESMにつぎ込む金額のただならぬ大きさは、この融資機構が運用を開始した2012年の同国（連邦）の予算規模（3020億ユーロ）と照らし合わせて見るとよくわかる。かくも甚大な支払義務ないし保証引受けに対して、その並外れた金額を理由に違憲の宣告を与えることもまったく考えられない筋書きではなく[47]、連邦憲法裁判所もデモクラシーの原則から直接的に導き出される限界設定の可能性を完全には否定していない[48]。とはいえ、そうした限界線をどこに引くかとなると、それを一義的に指し示

44） BVerfGE 135, 317（422f. Rn. 219f.）.

45） 前掲注15）を参照。

46） BVerfGE 135, 317（411f. Rn. 191）.

47） Vgl. Wolfgang Kahl, Bewältigung der Staatsschuldenkrise unter Kontrolle des Bundesverfassungsgerichts: ein Lehrstück zur horizontalen und vertikalen Gewaltenteilung, DVBl. 2013, S. 197（201f.）.

48） BVerfGE 135, 317（405 Rn. 174, 409 Rn. 184）. 保証債務が現実化したときに、連邦議会の予算自律的決定権が相当長期にわたって単に縮減されるだけでなく、実際にまったく空洞化してしまうと考えられる場合には、本文に述べた意味での限界が踏み越えられたことになるという。

すことはおそらく至難であろう[49)]。連邦憲法裁判所はそれゆえ、多国間条約に基づく保証引受けの憲法上の限界を、もっぱら手続面の統制に求めたものと思われる。換言すれば、ESM の個別の基幹的決定に連邦議会の承認権（拒否権）を確実に組み込むことにより、一旦後退を余儀なくされた財政政策決定権の回復を図ること[50)]、これさえ満たされていれば多国間の財政支援に伴う憲法上の疑義は晴れるというのである。

III 「議会」留保と「本会議」留保

1　問題顕現の経緯――EFSF をめぐる連邦憲法裁判所判決

前節の分析から明らかなように、ドイツの連邦憲法裁判所は、超国家的機構への権限委譲に際しての〈二次的・個別的な議会留保〉をデモクラシーの要請として掲げてきた。本節では、こうして「議会」に留保された承認権（拒否権）の担い手――すなわち「本会議」と「委員会」の役割分担――へと視点を移したい。既述の通り、「ESM 資金供与法」はここでの「議会」留保を「本会議」留保として明示的に規定しているものの、かかる等式を憲法上の自明の要請と捉えてよいかどうかは一考に値する問題のはずである。こうした〈議会内部の権力分立〉に注意を向けるきっかけを与えたのは、ESM の前身機構・EFSF の基本法適合性に関する二つの連邦憲法裁判所判決であった[51)]。

(1)　**EFSF の組織構造と融資手続**　　EFSF とは、前節においてすでに軽

---

49)　前掲注 48）のようなリスクの存否については連邦議会に広い判断の余地を認めざるを得ない、というのがここでの連邦憲法裁判所の判示である。

50)　政策決定の場が国際的平面に移行することによって生ずる国内レベルでの統治権の喪失を、そうした多国間の決定に対する国内議会の関与をもって「埋め合わせる」思考について、Vgl. Wolfgang Durner, Die europäische Integration, die Wurst und das Bundesverfassungsgericht: Anmerkungen zur Debatte um eine integrationsbedingte Ablösung des Grundgesetzes, in: FS f. Papier（Anm. 30）, S. 35（42f.）; ders.（Anm. 19）, Rn. 23.

51)　参照、村西良太「議会の中の権力分立」松本和彦編『日独公法学の挑戦』（日本評論社・2014）111 頁以下。本節の叙述は、この拙稿と同様の問題関心に依りつつも、そこでは十分に触れることのできなかった判例・学説に意識的に目を配りながら、本会議から委員会への権限委譲の限界を考察しようとする試みである。

く言及されたように、ユーロ圏加盟諸国によって共同で設立された民間の事業体である。このEFSF事業体は、債券（EFSF債）の発行によって得られた資金を元手に、債務超過に喘ぐユーロ圏加盟国へ財政支援を行い、ユーロ圏加盟各国はEFSF事業体との私法上の契約によってその保証を引き受けることとされた。

ドイツの連邦議会は、いわゆる「EFSF保証引受法」（2010年5月22日。以下では「第一次保証引受法」という）[52]によってこうした保証の引受けを承認し、そこには、①保証総額は1476億ユーロをもって上限とすること（1条1項・6項）、②緊急融資を申請する加盟国は財政破綻の現実的な危機に瀕している必要があり、その判定は、当事国を除くユーロ圏加盟諸国によって行われること（同条1項3文）、③融資の実施に際して、連邦政府は連邦議会の事前の承認を得るよう努めること（同条4項）等が規定されていた。すなわち、EFSFの創設およびそこでの保証引受けに対する〈総括的な議会承認〉が第一次保証引受法によって与えられるところ、これに加えて、個々の融資措置に対する〈個別的な議会承認〉が重ねて求められた。

かくも多額の保証を引き受けることにつき、その基本法適合性を争う訴訟が連邦憲法裁判所に持ち込まれた。同裁判所は、2011年9月7日の判決において違憲との結論を回避しつつも、上記の議会承認権についてきわめて注目すべき判断を示した。第一に、〈個別的な議会承認権〉もまた、唯一の民選機関たる議会に与えられた中核的権限の一つと言うべき「予算自律的決定権」に基礎付けられていると言う。基本法115条1項は、「将来の会計年度における支出を生じさせ得る」保証の引受けに対して「連邦法律による金額の特定された授権または金額の特定可能な授権」を要求する。文言に忠実な理解を是とするならば、この条文は前述の〈総括的な議会承認権〉を謳うにとどまる。ところが連邦憲法裁判所は、本条項の基底に「予算自律的決定権」——すなわち、本件のような多国間融資システムにおける金員の支出も含めて、国庫の収支に関わる一切の決定が議会に留保されていること——を見出し、〈個別的な議会承認権〉もまたその帰結として導き出されることを強調した[53]。それゆえ第二に、前述の1条4項

52） BGBl. 2010 I S. 627.
53） Vgl. BVerfGE 129, 124 (180f.).

は額面通り連邦政府にとっての努力規定と受け止められるのではなく、義務規定——すなわち個別の融資措置に当たって連邦議会による同意の調達を連邦政府に義務付ける規定——と解されるべきであると連邦憲法裁判所は判示した[54]。

(2)　いわゆる「九人委員会」の創設　この判決を受けて、「EFSF保証引受法」は改正された（2011年10月9日。以下では「第二次保証引受法」という）[55]。〈個別的な議会留保〉について、この第二次保証引受法は次のように規定した。

「EFSFの案件のうち、財政政策をめぐるドイツ連邦議会の総合的責任と関わる決定案[56]に対して、連邦政府がその代表を通じて同意し、または決定に際して表決を棄権する場合、そのことについて連邦議会が事前の承認を議決することを要する。そのような連邦議会の承認が得られない場合、連邦政府の代表は決定案を拒否しなければならない」（3条1項）。

その上で第二次保証引受法は、一定の例外的な場合に限って、こうした事前の承認権がきわめて小規模な特別委員会によって行使され得ることを次のように定めた。

「特別な緊急性（Eilbedürftigkeit）または秘匿性（Vertraulichkeit）が認められる場合、本条1項に定められた連邦議会の関与権は、予算委員会の委員［から構成される小委員会——引用者註］によって行使される。この委員は連邦議会によって立法期ごとに選任される。任命される委員の数は可能な限り少数にとどめ、そこではすべての会派は少なくとも1名の委員を任命することができ、与野党会派の多数関係（Mehrheitsverhältnisse）は維持されるものとする」（3条3項）。

連邦議会はこの規定に基づき、9名の議員（いずれも予算委員会に所属する議員）からなる小委員会を設置した（2011年10月26日）。これに対して複

54）　Vgl. BVerfGE 129, 124（186）.

55）　BGBl. 2011 I S. 1992.

56）　その具体的な中身を、第二次保証引受法は四つに分けて規定していた（3条2項）。すなわち、①ユーロ圏加盟国の申立てに基づくEFSFによる緊急融資の合意決定、②上記融資の合意に関する本質的な変更および融資額に影響を及ぼす変更、③EFSF枠契約（Rahmenvertrag）の変更、そして④EFSFからESMへの権利義務の承継に関する決定がそれである。なお、予算をめぐる連邦議会の責任と関わるこれ以外の決定については、予算委員会が連邦政府の提案に基づき承認を与えるものと規定されていた（同法4条）。

数の連邦議会議員が、自らの議員としての職権に対する侵害を理由に、機関争訟を提起するに至った。

⑶ **「例外」が許容されるための要件**　連邦憲法裁判所は、本件判決の前提理解として、次の三点に注意を促した。すなわち、①予算は単なる収支計画というより「法律形式での国家の基本的針路決定（ein staatsleitender Hoheitsakt in Gesetzesform）」であること[57]、②そうした重要な政策決定を公開の討議に基づいて下す営みこそ「議会制民主主義の本質的要素」に当たること[58]、それゆえ③財政政策と関わる重要な決定は原則として「本会議」によって下されなければならないこと[59]がそれである。このうち③の項目は、議員の立場からは次のように言い換えられるだろう。

「個々の議員は、基本法77条1項1文[60]および110条2項1文[61]と結びついた同38条1項[62]に基づき、連邦政府によって作成される予算案およびその修正動議の判断への関与を求める権利を有する。議員は予算に計上された資金の使途について自らの考えを述べることができ、そのことによって予算案に関する決定に影響を及ぼし得るべきである」[63]。

連邦憲法裁判所は、こうした「全議員参画の原則」を強調しつつ、そこに「例外」の余地を認める。本判決によれば、かかる「例外」が許容されるためには、二つの要件が満たされなければならないと言う[64]。

⒜ **憲法上の他の法益の存在**　一つは「憲法上の保護を受ける他の法益」の存在であり、「議会の作用能力（Arbeitsfähigkeit）」を維持することは、そうした法益の一つに数えられる。この文脈において判決が言及するのは、「特別な緊急性」と「秘匿性」である。かような案件の特性に応じ

57) Vgl. BVerfGE 130, 318 (343).

58) Vgl. BVerfGE 130, 318 (344).

59) Vgl. BVerfGE 130, 318 (347).

60) 「連邦法律は、連邦議会によって議決される」。

61) 「予算案は、単一または複数の会計年度につき、年度ごとに分けて、最初の会計年度の開始前に予算法律によって確定される」。

62) 「ドイツ連邦議会の議員は普通、直接、自由、平等および秘密の選挙において選出される。議員は、全国民の代表であり、委託や指示に拘束されず、自己の良心にのみ従う」。連邦議会における審議や表決に参与する議員の権利、さらには会派に認められるべき同様の権利を、連邦憲法裁判所は伝統的に本条項から導出してきた。

63) BVerfGE 130, 318 (347).

64) BVerfGE 130, 318 (348, 350).

た（sachgerecht / sachangemessen）決定、別言すれば、効果的な（effektiv）任務の遂行を可能ならしめる工夫こそ「作用能力」の内実であり、そのための委員会の設置は、議会の自己組織権として憲法上の保護を受ける[65]。

(b)　比例原則の遵守　もう一つは、「比例原則」が遵守されることである。この点については、連邦憲法裁判所による判示をそのまま引用しておこう。

「国民代表たる地位に基づく議員の権利を制約する場合、比例性の原則が守られなければならず、連邦議会の作用能力へ向けられた一方の要請と、これと対立するもう一方の議員の職権との間で、適切な調整が施されなければならない。……議員の権利の広範な剝奪には、特別に重大な理由（besonders gewichtige Gründe）が必要である。特別な緊急性または秘匿性ゆえに決定権の委譲が行われる場合には、したがって、そうした授権は限られた適用領域を持ったごく例外に限定されたままでなければならず、どうしても必要な（zwingend erforderlich）ものでなければならない」[66]。

かかる比例性の要求は本判決の核をなしており、別の箇所においても、同一の要請が繰り返し判示されている。

「連邦議会が、憲法上の他の法益を守るために、その自己組織権に基づいて自ら設置した委員会または他の小委員会に、連邦議会が行うこととされている個別の任務の自律的かつ本会議代替的な遂行を委任し、全議員に対等な審議参画権を与えるべしとの要請に匹敵するほどの理由がそこに存するとして、国民代表たる地位に基づく議員の諸権利の制約およびそれに伴う不平等な取扱いは、どうしても必要な（unbedingt erforderlich）範囲を超えてはならない」[67]。

(4)　否定された「緊急性」と「秘匿性」　以上のような判断枠組みの下、本件「九人委員会」への決定権の委譲は、基本法の要請に反すると論結された[68]。

(a)　「特別な緊急性」の否認　第一に、「特別な緊急性」は本件にお

---

65)　BVerfGE 130, 318 (358f.).

66)　BVerfGE 130, 318 (359f.).

67)　BVerfGE 130, 318 (353).

68)　連邦憲法裁判所は、先述の二つの要件のうち「比例原則」が破られていることを理由に、

いて、そもそも存在しない。比例性の原則を加味して考察するならば、ここに言う「特別な緊急性」とは、当該措置が即時に実施されねばならず、本会議の審査に付した場合に時機を逸してしまうことを意味するところ、そうした切迫性はEFSFの融資措置には看取されないと言う69)。そして、万一「高度な緊急性」が存する場合であっても、予算委員会の活用で不足はないことを連邦憲法裁判所は付言した。

(b) **「秘匿性」に関する厳密な審査**　第二に、「秘匿性」は、EFSFによる大半の措置には妥当しない。ここでも比例性の要求を顧慮するならば、当該措置を成功へ導く上で「審議の内容のみならず、審議や議決が行われた事実それ自体もまた秘匿されなければならない」場合にはじめて、この「秘匿性」要件が満たされるという70)。EFSFによる緊急措置のうち、流通市場（Senkundärmarkt）における国債の買付けは格別、それ以外の措置に前述の意味での「秘匿性」は肯認され得ない71)。にもかかわらず、第二次保証引受法は、発行市場（Primärmarkt）における国債の買付けをはじめ、あらゆる緊急措置において「秘匿性」の主張に道を開いており、これでは「九人委員会」への決定権の委譲を「例外」の地位に留め置くことができない。連邦憲法裁判所はこのような理解に基づき、本件規定を違憲と判断した。

2　諜報活動のための予算決定

前述の「九人委員会」をめぐる判決は、多くの先例を明示的に引照しているところ、なかでも判断枠組みの礎石と言うべき重要な位置を占めるの

このような結論へ至ったものと解される。Vgl. Michael Sachs, Haushaltspolitische Gesamtverantwortung des gesamten Deutschen Bundestags, JuS 2012, S. 955 (957).

69) Vgl. BVerfGE 130, 318 (360f.). EFSF保証引受法が規定する通り、EFSFの融資措置に際しては、財政支援を要する加盟国の申請に基づき、その他の加盟国と欧州中央銀行（さらに場合によっては国際通貨基金）が事前に協議を行わなければならない。そこでは、当該申請国が債務超過に陥っており、そこへ資金を供出することがユーロ圏全体の安定を図る上で必要な措置であることにつき、合意を得ることが求められている（第二次保証引受法1条2項）。かかる慎重な事前手続に鑑みると、本件融資措置に関して「高度な緊急性」を首肯することは難しいというのである。

70) BVerfGE 130, 318 (362).

71) BVerfGE 130, 318 (362f.).

は、諜報機関の予算決定に関する1986年の判決である。これら二つの判決は、財政統制の権限行使をめぐって委員会の活用が問われた点において、さらには案件の秘匿性に照準が定められた点において、同じ地平に立つものと見ることができる。

(1) **特別委員会による予算決定と新興会派の排除**　「連邦の諜報活動への議会統制に関する法律」(1978年4月11日。以下、「諜報統制法」という)は、連邦憲法擁護庁(das Bundesamt für Verfassungsschütz)、軍事保安局(das Militärische Abschirmdienst)、および連邦情報局(das Bundesnachrichtendienst)を念頭に、これらの活動が「議会内の統制委員会(die Parlamentarische Kontrollkommission)」の監督に服すべきことを規定していた(1条1項)。本委員会の構成員は、連邦議会議員の中から連邦議会自身によって被選期間ごとに選出され(4条1項)、その員数やメンバー構成、活動方式もまた、連邦議会の決定によることとされていた(同条2項)。

第10期連邦議会(1983年3月29日～1987年2月18日)は、これと同種の特別委員会を諜報活動の予算審議のために起ち上げた。これに伴って従来とは様変わりした審議過程を、1984年の予算法律(1983年12月9日成立)および1985年の予算法律(1984年12月20日成立)に徴してまず確認しておこう。

連邦政府によって提出された予算案を見ると、前述の諜報諸機関の活動は予算項目(Haushaltsansatz)として立てられ、費目総額(Titelsumme)も計上されてはいるものの、その詳細な執行計画(Wirtschaftspläne)は記されていなかった。上記二つの予算法律は、かかる諜報活動の予算をそのまま承認しつつ、その執行に向けて次のような特別の承認手続を規定した。すなわち、①連邦議会予算委員会に属する議員によって特別委員会を組織すること、②かかる委員の選任に関しては前述の諜報統制法4条が準用されること、そして③当委員会による承認が得られるまでは諜報活動に割り当てられた予算のうち75パーセント相当分の執行が許されないこと、以上三点を前述の予算法律は規定していた。実質的な予算審議は通常、予算委員会やその内部に設けられる小委員会(Unterausschuß)の任務であるところ、諜報活動の予算だけは例外的に、予算法律の成立を待って実質的な審議に付し、しかもこうした審議および議決はきわめて小規模な特別委員会に委ねられるというのである。

1984年2月23日、連邦議会は本件特別委員会の定数を最大5名とすることを正式に決定した。これに基づき、同年2月24日、キリスト教民主・社会同盟（CDU/CSU）の議員2名、社会民主党（SPD）の議員2名、そして自由民主党（FDP）の議員1名からなる新生委員会が発足した。もっとも、第10期連邦議会を構成する会派は、この三つだけではなかった。1983年3月6日の連邦議会選挙において、「緑の党」（DIE GRÜNEN）は初の議席獲得をなし遂げ[72]、本件特別委員会に最低でも1名の委員を送り込みたいと申し立てたにもかかわらず、CDU/CSUとFDPはこの動議を斥けたのである[73]。

こうした制度設計は、緑の党が諜報活動に対する予算面での実質的統制に参画できないことを意味するところ、このことは同会派およびそこに属する議員の憲法上の権利——とりわけ基本法38条1項に基づく職権——を侵害するとして、両者は機関争訟を提起した。

⑵ 議員および会派の対等な議事参画権　連邦憲法裁判所は従来の判例を踏襲しつつ、本判決の劈頭において、議会での予算の公開審議がデモクラシーの支柱であることを力説している。すなわち、①予算の作成は単なる収支計画にとどまらず国家の基本的針路を指し示す重要な統治行為であり、これを法律形式によって決定する権限が与えられる点において、議会は「卓抜した憲法上の地位」（eine überragende verfassungsrechtliche Stellung）を有していること[74]、②議会にとってこの予算権は、政府に対する

72）第10期連邦議会は498名の議員によって構成され、会派別には、CDU/CSUが244議席、SPDが193議席、FDPが34議席、緑の党が27議席をそれぞれ占めていた。

73）諜報活動の予算について、議会内の小規模な委員会が実質的な審議を引き受けるのは従前からの伝統と言ってよい。その秘匿性ゆえに、連邦議会に提出する予算法律案には当該予算項目の総額のみを記し、個別の使途計画については、予算委員会のさらに下部に設けられた小委員会へ直接送付するのが、連邦政府の従来のやり方であった。小委員会は実質的な審査の結果を議決勧告として予算委員会に提出し、当該予算法律案は最終的には本会議の審議に付されるところ、個別の使途計画の是非がそこで蒸し返されることはなかった。ただし、この小委員会には全会派の議員が所属しており、この点が第10期連邦議会によって設けられた特別委員会とは決定的に異なっていた。

74）Vgl. BVerfGE 70, 324 (355). 日本語による紹介として、本秀紀「議会内会派の機会均等—統制委員会判決」ドイツ憲法判例研究会編『ドイツの憲法判例〔第2版〕』（信山社・2003）491頁以下を参照。

代表的な統制手段の一つであること[75]がまず強調される。そして③かくも重要な予算の決定が公開の討議を経てなされることは議会制民主主義の「本質的要素」に属すること[76]、④そうした予算の審議・議決への参画は、すべての議員に等しく認められるべき固有の権利であることを連邦憲法裁判所は指摘した。なかでも本章と関わりの深い④の項目につき、その判示は以下の通りである。

「個々の議員は、基本法77条1項1文および110条2項1文と結びついた同38条1項に基づき、連邦政府によって作成される予算案および議事規則に従って提出されるその修正動議の判断への関与を求める固有の権利を有する。議員はこれらの憲法規定に基づき、予算に計上された資金の使途について自らの考えを述べることができ、そのことによって予算案に関する決定に影響を及ぼし得るべきである」[77]。

連邦憲法裁判所によれば、かかる予算決定への関与権は、そのまま「会派」の権利としても構成され得ると言う。憲政にとって必要不可欠な、連邦議会の内部組織（Gliederung）としての「会派」は、議員の結合体（Zusammenschluß）である。それゆえ、基本法38条1項に基づく議員の地位は、そのまま「会派」の法的地位でもある。つまり、「すべての会派は原則として予算審議への参与を求める対等な権利を有して」おり、この権利は基本法38条1項に由来するというのである[78]。

以上の判示を総合的に解するならば、本件事案においては、「緑の党」の会派としての権利およびそこに属する議員の権利が毀損されたと言えそうである。すなわち、諜報活動について実質的な予算審議をきわめて小規模な特別委員会に委ね、諜報諸機関の予算執行計画に関する審議を本会議が放棄してしまったことにより議員の職権が、さらに、そうした実質的な予算審議を担うこととなった特別委員会から締め出されることにより会派

75）　Vgl. BVerfGE 70, 324 (356).

76）　Vgl. BVerfGE 70, 324 (355).

77）　BVerfGE 70, 324 (356).

78）　Vgl. BVerfGE 70, 324 (362f.). もっとも、議員の権利と会派の権利が緊張関係に立ち得ることについて、Vgl. Dieter Birk, Gleichheit im Parlament, NJW 1988, S. 2521 (2523). 同様の問題意識に由る日本語の論攷として参照、苗村辰弥『基本法と会派』（法律文化社・1996）49頁以下、高田篤「民主制の展開から見た会派」ジュリスト1177号（2000）57頁以下。

の権利が、それぞれ侵されたと見ることができそうである。

(3) 「例外」の許容性――秘密保持のためのやむにやまれぬ理由　しかしながら、連邦憲法裁判所の多数意見は、これとまったく逆の結論を示した。予算決定への参与をすべての議員、すべての会派に同等に保障すべきとの原則には、一定の「例外」を認める余地が残されているというのである。

(a) 委員会に対する授権の許容性　第一に、諜報活動に関する実質的な予算審議を本会議が特別委員会に委ねたことについて、連邦憲法裁判所はまず次の点を指摘している。連邦政府によって提出された予算案は、諜報諸機関の活動費を予算項目として計上し、そこに総額も記されているから、「緑の党」に所属する議員（本件訴訟の申立人）も、予算委員会および本会議において、諜報活動に国費を投じる政府案への賛否を表明することはできたはずである。とはいえ、その執行計画の審査は特別委員会に移管されてしまい、この限りで当該議員は諜報活動に対する実質的な財政統制に加わることを得なかった。さらに、かかる執行計画に対する特別委員会の審査が非公開で行われることを考えると、議事公開の原則（基本法42条1項）との抵触も問題となり得る。連邦憲法裁判所はこのことを認めた上で、しかしながら、本件特別委員会による予算審議は「例外的に」許されると論結した。

それによれば、基本法110条1項の規定は、安全保障上特にセンシティブな組織の活動予算に関する秘密の審議を一律に禁じるものとは言えない。同条項は、予算審議公開の原則を例外なく要求するものとは解されない。「秘密保持のためのやむにやまれぬ理由」（Zwingende Gründe für die Geheimhaltung）さえ存すれば、審議に参与する議員の数を極力抑え、閉鎖的な議事を可能ならしめる選択も許されると言う。このとき、審議事項の秘匿性を一方に、公開の審議に全議員を参画させるべしとのデモクラシーの原則をもう一方に睨みつつ、両者の緊張関係を和らげるためにいかなる審議方式を採用するか、その選択決定権は議会に留保されたままであることを、連邦憲法裁判所は強調している。その上で導き出された結論は、次の通りであった。

「諜報業務の予算執行計画に含まれる情報の秘密保持を図るべく、立法者によって下されたこのたびの措置は、それによって当該情報に対する大多数の議員のアクセスを相当程度制約する結果となるにせよ、憲法上、懸念には及ばない」[79]。

(b)　**委員会における少数会派排除の許容性**　第二に、特別委員会の委員として「緑の党」所属の議員を選任せず、同会派を排斥したことについても、連邦憲法裁判所はその例外性を強調しつつこれを容認した。同裁判所は、議会内の勢力を「多数派」と「少数派」に大別し、後者の保護がデモクラシーの原則に基づく至上の要請であることを踏まえつつも、顧慮されるべき憲法上の法益はこれに留まらないとして、ここにも例外の認められる余地のあることを指摘する。

少数派と言っても、そこには複数の会派が含まれ、なかには「会派」と呼べるだけの規模に達しない少人数のグループも存在し得るところ、これらすべての議員集団に完全に対等な審議参画権が保障されなければならないとすれば、それはいかなる結果をもたらすか。小規模な委員会はもはや議会によって創設され得ないか、または多数派が当該委員会においてはもはや多数派として存在し得ないという犠牲を払ってはじめて創設が許されるか、いずれにせよ不当な帰結が導かれよう。連邦憲法裁判所はこう述べた上で、小規模な委員会による閉鎖的な審議の必要性がそこでの審議対象事項に即して根拠付けられる場合には（in sachlich begründeten Fällen）、そこから一部の会派を締め出す選択も許容されるとの判断を示した[80]。すなわち、「本件がそうであるように、秘密保護のやむにやまれぬ理由に基づく場合にはいつでも、委員会の審議に際して顧慮されないままの個別の会派が存することは甘受されるべき事態であり得る」[81]と言う。かような特別委員会による予算審議は、前述のごとく、議会の活動能力（Handlungsfähigkeit）を確保すべく「ごく限られた例外的場合に」（in eng begrenzten Ausnahmefällen）認められるにすぎないから、いわゆる「会派按分比例主

79）　BVerfGE 70, 324 (359f.). かかる判決の結論は、連邦予算規則（Bundeshaushaltsordnung）に明文規定として挿入され、今日に至っている（10a条2項）。Vgl. Christoph Gröpl, in: ders. (Hrsg.), BHO / LHO Kommentar, 2011, § 10a Rn. 2.

80）　Vgl. BVerfGE 70, 324 (363f.).

81）　BVerfGE 70, 324 (366).

義」を求める議事規則の規定にも抵触しないと言う[82]。

3 憲法判断の基本的枠組み

これまで概観してきた二つの判決――EFSF融資措置に関わる「九人委員会」と諜報予算をめぐる特別委員会――が、その基本的な判断枠組みにおいて大きく重なり合うことは、一見して明らかであろう。「予算」が単なる数字上の積算にとどまらず、「国家嚮導」そのものと言うべき重要な作用であることをまず強調し、そこから財政上の決定に対する「全議員参画の原則」を導き出す立論は、1986年判決から2012年判決へとそのまま受け継がれている。委員会への授権をごく例外的な場合に限定しようとする思考の基底には、何よりもまず、「議員の対等な審議参画権」への深遠な考慮が控えているのである。以下では、かように議員の職権が重視される背景をさらに踏み込んで考察するとともに、その憲法上の位置付けにも注意を向けてみたい。

(1) **「本会議代替的」委員会**　本節においてすでに取り上げた二つの事例は、一口に「委員会への授権」と言っても、議会内に設置される通常の委員会とは大きく異なっている。なかでも、本会議に代わって決定を下す権限が授けられている点は、最大の特質と言ってよいだろう。すなわち、通常の「委員会」は「連邦議会の準備的議決機関」(vorbereitende Beschlußorgane des Bundestages)と位置付けられており(連邦議会議事規則62条1項2文)、終局的な議決を本会議に留保したままで、そのために必要な事前審査を担うにすぎない[83]。もっとも、委員会はかかる事前審査の結果を明示的な議決勧告とともに本会議へ報告しなければならず、この議決勧告が本会議によって覆される事態はきわめて稀なことと言われている[84]。この限

82) 連邦議会議事規則12条は、議会内委員会の人員構成が「個別の会派の勢力(Stärke)に応じて」決せられるよう求めている。また、同57条2項によれば、「会派は委員会メンバーおよびその代理人を指名する」。すなわち、12条に従ってまず会派ごとの委員数が割り当てられ、そこに誰を送り込むかは、各会派が決めることとされている。

83) Vgl. Max-Emanuel Geis, Parlamentsausschüsse, in: Josef Isensee / Paul Kirchhof (Hrsg.), Handbuch des Staatsrechts, Bd. 3, 3. Aufl. 2005, § 54 Rn. 27.

84) Vgl. Wolfgang Zeh, Parlamentarisches Verfahren, in: Isensee / Kirchhof (Anm. 83), § 53 Rn. 59.

りで、委員会は本会議による議決をほとんど先取りしているものの[85]、あくまで最終的な決定権が本会議に留保されている以上、これをもって「本会議に代わる」活動と評することはできないだろう[86]。これに対して、前述の「九人委員会」や諜報予算の特別委員会には、終局的な「決定」の性質を持った権限（Entscheidungsbefugnisse）が委譲されており、「本会議代替的な」委員会と位置付けるほうが適切であるように思われる。

かかる「本会議代替的な」委員会の活用は、実のところ、まったく稀有な事例とは言えない。その代表例として挙げられるのは、基本法45条によって設けられた「欧州連合の案件に関する委員会」（以下、「EU案件委員会」という）である。連邦政府が欧州連合の法定立行為に協力するに当たって、連邦議会は事前に意見表明の権利を有するところ（基本法23条3項）、本会議に代わってこの意見表明を行うことが、当委員会の任務とされる。すなわち、EU案件委員会による議決が、そのまま連邦議会による見解表明となる。本会議は、こうした委員会への授権を――会派または5パーセントの議員による申立てに基づき――個別の案件ごとに行う他、一旦委ねた議決権を自らの掌中に取り戻すこともでき（連邦議会議事規則93b条2項）、これらの点に議員全体への配慮が垣間見えるものの[87]、EU案件委員会が基本法上「連邦議会に」与えられた権限を「本会議に代わって」行使することは、否定し難い事実なのである[88]。

そうだとすれば、ここでの問題は次のように定式化されるだろう。基本法による明示的な規定を欠いたまま、「本会議代替的な」決定を――本会

85）日本語文献として参照、山口和人「独連邦議会・比重高まる委員会」議会政治研究44号（1997）47頁以下。

86）本会議から委員会への権限委譲の可能性は、ドイツの公法学説においても伝統的な関心事の一つと見ることができる。例えばフリーゼンハーンは、1957年の国法学者大会における報告の中でこの問題に言及し、終局的な決定が公開の議場たる本会議に留保されたままであることを理由に、議会内組織としての委員会の活用に好意的な見解を披瀝している。Vgl. Ernst Friesenhahn, Parlament und Regierung im modernen Staat, VVDStRL 16 (1958), S. 9 (32). これに対して、本節の関心は、終局的な決定の性質を帯びた権限までも本会議の判断に基づき委員会の手に移してしまうことの是非である。

87）Vgl. Gerald Kretschmer, in: Bonner Kommentar zum Grundgesetz, Art. 45 (Stand: Oktober 2006) Rn. 212, 224.

88）Vgl. Siegfried Magiera, in: Michael Sachs (Hrsg.), GG Kommentar, 6. Aufl. 2011, Art. 45 Rn. 3.

議自身の判断によって——委員会へ授権することは憲法上許されるか否か。この問いは、連邦議会（本会議）の自律的な組織権と関わっており、そこに引かれるべき限界線の指標として持ち出されたのが、すべての議員に等しく保障されるべき「国民代表」としての権利、すなわち「議員の職権」であった[89)]。

⑵ **連邦議会の自律的な組織権** ここに言う「議員の職権」は、具体的には、発言権（Rederecht）、動議提出権（Antragsrecht）、情報請求権（Informationsrecht）、表決権（Stimmrecht）等を指し、前述の「全議員参画の原則」とは、これらの権利がすべての議員に等しく認められることを意味するはずである[90)]。もっとも、限られた審議時間の中で、例えばすべての議員に発言の機会を与えることは困難である他、実効的な案件処理の必要を考えると、一部の議員からなる委員会に先行的かつ実質的な審議権を委ねることは不可避であろう。かような審議手続の規定こそ「議事規則」の領分であり、基本法はその自律的な形成権（しばしば議会の「自己組織権」と呼ばれる）を連邦議会に認めているものと解される（40条1項2文）[91)]。連邦

89） 憲法上の明示的な規定なしに、本会議代替的な決定権の行使を委員会へ委ねることの是非については、これを否定する学説が多数を占めると言われる。紙幅の都合上、個々の学説の分析は割愛せざるを得ないけれども、ここで最も重要と思われる一点のみ記すならば、こうした委員会への授権に対する消極的評価は、議員の職権を基本法38条1項に支えられた重要な権利と捉える視角の現れである。それによれば、議事参画権をすべての議員に等しく保障すべきとの要請は、窮極のところ、議員が国民による普通選挙を通じて選ばれるよう求める原則と同一の根拠に依っている。すなわち、かかる議員の職権に対する侵害は、国民の平等な選挙権に対する制約としての意義を併有し、そうである以上、憲法による明示的な容認を欠いたままの本会議代替的な委員会には、否定的な評価が優勢なのである。Vgl. Christoph Moench / Marc Ruttloff, Verfassungsrechtliche Grenzen für die Delegation parlamentarischer Entscheidungsbefugnisse, DVBl. 2012, S. 1261 (1263).

90） もっとも、連邦憲法裁判所はここに挙げられた議員の諸権利を、必ずしも横並びでは捉えていない。というのも、いずれの会派にも所属しない議員の参与権をめぐって、同裁判所は次のように判示したからである。すなわち、会派無所属の議員をいかなる委員会の委員にも任命せず、委員会審議における「発言権」を奪い去ることは基本法に違背すると述べる一方で、委員会での「表決権」に関しては、これを会派無所属の議員に与えない選択も許されると言う。BVerfGE 80, 188 (223f.). この判示に対して、マーレンホルツ裁判官は少数意見の筆を執り、疑義を呈した。BVerfGE 80, 188 (235ff.). 日本語による紹介として参照、山本悦夫「ドイツ連邦議会内の無所属議員の地位と権利—ヴュッペザール事件」ドイツ憲法判例研究会編・前掲注74）496頁以下。

91） Vgl. Wolfgang Zeh, Das Ausschußsystem im Bundestag, in: Hans-Peter Schneider /

憲法裁判所はこのことを指して、「自己の組織編成および秩序付けられた議事進行の保障のためにいかなる規律が必要か、その決定に際して議会は広範な形成裁量を有する」[92]と判示してきた。同裁判所は、議員の職権が議場内での行使を前提とする権利であり、しかもすべての議員に等しく付与されるべきことを考えると、議事規則による調整が不可欠であることを踏まえつつ、別の判決において次のようにも述べている。

「基本法40条1項2文に基づく規則制定権によって、連邦議会は自らの任務を果たすことができる。個々の議員に対してその憲法上の地位ゆえに認められた権利につき、その行使方法を規律することは、連邦議会の案件である。とりわけ連邦議会は、次の諸点を詳細に規定することができる。連邦議会の構成員はそこでの意思形成にどのようなやり方で参画するか、そうした審議参与権のうちいかなる権限が会派、議員の5パーセント（Quorum）または議員グループによる共同行使に留保されたままであるか、そしていかなる条件に従って会派は形成され得るのか、といった事項がそれである。議員の権利は、議会構成員の権利としてのみ存在し、実現され得るものであり、それゆえ互いに割り当てられ、相互に調整されなければならないから、議事規則の規定は必然的に、常に個々の議員の権利を制約する結果となる」[93]。

もっとも、議会の代表能力および作用能力向上を理由に、議事規則によるいかなる規定も黙認されるならば、連邦議会の意思形成および決定に参与する議員の権利はすっかり色褪せてしまうだろう。「個々の議員の権利は［連邦議会が自律的に定める議事規則によって］個々に形成され、その

Wolfgang Zeh（Hrsg.）, Parlamentsrecht und Parlamentspraxis in der Bundesrepublik Deutschland, 1989, § 39 Rn. 17. もっとも、こうした議会の自律的な組織権は基本法40条1項2文によって初めて与えられたのか、それとも基本法が合議制機関（Kollegialorgan）として連邦議会を創設したことの帰結として当然に認められるのか、学説は分かれている。Vgl. Thorsten Ingo Schmidt, Die Geschäftsordnungen der Verfassungsorgane als individuell-abstrakte Regelungen des Innenrechts, AöR 128（2003）, S. 608（618ff.）. シュミットは後者の見解に立ち、基本法40条1項2文は確認規定にとどまる旨を述べる。

92） BVerfGE 80, 188（220）.

93） BVerfGE 84, 304（321）. 日本語による紹介として参照、山本悦夫「会派の数的要件を満たさない議員団の法的地位―PDS／左派名簿事件」ドイツ憲法判例研究会編『ドイツの憲法判例II〔第2版〕』（信山社・2006）401頁以下。

限りで制約も受けるが、しかしながら原則として剝奪されてはならない」[94]という判示は、こうした懸念に対する連邦憲法裁判所の回答として捉えられる。

ここで項を改めて、デモクラシーの観点から原則として剝奪されてはならないという議員の職権につき、その憲法上の論拠を確認しておこう。

⑶ **基本法38条1項と議員の職権**　「発言権」や「表決権」をはじめとする議員の職権は、伝統的に、基本法38条1項の要請として論じられてきた[95]。もっとも、「ドイツ連邦議会の議員は、普通、直接、自由、平等、および秘密の選挙において選出される」と定める同条項1文、続いて「議員は全国民の代表であり、委託や指示に拘束されず、自己の良心にのみ従う」と謳う同2文が存在するところ、これら二つの条文と議員の審議参画権との連関は、決して単純ではない。

連邦憲法裁判所はかつて、前述の1文と2文を次のように分けて判示していた。基本法38条1項1文が規定するのは「選挙権平等の原則」であり、ここから直截的に、議会における議員の地位（または議員グループの地位）を導き出すことはできない。議事に際して個々の議員に対等な参画権が保障されるべきことは、同条項2文に基づく要請であるというのである[96]。

これに対して、近時の連邦憲法裁判所は、むしろ両者の連関に注意を向けようとしているように見える。各会派の幹部議員に通常の歳費に加えて特別な職務手当を支給する州法の規定の合憲性が争われた事例において、連邦憲法裁判所は基本法38条1項の1文と2文につき、次のような統合的解釈を示した。

「これらの条文（基本法38条1項1文および2文）は、それらによって具体化される代表制デモクラシーの原則に関して、それぞれが互いを条件付ける分かち難い関係に立つものである。特に選挙の平等は、すべての議員の

94）　BVerfGE 80, 188 (219).［ ］内は引用者。

95）　なかでも重要と目される発言権について、Vgl. Hans Hugo Klein, Freies Mandat und Rederecht der Abgeordneten im Wandel der Zeit, in: FS f. Papier (Anm. 30), S. 121ff. 前掲注89）もあわせて参照されたい。

96）　BVerfGE 84, 304 (324f.). あわせて参照、苗村・前掲注78）57〜62頁。

対等な審議参画権へと連なっている。これら二つの特別な平等原則は、それぞれ異なる方向から代表制の思考を支えている。選挙権の自由な行使における全国民の平等は、議会において、自由委任の中に現れる。というのも、法的に自由な決定のみが複数の選択肢における思考を促進し、多様な利害に対する注目とそれらの衡量を可能ならしめるからである。自由委任は『議員と選挙民との間のフィードバックを排斥するのではなく、むしろこれを意識的に取り込む』ものであり、［議会での決定に際してその］正当化を［議員に］強いることによって責任政治を創出するものである。かように究極的には基本法38条1項1文に基づく同2文の自由への要求は、議員がその地位に関わる問題について形式的に対等に遇されるべきこと、すなわち［議員同士の］相互依存やヒエラルキーが議会の作用能力にとって不可欠な程度を超えて存在しないことを求めるのである」[97]。

このような理解に従うならば、議員の対等な審議参画権は、国民の平等な投票権と同根である[98]。同じことを裏から言えば、一部の議員を審議や議決の場から追いやる営み――なかんずく一部の議員のみによって終局的な議決を下そうとする試み――は、国民の投票権に対する毀損をも内包し、国民の代表機関たる議会の地位を根底から揺さぶることとなる。こうして連邦憲法裁判所は、決定権そのものを委員会へ授権しようとする本会議の企てに対して、議員の職権を前面に掲げながら厳格な審査を試みたのである。

4　貫徹されなかった議員の権利

以上の検討から明らかなように、委員会の活用に対する連邦憲法裁判所の厳格な審査とは、国民代表の地位に基づく議員の対等な権利保障を理由

97）BVerfGE 102, 224 (238f.). ［ ］内は引用者。日本語による紹介として参照、苗村辰弥「会派・委員会の役職と特別手当―役職手当判決」ドイツ憲法判例研究会編『ドイツの憲法判例 III』（信山社・2008）440頁以下。

98）議事参与権の「対等性」、すなわち議会での意思形成に参画する権利がすべての議員に「等しく」与えられるべきことを、基本法38条1項の視角から特に強調する見解として、Vgl. Peter Badura, Die Stellung des Abgeordneten nach dem Grundgesetz und den Abgeordnetengesetzen in Bund und Ländern, in: Schneider / Zeh (Anm. 91), § 15 Rn. 16; Horst Dreier, Regelungsform und Regelungsinhalt des autonomen Parlamentsrechts, JZ 1990, S. 310 (317f.).

に、委員会への権限委譲をごく例外に留めようとする枠組みを指す。そして、かかる授権の必要性が認められる場合であっても、如上の権利侵害を可能な限り低減するよう連邦憲法裁判所が求めてきたことは、すでに述べた通りである。こうした「比例原則」に鑑みると、EFSF 融資措置をめぐる「九人委員会」や諜報予算に関わる特別委員会のように、極端に少人数から構成される委員会への授権——しかも単なる審議に留まらない決定権の授権——はいつにも増して深刻な懸念を招来するだろう。なぜなら、委員会の人的規模が小さくなればなるほど、そこでの議事に参画できない議員が多くなるからである。

もっとも、連邦憲法裁判所のこれまでの判決を総合的に視野に収めるとき、議員の対等な審議参画権への眼差しが果たして微動だにせず保たれているのかどうかは疑わしい。それは次のようなことである。

既述のように、「九人委員会」が立ち上げられる前の第一次保証引受法の下では、連邦政府は EFSF による個々の融資措置の決定に先立って、連邦議会の承認を得るよう「努める」ものとされていた（1 条 4 項）。より精確を期するならば、この規定は「連邦議会予算委員会の」承認を得るよう努めることを連邦政府に求めていた。そして連邦憲法裁判所は、連邦政府に対する努力規定に留まる点を論難し、これを義務規定と読み替える解釈を施す一方、〈個別的な議会承認権〉の主体が「本会議」ではなく「予算委員会」で足りる規定となっていることについては、これを黙認した[99]。こうした判断と 2012 年判決とをあわせて顧みるならば、連邦憲法裁判所の考え方は次のように整理され得るだろう。すなわち、多国間融資に際しての〈個別的な議会承認権〉を、わずか 9 名の議員から構成される委員会に委ねる営為は認め難いけれども、予算委員会への授権であれば不問に付することができるというのである[100]。

連邦憲法裁判所がこれまで熱い視線を注いできた議員の議事参与権に照

99）BVerfGE 129, 124 (186).

100）かように予算委員会の承認をもってひとまず矛を収める判示は、時限的な融資機構である EFSF に限っての譲歩にすぎず、恒久的な融資機構である ESM の場合にも同様の判示が当てはまるとは限らない旨の指摘も見られる。Vgl. Hanno Kube, Nationale Budgethoheit und Europäische Integration, AöR 137 (2012), S. 205 (214).

らして、このような結論はどれだけの説得力を備えているだろうか[101]。連邦議会予算委員会に名を連ねるのは、41名の議員である。確かに「九人委員会」と較べれば大幅に多数の議員が参画するものの、それでも全議員（622名）の一割に満たず、対等に保障されるべき議事参与権の縮減という意味においては、これら二つの委員会の間には程度の差しか存在しないように見える。むろん、前述の比例原則からすれば、こうした程度の差こそ重要であるとはいえ、議員の権利を高唱するならば、そもそも委員会への授権を斥ける――すなわち「本会議」留保を貫徹する――選択こそ、従来の厳格な判断枠組みに適合的であるように本章筆者には思われる。このように考えるならば、連邦憲法裁判所において、「議会」留保と「本会議」留保の距離は未だ十全には測定されていないことになるだろう[102]。

IV　おわりに

擱筆に当たって、本章の要点を三つに分けて、若干の注釈を添えつつ示

101）　かかる文脈においては、〈議員の平等な議事参与権〉を措定し、それによって〈議会の自律的組織権〉を枠付けようとする論法それ自体に、疑問を呈する向きもある。それによれば、「本会議」と「委員会」（特別委員会も含む）の間における権限の配分は、そこで議題とされる案件または措置の性質を顧慮しつつ、基本法の定める連邦議会の構造やそこでの手続を踏まえて決せられるべきであり、それらを度外視して、あらゆる決定にすべての議員を参与させなければならない（すなわち一切の決定が本会議において下されなければならない）ことを出発点とすることは、自明の理ではないという。Vgl. Martin Nettesheim, Verfassungsrecht und Politik in der Staatsschuldenkrise, NJW 2012, S. 1409 (1410).

102）　本章においては言及できなかったけれども、連邦憲法裁判所裁判官の選任をめぐって、同様の問題が近時、連邦憲法裁判所を舞台に争われた。基本法94条1項2文によれば、連邦憲法裁判所裁判官は「連邦議会と連邦参議院によってそれぞれ半数ずつ選任される」ところ、連邦憲法裁判所法6条は、「連邦議会によって任ぜられる裁判官は、間接選挙において選出される」と規定し（1項）、かかる裁判官選任のための委員会を12名の議員によって組織することを定めている（2項）。連邦憲法裁判所は、本件規定の基本法適合性を審査するに当たって、EFSFの「九人委員会」をめぐる2012年判決と同様の判断枠組み――憲法上の保護に値する他の法益の存在と比例原則の顧慮を厳格に求める判断枠組み――に依拠しつつ、案件の秘匿性を理由に、連邦憲法裁判所裁判官のこうした間接的な選任実務をあっさりと容認した。Vgl. BVerfGE 131, 230 (235f.). 学界においては、かかる結論とその理由付けに対して批判的な見解が有力である。Vgl. Michael Sachs, Indirekte Wahl der Richter des BVerfG durch den Bundestag, JuS 2013, S. 285ff.

しておきたい。

(i)　グローバルな政策決定に国内議会を介して民主的正統化を及ぼす場合、そこでの多数決の要件は必ずしも一律ではない。すなわち過半数の同意をもって可決するのが通例ではあるとしても、決定の内容――例えば憲法によって国内の政治部門に与えられた重要な権限の移管をもたらす決定かどうか――次第で、いわばハードルの高さを調節することが可能であり、かつ有益である。そうした要件の厳格度に比例して当該決定の民主的正統性が高くなると言えるのかどうか、定かではないものの、民主的正統性が常にモノトーンとは限らないことに改めて注意が向けられるべきであろう。

(ii)　欧州債務危機をきっかけとする多国間金融支援機構（EFSF と ESM）の創設・運用に当たっては、〈総括的な議会留保〉に加えて〈個別的な議会留保〉が「二重に」求められてきた[103)]。基本法の根本的な諸原則を擲つ内容の国際約束は許されぬという命題は、要するに、議会の関与を十分に確保せよという手続の要請に等しい。換言すれば、〈個別的な議会関与〉の手続が未整備という意味での「非民主的な」国際的組織への加盟について、議会は〈総括的な承認〉を与えてはならないのである。こうした頑迷にも見える議会留保の要求は、グローバルな政策決定の地平においてどのように評価されるべきであろうか[104)]。むろん ESM の意思決定が全会一致で下される場合には、どの加盟国もドイツと同様の「民主的な」拒否権を行使できる。しかしながら特別多数決（80 パーセント以上の賛成票によって可決）をも含めて考えれば、常に拒否権を手中に収めるのはドイツ（持ち票 27.1464 パーセント）とフランス（同 20.3859 パーセント）の 2 か国だけである。デモクラシーの御旗の下に、かくも特権的な拒否権に固執する戦略は、国内的にはともかく、超国家的レベルでは共同歩調を阻害し所期の目的達成を遠ざけてしまう可能性がある[105)]。

(iii)　財政支援の条件、手続、そして保証引受けの上限額等、融資制度の

---

103)　Vgl. Gröpl (Anm. 20), S. 12. かように強力な議会関与は、一部の例外を除いて、他の予算執行においては見られないという。

104)　機関適合的な権限配分の観点からこのような〈個別的な（執行付随的な）議会関与〉に懐疑的な見解を提示する論攷として、Vgl. Kube (Anm. 100), S. 218ff.

105)　Vgl. Christian Tomuschat, Anmerkung, DVBl. 2014, S. 645 (648f.).

大枠について「本会議」の同意を得た後に、この大枠の中で実施される個別具体的な融資措置への承認権を「本会議」自身の議決によって「委員会」に授けることは許されるかどうか。これはなお未解決の問題と言ってよい。議員の対等な審議参与権を重く見なければならないことは連邦憲法裁判所の力説する通りであり、「議会に」付与された憲法上の権限が原則的に「本会議によって」行使されるべきことにもおそらく異論はあり得ない。とはいえ、ここでは、そのような議員の権利論とは別のアプローチを試論的に提示しておきたい。それは、「本会議」と「委員会」との構造上・手続上の差異に着目しつつ、各々の特質に応じた両者の適正な役割分担を探る接近法である。公開での討議を重視する「本会議」と、非公開での専門的審査を旨とする「委員会」との〈相互補完的な協働〉を促す視点[106]と言い換えてもよいだろう。従来の「本質性理論」が正当にも注意を促していたように、「本会議」が枢要な決定権をも「委員会」へ譲り渡し、自らの責任を放棄することが黙過されてはならないことは当然である。また、授権それ自体は容認されるとしても、「本会議」に代わっての決定権が「委員会」に授けられる以上、そこには会派別構成の反映も含めて、それにふさわしい人的構成が必須である[107]。例えば9名や5名といった極端な少人数の場合、そこから締め出される議員の権利侵害もさることながら、本会議の代役と言えるだけの実質をともなった審議・議決が本当に可能かどうか、疑ってみる必要がある。その上で、〈一次的かつ総括的な本会議の同意権〉と〈二次的かつ個別的な委員会の承認権〉との適切な協力関係が今少し真剣に追求されてもよいのではないか。このような本章筆者の構想に従えば、具体的な措置の決定を政府の一存に委ねる方策と、本会議による承認を義務付ける手法との間に、そうした承認権を議会に留保しつつも委員会による行使を認める選択が新たに生ずることとなる。そう

106)　かような見地からすれば、「本会議」に加えて「委員会」にも公開原則を及ぼそうとする試みは、むしろ慎重に評価されるべきであろう。Vgl. Wilfried Berg, Zur Übertragung von Aufgaben des Bundestages auf Ausschüsse, Der Staat 9 (1970), S. 21 (28). 日本において同様の見解を示す論攷として、大石眞「委員会制度―その理念と現実」ジュリスト 1177 号 (2000) 44 (48) 頁を参照。

107)　これと類似の見解を示唆する文献として、Vgl. Hans-Hermann Kasten, Plenarvorbehalt und Ausschußfunktion, DÖV 1985, S. 222 (224f.).

した線引きのための具体的な基準については、もとよりさらなる検討が必要であろう。

【附記】 本章は、社会科学研究（東京大学）65巻2号（2014）35〜56頁に掲載された拙稿「『議会』留保と『本会議』留保―グローバルな政策決定と議会の自律的組織権に関する序論的考察」をもとに構想・執筆されたものである。もっとも、この旧稿に加筆・修正を施した部分は本章のIIIに当たり、IIの叙述は本章の公刊に当たって新たに書き下ろされている。本章は、JSPS科研費（課題番号26380034；25285012）の助成による研究成果の一部である。

第7章　国際知的財産法制に関する分配的正義および人権の観点からの考察

浅野有紀

Ⅰ　本章の目的

知的財産権は知識の独占を許す権利である。知識や情報の所有は、所有の一般的性質からしてその所有者に利益をもたらすものである。しかし、所有権の通常の対象である有体物と比較すると、無体物である知識は、その物理的保存よりも利用によってはじめて価値が生じる。また知識は社会に広く伝播し、共同利用されることにより社会の発展を促す側面が強くあり、その独占には弊害も伴う[1)]。

近年のグローバル化においては、国際的知的財産権の強化の方向が見られるが、そのような知的財産権の独占の弊害は、クローバルな場面では特に強まると言われる。例えば、製薬会社が有する薬の特許権を強化する試みにおいては、国内政策であれば、人々の薬に対する必要なアクセスを阻害しないような保健・医療政策がともに考慮されるであろうが、国際的な貿易をめぐる政府間交渉や国際市場における経済競争においてはそのよう

1)　知的財産においては客体そのものと利用行為が切り離し難く、そのため権利設定の仕方に歯止めがかかりにくいことについて、田村善之「『知的財産』はいかなる意味において『財産』か―『知的創作物』という発想の陥穽」吉田克己=片山直也編『財の多様化と民法学』（商事法務・2014）333〜334頁。

な考慮が働く余地が少なくなると思われるからである[2)]。

知識が社会的に広く伝播し、共有される性質を本来有するとすれば、それは一種の公共財としての側面をも有し、公共財の独占は、比較的限定された範囲で認められる個別的な有体物の所有に比べて、社会的な分配の正義と衝突する可能性が高まる[3)]。国際的な知的財産権の拡大の問題は、国際的な分配的正義への適合性という観点からも考察されなければならない。

国際的な分配的正義については、一国内の分配的正義にも増して、その正当性・必要性が問われてきた。所有権や契約の自由を重んじるリバタリアニズムの立場からは福祉国家における富の分配政策が原理的に批判され得るが[4)]、国内での再分配は、一国の経済状況が、ある水準以上に達し、税収が安定すれば、何らかの形で行われることが多く、それを受け入れる理論も少なくない[5)]。しかし、このように、伝統的には国家の内における議論としてなされてきた分配的正義が、国境を越えて妥当するのであろうか。さらに、仮に妥当するとしても、どのような方法でそのような国際的な分配的正義を実現することができるのであろうか。統一的な政府を有する国家と異なり、世界税や世界政府を有しない国際社会においては、分配的正義を実現する方法が新たに見出されなければならない。国際的な分配的正義の正当性と実効性に対するこのような疑問は、しばしば国際的分配的正義の概念の否定や消極的評価にもつながっている。

本章では、国際的知的財産権の議論においてもなお有効性を持つ国際的分配的正義の理論はいかなるものであり得るかを検討したい。そのために踏まなければならない手順として、まず、知的財産権と分配的正義の関係を検討する（II）。次に、国際的分配的正義の正当性と実効性の問題について検討し、これを国際的知的財産権のコンテクストに当てはめて考察する（III）。

まず、分配的正義と知的財産権の関係については、知的財産権を私的所

2）Joseph Stiglitz, Making Globalization Work（Penguin Book, 2007）, p.105.

3）*Ibid.*, p.107 はこれを知的財産権の独占の本来的非効率性として論じている。

4）*Cf.* Friedrich A. Hayek, Law, Legislation and Liberty Vol. 2. The Mirage of Social Justice（The University of Chicago Press, 1976）, pp.62-106.

5）*Cf.* Ronald Dworkin, Taking Rights Seriously, 6 Justice and Rights（Harvard University Press, 1977）.

有権の一種であると考え、所有権と分配的正義がしばしば対立的なものと理解されてきたことを前提とすれば、知的財産権それ自体には分配的正義の要請は内在しないとも考えられる。リバタリアニズムは分配的正義の実行を所有権侵害と見なす。このように、所有権と分配的正義との間には強い緊張関係が見られる一方で、人権と分配的正義との間には親和性、補完性が見出されやすいと考えられてきた。すべての人間に物心両面での人間らしい生を保障しようとする人権の思想は、国内的であれ国際的であれ、生命・身体の維持に関わる貧困や疾病などからの救済を実現するための分配的正義を支持する。本章では、知的財産権の性質やなぜ知的財産権が認められるべきなのかについての近年の議論を参照することによって、知的財産権は他の所有権と比べて人権と対立せず、人権と補完的なものであると考えられることを論じる。このように、知的財産権を、不可侵の所有権と見ず、人権と共通の根拠を見出しこれと親和的に理解することによって、分配的正義の議論の俎上に載せることができるものとして考える。

次に、国際的分配的正義をめぐる議論を考察する。前述のように、国際的分配的正義は、国内外に関らず分配的正義を否定するリバタリアンのみならず、国内的には分配的正義を認める論者によっても否定される場合がある。本章でもⅢ1に取り上げるロールズ（John Rawls）の国際的な支援義務の否定、あるいは大幅な限定は、最もよく知られ、論じられている例であろう。しかし、このような国際的分配的正義の否定ないし希薄化に対しては、多くの批判が加えられている。本章Ⅲ1では、ポッゲ（Thomas Pogge）による国際的分配的義務の新たな基礎付けとしての制度的加害論と、その実現のための制度変更の議論を検討し、このような議論が、知識や知的財産の分配に関わる問題には特に適合的であることを論じる。

情報や知識は伝播するものであり、知的財産の保護制度は、放っておけば他者に自由に利用されてしまうものを、利用を禁じ、あるいは利用者には金銭を支払わせる仕組みを作る人為的・技術的なものである。したがって、知的財産法制度は、知的財産保護を実現する方法や保護の強度において多様性や可塑性が大きく存在する。知的財産の国際的分配的正義の実現方法もこれに応じて、創意工夫の可能性が大きいと考えられる。国際的分配的正義の実現方法として通常挙げられる世界税や政府間援助だけではなく、国際的な知的財産法制は、強化された知的財産の緩和や特許の強制実施の容認により再編可能である。本章**III 2**では加えて、最近、ポッゲが深く関わって、創設が目指されている新たな国際的知的財産制度であるヘルス・インパクト・ファンド（Health Impact Fund、以下 HIF）の試みを紹介したい。

II　国際的知的財産法制と人権

国際的な知的財産権の保護の強化は、1994年のTRIPs（Trade Related Aspects of Intellectual Property）協定によって、知的財産権保護を貿易政策に結びつける方法が編み出されたことによって実現したとされる。TRIPs以前は、国際的な知的財産法制としては、工業所有権に関するパリ条約や著作権保護に関するベルヌ条約やローマ条約などが存在していたが、これらは各国の国内市場において条約に従おうとしない国々に対して制裁を課す手段を持たなかった。TRIPs協定は、これらの条約における知的財産保護の義務の違反に対して、貿易と関連付けた制裁を課すことを可能にすることによって、実効性を格段に高めることとなった[6)]。

このような知的財産権保護の国際的強化と拡大はどのようにして正当化されるのだろうか。知的財産権の保護の正当化を支えてきた伝統的な理論の一つとしては、自然権論が存在している。この考え方は、作者が自身の労働の成果に対して自然権としての所有権を獲得する、ということを基本とするものである[7)]。しかし、このような私的所有権については、周知のように、権利章典や国際的な人権条約におけるその位置付けをめぐって永年の争いが存在している。例えば、「市民的および政治的権利に関する国

---

6)　Giuseppina D'Agostino, Copyright, Contracts, Creators- New Media, New Rules- (Edward Elgar, 2010), p.101. このような国際的傾向は知的財産法制のビジネス化を促進し、著作者の権利や著作者人格権の保護としての知的財産権の意味を希薄化させるものとして理解されている（*ibid.*, pp.110–111）。

7)　Estelle Derclaye, '*Intellectual Property Rights and Human Rights: Coinciding and Cooperating*' in Paul L.C. Torremans ed. Intellectual Property and Human Rights –Enhanced Edition of Copyright and Human Rights (Kluwer Law International, 2008), p.136.

際規約（ICCPR: International Covenant on Civil and Political Rights）」は、所有に対する一般的権利を基本的要素として含んでいない。人権の観点から見たとき、不可侵の自然権的所有権という考え方は、他の人々の生存のために不可欠な財の独占を正当化しかねないという危惧を伴う。また、私的所有権の主張は、富者と貧者の間の既存の大きな富の格差を正当化し、現状維持を図る点でも疑問視される[8]。

近年のTRIPs協定や、世界知的所有権機関（WIPO: World Intellectual Property Organization）が所轄するWCT（The WIPO Copyright Treaty）によって標準化されている国際的な知的財産法制が、先進国と発展途上国とでは異なった影響と効果をもたらすことはしばしば指摘されているところである。先進国では、毎年多数の知的財産が、既存の知的財産をも含めた先端技術と豊富な社会的資源を利用して継続的に生み出される一方で、発展途上国では既存の知的財産が少なく、利用可能な知的財産への権利を欠くことから、新たな開発、発展が望めない。むしろ発展途上国は先進国の知的財産を利用してその対価を先進国に支払わなければならない。そのため、先進国と発展途上国の間にある、知的財産権とそこから生み出される富の格差は、拡大され再生産される[9]。国連開発計画（UN Developing Program: UNDP）の2001年の報告書は「このゲームは、プレイヤーが経済的、制度的力においてこれほど非対等であるとき、到底、公正（fair）であり得ない」と記している[10]。しかし、この不公正とされるゲームも、持てる者に利益を与え、持たざる者には何も与えない所有権の保護の性質からすれば至極当然の帰結である。

しかし、知的財産権を基礎付ける理論として知られてきたものは自然権論のみではない。従来、功利主義的アプローチもまた知的財産権の正当化

8）自然権的所有権論は通常ロックの自然法論を基礎として論じられるが、知的財産権におけるロック（John Locke）の所有権論の異なった理解の可能性を示すドラホス（Peter Drahos）の理論については Yuki Asano, *'Economic Analysis and Theory of Rights on Intellectual Property'*, 35 A.I.P.P.I. 3 (2010), pp.133-134 で検討した。

9）Oxfam, UK,' *Knowledge, Copyright and Patents* (*i Intellectual Property and the Knowledge Gap*)' in WILLIAM F. FISHER / THOMAS PONNIAH EDS. ANOTHER WORLD IS POSSIBLE (Fernwood Publishing Ltd., SIRD, David Philip, Zed Bokks, 2003), pp.137-139.

10）UNDP Human Development Report 2005, p.105.

理論として論じられてきた。その基本的な前提は、知的財産法は、発明やその他の創造的な活動を促進することによって、公共の利益を増大させることを目的としていると言うものである[11)]。このような功利主義的アプローチに立つ場合には、知的財産権は、所有権者に本来的に帰属するとされる利益を保障するためではなく、それによって公共の利益を増大させるために個人に与えられた所有権の外観を道具的に借りているにすぎないと言うことになる。では、この公共の利益の実態は何であろうか。人々の福利を増大させることを目的とする功利主義における公共の利益は宙に浮いた観念的なものではなく、個人に実際に還元される具体性を備えたものでなければならないであろう。功利主義的知的財産権論によれば、知的財産権の所有者に与えられている利益は、制度設計上いわば偶然に与えられているにすぎないものであって、知的財産法制が人々に与えようとする最終的な利益ではない。それでは、知的財産権を保障することによって、それが保障されている社会に属する諸個人が得るべき実質的な利益は最終的には何であろうか。近年、この問いに対して、論者が見出す有力な答えの一つは、知的財産法制によって可能となる開発の促進によって諸個人が保障されるべきは、その促進された開発に基づく諸個人の能力の拡大である、とするものである[12)]。ここにおいて、我々は権利論としての知的財産権論と人権論との接点を見出すことができるようになる[13)]。

「開発の権利」は、国連憲章や世界人権宣言において認められた人権である。この人権は、自由権、社会権に続く第三世代の人権ともされるが、発展途上国や民族における集団的な権利ではなく、個人によって享受される自己の能力開発の等しい自由、等しい機会が保障される権利として理解

---

11) Robin Ramcharan, International Intellectual Property Law and Human Security (Asser Press, 2013), p.13.

12) *Ibid.*, p.117.

13) 知的財産権と人権の関係については、両者が相対立するものと理解する conflict approach と併存するものと理解する coexistence approach があるとされる。*Cf.* Derclaye, *supra* note 7, p. 134.

知的財産権の人権的側面と人権との調整を要する面については、鈴木將文「I. 知的財産と人権の関係について」『国際知財制度研究会報告書(平成24年度)』(一般財団法人国際貿易投資研究所公正貿易センター・2013) 48〜55頁。〈http://www.jpo.go.jp/shiryou/toushin/chousa/pdf/tripschousahoukoku/24_3.pdf〉

されている。1986年の国連総会での決議によって、「それによって各人およびすべての人民が、その中ですべての人権および基本的自由を完全に実現することができる、経済的、社会的、文化的ならびに政治的発展に参加、貢献およびそれらを享受する資格を持つ不可譲の人権である」と定義された、開発の権利宣言が採択されたことは重要なターニング・ポイントであった。知的財産権の功利主義的な基礎付けにおける、発明と開発の促進という目的は、その実質においてすべての個人による開発の利益の享受の保障という、開発の権利と重なり合うものと理解できる14)。社会における発明や開発の促進と、その成果の等しい享受の権利の保障は、コインの裏表の関係にあると言えよう。

このように考えるとき、その所有権的理解とは異なり、知的財産権の実質を人権と親和的に理解することが可能となる。知的財産権の所有権的側面の制限が、その人権的側面から正当化可能なものとして、知的財産権の実質的実現の方法として、説明できることになる。著作権には著作者の経済的利益の保護とともに、著作者の表現の自由を保障する側面が存在すると言われるが、そうであるとすれば、表現の自由の保障のために経済的利益の保護の側面を制限することは、必ずしも全体としての著作権保護の意義を減殺させることにはならないと考えられる15)。同様に、知的財産権が開発の権利を、少なくともその一側面として持つ場合に、経済的利益の側面が開発の権利によって制限されることは、知的財産権の意義を損なうものではないと考えられることになる。

ある権利が、経済的利益とともに精神的な利益の保護をそのうちに含むと言うように、権利が多様な側面を持つことはしばしば指摘される。特に知的財産権は、古典的な自由権的自然権と比較して、その生成・認知のために複雑な社会的文化的条件が必要であった。特許権や著作権の必要性が認識されるためには、技術の発展や出版ビジネスの成立と波及が、またこ

---

14)　Derclaye, *supra* note 7, p.137 は、知的財産権の哲学的基礎付けとしては、自然権論、功利主義、人権論の三つがあるとするが、知的財産権の目的の理解においては、功利主義と人権論は両者とも人々の福祉の促進が目的であることに一致を見ていると論じている。

15)　鈴木將文「国際著作権—動向と展望」日本国際経済法学会編『国際経済法講座II 取引・財産・手続』(法律文化社・2012) 479頁。

のような情報や知識が広く利用されるための一定以上の社会的教育水準があることが前提となる。また、著作者人格権の尊重の背後にもプライヴァシーの権利などと同様に諸個人の無形の精神的利益を重視するようになった近代以降の文化的社会的変化が存在していたであろう[16]。知的財産権は様々な社会的条件に依存しつつ、人為的に生み出され形成されたものであり、その性質は複雑多様である。諸権利におけるこのような多様性が認識されている場合、表現の自由と著作権が、著作者の表現活動を支える基盤をともに形成し、あるいは知的財産権と開発の権利が自由市場と社会の発展による諸個人の生活の向上をともに目指すことも理解される。このように、ある権利が他の権利と補完的に共通目的を追求する、あるいは、ある権利が他の権利の内容を内在させていると考えられるとき、一方による他方の制限は必ずしもそれらの権利の否定にはならない。目前の状況において、権利のどの側面を優先し、多様な側面をどのように調整するかを考えることが、権利の十全な実現のために必要となる[17]。

以上より、知的財産権は所有権の外観を有するが、所有権の付与により促進される開発に与る権利を保障することをその内実として含み、このような理解は知的財産権と人権との共通目的と補完的関係を明らかにすることを論じた。本節IIの最後に、このことと分配的正義の密接な関係について付け加えたい。

開発の権利の理念はセン（Amartya Sen）によって提唱されている潜在能力アプローチに一つの源泉を有するとされている。潜在能力アプローチとは、諸個人が資源を活用できる能力には、社会的な条件も含め差があることを前提とし、価値のある生を選択することのできる実質的な自由が保障されるべきことを主張するものである[18]。このためには、自由な選択の機会が与えられていること、つまり選択が可能な能力を支える条件が整っていることが必要で、それは物質的な財の分配のみによっては不十分である。選択を実際に可能にする財と機会の分配は、選択を行うための知識や情報や技術の分配を含む。したがって、人権としての開発の権利は、知的

---

16) Derclaye, *supra* note 7, pp.144–145.
17) *Ibid.,* p.134, p.136.
18) Amartya Sen, COMMODITIES AND CAPABILITIES (Oxford University Press, 1999).

財産を含む財の分配の適切さ、分配的正義を要求するものである。分配的正義が否定されるとき、開発の権利は実現不可能となる。

III　国際的分配的正義

1　国際的分配的正義の正当性と実効性

周知のように、ロールズは彼の一連の著作において、分配的正義について論じている。『正義論』において、ロールズは、伝統的な社会契約論における自然状態の概念を原初状態として再構成した。この原初状態において、人々は、公正な社会が築かれるための枠組みについて「無知のヴェール」と呼ばれる状態の下で二つの正義の原理を選択する。

「無知のヴェール」とは、人々が社会の基本枠組みについて、自己の社会的地位、性、人種、能力、宗教、職業や所有財産に左右されることなく公平に判断することを可能とするための理論的仕組みである。このとき、人々は自己の特殊な状況についての情報を持たないため、どのような正義の原理の選択が自己の利益を最もよく促進するのかを知ることができない。この場合、合理的な人間であれば、社会の中の最悪のポジションが、それでも他の社会におけるのと比べれば最もましな、よい状態に置かれる社会を望むであろうとロールズは言う。このような選択の合理性は、危険性を避ける「マキシミンルール（maximin rule)」に基づくとされる。これは、第一に、すべての人が基本的な自由を平等に保障される原理の選択につながる。無知のヴェールによって自分が被差別集団に属している可能性を排除できない場合、合理的な人は、性差別や人種差別などの構造的な差別社会の原理を選択することはない。すべての人に基本的な自由が等しく保障される原理の選択は、これらを否定されるような最悪の社会的ポジションの出現を回避する最も有効な方法だからである。

これに加えて、人々は第二の原理を選択するであろう、と言われる。これは社会的・経済的不平等は①最も不利な人々に最も有利になる場合②公正な機会付与の条件の下で、すべての人に開かれた地位や公職に付随する場合に認められる、というものである。分配的正義との関係でより重要であるのは①の格差原理と呼ばれる原理である。なぜなら、この格差原理によって、社会の最底辺の人々によりよい状況を保障する累進課税などの社会的再分配政策やそれに基づいた福祉国家の運営が正当化されることになるからである[19]。

ロールズの以上のようなマキシミンルールや格差原理を、グローバル社会の文脈に置き換えるならば、最も貧しい国に生きる人々が最も有利な状況を保障されるような、富の国際的な再分配が要請されるようにも思われる。また、格差原理は、先進国で生み出された知的財産が貧しい国々で自由に利用される可能性をも示唆するように思われる。しかし、このような国際的な再分配は、ロールズが明確に否定するものである[20]。

ロールズは、国内で適用される正義の原理と、グローバル社会で適用される正義の原理は異なったものであるとする。彼の『諸人民の法』においては、国家としての社会において合意された正義の二原理に代えて、国際社会で合意されるであろう八つの原理が述べられている。国際社会の正義原理も原初状態において選択されるものであるが、この場合原初状態への参加者は個人ではなく諸国を形成する諸人民の代表者とされる[21]。そこでは、第八原理に見られるように、人民が他の人民を援助する義務は、極端に不利な条件の下にあるために、正しいあるいは品位のある政治的・社会的体制を設立することができない状況に置かれている人民を援助する義務

19) John Rawls, A Theory of Justice (Revised edition) (OUP, 1971), p.53.

20) Richard W. Miller, '*Global Poverty and Global Inequality*' in Jon Mandle / David A. Reidy eds., A Companion to Rawls (Blackwell, 2014), p.361.

21) それらは次の八原理である。

1."Peoples (as organized by their government) are free and independent, and their freedom and independence is to be respected by other peoples."

2."Peoples are equal and parties to their own agreements."

3."Peoples have the right of self-defense but no right to war."

4."Peoples are to observe a duty of non-intervention."

5."Peoples are to observe treaties and undertakings."

6."Peoples are to observe certain specified restrictions on the conduct of war (assumed to be in self-defense)."

7."Peoples are to honor human rights."

8."Peoples have a duty to assist other peoples living under extremely unfavorable conditions that prevent their having a just or decent political and social regime (duty to assist burdened societies)."

にのみ縮減されている。すなわち、ある国があまりにも貧しいために、自分たちの努力によっては安定的な政治体制を形成することが望めない場合にのみ、豊かな国からの援助が要求される。そして、このような援助は、貧しい国が一定程度の安定した体制を保つことが経済的に可能になった時点で、実際には安定していなくても、また貧しい国と豊かな国の格差がどれほど広いものであっても、打ち切り点に至るとされる。援助義務の目的は、貧しい国の人々が直面している貧困や飢餓そのものではない。援助の目的は、各国家体制の安定可能性の確保である。

ロールズが説明する、国際的場面におけるこの分配的義務の縮小の理由は、二つに整理することができる。第一に、前述のように、国際社会の正義においては、原理の選択される原初状態への参加者は、国内社会のように諸個人ではなく、一定の政治体制を構成する人民の代表者であるということである。第二に、各国家の現在の経済状況は、その国家の歴史的、政治的、文化的な一連の選択の結果であって、それはそこに属する人々の為した行いの結果である。すなわち、各国家は自らの悪状況に対しての自己責任がある。したがって、貧しい国は、豊かな国からの分配を要求する資格を持たないのである[22]。

ロールズの挙げる、国際的分配的正義を縮減する理由に対しては、すでに多くの論評があるが、第一の理由は国家の主権の問題と関わり[23]、第二の理由は現在の貧困の原因の曖昧さと不明確さに関わると考えられる。

第一の理由は、もし我々が国際的分配的正義において、格差原理を擁する国内的な分配的正義と同等のものを達成しようとすれば、単なる財政援助を超えて、他の国家の政治的システムへの介入を行うことが必須となることを示していると考えられる[24]。独裁の傾向を有する発展途上国にしば

---

22)　Jhon Rawls, The Law of Peoples (Harvard University Press, 1999), pp.105-119.

23)　リベラルな社会はノン・リベラルな社会をリベラルな社会に外部から転換する義務を持たず、むしろ不干渉の義務を負うとされる。*Cf.* Samuel Freeman, Rawls (Routledge, 2007) pp.429-435.

24)　Huw Lloyd Williams, '*The Law of Peoples*' in Mandle / Reidy eds., *supra* note 20, p.328, p.336 は、これを内政不干渉の国際原則と、ロールズの寛容的リベラリズムの現れとする。また、社会の基本枠組みを考察するというロールズの制度的思考が、国際社会においては、個人ではなく、国家を主体とする方法論とつながっているとされる。

しば見られるように、国が独占的な政治・経済システムを採用している場合には、国内の諸個人に行きわたるような分配状況の実現には、財政援助だけではまったく不十分である。

第二の理由は、我々が現存する貧困の原因を明らかにすることができないことに関わる。もし貧困の原因が明らかでなければ、この貧困をなくすための実効的な方法を見つけることもできないであろう[25)]。これは、国際的分配的正義の実効性に対する疑問となり、ひいてはその否定につながる。

これに対する反論として、これも周知ではあるが、本節ではポッゲの議論を取り上げたい。ポッゲは、国際的な富の格差の現状の変更要求を正当化する論拠として、国際的な分配的正義に代えて、あるいはこれに加えて、国際的な矯正的正義の理念に訴える。彼は、人権が実現されておらず、そのことと何らかの人間の行為との特定の因果関係が明らかにされている場合には、その人権の不実現は人権侵害となるという理解を前提に[26)]、人為的に作られ、運用されている制度が、人々から彼らの人権が保障される道を奪っているような、人権に対する制度的な侵害の事例を指摘する。彼は、このような不正な超国家的制度の仕組みを創出して運用し続けることを人間性に対する犯罪（crime against humanity）として、我々先進国の人間は、現在進行形のこのような犯罪の遂行に関与していると述べる[27)]。

不正な国際的制度の創設と運営による人権侵害の事例として歴史的に最も顕著なものの一つはおそらく植民地制度であるが、近年の、より身近な例としては、国際通貨基金（IMF）が主導するコンディショナリティー（条件付け）が、融資の条件としての市場開放要求など、発展途上国に不利で先進国に有利な構造を作り出すと批判されている。また、国連貿易開発会議（UNCTAD）の報告によれば、国際関税障壁は発展途上国から先進国への輸出に対して、先進国間での貿易におけるものの四倍の関税を課し続けている、とされる[28)]。世界貿易機関（WTO）の国際的な自由競争の

---

25)　貧困の原因の不明確さと国際的分配的正義の実現可能性問題について、*ibid.*, pp.335-336.

26)　Thomas Pogge, '*Are We Violating the Human Rights of the World's Poor?*' Yale Human Rights & Development L.J. Vol. 14: 2 (2011), p.1.

27)　*Ibid.*, pp.18-19.

28)　井上達夫『世界正義論』（筑摩選書・2012）236〜237頁。

拡大方針も引用しつつ、ポッゲは、このような不正な国際的制度に臨んで、「不正な社会的制度を押し付けず、特に、それがなければ人権の損なわれた状態をかなりの程度回避できると予期されるような不正な制度を押し付けないという……消極的義務を果たすために緊急に制度改革を行い、不正が除去されなければならない」と言う[29]。

国際的な経済格差の是正においてポッゲが依拠するのが、他者に加害を行ってはならないという消極的義務であるならば、分配的正義は国際的には適用されない、あるいはごく限定的にしか適用されないとするロールズの議論に基づいて、現存する格差を是正する義務を否定することは困難となる。ポッゲの言う人権侵害の具体的是正の手法が、賠償という形での援助などの分配的手段を含み、必然的に分配的な結果をもたらすことは確かであり、また集団的な見地に立つにもかかわらず、これは分配的正義における積極的援助義務ではなく、矯正的正義に基づく加害者からの被害者への支払義務という消極的義務を基礎にするものだからである[30]。

このように、分配的正義ではなく矯正的正義の理念に基づき、世界の分配構造そのものを変える義務を措定することによって、国際的分配的正義に伴う前述の二つの困難は大きく減少するように思われる。第一に、各国家の主権に対する不介入の問題については、我々は各国政府の政治システムに介入する必要はない。我々が行うべきことは、我々自身が作り、維持している国際分配システムやそれに伴う国際的な富の産出システムの変革であるからである。第二に、現存する貧困の原因が、貧困国側の歴史的、文化的、政治的な要因にあるのか否かを問う必要もなくなる。我々には、既存の貧困を生み出している制度要因が現に存在している時には、これを従来のように促進あるいは黙認する態度とは異なって、不正な加害行為であると判断し、賠償を行い、直ちにその制度要因の是正に取り組むことが要求されるのみである[31]。

---

29)　Pogge, *supra* note 26, p.20.

30)　この賠償義務においては植民地化などの歴史的な要因以上に、先進国による保護貿易などの現下の貧困要因の分析が重要であることについて、宇佐美誠「グローバルな正義と歴史上の不正義」須賀晃一=齋藤純一編『政治経済学の規範理論』(勁草書房・2011) 第3章、61〜62頁。

31)　*Cf.* Amartya Sen, Identity and Violence: The Illusion of Destiny (W.W. Norton &

2　新たな制度設計の試み――Health Impact Fund

以上、グローバル社会における貧困問題に対して、ポッゲが提唱する新たな解決策について論じた。これは、各国家主権の問題と、貧困の原因＝実効性の問題から国際的分配的正義を否定するロールズ的な議論に対して、国際的矯正的正義の観点からの批判を試み、国際的な分配に伴うこれらの困難を回避する方法論を模索するものであった。

ポッゲは、不正な制度設計とその運営により、貧困国の人民が人権侵害を被っている事例を挙げる。この内には、制度を通した加害の著しい例の一つとして、薬品特許権の強化が含められている[32)]。彼によれば、現在の世界には、TRIPs 協定が存在しなければ生じなかった、貧困国の病人の経済状態と病状の悪化、死、家族の貧窮が存在する[33)]。実際、ポッゲの矯正的正義による分配構造の変更義務は、国際的知的財産法制には特によく当てはまると思われる。もし、現行の国際的知的財産法制が、発展途上国の人々が生命や健康のための薬やその他の社会的発展のために不可欠な財を使用することを妨げ、また、従来は自由に活用されていた先住民の知識や財の製造に知的財産権が設定されることによって彼らの生活を圧迫しているのであれば、これは変更されなければならない。知的財産権の範囲や期間を限定し弱化する、強制実施をより広く容認するなどの知的財産法制度上知られている方法によって、より公正な分配状況をもたらすような変更を試みなければならない[34)]。

Company, 2006), p.147.

32)　TRIPs 以降貧困国での薬品利用の不足が問題となっていることについては、Hiroko Yamame, Interpreting TRIPs―Globallsation of Intellectual Property Rights and Access to Medicines (Hart Publishing, 2011) pp.1–6.

33)　Pogge, *supra* note 26, p.26.

34)　ロールズの国際的な分配的正義論を批判し、それとは異なる国際的矯正的正義に基づいて、知的財産権の世界的拡大を図る制度の改革を変更を主張するポッゲに対して、ドラホスは『諸人民の法』におけるロールズの国際的正義の理論を、現在の先進国における自国の知的財産権の拡大的保護政策の国際的強制と、他国の知的財産権の保護について、その経済的発展状況に応じて各国の広い裁量権限を認めることに反対する論拠として解釈する。各国に他国の知的財産権の保護に関して広い裁量権を認める制度は、ロールズの国際的正義の原則に見られる各国の主権の尊重から導き出されるとともに、原初状態に参加する各国代表者は、自国が知的財産を豊富に有しているか、逆に他国の進んだ技術の利用を必要とする状態にあるかについて無知の状態に置かれるため、最小限の知的財産権の保護にのみ合意するとされる。また、ドラホスは、「知識の役割に鑑みるとき、分配的正義の理論と経済成長の理論は

このような制度変更に関して、学術的にはまだあまり紹介されていないように思われる、興味深い例を紹介したい[35]。

ポッゲは、いくつかの公的機関を含む団体の支援を受けつつ[36]、世界の薬品特許制度の変更をもたらすアイデアを実現する活動に中心的に関わっている。このアイデアは2003年頃からポッゲを含む幾人かによって着想され、経済学者や医療関係者などの専門家の意見を取り入れながら徐々に発展し、現在に至っているようである。この活動はヘルス・インパクト・ファンド（HIF）と呼ばれている。

HIFはその活動の概要において、この試みが、最も必要とされている疾病分野での医療・薬品開発の促進と、これらの治療への広範なアクセスの保障という二つの目的を同時に追求するものであることを述べている[37]。現在の特許制度においては、販売による利益獲得の見込みが薄いことから、世界で特に必要とされている疫病や疾病に対する薬の開発がなされない。例えば、一般には「眠り病」として知られているアフリカ・トリパノソーマ症は、60万人の罹患が報告されているにもかかわらず、これに対する薬が開発されていない。なぜなら、薬が開発されても、この病気の患者のほとんどには購買力がないからである[38]。このため、製薬会社は、薬の開発能力を、罹患者の多い深刻な病気のためには活用せず、先進国の購買力のある人々に対する糖尿病の治療薬など、すでに存在し一定の効用の認められている薬のわずかな改良にもっぱら振り向けている。特許権が開発を促進するという構図はここでは成立していない、とされる。

HIFの運営方法は以下のように説明されている。

共通の合致点を見出すであろう」として、知的財産の分配に関しては消極的義務ではなく積極的義務を支持している。Peter Drahos, A Philosophy of Intellectual Property（Ashgate, 1996）, pp.185-193.

35）瀧川裕英「エボラ出血熱とグローバルな正義」法学セミナー723号（2015）52頁の註9において簡単な紹介がなされている。

36）支援している団体としては、The Australian Research Council, The UK-based BUPA Foundation and the European Commission（7th Framework）が挙げられている。

37）〈http://healthimpactfund.org/the-health-impact-fund-a-summary-overview/〉

38）*Cf.* Sonia Corrêa, '*Medicine, Health, AIDS*' in William F. Fisher / Thomas Ponniah eds. Another World is Possible（Fernwood Publishing Ltd., SIRD, David Philip, Zed Bokks, 2003）, pp.152-153.

「この提案の基本は、10年ごとに企業に固定した基金からの分配金を付与することであり、それはすべての登録された製薬の中で当該の製薬が占める、健康に対する効果（health impact）の比率に従ってなされる。例えば、仮に登録されたすべての製薬によって、2億年の『適切な質の生存年（Quality-Adjusted Life Years, QALYs）』が救われたと評価される場合に、当該の登録製薬が200万年分のQALYsを救ったならば、基金の1パーセントを受け取ることができる。この計算は年ごとに行われ、各登録製薬は市場に出てから10年間、この方法で支払を受ける。その代わりに、企業は世界中でその製薬を安価な定額、平均の製造費用とほぼ同額で販売すること、10年の報酬期間が経過した後は、ジェネリック薬のためのロイヤリティなしのオープンライセンスを与えることに合意する。企業は、どの特定の製薬をヘルス・インパクト・ファンドに登録するか、それとも独占価格の特権を通常の方法で獲得するかについて選択することができる[39)]」。

このようにして、HIFは世界の貧困層における「放置された病（neglected disease）」に対する薬の開発を促進するとともに、低価格での販売を目指している。このために、通常の需要と供給による市場的価格決定ではなく、基金に登録された薬の持つ実際の健康状態への影響力に基づいて報酬を決定する仕組みが採用されている。

困難な問題の一つは、言うまでもなく、いかにしてHIFの基金を集めるかであろう。この点については、プロジェクトの合理的な出発点は年間60億ドルからであるとされ、これは、毎年二つの新しい製薬の開発を促すとともに、約20の製薬のストックに対する報酬を維持できる規模であると考えられている。拠出は基金のパートナーとなる諸国家に期待されているが、「放置された病」を抱える国家には拠出の理由があるし、薬代が低下して医療保険支出が抑えられる先進国にも拠出の十分な動機が存在するのではないかとされている[40)]。そして、この制度は、企業に慈善を要求するものではなく、生産した薬が、現実に人々を救済した分に応じて報酬

---

39)　〈http://healthimpactfund.org/the-health-impact-fund-a-summary-overview/〉

40)　HIFのthe advisory boardの構成員の中にはKenneth Arrow, Noam Chomsky, Onora O'neill, Amartya Sen, Peter Singer, Paul Martin（the 21st Prime Minister of Canada）などの専門家や政治家、医療関係者も含まれている。

を与えるものであり、必要な薬の開発が阻害されている現行の特許制度より効率的で合理的であるとされる。

HIF は、新しいアイデアであり、未だ構想段階にあり、実現に至るには基金面や薬の評価システムの確立などのいくつかのハードルがあることには疑いはない。しかし、知的財産権やその法制度は、社会の発展、人権としての開発の権利、知的財産を生み出す者の自由な活動や経済的利益の保障という多様な側面を有し、その多様な目的の均衡のとれた追求のあり方には多くの制度的可能性がある。知的財産法制は、現代的で技術的な制度であり、知的財産の本来の流通性と利用価値の高さから、グローバル化にともないその重要性はますます増大している。その中で、国際社会における分配状況の不正を是正するために意識的な制度変革が必要かつ実効的であることを論じるポッゲが、特許権に代わる、これまでにはない薬の製造・開発とその情報を利用するための制度を具体的に設計し、実現しようと試みていることは、我々に制度変革のための創造力と熱意のモデルを提示するものではないだろうか。

IV　結　　び

以上、近年強化の傾向を見せている国際的な知的財産法制のあり方について、人権とその実現を支える国際的分配的正義の観点からの批判的な考察を試みた。本章では、現状におけるグローバルな格差と貧困に対処するために、疑義の多い国際的分配的正義に代えて、国際的な矯正的正義に訴え、人権侵害を帰結する分配結果を生み出す、不正な国際的法制を是正する義務を明らかにするポッゲの議論を参照し、そこから導き出される国際的な知的財産法制の変更、新たな制度創設の提案を紹介した。

ポッゲの議論は矯正的正義における加害行為の是正の義務を主張するものであるが、これは第一に、グローバルな貧富の差とそこにおける苛烈な貧困を一刻でも早く緩和するために、分配的正義における積極的義務には不足する義務の緊急性、明白性の性質を付加せんがためである。第二に、矯正的正義とはいっても、その本来の、個人間での個別的な交渉によって生じた不正な得失の是正ではなく、制度を介した、集団間での継続的な加害行為の是正であり、いわば分配的正義のファクターを強く担った矯正的正義である。しかし、制度的加害要因を指摘することによって、ポッゲの議論は、具体的な制度改革による分配状況の変更の提案を持つことができ、現行国際的知的財産法制の変更の提案へと結びつくことができる。知的財産法制は、国内的にも国際的にも人為的、技術的な制度創設と変遷の歴史を持ち、これからも多様な制度展開の可能性を有する。グローバルな人々の英知が発揮されなければならず、また世界での宗教対立や戦乱などの問題に対するよりは、そのような英知が比較的発見されやすい分野ではないかと思われるのである。

【附記】 本章は、同志社法学 67 巻 4 号（2015）415〜434 頁に掲載の同題の論文に若干の加筆・修正を加えたものであり、基盤研究（B）「グローバル化に対応した公法・私法協働の理論構築―消費者法・社会保障領域を中心に」（代表 藤谷武史）による研究成果の一部である。

第8章 グローバル化と「社会保障」

――グローバル化による法的カテゴリー再編の一事例として

藤谷武史

Ⅰ 「グローバル化と『社会保障』」という問題設定

本章は、「グローバル化が法（学）に提起する新たな課題」（本書序章）の各論的領域として「グローバル化と『社会保障』」を取り上げ、これをグローバル化による法カテゴリー再編の一事例として描写することを目的とする[1)]。本論に先立ち、この素材選択および問題設定の含意について、いくつか確認しておこう。

1 議論の前提――グローバル化と社会保障法および「社会保障」

まず、「グローバル化と法学の課題」という本書の主題にもかかわらず、本章は「グローバル化の下での社会保障法（学）の課題」を論じるものではない[2)]。これは、社会保障法の門外漢である本章筆者の能力の制約とい

---

1) 原田大樹「グローバル社会保障法？」同『行政法学と主要参照領域』（東京大学出版会・2015）185～212頁は、本章と共通する問題関心から、グローバル化に対応した社会保障法の発展可能性を考察しており、本章も同論文から大きな示唆を受けている。ただし、同論文は「公共部門の複線化・多層化」という認識枠組みで、特に国家の責任の類型から社会保障法における国際化・グローバル化への対応を理論的に分析することで、行政法総論／参照領域理論のための示唆を引き出すことを主眼としており（187～188頁）、その限りで本章と関心の所在を異にする。

2) 他方で、本章の関心はあくまでも「グローバル化の下での法（学）のあり方／変容」にあり、例えば「グローバル社会保障」の全体構想を提示しようというものでもない。社会保障

う明白な理由に加えて、以下の考慮に基づく。

第一に、社会保障法においては[3)]、(グローバル化以前から) すでに国境を越えた人の移動に伴う法的課題が認識され、制度的・理論的にも一定の対応がなされてきた[4)]一方で、「グローバル化」が法理論体系に変革を迫るといった認識は一般的とは言えず[5)]、またそれには (国家を単位とする法秩序と密接に結びついた社会保障法の体系からして) 正当な理由があると考えられる。社会保障法においては、他の法領域のように、グローバル化によって「法学の基本的な概念や考え方にも再検討の必要」(本書序章参照) が生じているわけではないのである。

第二に、(第一の点にもかかわらず)「グローバル化」を「国家を単位とする法秩序という構造の相対化ないし動揺」と捉える本書の枠組み (本書序章参照) からは、むしろ社会保障法学に言う「社会保障」に包摂されない領域において「グローバル化」の契機を見出すことが可能であり、そこでは「社会保障」を機能的に代替/補完する諸契機が (実定社会保障法に限定されない) 法制度と交錯する現象が指摘できる。こうした (いわば広義の)「社会保障」と法の関係を視野に収めた議論を行うためには、社会保障法学における「社会保障」概念から一旦は離れる必要がある[6)]。グロー

論の側でこうした主題を扱うものとして、例えば岡伸一『国際社会保障論』(学文社・2005)、同『グローバル化時代の社会保障』(創成社・2012) に接した。

3) 以下の議論では、荒木誠之『社会保障法読本〔第3版〕』(有斐閣・2002)、西村健一郎『社会保障法』(有斐閣・2003)、同『社会保障法入門〔第2版〕』(有斐閣・2014)、堀勝洋『社会保障法総論〔第2版〕』(東京大学出版会・2004)、岩村正彦『社会保障法Ⅰ』(弘文堂・2001)、菊池馨実『社会保障法』(有斐閣・2014)、加藤智章＝菊池馨実＝倉田聡＝前田雅子『社会保障法〔第6版〕』(有斐閣・2015) を参照した。

4) 主要な社会保障法の教科書・体系書では、「国際化」「グローバル化」の題目の下で、社会保障法と条約 (国際人権規約 (社会権規約))、国籍要件ないし人的適用範囲の限界、二国間社会保障協定、ILO による社会保障の国際基準の形成 (ILO 条約 102 条)、保険医療分野における国際協力、が論じられている。

5) 原田・前掲注 1) 186 頁も同様の認識を示した上で、行政法学の観点から、「国家が自らの領域を超えた再分配を支援する役割を果たす制度化」として「グローバル社会保障法」を構想する。

6) 原田・前掲注 1) も、社会保障法を「個人の自律した日常生活を支えるための所得再分配を規律する法」と読み替えた上で (なお、原田大樹『例解 行政法』(東京大学出版会・2013) 230 頁以下も参照)、「グローバル社会保障法」を論じている。これに対して、社会保障法学では、社会保障の目的 (国民の生活保障) と機能 (所得再分配) を区別して論じるのが一般的な説明であると思われる。

バル化の下での「社会保障」は、我々がなじみのある「社会保障」とはかなり性質の異なるものとなる可能性があるからである[7]。

2　現状――国家を基軸とする社会保障法（学）と「社会保障」概念

実定法学としての社会保障法学は、各国の歴史の中で経路依存的に成立してきた社会保険や公的扶助等の諸制度を、法理論的に観察し体系化することを通じて、法解釈論と立法政策の指針を示すことを使命としてきた[8]。その中で特に、福祉国家の展開期にあって国が給付主体としての重要性を高めつつあった当時の現実を色濃く反映して、国と国民の間の法関係を基軸とした、国に対する社会保障の「権利」性を強調する社会保障法学の体系が有力となった[9]。

このような社会保障法学における「社会保障」の概念は、論者間のバリエーションを伴いつつも、おおむね、①国の立法者によって具体的に整備された諸制度に基づき、②国家責任の原則[10]に立脚し、③法により定義さ

7）もちろんそれを「社会保障」と呼ぶべきではない、との批判はまったく正当である。しかし、社会保障に伏在する「社会」の契機（倉田・後掲注 11）論文および同論文が依拠する遠藤博也の「社会管理機能」への着目）と、グローバル化の下での中間団体の役割の再考（参照、浅野有紀「社会保障システムの再構想」ジュリスト 1422 号（2011）58 頁）、とが連絡し得るとすれば、国家を運営主体としない社会保障の構想も強ち荒唐無稽とは言えないかもしれない。本章はそうした「グローバル社会保障」の契機のごく部分的な要素に着目したスケッチを行うものである。

なお、グローバル化を問題にするものではないが、「社会保障」をその構造と前提から全面的に再定義しようとする、太田匡彦「対象としての社会保障―社会保障法学における政策論のために」社会保障法研究創刊 1 号（2011）165 頁への言及を逸することはできない。同論文の分析は、統治団体や「社会」を社会保障の構成要素とするから、本章の枠組みとはおよそ相容れないようにも思われる。しかし、グローバル化は統治団体を含む「政策実現過程のグローバル化」と、社会の側の「国境を越えた機能的部分社会への多元的分化」をもたらすから（本書序論、第 12 章、第 13 章参照）、むしろ太田教授の理論枠組みは本章が扱う問題に対して鋭敏な感受性を示す（必要がある）かもしれない。

8）参照、「《座談会》特集・社会保障法学の軌跡と展望」民商法雑誌 127 巻 4・5 号（2003）485 頁、荒木誠之「社会保障の形成期」社会保障法研究創刊 1 号（2011）1 頁、稲森公嘉「社会保障法理論研究史の一里塚」同号 13 頁。

9）そこでは、憲法 25 条の生存権を軸にした規範体系が構築される一方で、社会保障財政への関心は低調なものにとどまった。参照、岩村正彦「社会保障の財政」社会保障法研究 2 号（2013）1 頁。

10）ここに言う国家の責任は、給付主体としてのそれに限らない。例えば労災保険における国の責任は、企業の負担において保障給付を確実に履行させるという「管理的な意味」が強

れた要保障事由（ニーズ）の発生を要件とする給付の提供によって国民の生活保障を目的とする制度、という理解に収斂するようである。この概念構成を反映して、例えば私人や中間団体が慈善的な救済事業を行うことがあってもそれは（国家が主体となるわけではないから）社会保障の領域からは除外され[11]、また社会保障法と機能的近接性・連続性を有する労働法、家族法、国籍法[12]（移民法）なども、体系の外に置かれることとなる[13]。もちろんこうした割切りは、およそあらゆる法学分野の体系化にとって避けられないものであるが、現在の「社会保障」の概念構成が実定法制度の歴史的展開に対応した経路依存的なものであり、原理的には他の様々な可能性にも開かれている、という点は確認しておくに値しよう。つまり、本章の問題関心は、グローバル化の下で、「社会保障」はどの程度国家から離れたものとなり得るか、その下で法はどのような役割を果たすか、と表現することもできよう。

II　社会保障法の「国際化」と「グローバル化」の区別

さて、このように「国家＝社会の一対一対応」関係（本書序論、第13章参照）に深く規定された「社会保障」[14]が、経済社会のグローバル化によって

いと指摘される（前掲注8）《座談会》511頁〔荒木誠之〕）。また、原田・前掲注1）も、国家による再分配の実施責任と並んで再分配の制度設計責任を強調する。

11）荒木・前掲注3）250頁。倉田聡「社会連帯の在処とその規範的意義―社会保障法における『個人』と『国家』そして『社会』」民商法雑誌127巻4・5号（2003）612頁以下（614頁）はこの点を従来の通説的理解の特徴の一つとして強調する。他方、荒木理論によれば同じく社会保障法の体系には含まれない任意加入の企業年金については、近時の学説の多くが社会保障法学の体系に含めている（西村・前掲注3）『社会保障法』266頁等）。また、国際的な比較研究でも、国家が運営主体となる仕組み以外にも、私的に運営され国家が監督をする給付の仕組みも含めて、「社会保障」が捉えられている（しばしば社会的保護（social protection）の概念が用いられる）。See, Ulrich Becker, Frans Pennings, Tineke Dijkhoff (eds.), International Standard-Setting And Innovations In Social Security (Wolters Kluwer 2013), § 1.02 [B] [2].

12）例えば参照、萩原康生「グローバリゼーションと国家福祉の変貌」海外社会保障研究134号（2001）3頁、菊池・前掲注3）45頁。

13）公衆衛生法分野との関係につき指摘するものとして、稲森・前掲注8）32頁。

14）本文で述べた法理論的要因の他に、政治的・経済的要因も無視できないであろう。すな

存立基盤を脅かされ、根本的対応を迫られる、といった言説は、広く人口に膾炙しているように思える[15]。しかし、法的観点からは、（資本や人の国境を越えた移動の増大といった）経済社会のグローバル化が直ちに〈国家を基軸とする社会保障法〉の本質を脅かすものとは評価されない。次項に見るように、経済社会のグローバル化が惹起する個々の法的事象は、国内法および関連する国際条約の解釈・適用問題の形で国家を単位とする法秩序の構造によって応接されており、そうである以上、必ずしも国家法秩序を相対化・動揺させるものではないからである[16]。

1　社会保障法の「国際化」

外国人労働者や移民等、人の国際的な（＝ある国家の領域内から別の国家の領域内への）移動は、当該人に対していずれの国の社会保障立法が適用されるか、という法的問題を生じる。その具体的な現れの一つが、受入国の側で（不法滞在者も含めた）外国人が公的扶助や医療保険等の適用が受けられるかという問題であり、特に国籍条項との関連で論じられてきた[17]。もう一つの典型例は、母国企業によって（雇用関係を維持しつつ）外国に派遣される労働者について、母国企業の雇用関係と受入国での就労関係が併存することから、両国で強制加入の社会保険の適用関係の調整が問題と

わち、我々が知る「社会保障」が、19世紀の産業資本主義の台頭による「市場社会」化（なおこれは19世紀のグローバル化（金本位制の下での国際的資本移動の自由を核とする）と不可分であった）に対する、（国家を単位とした）社会の自己防衛の一つとして発展したものであり、20世紀の二つの世界大戦という経緯やその中での社会統合という動機によって規定されてきた面は、今次のグローバル化との関係を考える上で否定しがたい重要性を持つと思われる。市場社会化と社会防衛の関係についてはカール・ポラニー（野口建彦・楢原学訳）『[新訳] 大転換―市場社会の形成と崩壊』（東洋経済新報社・2009）が今なお示唆に富む。さらに、野田昌吾「社会国家はいまどこにいるのか」髙田昌宏＝野田＝守矢健一編『グローバル化と社会国家原則―日独シンポジウム』（信山社・2015）33～56頁は、実は見えざる「社会的なるもの」に市場も社会国家も依存してきたのが、個人の「脱埋め込み化」によりこれが失われたことが現代の社会国家の危機の根底にある、という巨視的な見通しを示しており、有益である。

15）　かかる問題認識は社会保障研究者の間でも早くから示されてきた。例えば参照、海外社会保障研究134号（2001）の特集「グローバル化と社会保障」。See also, Becker, *et al.*, *supra* note 11, §1.02 [A] [1].

16）　原田・前掲注1）186～187頁。

17）　ここでは詳細には立ち入らない。参照、原田・前掲1）191頁以下、堀・前掲注3）149頁以下、西村・前掲注3）『社会保障法』40～41頁および495頁以下など。

なる場面であり、こちらについては（年金を中心とした）二国間社会保障協定による保険料の二重負担の防止・加入期間の通算という対応が取られている。

ここで生じているのは、越境的な活動に対して複数国の社会保障法秩序のいずれ（か）が適用されるか、という（広義の）規範抵触の問題であるが、社会保障法における処理の特徴として、「法の抵触と準拠法の決定という国際私法のアプローチは採らないという立場」[18)]が指摘されている。社会保障が国家の公的な作用であり、（社会保険の強制加入・費用徴収のように）強制性を伴うことを理由に、外国法の適用可能性は排除される[19)]。したがって、複数国間の社会保障立法の適用調整は、第一次的には、社会保障制度を設計する各国立法者の裁量に委ねられる。適用調整の方法としては、属人主義（母国主義）・属地主義・相互主義が主な選択肢とされてきた。例えば日本法では、雇用関係を基礎とする社会保険については属地主義的調整を選択しつつ、居住関係を基礎とする社会保険（国民年金法・国民健康保険法）や生活保護法については国籍を要件とする属人主義に拠ってきたが、後者については1981年の難民条約加入に伴う国内法上の実施措置として、（生活保護法を除き）国籍条項が削除され、属地主義への移行がなされた[20)]。また、二国間社会保障協定には、国内法による適用調整ルールが抵触する可能性（例えば勤務地国が属地主義・本国が属人主義を採る場合には社会保険法の二重適用が生じ、逆に勤務地国が属人主義・本国が属地主義を採る場合には二重不適用が生じ得る）に備えて、相互主義的発想に基づき、社会保障関係の類型ごとに適用法の決定ルールが規定されている[21)]。

このような適用調整の必要性は、確かに経済社会のグローバル化（人の越境的移動）の増大によって高まる。しかし、これらの国際条約は（各国

---

18)　岩村・前掲注3）188頁。

19)　岩村・同上。西村・前掲注3）『社会保障法』10頁。

20)　1981年の難民条約加入時に生活保護法の国籍条項が存置された際の経緯は、同条項をめぐる解釈問題を生じさせた。参照、最判平成26年7月18日判自386号78頁および原田・前掲注1）194頁。

21)　これは租税法における抵触処理の方法と似ている。社会保障協定と租税条約の比較につき、原田・前掲注1）190頁、松原有里「租税条約と年金協定をめぐる諸問題」金子宏編『租税法の基本問題』（有斐閣・2007）548頁。

憲法の規定に従って）国内法に優越して適用されるとはいえ、あくまでも各国憲法秩序の下で民主政的正統性を備えた機関・過程を通じて締結され、国内法化されたものであって、国家を単位とする法秩序の基本構造を揺るがすものではない。国際法規範の国内法秩序に対する関係はなお「静態的なもの」にとどまり[22]、国家を超えたレベルで規範形成がなされ、無媒介に（批准手続を経ることなく）国内法に影響を及ぼす、という状況にはない。この意味で、社会保障法は「国際化」しているが、（次項で触れる政策実現過程の）「グローバル化」にはなお組み込まれていない[23]、と評価される。

2　社会保障法の「グローバル化」の契機？

法秩序の「グローバル化」は、「従来は国家の単位で完結してきた政策基準・法規範の定立→個別的執行・実現→争訟・評価・改善という政策実現過程がもはや国内に収まらなくなり、国際的な水準にまで拡大する現象」（本書序章参照）として表現することができる。国家が、各国固有の利害を調整する手段としての国際条約の締結にとどまらず、規範形成・実現において一定の自律性を備えた超国家的レジームの存在を容認・推進する（結果として自らの自律性の制約を甘受する）のは、経済社会のグローバル化（広義の「グローバル化」）が各国家の制御能力を超えた課題を突きつけており、これに対する統治の実効性を確保するために他ならない[24]。逆に言えばそうした「グローバルな」共通課題が認識[25]されていない場合には、法秩序のグローバル化も進まないと予想される。

この点、社会保障は「各国の歴史的・社会的・経済的・政治的・文化的諸条件の違い」を反映した「ドメスティックな国内政策としての性格を強

22）　原田大樹「多元的システムにおける行政法学」同『公共制度設計の基礎理論』（弘文堂・2014）8〜48 頁（19 頁）。

23）　「グローバル化」と「国際化」の区別の詳細については、本書第 13 章 II 1 の他、原田・前掲注 22）18〜25 頁、原田大樹「議会留保理論の発展可能性」法学論叢（京都大学）176 巻 2・3 号（2014）328〜347（340〜342）頁を参照されたい。

24）　参照、藤谷武史「企業・投資活動の国際的展開と国家」公法研究 74 号（2012）100〜111 頁。また、課題に能く対処し得る実効性を有すること自体が、かかる統治組織の正統性を支える要素の一つでもある（本書第 13 章 III 2 参照）。

25）　もちろん、ここで言う「認識」が客観的な実態に整合しているかは別の問題である。

く持つ」ことが指摘されてきた[26]。これは社会保障制度の歴史的経緯からしてもそうであるし、機能的観点からも、まさに国家単位で編成された社会保障制度自体が、(社会保障制度が関心を寄せる構成員の総体としての)〈社会〉の国家単位による画定を強化する、という再帰的構造（本書第13章II 2参照）の表れとして理解できる。このように考えると、国家単位で編成された各〈社会〉ごとに整備された社会保障法秩序の間を移動する個人について各国の実定社会保障法間の適用関係を調整するという意味での「国際化」が進展する一方で、国境を越えた〈社会〉に対応する／関心を持つ「グローバル化した社会保障法」が未発達である現状は、何ら驚くに値しない[27]。

もっとも、社会保障法の領域においても上記の意味での「グローバル化」の潜在的契機が皆無というわけではない。以下、いくつかの例を検討してみよう。

(1)　**国際的な社会保障の基準——ILOを中心とする取組みの限界**　「国際化と社会保障」の文脈でしばしば紹介される、国際労働機関（ILO）による1952年の社会保障（最低基準）条約（ILO102号条約）は、社会保障を通じた国際的な人権保障に加えて、公正な国際的経済競争条件の維持・確保に資する（いわゆるソーシャル・ダンピングの抑止）、という目的も有していた[28]。しかし、同条約は採択当時の先進国の社会保障制度の最大公約数的な水準を規定したものにすぎず、批准には九つの社会保障分野（老齢給付、医療給付、失業給付、業務災害給付等）のうち三つ以上を受諾するだけでよいなど、現状では先進国における社会保障の水準を高める規範としては機能しておらず（また、伝統的な「社会保障」にとどまっており新しいリスクを考慮してい

---

26)　西村・前掲注3)『社会保障法入門』5頁。

27)　ただし、国境を越えた単位で共通の利益を有する機能的部分社会が観念され、事実上その単位での〈社会保障〉が観念されそれを国家法秩序が受容することはあり得る。1949年にILO総会において採択された「ライン川水運船員のための社会保険条約（Das Übereinkommen über die Soziale Sicherheit der Rheinschiffer)」は、これら特定の越境労働者集団に対して加盟国間の社会保険制度の適用を調整する仕組み（Koordinierungsinstrument）であるが〈http://www.ccr-zkr.org/12050300-de.html〉、本書第13章IIの意味での「グローバル化」の事例として捉えることもできるであろう。Vgl. Markus Glaser, Internationales Sozialverwaltungsrecht: Integration und Verwaltungskooperation statt Sozialrechtskollision: in Christoph Möllers u.a. (Hrsg.), Internationales Verwaltungsrecht, 2007, S. 73-120, 84.

28)　西村・前掲注3)『社会保障法』11頁、Becker, *et al.*, *supra* note 11, §2.03［A］, §2.08［A］.

ない、との批判もある)、他方で執行上の問題(例えば信頼できる統計がない)から発展途上国への実効性を欠く等、必ずしも当初の目的を実現するものになっていない[29]。また、その後にILOでなされたヨリ高い水準の国際基準を設定する試みとして例えば1988年の168号条約があるが、同条約は8か国の批准を得るにとどまっており、こうした試みは低調なものに終わっている。特に日本はこれらの条約の批准に消極的である。

ILO自身もこうした状況に問題意識を持ち様々な改革を構想しているが[30]、技術的な問題以上に、個別の国際基準ごとに採択・批准の手続を踏むILOの規範形成過程が、加盟国から自律的なグローバル政策実現過程としての性質を欠く(この点、例えば国際経済法の領域でグローバル化を先導してきたWTOのように、紛争解決手続も含めた二次法形成[31]により、各国の影響から(ある程度)自律的に規範形成が進行する国際レジームとは異なる[32])ことが根本的な原因であると考えられる以上、今後もドラスティックな変化を期待することは難しいのではないか[33]。

これを国内法秩序の観点から見ると、ILO条約の国際法規範としての影響は静態的なものにとどまる[34]。その意味で、社会保障法学がそうして

---

29)　Becker, *et al., ibid.*, §5. 07.

30)　See, *e.g.*, ILO, *Setting Social Security Standards in a Global Society* (2008); ILO, *Social Security and the Rule of Law* (2008); Becker *et al., ibid.*, §2. 03 [C].

31)　なお、ILOは、それまでの国際基準の欠陥(例えば全就労者をカバーしなくても基準が達成できたとされてしまう)を補うべく、2012年に「社会的な保護の土台勧告(第202号)」(Social Protection Floors Recommendation, 2012 (No. 202))を採択している。勧告(Recommendations)は条約(Conventions)と異なり批准を前提とせず、法的拘束力もないとされているが(例えば参照、ILO駐日事務局ウェブサイト〈http://www.ilo.org/tokyo/standards/lang--ja/index.htm〉)、拘束的な条約よりも多くの国を包摂しつつ、国際的な水準に向けて各国に事実上の(ソフトな)規範的圧力を持つこともある(See, *e.g.*, Becker *et al*, *supra* note 11, §5. 07)。例えば本章**IV 1**でも触れる国際租税法におけるOECDのBEPSプロジェクトは、OECD条約5条(b)の「勧告」の枠組みで行われており、同様に法的拘束力を持たない(参照、〈http://www.oecd.org/legal/legal-instruments.htm〉)が、事実上の拘束力を持つものとして受け止められ、各国はこれに沿った国内法措置を採る見込みが高い(もっとも、何を以て勧告を遵守したと言えるのかを判定する手続はない)。

32)　国際レジームの典型例としてのWTOの位置付けにつき、原田・前掲注22) 19頁。

33)　ただし、同様に主権国家に留保されてきた領域である税制において、近年急速にグローバルな秩序形成が進行しつつあることにつき、後掲**III 1**参照。

34)　また、加盟国の社会保障制度のマクロ・レベルで設定された基準(例えば「全被用者の少なくとも50パーセントが老齢給付制度によってカバーされていること」といった基準)

きたように、これを社会保障法の「国際化」と把握することはできるが、「グローバル化」と評価することは難しいであろう。

(2)　例外的事例としてのEU法　他の分野と同様、社会保障法においても、EUは法の超国家化の貴重な事例を提供する[35]。確かに、EUにおいてすら、各加盟国の歴史や政治に根ざした社会保障制度の多様性に照らして、実体的な社会保障制度の整合化（harmonization）は困難であるとされ[36]、域内での人の移動に伴う不都合を避けるために各制度を連携化（coordination）することが（少なくとも中期的な目標としては）志向されている[37]。とはいえ、域内統一市場の形成という基本政策の下、人の移動の自由の保障というEU法規範の拘束力により、加盟国国民である移住労働者に対する国内労働者との平等取扱原則が貫徹される結果、加盟国の固有の立法政策上の利益が妥協を強いられる場面も生じる[38]。加えて、EU司法裁判所によるEU法の解釈適用という形で、動態的・継続的な法規範形成が行われることも、「国際化」と対比される「グローバル化」の契機をEU加盟各国の社会保障法にもたらしている[39]。

(3)　国内法――グローバル化と国内裁判所の役割？　それでは、EU以外の諸国の社会保障法は「グローバル化」とまったく無縁なのであろうか。こ

であるため、個人が権利侵害を主張し、司法的救済によって制度が変化するという国際人権アプローチに乗りにくいことも指摘されている。Becker, *et al.*, *supra* note 11, §2. 08［C］［2］.

35)　参照、堀井由紀「社会保障の国際化―EUにおける外国人への社会保障法の適用を中心として」本郷法政紀要7号（1998）475頁、岩村・前掲注3）193～194頁。

36)　EU加盟国の多くはILOの社会保障関連条約の批准国でもあるが、これをあえてEU法の枠内に取り込むことは望んでいない（EU法の履行確保権限はILOのそれと比較して格段に強力であるため）、との指摘がある。Becker, *et al.*, *supra* note 11, §2. 05.

37)　堀井・前掲注35）481頁。なお、本書の別の箇所で登場する「行政連携（Verwaltungsverbund）」概念にいう「連携」概念と紛らわしいが（ドイツ語でKoordinationは別の概念である）、ここでは「連携化」の訳語も同論文に従った。

38)　自国の人口政策を目的の一つとするフランスの家族手当に含まれていた国外に居住する家族に係る給付を制限する規定が、事実上他国民に対してのみ及ぶものであること等を理由としてEU法違反とされた事例につき参照、岩村正彦「EU社会保障規則と家族給付―フランス家族給付の支給調整をめぐって」北村一郎編『現代ヨーロッパ法の展望』（東京大学出版会・1998）159頁。非拠出制の給付にも平等取扱原則の射程が及ぶ点は、財政方式の重要性（後述Ⅲ1参照）に照らして、きわめて興味深い。

39)　堀井・前掲注35）481頁（EU法とILO条約の内容面における共通点を指摘しつつ、両者の最大の相違が「EU法規の超国家的規範としての法的安定性の強さ…〔中略〕…、及び、EC裁判所の目的論的解釈による発展である」と指摘する）。

こで注目されるのが、国内裁判所による国際人権法の適用を通じて国内立法者の社会保障制度設計の裁量が制約される（あるいは、動態的な法発展へと開かれる）可能性である（「国際人権アプローチ」[40]）。

(a)　**国内立法者の裁量と裁判所による国際的規範の適用**　この問題に国内行政法の観点から検討を加えた原田大樹は、国際人権法の憲法上の位置付けに関する学説対立とは異なる角度から、「法律の留保」論に言う「法律」には条約が含まれないとの解釈を踏まえて[41]、条約のみで法律の留保領域と抵触する行政法制度が形成されることはない点に注意を喚起する。そして、社会保障領域においては、日本国憲法が広範な立法裁量を認めてきたことに加えて、「社会保障給付そのものは侵害作用ではないものの、給付の前提として財源調達を行う制度の構築を行う必要があり、調達時には強制的な財の移転が想定される。そしてその財の給付そのものが、社会保障制度の目的である」ことから「社会保障制度の総説には法律の根拠が要請され、国内の立法者による制度形成の契機が重視される」[42]と論を進める。もちろんこの考え方によっても社会保障領域における国家の立法者の裁量は無制約という訳ではないが、（社会保障がもたらす）「再分配においては財源調達の部分で侵害作用を伴うことを念頭に置くと、社会保障給付の制度や内容構築に当たっては、国家の立法者に第一義的な制度設計責任」が配分される。その一方で、国内の裁判所（や多層的な裁判所ネットワーク）には、国際人権法の拘束の程度や紛争当事者の国内政治過程における地位、法益侵害の程度などを考慮しつつ、必要に応じて行政法規の（憲法98条2項を媒介した）違憲無効判決や条約適合的解釈を行うことで、「法制度の継続的な形成に国際人権法の要請を取り込」み「立法者による制度設計への牽制機能を果たす」役割が配分される。原田は、以上のような形で、立法者と裁判所の役割分担の構想を示す[43]。

40)　原田・前掲注1）196頁以下。国際人権法が国内法秩序に貫入することでもたらされる動態的法発展の契機について参照、山元一「グローバル化世界における公法学の再構築」法律時報84巻5号（2012）9～16頁、寺谷広司「国際人権が導く『法』と『国家』再考」憲法問題17号（2006）20～35頁。

41)　原田・前掲注23）「議会留保理論の発展可能性」341頁。

42)　原田・前掲注1）198頁。

43)　原田・同上201～202頁。

これはきわめて示唆に富む議論であり、今後、憲法学・国際法学・行政法学の各側面からの積極的応答が待たれるところであるが、本章の関心から特に注目されるのが、社会保障制度における財政の契機（〈財源調達→給付〉の制度設計の一体性）の強調である。上記の議論においては、社会保障＝再分配の仕組みとして、「個人の需要に応じて給付を行う分配に関する法と、給付を行うための費用調達に関する法」が一体のものと観念されるがゆえに、社会保障法は「単に給付行政の一環と捉えることは正確ではない」[44]という原田の社会保障法理解が、具体的な解釈論をも規律する効果を持つように見える。以下、敷衍してみよう。

(b) **社会保障における〈財政の契機〉の法規範的地位**　本章の理解するところによってこの議論をパラフレーズすると、何らかの生活保障上のニーズに関わる財の給付をめぐる紛争において、裁判所は、①（国際人権法までも含めた）関連諸規範の下で当事者の個別事情をどう評価するか、という個別の局面のみを切り出して解釈を行うのでは不十分であり、②（当該請求者と同一のニーズを有する者一般を等しく扱うだけの）財源の裏付けが制度的に措置されているかという事情をも、関連する規範の一部として考慮すべきであり、③その考慮において裁判所は係る財政的措置をなし得る権限を有するのは議会のみであるという憲法秩序に拘束される、という構造が浮かび上がる[45]。このような〈財源調達―給付〉の一体的構造を前提として、④条約の国内的効力発生の手続における議会関与の規律密度は、財政事項に関するそれに比して高くないため、国会承認条約の存在一般を以て議会が係る財政的コミットメントを行ったと評価することはできない（ゆえに裁判所は立法府の裁量的判断を尊重すべきである）が、⑤例外的に、国内的に直接適用可能性ありと評価し得るような条約の規定の存在や、条約に対応する国内実施法の制定経緯から、議会自身が当該給付類型（例えば難民条約上の難民に対する公的扶助）に財政的コミットメントを与えたと評

---

44) 原田・前掲注 1) 186 頁。

45) これは「憲法 25 条の規定の趣旨を実現する目的をもって設定された社会保障法上の制度」の立法による具体化において諸要素なかんずく「国の財政事情を無視することができ」ないことを根拠に広範な立法裁量を導く堀木訴訟最高裁判決（最大判昭和 57 年 7 月 7 日民集 36 巻 7 号 1235 頁）の枠組みには整合的かもしれない。

価し得る場合には、裁判所は当該給付を命じる規範が存在すると解釈し得る、という場合分けが成立しているのではないか[46]。

以上のように考えることで、「およそあらゆる国家作用に何らかの財源は必要とされ、少なくとも給付行政については（一般には租税の形式で強制的に調達される）財源を要することからすれば、財源調達に伴う強制性のみを根拠に法律の留保領域を画し社会保障制度をその中に含めることには無理がある（全給付行政領域について立法裁量優先という結論になりかねない）」という批判は、うまく処理できるように思われる[47]。

(c)　司法による個別的救済と立法者による財政措置の関係　以上の点を明らかにするための思考実験として、社会保障制度と機能的には踵を接する関係にある局面として[48]、入国管理・強制退去の場面と、（薬害等のリスクの顕在化による損害発生を契機とした）国家賠償請求訴訟の場面と比較してみよう。

前者については周知の通りきわめて広い行政裁量を認めるのが日本の判例であるが、それでも国際人権アプローチの適用可能性は潜在的には大きい。そしてこの場合、国際人権規範や当該個人の個別的事情（人道的危機の急迫性等）に基づく解釈論が、財政的考慮によって掣肘されるといった事態は考えにくい。もちろん入国管理政策には社会が受容可能な移民受入

---

46)　もっとも、裁判所が「国際人権法の拘束の程度や……紛争の中でどの程度の［具体的］法益侵害が生じているのか」等を考慮しつつ「立法者による制度設計への牽制機能を果たすべき」との記述（原田・前掲注1）201〜202頁、［ ］内は筆者）においては、財政的考慮の位置付けは必ずしも明確とは言えない。ここでは「立法者の第一次的な制度設計責任」は文字通り第一次的な権限の割り振りにすぎず、司法による立法府への敬譲を含意していないようにも読める。

47)　もっとも、このような〈財源調達—給付〉の構造に（立法政策論上のみならず）法規範的地位を認めることは、（保険料方式の場合はともかく）、公的扶助のように一般財源による制度において、租税という財源に固有の意味なかんずく「原因関係から切断された給付」によって個人の自律を保障する契機（参照、太田匡彦「リスク社会下の社会保障行政（下）」ジュリスト1357号（2008）98頁）と鋭い緊張関係に立つ。この点、原田教授は（公的扶助に関する内国民待遇を定める難民条約の規定は完結性を欠き、国内直接適用可能性を有しない、とする文脈ではあるが）「一般財源という限られた財源の中で誰に給付を与えるのかについては国内議会の政治的な決定が必要」（同・前掲注1）198〜199頁、ただし強調（圏点）は本章筆者）と論じているが、これは〈財源調達—給付〉の一体的構造論よりも（他の給付行政との区別が困難という意味で）一段階弱い論理ではないかと思われる。

48)　社会保障制度と隣接諸制度の機能的関係については、後掲III 2の議論を参照のこと。

れの総量というマクロの考慮が不可避であるが、（人道的危機が迫っている局面のように）まずは眼前の具体的個人の人権を保障する、という個別的解決が志向されやすいのではないか。他方、生活保護訴訟においては、具体的個人の救済という個別性の契機は同様に存在するものの、制度としての一般性・首尾一貫性（原告と同様の状況にある者すべてに等しく給付を行う財源的裏付けはあるのか）の考慮がそれを上回る、とされるように思われる。

これに対して、後者（国家賠償の場合）についても、違法な侵害行為による損害の回復、という個別的救済が問われる局面であると同時に、同様の薬害被害者が多数に上る場合には相当の財政費用を伴うという意味でのマクロの側面が関わるものの、財源制約は不法行為・国家賠償責任を免除するものとは考えられていない。ここでは不法行為法という私法の一般的制度がすでに存在し、国の財政もこれを前提とした上で運営されている（したがって、司法による損害賠償責任が認定された場合には当然に財政がこれを負担するというコミットメントはすでにある）、と考えれば、〈具体的給付請求権に対する、（財源調達を中心とする）制度設計の先行性〉という社会保障領域の論理との整合性は取れていることになる。

(d)　財政的考慮と「グローバル化」の契機の関係[49]　以上の考察から浮かび上がるのは、「財政的側面を中心とする制度設計」という法の一般性・首尾一貫性の契機と、「個別具体的な事情に適用される紛争解決規範」という法の個別性・具体性の契機の緊張関係である。前者を重視する場合には立法者の役割が、後者を重視する場合には裁判所の役割が、それぞれ強調されることになる。そこで、この構図を、多層的な諸規範（国際人権法／憲法／国内法令）が交錯するグローバル化の局面へと移行させた場合（例えば、ある個人が移民であるがために、公的扶助における内国民待遇という規範が加わる）、両契機の関係にいかなる変化が生じるか、という問いを立てることができる。

本章ではこの問いに十分に答えることはできないが、以下のようなラフな見通しを示すことはできようか。①国際法規範の適用は、個別の紛争

49)　以下の検討は、本書序論で述べた〈統合〉と〈分散〉の両契機の緊張関係の一例としての、個別的紛争解決（の担い手としての裁判所）と一般的制度設計（の担い手としての立法者）の拮抗に関わる。

（例：生活保護訴訟）において考慮されるべき要素（例：内外無差別）を追加するという意味で、法的問題の解決ルートの多元化（断片化）を促進する。ところが、社会保障の財政的裏付けがもっぱら国内法に依拠することが示すように、制度設計の契機は引き続き国内立法者に委ねられている。そのため、②国際人権法が追加した新たな規範的要素を、国内立法者があらかじめ明確に制度設計しておかなかった場合、あるいは制度設計してもそれが国際法規範と抵触する場合、国内裁判所は、ⓐ紛争解決の個別性・具体性の契機を優先して国際法規範の国内法秩序への貫入（前者による後者の攪乱）を認めるか（「グローバル化」）、それともⓑ制度の一般性・首尾一貫性の契機を重視して国内立法者の裁量を優先するか（結果、国際法規範の適用は排斥される）、という問題に直面することになる。国内裁判所は法秩序のグローバル化の先兵ともなり得るし、国内法秩序の一貫性の擁護者ともなり得る。裁判所にとって悩ましいのは、この両契機が実定法規範上も真に拮抗する関係にあり（どちらを優先させる解釈論も可能である）、どちらか一方を常に優先させることは政策的にもおそらく正しい解決ではない、ということである。社会保障法も「グローバル化」に開かれ得る。しかし、それがもたらす国内法秩序の攪乱効果に（あるいは過剰に）配慮すると、裁判所はその扉を開くことに躊躇せざるを得ない、というところであろうか。ここでは、（以上のようなラフな検討ではまったく不十分であり）根本的な理論的検討が求められる問題が存在することを指摘するにとどめる。

3　経済社会のグローバル化と社会保障の変動

さて、前項に述べた「法のグローバル化」とは明確に区別した上で、（経済社会の）グローバル化による社会保障制度へのインパクトと、それが法にとって持つ意味を検討しよう。

周知の通り、経済社会のグローバル化は、国境を越えた資本移動や企業立地の自由度の増大、労働市場の脱国境化（これには、エリート専門職労働者の移動の増大と、移民労働者の先進国への流入の両面がある）、それらの帰結としての国内一般労働者の地位の不安定化[50]、という経路を通じて、（直接的に

50)　Becker, *et al.*, *supra* note 11, §1.02［B］［1］は、従来想定されてきた雇用関係に基礎を置く社会保障制度と、非正規雇用（informal employment）の増大の間の緊張関係を指摘する。

は、租税・社会保険料収入の制約およびニーズ＝給付の増大を通じて）社会保障制度の財政的基盤を動揺させる[51)]。加えて、国内政治の言説のレベルにおいても、一方では国家単位で編成されてきた〈社会〉内部の利害の同質性の低下を通じて〈連帯〉の諸制度への政治的受容性を低下させ[52)]、他方では、むしろ国家単位での「国際競争力」[53)]強化の言説を昂進させ労働規制や社会保障コストの削減圧力を強化させる、という両面において、社会保障の財政的基盤に負のインパクトをもたらすであろう。

もっとも、これら経済面および言説面におけるインパクトが、実定法制度としての社会保障の動揺へと直結するわけではない。社会保障財政の設計・運用には国内の政治的決定が媒介項として存在するからである[54)]。その限りで、グローバル化がもたらす変動は、社会保障「法」にとってきわめて重要ではあるがなお「外在的」要因にすぎない、ということになる。これらを「法のグローバル化」と区別しないことは、徒に議論を混乱させる。

さりとて、社会保障の財政的基盤の問題を法学がまったく考察の外に置くことも、法学のレレヴァンスを著しく低下させる。そこで、財政の契機を（制度設計論のみならず）法学的な考察に取り込む方策が必要となる[55)]。

---

51)　社会保障法学が強調してきた生活保障という着眼点の（他の個別的・機能的法関係との対比における）包括性（前掲注 8）《座談会》513 頁［菊池］はこれを「生活領域の統一的把握」と表現する）は、「その領域内では包括的に生活が保障される」という「再分配の単位としての国家」の枠を前提としていたように思われる（ただし岩村・前掲注 38）が指摘するように、財政的側面は従来の学説では重視されてこなかった）。

52)　政治思想的構図においてこの問題を鋭く剔抉する、齋藤純一「『第三の道』と社会の変容―社会民主主義の『思想』的危機をめぐって」日本政治学会編『年報政治学 2001 三つのデモクラシー―自由民主主義・社会民主主義・キリスト教民主主義』（岩波書店・2002）143〜154（151〜153）頁。

53)　しばしば曖昧に用いられる「国の競争力」概念の内容を理論的に分析した興味深い論攷として参照、Michael S. Knoll, The Connection Between Competitiveness and International Taxation, 65 TAX L. REV. 349 (2012).

54)　参照、加藤＝菊池＝倉田＝前田・前掲注 3）72 頁。ゆえに政治的言説レベルでの影響が重要であるが、かかる言説自体も制度的実践からのフィードバックに影響される。この点、井手英策『財政赤字の淵源―寛容な社会の条件を考える』（有斐閣・2012）は、「連帯のパラドックス」をうまく解消できないがゆえの「痛税感」が、日本の財政と生活保障の悪循環をもたらしていると指摘する。

55)　この点で、従来の社会保障法学の「給付への権利」を中心に据えた議論から、（政策論としてのみならず、法理論の問題として）社会保障の財政面を視野に入れた議論へと移行させ

現に社会保障の財政構造は、法のグローバル化の観点から見て無視できない含意を伴う。

また、前項の検討が示すように、社会保障協定や国籍要件の文脈でも、拠出型の仕組みと非拠出型の仕組みとでは、議論の構図にかなりの違いが生じる[56]。拠出／非拠出に基づく法的地位の区別は各国法の制度設計上の内的整合性の問題であるが、労働者の移動の自由や内国民待遇（制度へのアクセスの平等）の論理は、これと緊張関係に立ち得る[57]。これらの素材を法学的に整理し考察を深めることが有益であると思われる。

もっとも、既存の社会保障制度は、（拠出型・非拠出型ともに）〈再分配の単位としての国家〉を前提とするため、社会保障協定のように必要に応じて関係する国家間で再分配制度を連携させる[58]にとどまり、〈再分配の単位としての国家〉自体を相対化するグローバル化の動因自体を法学的考察の対象に含めることは難しい[59]。そこで、次節では、「グローバル化に対応する社会保障と法」の議論に向けた一つの試みとして、「社会保障」カテゴリーの再編可能性について検討する。

る試みは、きわめて重要な意味を持つ。参照、太田匡彦「社会保障の財源調達―社会保障の構造を踏まえた法的議論のために」フィナンシャルレビュー 113号（2013）60頁、岩村正彦「社会保障の財政」社会保障法研究2号（2013）および同号特集所収の各論文。

56）　例えば公的年金について保険料方式を採るドイツとの社会保障協定は、二重加入の防止措置と加入期間の通算の両方を含むのに対して、税方式を採るイギリスとの社会保障協定は、前者のみで後者を含まない。

57）　同様の対立は例えば、各国租税法と EU 法の関係においても生じる。See, Sjaak J.J.M. Jansen (ed.), Fiscal Sovereignty of the Member States in an Internal Market: Past and Future (Kluwer Law International, 2011), ch. 4.

58）　原田・前掲注 1）190頁は社会保障協定を行政連携の例として挙げる。

59）　無論、「グローバル化による国家（法）の相対化」が今後どの程度進行するかは、予断を許さない。一方で「再国家化」（本書第9章参照）の契機も存在するからである。とはいえ、国家が自らの構成原理（例えば「社会国家」）を組み替えることでグローバル化に対応することは、それに伴う国家の権限・影響力の確保という次元とは別に、やはり「相対化」ではある。野田・前掲注 14）46頁は、社会国家の置かれた状況を「三重苦」（①個人の共同体的なるものからの脱埋め込み化によるニーズの増大、②財政危機とグローバル化による国家の能力の減退、③連帯を支える経済的・心理的基盤の崩壊）と指摘する。

Ⅲ　グローバル化に対応した「社会保障」カテゴリーの再編？

1　財政的契機の重要性

前節で議論したように、社会保障の法学的把握において財政的契機の重要性を認識することは、「給付＝ニーズの充足（生活保障）」の側面のみへの着目から、「再分配の仕組み」全体へと視野を拡張することを可能にする（ただし、財政学的＝巨視的な制度設計論とは異なり、法学である以上、財源調達と給付に伴う個別的・具体的紛争と救済の契機は引き続き重要であり、むしろ財政的契機がこれら紛争局面にどう効くのかを見ようとしていることは論を待たない）[60)]。ただしこれは、個々の「ニーズ」対応型の給付プログラムを与件とした上でその財源探しないし適切な財源方式の検討をするという発想ではない。またその裏返しとして、国家が調達可能な既存の財源方式（≒租税・社会保険料・各種拠出金）を与件として、それらの財源調達能力を上限として給付を切り詰めるという発想とも異なる。むしろ「社会保障」を、【各種の生活保障ニーズの充足のために構築された、ある私人（集団）から別の私人（集団）へと財を移転させる〈調達・管理・給付〉の回路[61)]の複合体】と捉えた上で、他にも多様な目的・構造を伴って存在する公的・私的な財の移転の仕組みと比較し相対化する、という考え方である。このような意味での「再分配」の構造に着目する[62)]ことで、従来の「社会保障」をその一部として含むような「国家単位での財源調達＋給付（＝再分配）の諸制度」を規律する法がグローバル化にどう対応できるかを考察することが可

60）　この点で、社会保障財政の法理論上の重要性を強調する岩村教授が、社会保障を「要保障事由が発生した場合に、社会保険料や租税等を財源として、国および地方公共団体あるいはそれらの監督下にある機関が、財貨や役務等の給付を提供する制度」と定義し、「社会保障の意義と機能」の第一に所得や資源の再分配機能を挙げることはきわめて示唆的である。

61）　野田・前掲注 14）41〜42 頁は、社会国家のみが生活保障の機能を果たしていたのではなく、企業、家族や地域、宗教共同体等によって負担を肩代わりされていたことを強調する。

62）　従来の「社会保障」概念を与件とせず、構造に立ち返った根底的考察を加える太田・前掲注 7）および同・前掲注 55）の考察から大きな示唆を得ている。

能になるのではないか、というのが本章が提出する試論である。

2　再分配の様々な仕組みと「社会保障」

様々な法制度はほぼ不可避的に所得分配上の効果を伴い、従来の「社会保障」とも部分的な重なりを持ち得る。例えば私企業が好業績部門と業績不振部門の従業員の賃金格差を相対的に縮小したり雇用を維持したりする賃金政策や人事政策を採る[63]（加えて、そのような企業の選択が「合理的」であり得るような産業の構造がある）ことは、私的な「生活保障」としての機能を果たすが、例えば労働法や会社法や金融法制度はこうした企業の選択に（労使間の交渉、株主重視のコーポレート・ガヴァナンス、資本市場の圧力等を通じて）直接・間接に影響を及ぼし得る。あるいは、タクシー業界は産業構造転換に伴う失業者の受け皿となっており、失業給付制度を実質的に肩代わりしてきた面もあるところ、近時の規制強化による台数制限は、社会保障制度にも波及効果をもたらすであろう[64]。他の法制度が規律する経済社会関係のあり方は、人々の生活に影響を及ぼし、生活保障ニーズのあり方にも影響を及ぼす以上、社会保障と無縁ではない。

このような意味で社会保障と機能的に隣接・重複・相互補完・競合・抵触等の関係に立ち得る諸制度を試みに（網羅的でなく）挙げるとすれば、以下のようになろう。

⑴　**市場秩序の規整を通じて所得分配上の効果を伴う私法**[65]　　本書第7章が取り上げる知的財産法はその典型例である。また、産業社会における不法行為法は諸経済活動に伴うリスクの顕在化＝損失の塡補という性質も有しているが、これは社会保障法と隣接する関係にある[66]。

⑵　**私保険市場に対する国家の関与**　　老後の生活保障において、公的年

63）野田・前掲注14）42頁。

64）井手・前掲注54）はさらに一般的に、従来の日本型財政の下では公共事業による雇用保障が社会保障を機能的に代替してきたことに注意を喚起する。

65）なお、社会保障法は公法関係としての性質が強調されるものの私法秩序の要素も重要であることを指摘する、嵩さやか「社会保障法と私法秩序」社会保障法研究3号（2014）27頁も参照のこと。

66）日本の社会保障法学草創期の議論が労災補償法と労災保険の関係に着目していたことにつき参照、前掲注8）《座談会》。

金と私的年金保険とは補完関係にあり、立法者もそれを前提に制度設計を行っている[67]。

⑶　**移民法**　政治共同体＝再分配の単位としての国家のメンバーシップに関わる法であり、社会保障（特に公的扶助）とは背中合わせの関係にある[68]。

⑷　**労働法、組織／団体法（企業・家族）**　これらは（広義の）市場における契約関係や組織／団体関係の内部における様々な（有形・無形の）財の分配に関わる。社会保障は国家が受け皿となってこれら市場内分配の結果を補完ないし補正する役割を担ってきたとも言える[69]。しかしグローバル化により国家の再分配機能が低下する中、これらの仕組みが再度動員される可能性があるかもしれない。

⑸　**公共財／現物給付**　公教育が典型であるが、伝統的な社会保障の外に置かれているが機能的にきわめて密接な現物給付サービスがある[70]。

⑹　**租税法と社会保障の交錯領域**　一方において租税は（社会保険料に対して）ますます社会保障財源としての重要性を高めつつある（「租税化」）ほか、「給付付き税額控除」のように両者の境界線を曖昧化させる傾向もある[71]。また、社会保障が国際化する際に、租税制度が引き続き国家単位

67）　フランスについて、笠木映里『社会保障と私保険』（有斐閣・2012）。また、イギリスの「ステークホルダー年金」制度の創設（2001年）も、同国の公的年金の給付が薄いことを背景に（職域年金に加入してこれを補完できない自営業者等のために）、公的年金を補う民間の長期貯蓄商品の販売促進を行うという政策があり、低手数料の規格化商品としての「ステークホルダー年金」を導入し、販売業者側でも適合性原則を含むコンプライアンス負荷を軽減した。もっとも同制度への加入は低調であり、成功しているとは言えないようである。参照、林宏美「英国個人向け金融商品市場の問題点」資本市場クォータリー6巻2号（2002）1頁、青山麻理「英国における保険販売と適合性原則」ニッセイ基礎研REPORT2005年11号〈http://www.nli-research.co.jp/report/report/2005/11/li0511b.pdf〉、小野正昭「イギリスの職域年金制度」海外社会保障研究151号（2005）82〜97頁。

68）　移民法制と社会保障法の密接な関係については菊池・前掲3）45頁が指摘する。

69）　例えば介護保険法導入の経緯や、労働市場規制による雇用保障と雇用保険の関係など、枚挙に暇がない。Becker, *et al.*, *supra* note 11, §2. 03［C］［4］も私的主体（雇用主）によって提供される保障も含めて（社会的保護とほぼ同義で）「社会保障（social security）」を観念している。

70）　参照、井手・前掲注54）、神野直彦「グローバル化と地方分権化」海外社会保障研究134号（2001）66頁。

71）　黒田有志弥「社会保障制度を通じた所得再分配の意義と機能―いわゆる給付付き税額控除を素材として」荒木尚志＝岩村正彦＝山川隆一編・菅野和夫先生古稀記念『労働法学の展

で編成されていることから、両者の間に軋轢が生じることがある（社会保険料控除[72]や給付に対する課税[73]）。

⑺　私人による慈善活動を通じた再分配[74]　特に税制優遇を通じて（しかし潜在的には慈善団体のガヴァナンス規制も重要であるが）国家と関係するこの領域は、社会国家が担えなくなった機能の肩代わりという文脈でしばしば強調されてきたが、（元来超国家的広がりを持つ）宗教組織による国際的慈善活動（例：Caritas Internationalis）のように、むしろ国家の枠組みを超える契機も存する。

これらは確かに再分配の機能・効果を持つ仕組みではあるが、一定の人的集団ごとに観念される生活保障ニーズ（要保護事由）を端緒とする再分配（を通じた個人の自立の保障）である社会保障とは本質的に区別される、という批判は当然あり得るところである。本章は社会保障の概念規定自体を争うものではないが、以下の二点を指摘することはできよう。

第一に、すでに述べたように社会保障の財政的基盤が弱体化し国家の給付能力（affordability）に限界があることをさしあたり与件とするならば[75]、社会保障の伝統的な発想からすればセカンド・ベスト（かそれ以下）にすぎない仕組みであっても、その複合的な活用を検討せざるを得ない。こうした視点は社会保障政策の観点からも一応正当化できよう[76]。これは国内

望』（有斐閣・2013）717頁。

72）　越境労働者に対する所得税法上の内外無差別取扱いと、当該個人の純所得に対する累進税率構造の適用が緊張関係に立つ。理論的な検討として参照、Kees van Raad, Nondiscriminatory Taxation of Foreign Taxpayers: With Special Regard to Deduction of Personal Expenses, Personal Allowances, and Tax Rates（Proceedings from the 2009 Sho Sato Conference on Tax Law 〈https://www.law.berkeley.edu/files/sho_sato_tax_conf_web_paper--van_raad.pdf〉.

73）　特に、前掲注67）でも指摘した私的年金との関係で問題となる。なお参照、松井智予「海外金融法の動向 フランス年金ファンド課税の公平性をめぐるECJとフランス国内判例の交錯」金融法研究30号（2014）130～144頁。

74）　これには公私協働としての側面もある。参照、山本隆司「日本における公私協働」稲葉馨＝亘理格編・藤田宙靖博士東北大学退職記念『行政法の思考様式』（青林書院・2008）171頁（228頁注（105））。

75）　逆に、これ以上弱体化させないためにもこれらの仕組みとの複合（例えば現物給付の強化や、社会的公正の感覚の醸成など）が必要である、という議論（参照、井手・前掲54））もある。

76）　Becker, *et al.*, *supra* note 11, §2. 03［C］は、個別の社会保障給付プログラムの充実にとどまらない、総合的な視点（例えば雇用の安定性を高めるための市場全体を見据えた施策）の

の文脈における公私協働・「複線化」の議論とも繋がる[77)]。

第二に、それぞれの仕組みはそれぞれ異なる接続点において国家法制度と結びついている。例えば社会保障制度や公法規制が属地主義的制約を受けるのに対して、私法による規整の場合、必ずしもこうした制約を受けないために、グローバル化への対応可能性に優れるかもしれない[78)]。あるいは（大きな消費市場を押さえる国の）公法規制が端緒となって、グローバル市場における企業行動[79)]（それ自体は直接規制できない）を一定の方向に誘導するということもあり得よう。財の再分配の回路全体が国家の内部で完結し、国によって運営されていなければならないとは限らない。いずれにせよ、本章の関心は、これらの仕組みによって既存の社会保障の機能や水準が代替され得るか、ではなく、これらの仕組みを検討することが、「グローバル化による社会保障領域およびそれを規律する法の変容・再編」を考える手がかりになる、ということにすぎない。

3　【補論】マクロの制度設計論との関係

法と経済学においては、所得再分配は租税＋社会保障給付（ただし、ニーズに沿って設計された実定法上のそれではなく、給付付き税額控除や食料切符のような素朴な「給付」イメージである）によって行うべき、という議論[80)]が支配的地位を確立している。これによれば、私法や公法規制を通じた再分配は非効率的（租税＋社会保障によるのと同等の再分配の結果を、より大きな社会厚生上の損

重要性を説く。

77)　参照、原田・前掲注 22)「多元的システムにおける行政法学」、原田・前掲注 1)『行政法学と主要参照領域』第 4 章・第 5 章を参照。

78)　例えば、多国籍企業の（途上国における）人権侵害に対する（先進国における）不法行為訴訟なども、近時の重要な展開である。参照、松井智予「国際的な対企業人権侵害訴訟の動向について」小塚荘一郎＝高橋美加他編・落合誠一先生古稀記念『商事法の新しい礎石』（有斐閣・2014）37～66 頁。

79)　発展途上国における労働基準などが具体例として挙げられる。See, *e.g.*, *Larry Catá Backer, Multinational Corporations as Objects and Sources of Transnational Regulation,* 14 ILSA J. Int'l & Comp. L. 499 (2008).

80)　Louis Kaplow / Steven Shavell, *Why the Legal System Is Less Efficient than the Income Tax in Redistributing Income,* 23 J. Legal Stud. 668 (1994). この理論のエッセンスを紹介する日本語文献として参照、J. マーク・ラムザイヤー「租税法以外の分野における租税法の意義」金子編・前掲 21) 23 頁。

失を伴いつつ実現できるにすぎない）であるから、これらの制度はもっぱら効率性の観点から設計し、再分配機能は「租税＋（金銭給付に一元化した）社会保障」に集約されるべきである、ということになる。

しかしこの議論は、諸制度の再分配機能を横断的に評価し税制等へと収斂させるという統合的な制度設計を行う立法者とそれを実現できる強力な執行機関の存在を前提としている。これは国内法秩序向けの規範理論としてはまだしも、経済社会のグローバル化には対応できない議論である[81)]。仮にグローバルなレベルにこの議論を拡張するとすれば、世界レベルでの社会厚生を最大化するような分配を行うべき、という議論にならざるを得ないが、グローバルな分配的正義、という視点の有用性にも限界がある[82)]。またそもそも、所得という一元的な尺度での再分配が本当に望ましいのか、という議論もある[83)]。

これに対して、本章が想定する「グローバル化の下で再編された社会保障」領域とは、グローバル化の下で分散的に存在しそれぞれに作動する、様々な再分配の回路の総体、という領域を意味する。従来の（国家を基軸とする）社会保障制度はこの領域のサブカテゴリーとして存続し、他の再分配の回路と競合・連携関係に立ち、あるいは端的に無関係のままで併存することになる。これは、公法・私法の交錯領域として社会「保障」を捉えた上で、グローバル化による変容と、グローバル化への対応可能性に焦

81）　グローバル化が機能領域毎に断片的に進行する現状（参照、藤谷・前掲注 24）100〜111 頁）においては特に、政策領域横断的な分配的考慮がなされることは期待し難い。同旨の指摘として参照、ダニ・ロドリック（柴山桂太＝大川良文訳）『グローバリゼーション・パラドクス』（白水社・2013）72 頁以下（通商政策による社会厚生改善と、国内における再分配制度の再設計とが、現実には連動しないことを指摘する）、本書第 7 章（「製薬会社が有する薬の特許権を強化する試みにおいては、国内政策であれば、人々の薬に対する必要なアクセスを阻害しないような保健・医療政策がともに考慮されるであろうが、国際的な貿易をめぐる政府間交渉や国際市場における経済競争においてはそのような考慮が働く余地が少なくなると思われる」)。

82）　本章はこの論点に立ち入る余裕を持たない。本書第 7 章の参照を乞う。

83）　理論的な所得は「消費可能性の束」であるが、①非市場的消費の処理に理論的課題を残すほか、②実定制度上も執行可能な基準としての「所得」はさらに不完全な尺度にすぎない。そもそも租税による所得再分配も、所得や資産といった断片的な情報によるものにすぎず、例えば公教育等も含めた現物給付の水準や地域毎の生活環境の差異などは考慮に入っていない。これらを横断する分配の公平を考える統合的なアプローチよりも、各々の局面での状況の改善を目指す（個別的アプローチ）ほうが現実に実効性を持つ可能性もあろう。

点を当てることを意味する。また、このような観点からは、〈社会〉は必ずしも国境によって画されたそれを意味する必要はなく、世界正義論や、トランスナショナルな「社会」への責任、といった（本書第７章で触れられる）枠組みも視野に含まれることになろう。

Ⅳ　事例研究

以下では、そうした「グローバル化の下での社会保障」の制度構想そのものではなく（それは本章筆者の手に余る）、このように再編された「社会保障」領域を構想する上での素材となり得る具体的事例として、グローバル・レベルでの租税制度の展開と、国境を越えた慈善活動と税制の関係、を取り上げる。これら素材の選択は、本章筆者の専攻分野（租税法）を反映したものであることに加えて、「グローバル化に伴う法的課題」の観点から興味深い検討材料を提供するものであることによる。

1　グローバル・レベルでの租税制度

⑴「国境を越える課税」？　資本や人の移動のような経済活動は容易に国境を越えるが、国家の課税権が国境を越えることはない（「経済はグローバル、課税はローカル」[84]）、というのが、国家の公権力の中核に位置する課税権を支配してきた原則である。社会保障法の「国際化」と「グローバル化」についてⅡで述べたことの大半は、租税法にも当てはまる。しかし、課税権に対する厳格な民主政的＋法治主義的統制（租税法律主義の諸法理）は、国内法秩序の下ではよく機能してきたものの、グローバルな経済活動の展開の下で税制が深刻な情報の非対称性と執行手段の欠如に直面するようになると、むしろ公私二元論の負の側面を増幅させている面も否定できない。グローバル企業による租税回避の広がりは、私的活動がやすやすと国境を越えるのに対して、これをグローバルに規整できる公的権限の欠如の反映である。加えて、税制と財政が各国家の利益のために閉じた

84)　増井良啓＝宮崎裕子『国際租税法〔第２版〕』（東京大学出版会・2011）２頁。

ものであって、各国間の協調は（限定的に行われる国際協力を除けば）困難であり、それが世界レベルでの経済格差や貧困の温存に繋がっている面もある。

こうした状況への問題認識を基礎に、租税理論家の間では、「グローバル・タックス」構想[85]が論じられてきたところであるが、それとはまったく別の角度から、税制の「グローバル化」に繋がる重大な変化が進行しつつある。それが、金融口座情報の自動的交換制度の国際的な確立である[86]。従来、先進各国の税制は、所得再分配を理念の一つとして、所得や資産等の指標で計られる税負担能力に応じた課税を行うことを建前としてきたが（そしてそれが非拠出型の社会保障給付や、拠出型制度の国庫負担部分を支えるという形で、社会保障制度と密接に結びつくが）、現実には、富裕な個人やグローバル企業は、物理的な所在・経済活動の本拠は先進国に（加えて近年では加速度的に新興国にも）留めつつ、各国税制の不整合を衝いた複雑な法的技巧を駆使して、資産や所得を先進国課税当局の手の届かないところに置くことに成功してきた[87]。しかし、仮にこれら資産等に対して正確な情報を得ることができれば、先進国の課税当局は、たとえ域外での執行管轄権を持たずとも、自国内に所在する人や企業の資産を押さえることで十分に課税を行うことができる[88]。自国納税者の国外所得等を捕捉するための税務当局間の情報交換は、租税条約に基づいて従来から行われてきたが、これは

85）参照、望月爾「国際連帯税の展開とその法的課題」租税法研究 42 号（2014）51 頁。最初期の提案として、金子宏「国際人道税（国際連帯税）の提案」［初出 1998］同『租税法理論の形成と解明　下巻』（有斐閣・2010）662～671 頁。同構想の行政学的観点からの考察については、原田・前掲注 1）205～206 頁の分析に譲る。

86）参照、増井良啓「非居住者に係る金融口座情報の自動的交換―CRS が意味するもの」論究ジュリスト 14 号（2015）218 頁、吉村政穂「国際課税における金融口座情報の共有体制の確立」金子宏他編『租税法と市場』（有斐閣・2014）532 頁、一高龍司「所得課税に係る情報交換を巡る動向とその含意」租税法研究 42 号（2014）23～46 頁。

87）BEPS（Base Erosion and Profit Shifting: 税源浸食と利益移転）と総称されるこの問題の構図を非専門家向けに明快に俯瞰する解説として、増井良啓「グローバル化時代の企業活動と税制」『ブリタニカ国際年鑑 2014』（ブリタニカ・ジャパン・2014）134～137 頁が有益である。

88）これを逃れるには、そもそも先進国の居住地課税管轄から離脱してしまうしかない。米国でも後述する FATCA の制定後、米国国籍を放棄して海外に移住する富裕層が増加しているという報道もあるし、日本でも、今後予想される富裕層の国外移転を念頭に、平成 27 年度改正で国外転出時課税制度が整備された。

対象となる納税者の税務情報を特定した上で相手国当局に情報提供を依頼するものにすぎなかった。ところが自動的情報交換になると、各国当局が税務行政を通じて構築するデータベースそのものが国際的に共有されるのに等しい。自動的情報交換は手続的な仕組みであるが、それが租税政策の実体面にもたらす影響は計り知れない[89)]。

こうした自動的情報交換の有用性はかねてより指摘されてきたが、従来は国家主権の壁に阻まれて現実味がないとされてきた。ところが、2008年の世界金融危機を一つの契機として米国でなされたある立法が、国際租税秩序に劇的な展開をもたらす文字通りの起爆剤としての役割を果たした。それが、米国FATCA（外国口座税務コンプライアンス法）である。以下では、FATCAに内在する、グローバル化と法の観点からきわめて興味深い仕組みに焦点を絞る形で、検討を加える。

(2)　**FATCAの衝撃**[90)]　　FATCA（The Foreign Account Tax Compliance Act）とは、米国連邦議会が制定した2010年雇用促進対策法（Hiring Incentives to Restore Employment Act of 2010）の一部分の通称である。同法は、米国の全世界所得課税に服すべき米国納税者が、国外の銀行口座等を直接ないし（会社等を介在させ）間接的に保有し、そこに所得を蓄積することで（当該外国法の銀行秘密等にも守られて）米国課税当局による捕捉を免れ脱税を行うことを抑止することを目的とするが、その核心部分は、外国金融機関（Foreign Financial Institutes: FFI）から米国人保有口座の情報を米国内国歳入庁（IRS）に対して報告させるための「仕掛け」にある。

そもそも課税権の属地主義の原則によれば、課税当局（IRS）が外国企業たるFFIに報告を強制することはできない。そこで同法は、FFIにIRSと「契約（FFI契約）」を締結するように誘導し、あくまでもこのFFI契約上の義務として報告を行わせようとする[91)]。その誘因として用いられ

89）増井・前掲注86）218頁。

90）同制度の詳細な検討につき参照、田中良「全世界所得課税確保のための海外金融資産・所得の把握手法―米国の適格仲介人（QI）レジーム・FATCAレジームの展開」金融研究30巻4号（2011）313頁。

91）報告義務の範囲はきわめて広範である。具体的には、FATCA源泉徴収の対象となる支払と関係のない口座も含めたFFIの全口座について、米国人口座を特定しその情報を報告する義務を負わせている。

たのが、契約を締結しないFFI[92)]が米国内投資から受け取る利子・配当等の支払に対して（FFIに対して当該支払を行う米国内の源泉徴収義務者による）30パーセントの源泉徴収税を課すが、FFI契約を締結すればこの課税を免除する、という制度である[93)]。薄い利ざやで巨額の資金を運用して収益を上げる金融機関にとって、グロスの支払額に対する30パーセントの源泉徴収は（その後還付される可能性が高いとは言え[94)]）きわめて深刻な負担となるため、FFI契約を締結しないという選択肢は事実上存在しない。仮に外国金融機関が米国国内への投資をまったく行わないことにしても（それ自体、米国市場の圧倒的な存在感を考えればほぼ不可能であるが）、なおFATCAの射程を逃れることはできない。というのも、FFI契約には（前記の米国人口座情報の報告義務に加えて）、FFI契約を締結していない外国金融機関に対

92）　また、外国の非金融事業会社についても、実質的に米国人によって持分を保有されているかどうかの報告をしない場合には、同様に源泉徴収が課されるという形で網羅的に規整されている。

93）　実は従来から国外の金融機関との契約により米国人口座の情報を報告させ、要件を満たす場合にのみ源泉徴収を免除する仕組み（適格仲介者（Qualified Intermediary: QI）レジーム）が存在していたが、FATCAレジームはその射程が格段に広がっている。田中・前掲注90）352～356頁。

94）　FFIの居住地国が米国と租税条約を締結している場合、FATCA源泉徴収の対象となる利子や配当等の支払に対する米国の課税は、条約により免除ないし軽減されるはずである。しかし、この条約便益を享受するためには、当該支払を（導管としてではなく）最終的に享受する「受益者」が他方締約国の居住者であり、かつその事実を証明する必要がある。したがって、FATCA源泉徴収の対象となる支払が払い込まれるFFI口座の受益者が米国人である場合には租税条約の適用はなく、国内法であるFATCAに従って30パーセントの源泉徴収税を課すことに障害はない。また、（FATCAがターゲットとしない）非米国人が受益者であった場合にもFATCA源泉徴収課税はなされるが、この受益者は条約便益の適用を求める申告書をIRSに提出して還付請求を行うことが可能であることから、FATCAは条約蹂躙（Treaty Override）に当たらない、という整理になっていたようである。確かに、租税条約は源泉地国に課税を軽減・免除する義務を課すものの、その具体的方法については締約国に委ねている。もっとも、還付までの時間が長引くと（還付金に利子は付されない）、実質的には（金銭の時間的価値分だけ）受益者には実質的な負担が発生するのであり、条約上まったく疑義がないというわけでもなさそうである。See, Melissa A. Dizdarevic, *Comment: The FATCA Provisions of the HIRE Act: Boldly Going Where No Withholding Has Gone Before,* 79 FORDHAM L. REV. 2967, 2988 (2011). さらに参照、田中・前掲注90）365頁、371～372頁（法人の背後にいる個人の情報を明らかにすることを源泉税還付の要件とすることが、特典制限条項を含まない租税条約の場合には、条約にない還付要件を課すものとして違法になる可能性を指摘する）。

する「パススルー支払」[95]についてFFIが30パーセントの源泉徴収を行いIRSに支払う義務を負う条項も含まれているため、FFI契約非締結の外国金融機関は、FFI契約を締結した金融機関との取引がきわめて困難になるためである[96]。

以上のFATCAの「仕掛け」は、あるいは米国の立法者の想定した以上に、きわめて広範な波及効果をもたらした。まず、世界各国の金融機関は、FFI契約締結に応じざるを得ないことを前提として自らも対策に奔走しつつ、それぞれの国の政府にも対応を促した。特に問題となったのが、各国法規制の下で金融機関が負う守秘義務や個人情報保護義務との抵触であり、ほとんどの場合には、当該国と米国との間で政府間協定（Inter-Governmental Agreement: IGA）を締結し、外国金融機関は自国の課税当局に（自国法の情報保護法制に従って）米国人口座情報を申告し、IRSは当該国の税務当局との互恵的な自動的情報交換の枠組みに沿って情報を得る、という形で決着した（この場合、FFI契約は実際には締結されない）[97]。欧州諸国およびEUは、FATCAの目的には賛同しつつもその一方主義的性質には懸念を示し、さりとてFATCAの適用を防ぐ有効な手段がないことから、米国に協力しつつ自らにとって望ましいグローバルな情報交換制度の整備

---

95) これは「FATCA源泉徴収の対象となる支払」に起因する限度での（それ自体はFATCA源泉徴収の対象とならない）支払、として定義される。具体的には例えば、FFI-α（FFI契約非締結）がFFI-β（FFI契約締結）に金銭を貸付け、FFI-βの名義で米国債券に投資し、利子所得をβ経由で回収する、という方法を想定し、こうした潜脱策を防止するための仕組みである。個別対応は困難であるとの理由から、（上記の例で言えば）FFI-βの全資産に占める米国資産の割合を、FFI-αに対する支払に占める「FATCA源泉徴収対象支払に起因する割合」と見なしてこの部分を30パーセント源泉徴収の対象とすることになっている。

96) もっともこの点も、結局は投資先としての米国市場の魅力に懸かっていると言える（参照、田中・前掲注90）356頁）。米国投資を重視しない金融機関が一定数以上存在すれば、FFI非締結の金融機関のみで取引ネットワークを組むことも考えられよう。しかしその後の現実はそのような方向に進まなかった。

97) ただし本文の説明はいわゆる「モデル1」のFATCA-IGAの内容である。日本はスイスとともに、金融機関と米国財務省との合意に基づく受動的・片務的な情報提供を行う「モデル2」の政府間協定を締結した（「米国のFATCA（外国口座税務コンプライアンス法）実施円滑化等のための日米当局の相互協力・理解に関する声明」（平成25年6月11日））。その理由については、一高龍司「税制改正大綱と納税環境整備」税研181号（2015）58～64頁（64頁注（19））。

へと誘導する、という戦略に転じた[98]。これを受けてOECDでの作業も加速し、また2014年2月にはG20でグローバルな租税情報交換のための共通報告基準（Common Reporting Standard: CRS）が承認された。今や、「国際課税における金融口座情報の共有体制の確立」[99]によって、各国の税務行政が相互連携し、事実上、国境を越えたグローバルな性格を備えるに至っている[100]。また、税務行政インフラがグローバル化に対応したことによって、従来はグローバル化の前に無力さを指摘されてきた租税政策の選択肢にも変容が生じるかもしれない。これは本章の主題である社会保障の趨勢にも密接な関わりを持つ。

このように、従来の国家主権を基軸とした国際租税法秩序を流動化させ「グローバル化」への道を開いたのが、米国一国主義的なFATCAのインパクトであった、という逆説は興味深い。そこで、「グローバル化の下での公法・私法」という観点から、FATCAの「仕掛け」についてもう少し詳しく検討して見ることにしよう。

(3)　FATCAとグローバル化の下での公法／私法の関係　　FATCAに関する検討は、実務的観点からのものが圧倒的多数であり、法理論的関心からの検討は必ずしも多くない[101]。一つには、FATCAが（先に述べた情報保護法制との関係を主な理由として）政府間協定によって「覆われた」結果、オリジナルのFATCAに色濃く見られた域外適用的性格が弱まったことから、FFI契約の性質などを法理論的に検討する実益が乏しくなったこと

98）See, Alicja Brodzka, FATCA from the European Union Perspective, *Journal of Governance and Regulation* 2 (3), pp.7-13 (2013). 理由の一つとして、FATCAコンプライアンスのための費用が欧州各国の法人税で損金算入されざるを得ないが、これは実質的には、欧州各国の国家財政が損金算入による税収減によって米国の政策実施費用を一部負担していることに他ならない、ということがあった。なお、これは次項**2**で検討する外国チャリティへの寄付控除について指摘される問題の構図とよく似ている。

99）吉村・前掲注86）532頁。

100）増井・前掲注86）221〜223頁は、こうした変化を踏まえつつ、具体的な法的論点（納税者の手続保障や課税管轄権の射程）について、従来の国際租税法秩序とは異質な発想が必要とされる世界へと移行しつつあるのではないか、と示唆する。

101）See, *e.g.*, Dizdarevic, *supra* note 94（源泉徴収をサンクションの仕組みとして用いることに疑義を呈する）, Bruce W. Bean / Abbey L. Wright, *The U.S. Foreign Account Tax Compliance Act: American Legal Imperialism?*, 21 ILSA J. Int'l & Comp. L. 333 (2015)（米国と結びつきのない外国金融機関に対する事実上の強制と捉える）.

も理由であろう。それでも、本書の関心からは、①公法の典型とも言うべき租税法が、契約という形式を用いることで属地主義的制約を超えて自らの目的を実現する側面や、②私人であるFFIをして（しかも契約を根拠にして）課税を代行させる側面[102]が、グローバル化の下での公法／私法の関係の流動化の顕著な表れとして、興味深く指摘できる。

①については、IRSとの間でFFI契約を締結した外国金融機関がFATCA不参加FFIに対して行う「パススルー支払」の30パーセントを源泉徴収することが、当該不参加FFI（当然、前記FFI契約の当事者ではない）との関係で債務不履行を生じる可能性も問題になる[103]。米国租税法に根拠を有するFFI契約が純粋な私法上の契約ではないとしても、米国と何らのつながり（nexus）を持たない不参加FFI[104]にその射程が及ぶという論理は見出しにくいと思われる。ではFATCA不参加FFIと参加FFIの間に紛争が生じた場合、（米国以外の国家の）裁判所はこれがFATCAという（ある種、グローバルな射程を持つ）仕組みに関わるものであるという要素をいかに扱うのであろうか。

また、②に関しては、国内における源泉徴収制度が存在する以上、一概に問題にするには当たらないとも言えるが、コンプライアンス・コストが膨大なものになること、その割には期待される税収は大きくないこと[105]から正当化できるのか、という点も指摘できる。特に、国内法制度の場合、影響を受ける納税者には、立法過程への参加可能性に加えて、憲法的救済

102）なお、本章では扱わなかった「グローバル・タックス」構想の一つである通貨取引税についても、実効性を獲得する手段として、国際的な決済をになう私企業であるCLSに徴収業務をになわせるという提案がある。See, Rodney Schmidt, A Feasible Foreign Exchange Transactions Tax 〈https://www.globalpolicy.org/component/content/article/216-global-taxes/45996.html〉.

103）田中・前掲注90）363頁、372頁。例えば日本の所得税法のように、支払者の源泉徴収義務とは別に支払受領者の側に（源泉徴収に対応する）納税義務の規定がある場合には、受領者の受忍義務を肯定しやすいと思われる（なお、支払者に公法上の源泉徴収義務が生じることの反射効として受給者の受忍義務を説明する学説が一般的である。例えば、堺澤良「源泉徴収制度の基本的構造と関係当事者の救済」税大論叢10号（1976）63頁（86頁）。

104）理論上はパススルー支払の起因となった所得がすべて米国国外源泉であったとしてもなおこの源泉徴収条項の適用を受け得る。Caroline Rule, *Passthrough Payments under FATCA: U.S. Withholding Tax on Non-U.S. Source Income,* 13 J. Tax Prac. & Proc. 33, 34 (2011).

105）Laurie Hatten-Boyd, *FATCA: Will this Penal Withholding Regime Have its Intended Effect?,* 36 Int'l Tax J. 33, 44 (2010).

の可能性もあるのに対して、他国の法制度の枠内で（しかも事実上拒否する選択肢はないとは言え、契約という形式で義務を引き受けた）私人が負担を課されることについて、民主政的正統性・権利保障の両面から問題にする余地はありそうである。

(4)　**小括——租税制度の「グローバル的転回」？**　以上に検討してきたFATCAや自動的情報交換の仕組みは、国家単位での再分配の存立条件を維持することを目的とするイニシアティブが、手法において従来の国家単位の枠組みを超える契機を含む事例として理解できる。自動的情報交換やOECDのBEPSプロジェクトのような、グローバル化に対抗するための課税制度の変容が、今後どの程度奏功するのかは、なお予断を許さないが、この例が示すようなグローバル化に対応した国家の統治の変容が、一方では実効性の回復に寄与しつつ、他方で新たな法的課題を生み出す、という構図がここでも観察される、ということは言えるであろう。

2　グローバルな慈善活動と国内税法の関係

(1)　**グローバル化と、国境を越えた慈善活動の広がり**　冷戦の終結から2011年までの20年間に、OECD開発援助委員会加盟国に居住する私人から発展途上国への寄付は50億米ドルから320億米ドルに増大し、さらに移民コミュニティにおける送金、ソーシャルメディアを活用したグローバルなソーシャル・ファンディング、医療研究協力など、非国家的な国際的所得移転・再分配の動きが活性化している[106)]。財政的に余裕のない先進国でODA等の途上国支援に厳しい視線が注がれる中で、私的なイニシアティブが存在感を示す、という傾向も指摘される。

これは、財貨の再分配的移転における国家と市民社会の役割分担という面にとどまらない。伝統的にはカトリック教会その他の宗教団体が、近年ではこれに加えてグローバルに活動する慈善・公益団体が、国境を越えた社会への便益を意図して様々な活動を行い、国家を基軸とした再分配メカ

106）　Myles McGregor-Lowndes, “The Fisc and the Frontier: Approaches to Cross-border Charity in Australia and the UK”, *The Philanthropist,* Date: May 18, 2015 〈http://thephilanthropist.ca/2015/05/the-fisc-and-the-frontier-approaches-to-crossborder-charity-in-australia-and-the-uk/〉.

ニズムを補完するばかりか、潜在的には国家の民主的政治過程における決定を外部から牽制する役割を果たすこともある[107)]。私人による慈善・公益活動は、規模や一般性において国家による再分配作用に劣るが、社会的包摂への感受性や実験可能性といったソフト面において優れる面も多い。国内の文脈でも、このような市民社会／非営利セクターが国家に対して有する両義性（財の供給における連携・相互補完関係と、価値の供給における競争・相互牽制関係）は多元主義的思想からは重視されてきたが[108)]、グローバル化の下での両者の関係はさらに複雑なものとなることが予想される。本章では、グローバル化の下での国家と市民社会の多様な関係の一断面として、グローバル慈善活動が国内税制においてどのように扱われているか、という問題を検討する。

⑵ **グローバル慈善活動と国内税制の対応**　今日、ほとんどの先進国では、救貧・福祉・教育・宗教等の慈善・公益活動に従事する私的組織や、これに対する寄付を行う私人について、税制上優遇を与える仕組みが観察される。具体的には、慈善活動団体に対する法人税の免税と、寄付を行った私人に対する寄付税制である。では、これらの活動が国境を越えた展開を見せる場合に、本質的に国家単位で編成された税制はどのように対応するのであろうか。これには二つの局面を区別して検討する必要がある。

(i) 外国で設立／管理支配される慈善団体が自国内で活動する場合に、自国法人税の免税が問題となる場面

(ii) 外国慈善団体に自国の私人が寄付をした場合に、自国税制における寄付への優遇を適用するかが問題となる場面

各国にほぼ共通する伝統的な立法政策は、属地主義的対応（その上で例外的に相互主義的な対応がとられることもある）である（米国・オーストラリア・日本など[109)]）。これによると、外国公益団体には法人税免除の余地はなく、

---

107) 本書第 9 章が紹介する「教会アジール」の例はきわめて示唆的である。

108) See, *e.g.*, Martha Minow, Partners, Not Rivals: Privatization and the Public Good (Beacon Press, 2002).

109) ただし日本の場合はむしろ平成 20 年度改正において、従来の相互主義的要素（外国公益法人等のうち内国公益法人等に準ずるものとして財務大臣が指定する制度）を廃止し、内国法人と外国法人の区別に優遇の可否を連動させる属地主義的対応を純化させたと評価される。参照、田中啓之「国境を越える公益と課税」北大法学論集 66 巻 3 号（2015）77 頁。

外国公益団体への寄付にも税制優遇は認められない。この背後にあるのは、税制優遇＝税収減という国庫負担に見合う公益増進の利益を自国社会が得ているか、という国境単位で画される公益と税制優遇を結びつける発想である[110]。この説明は筋が通っているように見えるが、自国の公益団体が外国でその公益活動の大半を行う場合にはそのことを理由として当該団体に係る税制優遇が否定されることは一般的ではなく[111]、前記の発想が貫徹されているわけではない[112]。

他方、EU諸国では、欧州司法裁判所（ECJ）の一連の判例[113]により、自国の慈善団体と他の加盟国の慈善団体の税制上の差別的取扱いが禁じられ、各国の国内法は対応を迫られた。一方で、欧州レベルで外国慈善団体の相互承認に向けた統一的な枠組み構築の動きはなく[114]、結果として各国の対応にも多様性があることが興味深く指摘できる[115]。

例えばイギリスの改正法は、①（国内団体と同様）もっぱら慈善目的のために、②EU域内で設立され、③その本国においても慈善団体として登録され規制に服していること、を要件としてEU域内慈善団体についても自国団体と同等の税制優遇（法人税免除・寄付税制）を認める。これは相手国の制度との同等性・互換可能性（①）と、相手国政府による規制への信頼（②・③）に基づく仕組みであり、一種の行政連携（本書第1章参照）と

110）Charles R. Ostertag, *We're Starting To Share Well with Others: Cross-Border Giving Lessons from the Court of Justice of the European Union,* 20 Tul. J. Int'l & Comp. L. 255, 259 (2011).

111）例えば日本でも、国境なき医師団日本は、認定NPO法人であり、同組織への寄付には税制優遇が与えられているが、おそらくその活動の主要部分は海外で行われているはずである。〈http://www.msf.or.jp/donate/kojo.html〉

112）Ostertag, *supra* note 110, at 275.

113）ECJ, 12 September 2006, C-386/04 *Staffer* [2006] ECF I-8203（イタリアの公益財団がドイツで稼得した賃料所得に対してドイツの税制が法人税免除を認めていないことが資本移動の自由に係る平等取扱い原則に違反するとされた）, ECJ, 27 January 2009, C-318/07 *Persche* [2009] ECR I-359（ドイツ居住者である原告がポルトガルの慈善団体に寄付を行ったのにドイツの当局は寄付控除を認めなかったことが資本移動の自由を阻害するとされた）. See in general, Sabine Heidenbauer, Charity Crossing Borders: The Fundamental Freedoms'Influence on Charity and Donor Taxation in Europe (Wolters Kluwer, 2011).

114）Richard Goulder, Charitable Giving Goes Global, *Tax Notes International* (October 15, 2012), pp.242-243.

115）以下の例の他にも、例えばスウェーデンはそもそも慈善団体に対する税制優遇自体を持たないので、内外差別の問題自体が存在しない。See, Ostertag, *supra* note 110, at 270.

言うこともできるかもしれない。この結果、イギリスではむしろ国際的に公益活動を行う自国慈善団体の方が、(それが真実に公益目的に支出されているかの確認に係る) 厳しい手続的規制を課されている、との指摘もある[116]。

これに対してドイツは、欧州司法裁判所のStauffer判決を受けた立法措置として内国法人と外国法人の区別の撤廃を行ったが、その方法は、国内団体・外国団体を問わず、「構造的内的関連性」すなわち、①ドイツの居住者としての無制限納税義務を負う自然人 (＝ドイツ国民とは限らない) が利益を受けること、または、②ドイツの外国における声価 (Ansehen) を高めるものであること、を有する国体にのみ税制優遇を与えるというものである[117]。これはECJ判決の射程を避けつつ、あくまでも税制優遇適格を当該団体の活動がもたらす自国社会の受益に関連付ける、という発想に立つものである。

また、例えばスウェーデンのように、そもそも国内法でも慈善団体に対する税制優遇制度を持たない国もあるが、この場合には外国慈善団体についても税制優遇は要求されない。EU法はあくまでも資本移動の自由に基づく内外無差別のみを要求しており、EU域内での慈善団体の税制上の扱いにおける調和化が目指されているわけではない。その判断権限は加盟国の立法者の手に留保されているのである。

(3) **考　　察**　グローバルに展開する私的慈善活動 (を通じた財のフロー) は、国家単位での民主的政治過程を経た決定からは独立性を保った再分配の回路として存在する。国家法はこれに対してはおおむね関与しない (税制優遇も与えないが特段禁止もしない) という態度を採りつつ、例外的・選択的に優遇を与えている。税制優遇における国家の関与は、枠条件としての「公益」と組織のガヴァナンス (私的利益の禁止) を規律しつつ、活動の具体的内容については私的なイニシアティブに委ねる、というものである[118]。むしろ、税制優遇がない場合にもグローバルな慈善活動・再分配

116) See, Joseph E. Miller, Jr., *Donors without Borders: A Comparative Study of Tax Law Frameworks for Individual Cross-Border Philanthropy,* 15 EUR. J.L. REFORM 349, 357 (2013)

117) 田中・前掲注109) 700頁以下。

118) 枠付けを与えられた私的活動を税制優遇によってインセンティブ付けする例は他の領域にも見られる。例えば、笠木・前掲注67) 115頁 (被保険者の医療情報を収集せず、被保険

のメカニズムがかなりの程度活発に行われている[119]ことをどう理解し、グローバルな再分配における公私協働の枠組みに位置付けるか、という問いを立てることもできよう。

V　結びに代えて

本章では、「グローバル化の下での公法・私法の再編」という問題関心から、社会保障の「国際化」にとどまらない「グローバル化」の可能性を検討した。特に、グローバル化によるこの領域の変容を捉えるために、従来の「社会保障」概念を拡張し、公／私を横断する、必ずしも国家単位に完結しない分散的・分権的な再分配の複合領域として社会保障を捉え直した上で、そこでのグローバル化に対応した法の変容を検討する、という試論を提示した。

これが既存の「社会保障」に取って代わることはないにせよ、多様なアクターによる再分配には、ⓐ国家＝法に対して alternative を提示する、ある種の対抗（多元化）という契機とⓑ社会／私的／協同的領域から国家＝法を補う・協働する（しかし国家に完全に回収されないようにという意識も働く）という、「複線化」の契機（公私協働論）の両契機を指摘することができるように思われる。

【附記】　本章は、基盤研究（B）「グローバル化に対応した公法・私法協働の理論構築―消費者法・社会保障領域を中心に」（代表 藤谷武史）の研究成果の一部である。

者の健康状態に応じた保険料設定をしない「連帯契約」に対しては、保険契約一般を課税対象とする保険契約税を課税しないという制度が設定されている）。また、本書第7章が紹介する HIF は（運営主体が国家ではなく国際 NGO であるという大きな違いにもかかわらず）構造において類似する。

119）　Ostertag, *supra* note 110, at 258.

第9章　グローバル化時代の移民法制

——多元的システムから見たドイツの移民法制

大西楠・テア

Ⅰ　人の移動のグローバル化とドイツ移民法制

今世紀の変わり目、ドイツの移民法制は新たな局面を迎えた。1999年の改正国籍法は部分的に出生地主義を取り、定住化した外国人の2世3世をドイツ国民として社会に統合する道を開いた[1)]。2004年には、ドイツが「移民国家」であることを正面から肯定し、積極的に移民の「制御(Steuerung)」と「統合」に乗り出すための「移住法(Zuwanderungsgesetz)」が成立する[2)]。移住法は、従来の「外国人法(Ausländergesetz)」を代替する新法「滞在法(Aufenthaltsgesetz)」の制定と、EU自由移動法や庇護申請手続法などの多数の関連法律を改正する枠組立法であり、移民の制御と統合に適う形で従来の移民法制を一新する。高度資格者へ入国当初から定住許可を付与する、統合講習を制度化するなどの移住法によって導入された施策は、自らを「移民国ではない」と主張し続けてきたドイツにとって、移民政策の歴史的転換であった[3)]。

---

1)　Gesetz zur Reform des Staatsangehörigkeitsrechts vom 15. Juli 1999, BGBl I S 1618. Vgl. Zur Bedeutung des Staatsangehörigkeitsrechts vor den Herausforderungen moderner Migration, 2001, S. 20ff.; 広渡清吾『統一ドイツの法変動』(有信堂・1996) 212頁以下。

2)　Gesetz zur Steuerung und Begrenzung der Zuwanderung und zur Regelung des Aufenthalts und der Integration von Unionsbürgern und Ausländern vom 30. Juli 2004, BGBl. I S. 1950.

3)　近藤潤三『移民国としてのドイツ—社会統合と並行社会のゆくえ』(木鐸社・2007)。

移民現象を積極的に制御していくことを目的とした移住法の立法を受けて学説からは、従来の「外国人法（Ausländerrecht）」という枠組みを超えた総合的な「移民行政法（Migrationsverwaltungsrecht）」という新たな枠組みが提案されている[4]。移民行政法は、滞在法、難民法、国籍法といった一連の法領域を総合的に捉え、外国人の入国から定住ないし出国に至るまでの法的地位の変化をプロセスとして把握する。そうすることで、法領域を超えて立法者が目指す制御目的と行政活動とを総体的に考察しようとするのである。こうした移民行政法の試みは、グローバルな人の移動を総体的に把握しようという現代的要請に応える試みであるとともに、行政法学の方法論的再考を受けた移民法制の再定位として位置付けることができよう[5]。

ところで、ドイツ移民法制が直面している変化はドイツ国内の移民政策の転換にのみ由来するものではない。ドイツが積極的な移民政策に着手した2000年代は、ヨーロッパレベルで移民政策が始動し、大きく進展する時期でもあった。1999年にアムステルダム条約が発効してから、EUは独自の移民政策を行う主体として登場する。同年にはタンペレ・プログラムが策定され、これに引き続き現在も次々とヨーロッパレベルの移民立法が打ち出されている[6]。これに加えて、国際的な枠組みとして国連が人口問題と結びついた移民戦略に乗り出しており、国連難民高等弁務官事務所、国際労働機関、国際移住機関等の動きも無視できない[7]。少子高齢化によ

---

4) Daniel Thym, Migrationsverwaltungsrecht, 2010; Jurgen Bast, Aufenthaltsrecht und Migrationssteuerung, 2011.

5) Vgl. Andreas Voßkuhle, Die Reform des Verwaltungsrechts als Projekt der Wissenschaft, DV 32 (1999), S. 545-554; Wolfgang Hoffmann-Riem / Eberhard Schmidt-Aßmann / Andreas Voßkuhle (Hrg.), Grundlagen des Verwaltungsrechts, Bd. 1-3, 2006-2009.

6) 大島秀之「欧州連合の共通移民政策」『欧州における外国人労働者受入れ制度と社会統合―独・仏・英・伊・蘭5カ国比較調査』労働政策研究報告書59号（2006）206頁、戸田典子「ドイツの滞在法―『外国人法』からEU『移民法』へ」外国の立法234号（2007）4頁以下。Vgl. Harald Döring, Europarecht und deutsches Aufenthaltsrecht, NVwZ 2010, S. 921 ff.; Hans-Peter Welte, Der Vorrang des Europäischen Unionsrechts im nationalen Migrationsbereich, ZAR 2003, S. 273ff.

7) Bast (Anm. 4), S. 167 ff.; 広渡清吾「EUにおける移民・難民法の動向―『国際人流と法システム』の一考察」聖学院大学総合研究所紀要30号（2004）149頁。ドイツの目指す積極的移民政策もまた世界的な移民獲得競争と無縁ではない（Vgl. BT-Drs. 15/420, S. 63）。

る人口問題、優秀な移民の獲得競争、定住外国人の法的地位の安定化といった問題は、国家や地域の枠を超えたグローバルな規律の対象となりつつある。

グローバル化に直面するドイツの移民法制の現状は、移民を積極的に制御しようとする国民国家の移民政策、EUや国連など国家に競合して移民政策を展開する超国家的主体の台頭、移民への基本権保障による国家主権の制限の複合として理解できるが、その現実のあり方は複雑である。EUなどの超国家的主体の台頭は、独自の移民政策によって国家の移民政策に制約を課すと同時に、国家横断的な国境管理体制を構築するという点では「国民国家の救済」として機能する[8]。また、超国家的主体による移民への権利保障の拡大からは脱国家的な市民権構想の端緒を看取することができる一方、移民の諸権利を保障するのは究極的には国民国家である。国境を越える人の移動がグローバルな規律に服するという事実をもって、直ちに国家主権の相対化や、国家への帰属関係の多様化を帰結するのは一面的にすぎない。

そこで本章は、移民政策を実現する諸制度や移民の権利を保障する裁判例を個別的に検討することを通じて、国民国家、EUなどの超国家的主体、国民国家内部の諸団体の相互作用を具体的に描き出すことをさしあたりの目的とする。後に見るようにドイツの移民法制においても、政策実現過程の多層化と多元的裁判権による法過程の複線化、市民社会と国家の緊張・協働関係が確認できる。こうした公的任務遂行主体の複線化と多層化、そして公共空間における多様な主体間の相互作用を公法学の俎上に載せる枠組みとして、本章は多元的システム論を立脚点とする[9]。加えて、こうした相互作用をより広い文脈から評価する視座として、国際社会学が用いる

---

8)　国民国家自身も超国家レベルでの制度構築に積極的に関与し、グローバル化の中で失われつつある制御能力を超国家レベルで回復しようとするのである（Thym, (Anm. 4), S. 352; Alan Milward, The European Rescue of the nation state, 2. Aufl., 2000)。

9)　Klaus Sieveking (Hrsg.), Wechselwirkungen von Migration und Integration im europäischen Mehrebenensystem, 2012; Nele Matz-Lück / Mathias Hong (Hrg.), Grundrechte und Grudnfreiheiten im Mehrebenen System-Konkurrenzen und Interferenzen, 2011; Christoph Hönnige u. a. (Hrsg.), Verfassungswandel im Mehrebenensystem, 2011; 原田大樹「多元的システムにおける行政法学—日本法の観点から」新世代法政策研究（北海道大学）6号（2010）115頁以下。

超国家化、脱国家化および再国家化という三つの視点を活用したい[10)]。

II　出入国管理法制の多層的規範構造

出入国管理は国家主権の中核に位置しており、移民行政は連邦レベルから各州の外国人局に至るまでの厳格なヒエラルヒー構造を維持している[11)]。しかしながら、移民行政が出発点とする単純法律の成立および具体化においては、ヨーロッパ共通移民政策による政策形成過程の多層化、国内外の裁判所による複線的司法調整を確認できる。出入国管理においても、国際法、ヨーロッパ法、国内法の多層的構造と、層をまたいで流入する政策判断や人権保障が尊重されなければならないのである。以下では、外国人が入国する局面である家族呼び寄せ、そして出国の局面である退去強制を素材として、ドイツ移民法制の多層的規範構造を考察する。

1　家族呼び寄せ指令とドイツの移民政策

家族呼び寄せは、人道的ないし経済的な理由による一次的移民を前提として、彼らの家族生活を保障するために家族の入国を許す制度である。国境を越える労働者の増加を背景として、家族呼び寄せの権利は1960年代頃より強化されてきた[12)]。なかでもドイツにおける家族呼び寄せは、1972年の募集停止後、外国人労働者が本国の家族を呼び寄せ、定住化していく

---

10)　国際社会学は、国際政治学や国際経済学とは異なる視角から国際社会を分析する。グローバル化が進行し、国境を越えて社会現象が広がる中で、個人にとっての生活世界は国民国家の枠を超え出てゆく。国境をまたいだ国際社会を社会学的手法で分析する国際社会学は、早くから移民現象に着目してきた。そして、移民現象による脱国境化、国民国家が担ってきた機能をEU等の超国家的主体、あるいはNGOなど国家外の主体が代替する超国家化と脱国家化、そしてグローバル化現象を逆手にとって国家が国民国家の論理を強化する再国家化を問題としてきた。参照、梶田孝道編『国際社会学―国家を超える現象をどうとらえるか〔第2版〕』（名古屋大学出版会・1996）、同『国際社会学のパースペクティブ』（東京大学出版会・1996）、梶田＝小倉充夫編『国際社会③ 国民国家はどう変わるか』（東京大学出版会・2002）。

11)　Vgl. Thym (Anm. 4), S. 40, 347.

12)　移民法制における家族生活の保護について、多層的法源を包括的に記述したものとして、Hans-Peter Welte, Der Familienschutz im Spektrum des Ausländerrechts, 2013.

中で法的・社会的問題として意識されるようになった。1970年代後半から1980年代にかけて基本法6条の家族生活の保護から国家の配慮義務を要求する判決が蓄積されていく中で、1990年の改正外国人法は家族呼び寄せを制度化した[13)]。こうしたドイツ国内法上の規律に加えて、2003年にヨーロッパ共通移民政策の第一弾として家族呼び寄せ指令（2003/86/EG）が成立すると、ドイツの家族呼び寄せは大幅にヨーロッパ法の規律を受けることになる[14)]。

家族呼び寄せ指令の起草に当たって、欧州委員会の当初の意図は長期滞在域外国民に対してもEU市民権に準じた権利を付与しようとすることにあったが[15)]、指令の草案は加盟国側からの反発を受けて大幅な修正を受ける[16)]。なかでも、同指令の起草交渉と同時進行して移住法の審議を進めていたドイツは、同指令に自国の移民政策を反映させることに高い関心を寄せていた。以下に見るように、指令の起草交渉においては移住法と同指令の整合性を確保しようとするドイツの強いイニシアティブが働いており、超国家レベルでの規範形成における層をまたいだ政策調整を観察できる。

家族呼び寄せ指令の起草交渉は、2000年1月、委員会第一草案（KOM(1999) 638）を叩き台として開始する。第一草案は、親族や同性パートナーなど広い範囲で家族呼び寄せの権利を認め、権利水準の高いものであった。これに対してドイツ国内では、2002年移住法の制定を指導していた

13）大西楠・テア「グローバル化時代の移民法制と家族の保護」社会科学研究（東京大学）65巻2号（2014）163頁以下、広渡・前掲注1）183頁以下。

14）同指令は、域外国民の入国および滞在についての法の調和ならびに域外国民の法的地位の強化を要請するタンペレ・プログラムを受けて制定された。家族呼び寄せは、タンペレ欧州理事会での政府間の合意があり、また、ヨーロッパ人権裁判所の判例理論によって家族生活の保護について一定の方向性が与えられていたため、法の調和が比較的容易な領域と考えられていた。Daniel Thym, Europäische Einwanderungspolitik: Grundlagen, Gegenstand und Grenzen, in: Rainer Hoffman / Tillmann Löhr (Hrsg.), Europäisches Flüchtlings- und Einwanderungsrecht, Nomos 2008, S. 106.

15）Europäischer Rat in Tampere 15. und 16. Oktober 1999, Schlussfolgerungen des Vorsitzes, Rn. 18; 3. Erwägungsgrund RL 2003/86/EG.

16）起草交渉の詳細について、Anne Walter, Familienzusammenführung in Europa, Völkerrecht, Gemeinschaftsrecht, Nationales Recht, 2008, S. 215ff.; Christoph Hauschild, Neues europäisches Einwanderungsrecht: Das Recht auf Familienzusammenführung, ZAR 2003, S. 267ff. とりわけ、ワルターは家族呼び寄せ指令の起草交渉に携わったドイツの代表者へのインタビューを含む詳細な分析を行っている。

連邦内務大臣オットー・シリー（Otto Georg Schily）が直ちに懸念を表明する[17)]。起草交渉において、ドイツは第一草案のほぼすべての規定に対して修正を要求し、それらは第二草案に盛り込まれる。しかし、委員会第二草案（KOM (2000) 624）もドイツにとって満足のいくものではなかった[18)]。ドイツを含む複数の加盟国からの反発を受けて、2001年9月、指令の起草交渉は決裂する。この時期、2001年5月の第一草案の交渉開始から2001年9月の第二草案の決裂までのドイツの交渉態度は、同指令の成立にとって明らかな妨害要因となったと評されている[19)]。ドイツ国内においては難航していた移民政策の党派的調整が進み、2002年移住法の草案がまとまる時期であったため、ドイツは2002年移住法を空洞化する指令の規定に関しては、非妥協的・強硬な態度で臨んだ。なかでも、ドイツが欧州委員会に対して強く要請したのは、子の呼び寄せ年齢を12歳に引き下げること、家族の範囲を核家族に狭めること、非婚パートナーの取扱いを加盟国の裁量に任せるべきこと、であった。

第二草案の決裂後、2001年12月のラーケン欧州理事会は、2002年4月までに新たな指令草案を提出することを要請した。これをうけて、欧州委員会は第三草案を起草する。第三草案は、第二草案に比して、家族呼び寄せの権利水準を大きく引き下げ、ドイツの提案を大幅に採り入れたものであった[20)]。他方、この時期ドイツ国内においては、ひとたび成立した2002年移住法が立法手続の瑕疵を理由として連邦憲法裁判所に係属する。このため、2002年移住法は棚上げ状態となり、ドイツは1990年外国人法

17)　オットー・シリーの懸念は急激な移民の流入に向けられていた。当時のドイツにおける域外国民の数は550万人に上り、家族呼び寄せがなされれば急激な移民人口の増加があることが予想されていたという（Walter (Anm. 16), S. 244 FN 1017）。ドイツにとっては、家族呼び寄せにより外国人が急増したという歴史的経緯から、家族呼び寄せ指令により爆発的に移民の流入が増加するという予想は深刻な懸念材料となった。

18)　Zuwanderung gestalten, Integration fördern, Berlin, 4. Juli 2001, S. 193. 移住法の制定を準備していた移住委員会は2001年6月4日の報告において、委員会草案が呼び寄せの範囲を過度に広げていること、加盟国側の裁量が制限されている点を批判している。同報告は、請求権としての家族呼び寄せは長期にわたる滞在予定がある場合の核家族に限定すべきであり、それ以外のケースについては行政裁量による統御が適切であると提言している。

19)　Walter (Anm. 16), S. 246.

20)　KOM (2002) 225. ドイツの要求でもあった子の呼び寄せ年齢を12歳以下とし、親権が分有されている場合の呼び寄せを加盟国の裁量に任せている。

を基準とした交渉を行わざるをなかった[21]。ブリュッセルにおける最後の交渉は、ドイツの移住法が再度の審議に付されている間に行われた。一方において、2003年1月16日にドイツ連邦議会に提出された2004年移住法の審議は政党間の対立のもと難航する[22]。他方、家族呼び寄せ指令の審議は2003年6月という期限が切迫する中で行われており、欧州委員会は、指令の起草交渉の決裂を選ぶか、ドイツの国内情勢からの圧力に支えられた変更要求に妥協すべきか、という選択を迫られる。こうした政治的緊張の中、より制限的な規定を加盟国に許すいくつかの条項を盛り込むことによって、2003年2月27日に理事会で政治的合意が達成された[23]。すなわち、配偶者および子の呼び寄せに際しての年齢制限や統合措置、待機期間の設定といった加盟国の裁量を広げる条項がドイツの国内法に配慮して盛り込まれた。

このように、家族呼び寄せ指令の起草過程においてドイツは自国の移民政策および移民法制を反映した修正を要求しており、これらは同指令に盛り込まれることとなった[24]。家族呼び寄せのヨーロッパ化によりドイツの立法裁量は狭められることになるが、それはドイツの移民政策の空洞化を意味するわけではない。指令の起草段階でドイツは自国の移民政策をヨーロッパレベルに反映させることに成功しているからである。加えて、指令を国内法化する2007年の滞在法改正に際して、ドイツは指令の規定を根拠として、家族呼び寄せの権利を制限するような様々な規定を導入した[25]。

---

21) Walter (Anm. 16), S. 246.

22) 2003年5月のザクセン＝アンハルト州の州選挙を経て、CDUが連邦参議院において優勢となったことで、家族呼び寄せ指令における立法交渉の態度もより硬化することになった。連邦参議院は、連邦政府に対して、家族呼び寄せ指令の立法交渉に当たっては、現行法を基準に交渉がなされるべきこと、呼び寄せの範囲を広げる請求権を設けないことを勧告している。Empfehlung 5 des Bundesrats vom 14. Feb. 2003, BR-Drs. 63/03, S. 2.

23) ドイツ国内での移民法の審議が壁にぶつかったことが、この合意が成立するための重要な要素であった。Walter (Anm. 16), S. 250 FN 1048.

24) ドイツのみならず、フランスやオランダなど多くの加盟国が指令の起草交渉において自国の移民政策を反映させる修正を要求している。Vgl. Walter (Anm. 16), S. 215ff.; Ryszard Cholewinski, Family Reunification and Conditions Placed on Family Members, EJML 4 (2002), 271ff. もちろん、反対にドイツの2004年移住法に対する指令の影響も確認できる。移住法の立法過程と指令の起草交渉が時期的に重なったこともあり、層をまたいだ相互作用の中で規範形成が行われていることが確認できる（大西・前掲注13）166頁以下）。

25) Gesetz zur Umsetzung aufenthalts-und asylrechtlicher Richtlinien der EU vom 19. August

以下では、指令7条を根拠として導入された配偶者呼び寄せの言語要件について検討する。

呼び寄せられる家族に対して「統合措置」を課すことを加盟国に許す指令7条2項は、起草交渉の過程でドイツ、オランダ、オーストリアの国内法に配慮して導入された[26]。指令の国内法化に際してドイツの立法者は、この規定を根拠として「少なくとも簡易なドイツ語でコミュニケーション可能であること」を配偶者呼び寄せの要件とする滞在法30条1項を新たに挿入した。この規定は言語による統合を重視するドイツの移民政策を反映しており、社会統合の促進および強制結婚の抑止を立法目的としている。学説からは移民の社会統合の促進という立法目的は正当であるとしても、入国前に一定の言語能力を要求する点で比例性に疑いのある過剰な制約であるとの批判が集中した[27]。同規定の適法性をめぐっては、同規定が家族呼び寄せ指令の国内法化立法であるため、基本法6条の家族の保護のみならず、EC指令およびヨーロッパ法上の基本権保障との適合性が問題となる[28]。

滞在法30条の適法性について2010年の連邦行政裁判所判決は、ヨーロッパ法および基本権への抵触はないと判示した[29]。すなわち、EC指令7条の「統合措置」に入国前の言語要件が含まれることは立法過程からして疑いはなく、ヨーロッパ人権条約、ヨーロッパ法上の基本権保障、基本法

2007, BGBl I, 1970.

26) Christoph Hausschild, ZAR 2003, 266; Günter Renner, Ehe und Familie im Zeichen neuer Zuwanderungsregeln, NVwZ 2004, S. 792.

27) Thorsten Kingreen, Verfassungsfragen des Ehegatten-und Familiennachzugs im Aufenthaltsrecht, ZAR 2007, S. 13ff.; Nora Markard / Nina Truseß, Neuregelung des Ehegattennachzugs im Aufenthaltsgesetz, NVwZ 2007, S. 1027; R. Göbel-Zimmermann, Verfassungswiedrige Hürden für den Ehegattennachzug nach dem Richtlinienumsetzungsgesetz, ZAR 2008, S. 169ff.; Michael Funke-Kaiser, Das Erfordernis deutscher Sprachkenntnisse des nachziehenden Ehegatten, InfAuslR 2010, S. 9ff. これに対して、滞在法30条1項を合憲とする立場として、Christian Hillgruber, Mindestalter und sprachliche Integrationsvorleistung, ZAR 2006, S. 304ff.

28) Christian Calliess, Die grundrechtliche Schutzpflicht im mehrpoligen Verfassungsrechtsverhältnis, JZ 2006, S. 321ff. 指令前文2条で国際法上の規律も大幅に取り込んでいるため、児童の権利に関する条約（子どもの権利条約）等の国際人権との適合性も問題となる。

29) BVerwG, Urt. vom 30. 3. 2010, NVwZ 2010, S. 964ff. 連邦憲法裁判所もまた連邦行政裁判所の判断を支持した（BVerfG, Beschluss vom 25. März 2011, 2 BvR 1413/10, NVwZ 2011, S. 870）。

との関係でも比例性は保たれていると言う。この連邦行政裁判所判決は、ヨーロッパ司法裁判所の判決、ヨーロッパ人権裁判所判決、そして連邦憲法裁判所判決を明示的に引用し、解釈指針としている点に特徴がある[30]。滞在法の解釈において連邦行政裁判所は多層的規範の調整を行っているのである。しかしながら、その後オランダでの類似の訴訟が提起され、欧州委員会が指令の解釈について見解を変更するとドイツでも再び指令との適合性が問題視される[31]。この問題は2014年7月9日のヨーロッパ司法裁判所判決が入国前の統合要件を課すこと自体はヨーロッパ法上適法であると判示したことで決着をみた[32]。ただし、同判決はヨーロッパ司法裁判所は入国前の統合要件は個々の移民の事情に照らして厳しすぎたり、高額な費用を要するものであってはならず、移民を選択的に受け入れる効果をもってはならないとしている。

滞在法30条1項をめぐる司法審査からは、司法レベルでの層をまたいだ規範の調整が観察できる。第一に、言語要件の適法性を審査する連邦行政裁判所は、国内憲法のみならずヨーロッパ人権条約、ヨーロッパ法上の基本権保障、家族呼び寄せ指令が言及する国際法上の人権保障といった複数の規範を調整した上で司法判断を下していた。第二に、滞在法30条1項はヨーロッパ法上の「統合措置」を根拠とした立法であるため、これをある時点で適法とした連邦行政裁判所の判断は、他国の裁判権やヨーロッパ司法裁判所における法発展に連動して覆される危険性を持つ。2015年のヨーロッパ司法裁判所判決は入国前の統合要件を適法としたが、実際の運用が過剰な制約であると判断される場合にはドイツ滞在法30条1項はヨーロッパ法違反とされる可能性もある。連邦行政裁判所には個々の時点ごとに複数の規範を適切に位置付けて司法判断を行う役割が期待されていると同時に、時間軸の中で展開していく複数の裁判権の判断を参照して動態的に調整を行う役割までもが期待されているのである。

30） 大西・前掲注13）176頁以下。

31） 連邦行政裁判所は言語要件のEC指令との適合性について先決裁定手続を要するとの見解を表明した（BVerwG, Beschluss vom 28. Okt. 2011, NVwZ 2012, S. 61）。

32） Entscheidung des EuGH in der Rechtssache C-153/14 vom 9. Juli 2015.

2　強制退去法制をめぐる複線的司法調整

多層的規範の動態的調整は出国の局面として取り上げる強制退去法制においてより顕著に表れている。多層的規範を調整する2007年の連邦行政裁判所判決によってドイツの強制退去法制は事実上の変革を受けることになった。すなわち、生活の本拠をドイツにおく「事実上の内国人（faktische Inländer)」に対する退去強制には、形式的判断を要求する滞在法の文言にもかかわらず、個別事情に配慮した行政の裁量的判断が前置されることとなった。以下では、この変化について具体的に検討することとしたい。

ドイツ滞在法は外国人に対する退去強制について、次のような三つの退去強制類型を規定している。すなわち、同法53条の絶対的退去強制（Ist-ausweisung)、同法54条の原則的退去強制（Regel-ausweisung)、そして同法55条の裁量的退去強制（Ermessens-ausweisung）である[33]。絶対的退去強制は、当該外国人が3年以上の自由刑に処せられた場合など重大な犯罪の場合に成立し、行政は裁量の余地なく当該外国人に退去強制を行わなければならない。原則的退去強制は、外国人による比較的重大でない犯罪の場合に成立し、原則的に退去強制が行われる。裁量的退去強制は、当該外国人により公共の安全・秩序が危殆された場合などに成立し、行政は裁量的判断によって当該外国人の退去強制を行うことができる。この三類型は、特定の犯罪に対する効果として退去強制を帰結し、危険予防という観点から理解されている。

この点、生活の本拠を滞在国に持つ定住外国人、とりわけ滞在国で生まれ育った第二世代の外国人に対する退去強制は、その帰結が過酷になり得ることに鑑み、滞在権をより強く保障する必要が意識されてきた。ヨーロッパ人権裁判所は1990年初頭から定住外国人の退去強制についてヨーロッパ人権条約8条の「家族生活および私生活の保護」の尊重を要求してきた[34]。ヨーロッパ人権条約は特定国での滞在を保障するものではないが、

33）　Vgl. Kay Hailbronner, Asyl- und Ausländerrechtt, 3. Aufl., 2014, S. 315ff.

34）　定住外国人の滞在権保障の問題は、当初「家族生活の保護」の問題として論じられていた。しかし、2003年のSlivenko事件（EGMR (GK), Urteil vom 09. Sep. 2003, Nr. 48321/99）以後、事実上国民と同視できるような移民の滞在権保障においては、「家族生活の保護」とならんで「私生活の保護」が論じられるようになる。そこで保護されるのは、「私生活を構成する個人的・文化的・経済的ネットワーク」である（Thym, (Anm. 4), S. 236f.)。Vgl.

「家族生活および私生活の保護」を侵害する退去強制は当該外国人の個別事情に配慮した比例性審査を受け、「民主社会における必要的措置」であることによる正当化を要する。2001 年の Boltif 事件以降の判例においては比例性審査において考慮すべき基準の明確化が進んでいる[35]。

ヨーロッパ人権裁判所が要請する個別事情に即した「家族生活および私生活の保護」と、ドイツの強制退去法制の一般予防的性格、とりわけ絶対的退去強制および原則的退去強制の裁量的判断を許さない厳格な要件効果との不整合は従来から指摘されてきた[36]。これに対して、ドイツの立法者は退去強制の執行を許さない例外事由を定めることによって対処し、司法は補完的にヨーロッパ人権条約 8 条との整合性を審査するに留まっていた[37]。この状況は 2007 年の連邦憲法裁判所決定以後大きく変化する。

2007 年 5 月 10 日の決定において連邦憲法裁判所は、滞在法上行政の裁量的判断が排除されている場合であっても、ヨーロッパ人権裁判所の判例理論を顧慮する必要性を示した。すなわち、定住外国人の退去強制にあたってはヨーロッパ人権条約上の「私生活の保護」との適合性が問題となるとして、ヨーロッパ人権裁判所の判例理論を明示的に引照している[38]。そして、退去強制からの特別な保護を基礎付ける事情について、比例原則に基づいた個別的評価をせずに形式的に退去強制を決定する実務は許されな

Falk Fritzsch, Der Schutz sozialer Bindungen von Ausländern, Eine Untersuchung zu Artikel 8 EMRK, 2009; Dirk Sander, Der Schutz des Aufenthalts durch Artikel 8 der Europäischen Menschenrechtskonvention, 2008.

35)　判例理論の正確な分析として、川崎まな「退去強制事例における家族と子ども」北大法政ジャーナル 18 号（2012）91 頁以下。

36)　Hans-Joachim Cremer, Zur Einwirkung der EMRK auf das deutsche Ausländerrecht, ZAR 2006, S. 341ff.

37)　退去強制を執行し得ない場合を定めた滞在法 60 条の 5 項は「1950 年 11 月 4 日の人権及び基本的自由の保護に関する条約（ヨーロッパ人権条約）の適用によって退去強制が許されないとされる限り、外国人を退去強制に付してはならない」と規定する。連邦憲法裁判所および連邦行政裁判所もドイツの強制退去法制はヨーロッパ人権条約の基準に合致しているとし、司法による修正を要するのはきわめて例外的場合に限られるとしてきた（Thym（Anm. 4), S. 238f.)。

38)　BVerfG, Beschluss vom 10. Mai 2007, 2 BvR 304/07, Rn. 33-38. この連邦憲法裁判所は、退去強制決定は「ヨーロッパ人権条約およびヨーロッパ人権裁判所の判例を方法論的に可能な方法で顧慮」しなければならないと述べ、Görgülü 事件判決に言及している（ebenda, Rn. 37)。

いと判示した[39]。滞在法が予定する三類型はヨーロッパ人権条約上の基本権保障に原則的に適合しているものの、それはヨーロッパ人権裁判所の判例に照らして個別事情における比例性が満たされているかを審査しないことを許すものではなく、個々の事情に即した審査が不可欠であると言う[40]。これに引き続き、2007年8月10日の決定においては、ヨーロッパ人権条約に沿った形での基本法解釈を行い、法律上の退去強制が考慮していない、または不十分にしか考慮しない具体的事情を評価する必要性を論じている[41]。

この連邦憲法裁判所決定を受けて、連邦行政裁判所は滞在法の解釈により退去強制の三類型を実質的に相対化する判断を下した。2007年10月23日の判決において連邦行政裁判所は、ヨーロッパ人権裁判所の判例および前述の憲法裁判所決定において「私生活の保護」が比例性審査において高い評価を受けていることから出発し、原則的退去強制の「例外」をより広く認めた。すなわち、「原則的退去強制の例外、そしてそれに伴う行政の裁量的判断の必要は、上位の法ないしヨーロッパ人権条約によって保護される外国人の利害（Belang）が、全体状況を顧慮した個別的判断（Einzelfallwürdigung unter Berücksichtigung der Gesamtumstände）を要請する場合に成立する。……とりわけ、ドイツに生まれ育った外国人については、退去強制決定に当たって、当該外国人がどれだけドイツに根付いているか、そしてそのことが具体的退去強制事由との関係で個別事情におけるすべての状況を衡量した上で退去強制を否定するものかどうかを判断しなければならない」とする[42]。この判決以後、ドイツに生まれ育ち、「事実上の内

39）　Ebenda, Rn. 41. この事件においては本来であれば絶対的退去強制となるべきところ、当該外国人が（ドイツに生まれ育ったことの帰結として）定住許可を有していたことから滞在法56条により原則的退去強制への軽減が行われていた。その上で、連邦憲法裁判所は原則的退去強制への軽減のみによって比例性が保たれているとすることはできないと判断している。

40）　Ebenda, Rn. 41. Vgl. Thym（Anm. 4）, S. 241f.

41）　BVerfG, Beschluss vom 10. Aug. 2007, NVwZ 2007, S. 1300. ヨーロッパ人権裁判所が「私生活の保護」を根拠とした国家主権の制限を論じてきたのに対して、連邦憲法裁判所は基本法２条の「一般的行為の自由」に基づく保護を論じてきた。本判決はヨーロッパ人権条約上の保護と基本法上の保護とを結びつけた点でも重要である（Daniel Thym, Abschied von Ist- und Regelausweisung bei Verwurzelung, DVBl（2008）, S. 1350f.）。

42）　BVerwG, Urteil vom 23. Okt. 2007, DVBl 2008, S. 190.

国人」と見なされる定住外国人の退去強制は、原則的退去強制の要件に該当していたとしても個別事情に配慮した比例性審査が前置されることになる。

以上の判例展開において連邦憲法裁判所および連邦行政裁判所は、ヨーロッパ人権裁判所の判例理論を手がかりにして滞在法の三類型を実質的に変容させている[43)]。すなわち、定住外国人の滞在権保障をめぐるヨーロッパ人権裁判所判例をドイツ連邦憲法裁判所が基本法の解釈に取り込み、これをドイツ行政裁判所が滞在法の解釈に反映させる形で、滞在法の三類型は換骨奪胎させられてしまうのである。ここで、ヨーロッパ人権条約は「規範的指針を打ち出す役割（normative Leitfunktion）」を担いつつも、加盟国の国家主権に基づく裁量を重視するため、加盟国に直接具体的な義務は課していない[44)]。しかしながら、連邦憲法裁判所がヨーロッパ人権裁判所の判例理論をドイツ基本法の解釈に取り込んだことによって、同判例理論の尊重は国内法上の義務となった。連邦憲法裁判所は、基本法とヨーロッパ人権条約との規範の調整を行い、国内の専門裁判権に対してヨーロッパ人権裁判所の判例を適切に顧慮することを要求するのである。そして、こうした連邦憲法裁判所からの要請に応える形で、連邦行政裁判所は、前記の複数の裁判権から要請される基本権保障およびヨーロッパ法の遵守を滞在法の解釈に取り込み、定住外国人についての退去強制は原則的に行政裁量が前置されるべきことを明確にした。

この強制退去をめぐる法発展は、超国家的レベルでの人権保障が国内裁判権による人権保障に取り込まれ、複線的司法調整の結果、国内法秩序の変革をもたらした例として捉えることができる。その際、ヨーロッパ人権条約、基本法、滞在法という多層的規範の調整はヨーロッパ人権裁判所および連邦憲法裁判所によっても行われているが、とりわけ連邦行政裁判所には複数の規範を実務上適用可能な形で具体化するというオリエンテーシ

43)　本章では立ち入らなかったが、2007年10月23日の連邦行政裁判所判決はイタリア人の退去強制についての判断であり、ヨーロッパ法上の自由移動も問題となっていた。

44)　これまでの連邦憲法裁判所判例は、滞在法53条以下の規定を適用することがヨーロッパ人権条約違反となる場合に、そうした結論を修正する手がかりとしてヨーロッパ人権裁判所判決を利用してきた。Vgl. Thym (Anm. 4), S. 239.

ョン機能が割り当てられる[45]。階層構造を持つ法秩序においては複数の規範を適切に位置付けて適用することが必要となるが、連邦法について専権的な解釈権を持つ連邦行政裁判所こそは実務の指針となり得る形で調整機能を担うことのできる唯一の裁判所なのである[46]。その際、連邦行政裁判所判決は複数の最上級審の規範形成を尊重するだけでなく、行政に対しても自主的に規範を形成する余地を与えている。連邦行政裁判所は絶対的退去強制および原則的退去強制からの「例外」の成立を推定する要件を引き下げ、個別事情に即した裁量判断を前置させたが、それによって退去強制決定が常に消極的に評価されるわけではないことも明示している[47]。裁量的判断の内容をあくまで行政が自主的に形成していく余地を与えているのである[48]。

こうした法発展をうけて、ドイツの強制退去法制の変容に対応した指針が現在も模索されているところである[49]。すでに「定住化（Verwurzelung)」をキーワードとして外国人が滞在国で築く社会的絆は行政裁判所にとっての解釈指針となりつつある[50]。その際、退去強制の適法性は、もはや滞在法の解釈のみによって導き出されるのではなく、ヨーロッパ人権条約および国内憲法ならびにそれらを具体化する複数の裁判権の相互作用の中から導き出される[51]。以上の強制退去法制における構造的変化は多元的システムにおける規範の司法調整の一つの事例として位置付けられよう。

45） テューム（Daniel Thym）はヨーロッパ司法裁判所、ヨーロッパ人権裁判所、連邦憲法裁判所を尊重しつつ展開される連邦行政裁判所の判例理論の分析によってこの機能変化を例証している。Thym（Anm. 4), 245ff.

46） Thym（Anm. 41), S.247.

47） BVerfG, Urteil vom 23. Okt. 2007, DVBl 2008, S. 191.

48） Thym（Anm. 41), S. 1351.

49） Karl-Georg Mayer, Systemwechsel im Ausweisungsrecht. Der Schutz “faktischer Inländer” mit und ohne familiäre Bindungen nach dem Grundgesetz und der Europäischen Menschenrechtskonvention（EMRK), Verwaltungsarchiv 2010, S. 482ff.

50） Vgl. Marion Eckertz-Höfer, Neuere Entwicklungen in Gesetzgebung und Rechtsprechung zum Schutz des Privatlebens, ZAR 2008, S. 41ff.; Michael Hoppe, Neuere Tendenzen in der Rechtsprechtung zur Aufenthaltsbeendigung—Gibt es eine gemeinsame Linie in den Entscheidungen von EGMR, EuGH und BverfG?, ZAR 2008, S. 251ff.

51） Mayer（Anm. 49), S. 482.

Ⅲ　市民社会との協働による公的任務の水平的分化

家族呼び寄せおよび強制退去法制においては、従来は国民国家が担ってきた公的任務が垂直的に分化し、立法過程の多層化と司法過程における規範の調整がもたらされた。これに対して、以下に検討するのは国家が担うべき公的任務が水平的に分化する現象、国家と市民社会との協働関係である。第一に、社会統合法制においては国家と市民社会、そして移民自身の協働関係を検討する。移住法の柱の一つは「統合」であるが、移民の社会統合は国家の規制のみによっては実現し得ない。言語や文化を身につけて社会に統合されるべき移民と市民社会、そして移民の統合を制御すべき行政の協働が模索されている。第二に、国家と協働し、また国家に競合する市民社会の活動として、教会アジールと呼ばれる市民社会の慈善的難民保護活動を検討する。教会アジールは独自の情報網に基づいて保護すべき難民を発見する点で国家の難民認定手続を補完する役割を担いつつ、国家の難民認定手続を否定しかねない点で緊張関係にも立つ。

1　外国人の「統合」

移住法の成立によって移民の「統合」は移民の「制御」と並ぶ国家の政策課題となった[52]。しかし、移民の「統合」は行政と移民の二者関係の中で完結するものではなく、主として法の外にある社会的要素に規定される。移民の社会統合は、職業生活上の成功、地域社会での共生、ドイツ社会への帰属意識の醸成など、個々の移民が経験する生活関係の総体であり、市民社会内部で遂行されるからである[53]。そして国家は市民社会の自律的な統合プロセスに直接介入することはできないため、「統合」の促進は移民

52）　ドイツ社会における機会の均等と社会的参加を促進する統合政策は、移民の「制御」と並ぶ移住法の柱として位置付けられている（Unabhängige Kommision „Zuwanderung", Zuwanderung gestalten, Integration fördern, 2001, S. 199ff.）。Vgl. Rita Süßmuth, Migration und Integration, 2006.

53）　移民が統合されるべき「社会」も社会の構成員による不断の統合プロセスの中にあることにも注意しなければならない。

と受入れ社会との間に生じる相互作用に依存せざるを得ない[54]。

社会統合は究極的には市民社会内部のプロセスに依存しているものの、移住法以後のドイツの移民法制において外国人の「統合」は国家の課題となった。移住委員会は「支援と要請（Fördern und Fordern）」を統合政策の標語とし、行政と移民との協働によって社会統合の達成を目指す。この標語は2007年の滞在法改正において、「適法に長期間滞在する外国人の経済的・文化的・社会的生活への統合は支援され要請される」と規定する同法43条1項にも組み込まれた[55]。

では、行政課題としての「統合」はいかに実施されるのであろうか。社会的現象としての「統合」を達成するには教育、宗教、社会保障、都市計画などの行政分野間での協働が必要となる[56]。その際、統合を「支援」し「要請」する国家の施策として滞在法が重視するのは言語による統合である[57]。2004年滞在法には統合講習についての規定が新設され、ドイツ国内に継続的に滞在する外国人には統合講習に参加する権利が与えられた。ドイツ語力が十分でない場合、統合講習への参加は義務となる（滞在法44a条1項）。外国人が参加を怠った場合、その事実は滞在許可の延長申請において消極的要素として考慮される可能性がある（同法8条3項）他、社会扶助給付金の減額につながることもある（同法44a条3項）。また、統合講習への参加は、定住許可取得の条件でもある（同法9条2項2文）。統合講習は連邦移民難民庁（BAMF）により調整され、実施される（同法43条3項2文）[58]。連邦移民難民庁が定める統合講習の内容は、私的主体としての語

54）　Günter Renner, Kommentar zum Ausländerrecht, 8. Aufl. 2005, §43 Rn. 3; 国家と市民社会の関係について、Ernst-Wolfgang Böckenförde, Die Bedeutung der Unterscheidung von Staat und Gesellschaft im demokratischen Sozialstaat der Gegenwart, in: ders. (Hrsg.), Staat und Gesellschaft, 1976, S. 395ff.; Matthias Rossi, Verwaltungsrechtliche Steuerung von Migration und Integration, DV 40 (2007), S. 410ff.

55）　BGBl. 2007 1970.

56）　Thym (Anm. 4).

57）　Bast (Anm. 4), S. 96ff. ドイツ語の習得を滞在権の強化と結びつける制度は1965年外国人法下で定められた1978年7月7日の一般行政規則以来存在しており（GMBl. 1978, 368）、ドイツの統合政策の要をなす。

58）　2007年には、連邦政府が中心となって「国民統合計画」を策定し、移民の社会統合を積極的に推進している。大島秀之「第2部第2章 ドイツにおける最近の移民政策の動向」労働政策研究・研修機構編『諸外国の外国人労働者受入れ制度と実態』JILPT資料シリーズ

学学校等によって実施される[59]。統合講習の核心は語学講習での言語習得であるが[60]、ドイツの法律、歴史、文化、価値規範を習得するオリエンテーション講習もまた重要なカリキュラムである[61]。2007年12月5日の統合講習令の改正を受けて、現在、語学講習は最大900時間までに延長された。一方において、行政は統合講習を準備することで「統合の基礎を提供」し（同法43条2項1文）、言語能力が不十分な移民に対して統合講習への参加を義務付ける[62]。他方において、外国人は統合講習に参加することで自主的に社会統合を進めることが予定されているのである。

このように、移民の「統合」を促進する措置を滞在法は用意しているが、ドイツ語能力の獲得や統合講習への参加を要求するドイツの統合法制の実態は、行政と移民とが対等な関係で協働するというよりは、上下関係を前提として統合への報酬として滞在権を強化するという関係にあることが指摘されている[63]。それゆえ、ドイツの用意する統合法制の実際上の効果が統合能力を有しない移民の排除を促進しないかという点は注視されなければならない[64]。「統合」概念は明確な内容を持たない鍵概念として狭い意味での法学を超えて社会学等の成果と連携する手がかりともなる。その一

46号（労働政策研究・研修機構・2008）。

59) Christoph Hausschild, Die Integrationskurse des Bundes, ZAR 2005, S. 56ff.

60) 金箱秀俊「移民統合における言語教育の役割―ドイツの事例を中心に」レファレンス60巻12号（2010）。Thym (Anm. 4), S. 261.

61) 小林薫「ドイツの移民政策における『統合の失敗』」ヨーロッパ研究8号（2009）119頁以下。2006年12月31日の段階で全国1851のVHS (Volkshochschule)、地域施設、語学学校等が統合コース実施の認可38を受け、5800か所を超える場所で統合コースが開講されている。

62) Marcel Kau, Sanktionsmöglichkeiten zur Durchsetzung von Integrationsanforderungen, ZAR 2007, S. 185ff.; Berthold Huber, Die geplante ausländerrechtliche Pflicht zur Teilnahme an Integrationskursen, in: Klaus Barwig / Ulrike Davy (Hrsg.), Auf den Weg zur Rechtsgleichheit?, 2004.

63) Johannes Eichenhofer, Die "Integration von Ausländern" als Verwaltungsaufgabe, DÖV 2014, S. 782f.

64) 移民に対してドイツ社会にとって負担とならないよう「統合能力」や「統合の意思」が求められるとき、そうした国家の要請に見合うことのできない移民は社会から排除されるという方向に向かう危険がある。他方、移民排除の言説を結びつけて理解されてきた市民統合法制の広がりを、欧州における「段階的移民統合」モデルの出現と拡散、その制度化として捉え直す業績として、佐藤俊輔「EUにおける移民統合モデルの収斂？―『市民統合』政策を事例として」日本EU学会年報35号（2015）183頁以下。

方で[65]、社会的排除の論理として機能することもあり得るのである。2007年に連邦政府が中心となって策定した「国民統合計画」においては統合講習の拡充や良質な教育、同権化の促進など国家の側で推進すべき移民の地位改善策が謳われている。しかし、移民の社会統合は移民および受入れ社会との協働においてのみ達成される中で、「統合」の内容を吟味する必要があろう[66]。

2　教会アジール

統合法制においては国家と移民、受入れ社会の協働関係が問題となるが、国家主権に対抗する市民社会の活動も存在する。以下では、教会アジールを素材として難民保護をめぐる国家と社会の対抗関係を具体的に描き出した国際社会学の業績に依拠しつつ[67]、多元的システムにおける市民社会と国家の緊張関係を考察する。

教会アジールとはキリスト教会関係者によって行われる難民庇護活動である。教会関係者は、実質的には本国への送還が生命や身体への危険を伴うにもかかわらず難民認定を却下された難民を一時的に教会において保護する。それと同時に、退去強制処分により生命、身体に危険が及ぶことを行政当局に訴え、難民の送還停止と滞在許可交付の再審査を求めて行政当局と交渉するのである。国家の行う庇護申請手続が効率化し、難民が自らの迫害理由を十分に説明することが困難となる中で、個々の事情に即した庇護の必要性を発見し、独自の視点から難民保護を行う点に教会アジールの意義がある[68]。

ドイツの難民庇護制度に目を向けると、ドイツ基本法はナチス時代への反省から国家主権に上位する請求権として庇護権を制度化してきた。しか

65)　Gunnar Falke Schuppert, Schlüsselbegriffe der Perspektivenverklammerung, DV Beiheft 2 (1999), S. 103ff.; Thym (Anm. 4), S. 264. 滞在法における「統合」概念について、Vgl. Johannes Eichenhofer, Begriff und Konzept der Integration im Aufenthaltsgesetz, 2013.

66)　Dietrich Thränhard, Integration in der pluralistischen Gesellschaft, in: Klaus Sieveking (Hrsg.), Wechselwirkungen von Migration und Integration im europäischen Mehrebenensystem, 2012, S. 97ff.

67)　昔農英明『「移民国家ドイツ」の難民庇護政策』(慶應義塾大学出版会・2014)。

68)　昔農・前掲注67) 69頁以下。

し、庇護申請が激増する1990年代前半以降、ドイツは難民政策を転換して難民の流入を制限する[69]。1993年には基本法の改正を行い、「迫害のない出身国」の場合や「安全な第三国」を経由した場合には原則として庇護申請を認めないとする基本法16a条を挿入するとともに、庇護申請手続法を改正して審査手続の効率化が進められた[70]。これ以後、庇護申請においては難民個人の被迫害理由に先立って経由国が一般的に安全であるかという点のみが審査されるとともに、審査手続も効率化されたため、多くの難民は審査官に対して自らの迫害理由を十分に説明できなくなる。

これに対して教会アジールは難民の迫害についてのより現実に即した情報を基礎として保護の必要を判断する。第一に、教会関係者は国家の難民審査では軽視されがちな対面的なコミュニケーションを重視する[71]。教会関係者が難民個人と向き合うことによって、難民審査官には打ち明けられない個人的な被迫害体験についての証言を難民から引き出すことができる。第二に、教会関係者は世界各国の教会から難民の迫害情報について独自の情報を得ている。例えば、国家は外交関係への配慮から難民の流出国を「迫害のない」「安全な」国家であるとする場合があるが、教会は国家とは

---

69)　基本法の庇護権規定の改正を含む「庇護妥協」の背景には、ドイツへの入国のための手段として庇護権を利用する「庇護権の濫用」という内政上の問題に対処する必要とともに、ヨーロッパレベルで共通の国境管理政策がある（昔農・前掲注67）50頁）。本章では立ち入らないが、庇護権の改正をめぐっても多層的システムにおける層をまたいだ相互作用が指摘されている（Dorothee Lauter / Arne Niemann / Sabine Heister, Zwei-Ebenen-Spiele und die Asylrechtsreform von 1993, in: Christoph Hönnige u. a. (Hrsg.), Verfassungswandel im Mehrebenensystem, 2011, S. 158ff.）。また、EU加盟国間での政策の相互参照を「法規範の市場」という観点から分析し、EUにおける難民庇護に新たな視点を与える業績として、庄司克宏「難民庇護政策における『規制間競争』とEUの基準設定」慶應法学7号（2007）611頁以下。

70)　すなわち、①「安全な第三国」規定が設けられ、ジュネーヴ難民条約や欧州人権条約の規定を基に難民を保護し得る国家を経由してドイツに入国した者は、事実上庇護申請ができなくなった。難民がドイツに入国後庇護申請できる道は空路か海路に限定される。②庇護申請者が「迫害のない出身国」から入国した場合、その申請は明らかに根拠のないものとして却下されることになった。③空港内で簡略的な難民審査を行い、迫害を受けていることが認められない場合には速やかに送還する空港手続が導入された。

71)　昔農・前掲注67）70頁以下。国家の難民審査において庇護申請者への意見聴取は平均して1〜2時間である（アジア福祉教育財団難民事業本部「ドイツにおける条約難民及び庇護申請者等に対する支援状況調査報告」〈http://www.rhq.gr.jp/japanese/hotnews/data/pdf/wha0819.pdf〉）。

異なる独自の情報から庇護の必要を判断するのである[72]。このようにして教会アジールは、保護を必要とするにもかかわらず、国家の難民認定手続からは抜け落ちる難民を市民社会のネットワークの中で拾い上げ、退去強制の危機から救い出す。

もちろん、難民審査官の決定を不服として実力によって難民を教会に保護する教会アジールは、正規の難民認定手続の結果を否定する点で、法治国家性と緊張関係に立つ[73]。教会関係者の認識においても、教会アジールはあらゆる合法的手段を尽くした上で、それでもなお難民を保護する必要がある場合にのみ行われるものとして位置付けられている[74]。難民保護認定の最終的決定権はあくまで国家にあるのを前提としつつ、特別の事情が存在する場合に市民社会の側から国家に対して再考を求めるのである。

国家の難民庇護と緊張関係に立つ教会アジールに対して国家が採る立場はアンビヴァレントである。一方において、国家は教会アジールを非合法な活動であると批判する。しかし他方において、国家の制度に組み込もうとも試みている。教会アジールを契機として国家が設置した制度として、窮状ケース委員会がある[75]。同委員会は、教会や難民支援団体など市民社会の代表者から構成され、外国人への退去強制措置が個別事情に照らして過酷となる場合に特別措置として滞在権を付与すべきかどうかを決定する。窮状ケース委員会はすでに1990年代からいくつかの州に導入され、2004年移住法以後は、滞在法23a条として制度化された[76]。この点、移住法の

72)　一般的には安全とされるトルコ出身のクルド系難民への保護が欠如していること、非国家主体による迫害、ジェンダー特有の迫害を受けた者への保護が不十分であること、自殺のおそれ、重度の病気など窮状にある難民に配慮した困難条項がないことなどが国家の難民庇護の問題点として指摘されている（昔農・前掲注67）76頁）。

73)　Vgl. Matthias Morgenstern, Kirchenasyl in der Bundesrepublik Deutschland, Historische Entwicklung・Aktuelle Situation・Internationaler Vergleich, 2003; Jochen Grefen, Kirchenasyl im Rechtsstaat. Christliche Beistandspflicht und staatliche Flüchtlingspolitik, 2001.

74)　とりわけ教会上部組織は教会アジールが国家と教会の間に歴史的に形成された関係にひびを入れることを快く思わない。隣人愛に基づく宗教的行為を超えた政治的示威活動であり、教会アジールは難民政策の政治的変革手段とする濫用であるという（昔農・前掲注67）64頁以下）。

75)　Thym (Anm. 4), S. 345; 昔農・前掲注67）126頁以下。

76)　Renner (Anm. 54), §23a. 窮状ケース委員会の詳細について、Ulrich Spallek, Humanitäre Einzelfallregelungen, in: Klaus Barwig u. a. (Hrsg.), Neue Regierung-neue Ausländerpolitik?, 1999, S. 496ff.; Ralph Göbel-Zimmermann, Härtefallkommissionen als letzter Ausweg aus

制定に当たってオットー・シリーは、窮状委員会規定を利用して教会アジールを合法化するような提案を行っていた。すなわち、特別な教会割当てによって、窮状にある難民に滞在許可を付与するための権限を教会に与えようとした[77]。教会が窮状にある難民を一時的に保護し、国家の庇護が受けられるよう関与する制度を創設することで、教会アジールを国家の制度に取り込もうとするのである。こうした提案は、教会アジールを合法化し、制度上の位置付けを与えるものとして積極的に評価することも可能である[78]。しかしながら昔農英明のインタビュー調査が明らかにしたのは、オットー・シリーの提案に対する教会関係者からの否定的反応である。教会関係者は、このような形での制度化は、市民社会の活動として行われる教会アジールが持つ国家への対抗性を削ぎ、また、難民庇護にかかるコストを教会に負担させようとするものであるとして反発したのである[79]。

教会アジールという市民社会の難民庇護は、保護を必要とするにもかかわらず退去強制処分を受けた難民を救い出す点で国家の難民庇護を補完する役割を担っている。また、教会アジールの活動を通じて、庇護申請において難民の個別事情に配慮すべきとの認識が共有され、難民の窮状に配慮する国家の義務を制度化する原動力となった。国家に対抗する市民社会の活動によって、国家の難民庇護の不備が部分的に是正されるのである。しかしながら、国家に競合する市民社会の活動は成功すればするほど国家の制度に取り込まれやすくなるという問題をもはらんでいる[80]。市民社会の難民庇護活動は常に国家との関係性の中で縛られており、教会アジールの合法化という動きに見られるように国家に吸収される危険性と隣り合わせ

---

einem prekärem Aufenthalt?, ZAR 2008, S. 47ff.

77)　昔農・前掲注 67) 126 頁以下。

78)　移民行政法の論者テュームは、実際に成立した滞在法 23a 条の窮状ケース委員会を肯定的に評価している。すなわち、市民社会の関与は移民行政に対する信頼を高め、法の実効性を高める効果を持つとする（Thym (Anm.4), S. 345f.)。連邦内部大臣による移住法の聴聞に際して、ノルトライン＝ヴェストファーレン州の窮状ケース委員長は、市民社会の組織が参与することでよりよい決定ができること、そして外国人法の実施に際して国家と市民社会の対話が制度化される点を評価している（Göbel-Zimmermann, ZAR 2008, S. 48)。

79)　昔農・前掲注 67) 128 頁。

80)　NGO や NPO が国家の提供する枠内で活動することにも表れる（昔農・前掲注 67) 128 頁以下）。

なのである。近年のシリア難民問題を受けて、難民受入れ規制が強化され、管理体制が厳しくなる中、再び教会アジールにメディアの注目が集まっている。国家と市民社会との緊張関係の中で、国家の決定を市民社会の側からいかに制約し得るのかが今後の課題となろう。

IV　結　　語

国境を越えた人の移動は決してグローバル化に特有の現象ではない。しかし、19 世紀以後に顕著となる人の大量移動は国家の移民政策と連動してきた[81)]。近年顕著となった経済のグローバル化による越境的労働者の増加、移民政策を打ち出す主体の多層化、超国家的な人権保障枠組みの生成により国家の機能が変化することで、国境を越える人の移動にも構造的な変化が生じている。

第一に、出入国管理についての国家の主権的決定を見ると、超国家的主体によってドイツの移民政策に競合する移民立法が次々と打ち出され、ドイツ単独の移民政策によって制御可能な領域は縮小し続けている。ヨーロッパ共通移民政策の始動によってドイツ滞在法の多くはヨーロッパレベルの立法の執行法律としての側面を持つようになり、ドイツの移民法制は徐々にヨーロッパ化していく「中間地点」にあるとも評されている[82)]。しかしながら、ヨーロッパ化を直ちにドイツの国家主権の制限と等値することもできない。家族呼び寄せ指令の成立過程から明らかなように、EU を構成する諸国は自国の移民政策を可能な限り維持しようとヨーロッパレベルでの立法に積極的に関与している。国家はヨーロッパ化を通じて移民の制御を可能にする新たな経路を模索しつつあると評価できよう[83)]。

81）Klaus J. Bade, Europa in Bewegung, Migration vom späten 18. Jahrhundert bis zur Gegenwart, 2000; ders, Sozialhistorische Migrationsforschung, 2004.

82）Günter Renner, Zuwanderungsgesetz-Ende des deutschen Ausländerrechts?, IMIS-Beiträge 27/2005, S. 9, 24.

83）本章では検討できなかったが、不法移民の取締りに関わる行政連携は、超国家化のプロセスが国家の主権に制約を課すというよりも人の移動の制限や移民の権利保護の抑制にとって役立つという国民国家の利害と合致することから、国家が国家横断的な移民の管理や取締

その際、ドイツ連邦議会の立法にEUの移民政策と国内の移民政策とが層をまたいで流入する現象が観察される。ドイツの国内法に配慮して認められた指令7条の「統合措置」は、指令を国内法化する2007年の滞在法改正において配偶者呼び寄せを制限する言語要件の導入の根拠となった。家族生活の保護を立法目的とするEC指令と、入国時にドイツ語能力を要求して入国後の統合を促進させようとするドイツの移民政策を実現する点で、滞在法30条1項には層をまたいで複数の政策目的が流入している。その際、「統合」という多義的概念はある種の結節点として作用している[84]。あるときは移民の法的地位の安定化による統合の促進が語られ、またあるときは統合可能な移民の選択的受入れという移民政策上の考慮が語られるのである。

第二に、司法レベルにおいてもヨーロッパ人権裁判所やヨーロッパ司法裁判所といった超国家レベルの裁判権とドイツの国内裁判権との協働が観察される。家族呼び寄せにおける配偶者の言語要件は、ヨーロッパレベルと国内法レベルにまたがる「統合措置」概念に基礎付けられていた。そのため、ヨーロッパ司法裁判所において指令7条の「統合措置」について新たな判断がなされるとドイツ滞在法30条の適法性に影響が生じる。ここでも、多層的規範にまたがる概念についてヨーロッパ司法裁判所や他国の裁判所において判例が展開することで、多層的な政策判断や多元的人権保障がドイツの移民法制に垂直的・水平的に流入するのである。

その最も顕著な例は、強制退去法制における裁量的な比例性審査の拡大であった。2004年および2007年の法改正において立法者は退去強制の三類型を維持しており、ヨーロッパ人権条約8条の保護は滞在法60条5項の枠内で考慮しようとする意思は明らかであった[85]。このような立法者の意思にもかかわらず、2007年の連邦行政裁判所判決以降、「事実上の内国人」と見なされる外国人の退去強制については裁量判断の前置が原則とな

体制の構築に関与し、活用している姿がより明確になる。

84) Schuppert (Amn. 65), S. 103ff.

85) こうしたヨーロッパ人権条約を取り込んで滞在法53条を解釈することについて、国際法適合的解釈の枠を超えるとの批判もある。Vgl. Alexander Proeless, Bundesverfassungsgericht und überstaatliche Gerichtsbarkeit, 2014, S. 50f.

った。ヨーロッパ人権裁判所の「家族生活および私生活の保護」をめぐる判例理論は、連邦憲法裁判所によって国内の憲法秩序に取り込まれ、連邦行政裁判所が個別事情に即した比例性審査を要求する形で、滞在法上の退去強制法制を換骨奪胎するのである。ここでは、ヨーロッパ人権裁判所が牽引する基本権保障が、ドイツの国内裁判所の協働によって滞在法上の強制退去法制に流入し、滞在法が明示的に維持する三類型を相対化するに至っている。ただし、超国家レベルでの基本権保障に実効性を持たせているのは国内の裁判権である点には注意せねばならない。EU市民権に牽引されて超国家レベルでの権利保障が構想されても、究極的には移民の諸権利は国民国家を通じてのみ実現されるのである。

このことと関連して第三に、国家と移民との協働が模索される中で、国民国家が提供する諸権利を享受し得る移民と排除される移民とが分化する現象に注意をしなければならない。移住法は移民の「制御」と並んで「統合」を柱とし、統合講習をはじめとする統合政策に力点を置くが、「統合」概念は多義的に用いられる。配偶者呼び寄せの言語要件に見られるように入国に際しての統合能力の重視は、単に国境内部における社会統合の促進だけではなく、外部からの移民流入を制御する機能を持つ[86]。また、移民の滞在許可の更新や定住許可の交付に当たって統合コースへの参加や統合能力が考慮されることで、社会統合可能な移民に対しては滞在権保障が強化される一方、統合の意思や統合能力を持たないと国家が判断した移民の滞在権は不安定になる。受入れ社会への統合能力を持つ有益な移民とそうでない移民との間に境界が設定されるのである。移民の社会統合そのものは市民社会の自律的なプロセスの中で実現するものの、社会統合の達成が滞在法上評価されるという形で社会統合は国民国家の論理と結びついて制度化されている。

第四に、超国家的レベルでの権利保障や市民社会における社会統合のプロセスが国民国家の論理に規定される分だけ、国家に対抗的な市民社会の

---

86)　市民統合政策が単に国境内部における社会統合の促進だけではなく、外部からの移民流入を制御する機能を持つようになったことを指摘し、イギリス、オランダ、ドイツ、デンマーク、ベルギーにおける市民統合法制の現状を分析した業績として、佐藤俊輔「欧州における市民統合法制の現在」比較法学46巻1号（2012）97頁以下。

存在は重要となる。昔農が明らかにしたように、教会は教会アジールを実施し、国家のアジールに対抗するような公共圏の形成に努めていた。国家はこうした教会アジールを非合法な活動であるとしつつも、教会が独自に有する難民保護のネットワークを活用する道も模索している。

以上の考察によって、多元的システムにおける主体間の相互作用をドイツの移民法制に即して記述するという本章のさしあたりの目的は達せられた。では、ドイツの移民法制を多元的システムに位置付けて考察することは、本書の共通テーマである「グローバル化と法」にいかなる形で接続し得るだろうか。

藤谷武史は「グローバル化」が法に与えるインパクトを「国家の単位で仕切られた（＝国境と国籍によって外部とは区別された）〈社会〉と当該社会に妥当しこれを規律する〈法〉秩序との一対一対応が崩れる状況」と理解するが[87]、国家主権の中核に位置し、〈国家を単位とした法秩序〉の最たるものであるはずの移民法制においても〈国家〉と〈社会〉と〈法〉の対応関係が弛緩する状況が生じている。例えば、家族呼び寄せにおいては「国境および移民法制により分断された家族」の登場により国家法が規律の対象とする〈社会〉に変化が生じ、それを契機として従来ドイツが想定してきたのとは異なる「家族」概念がドイツの〈法〉に侵入する[88]。また、第二世代・第三世代の外国人はドイツ国籍を持たないものの、ドイツで生まれ育ち、ドイツに生活の本拠を置く「事実上の内国人」と位置付けられ、退去強制において特別の保護を受けることとなった。こうした「事実上の内国人」は国籍によって外部と区別される〈社会〉を相対化し、出身国と

87）　藤谷武史「グローバル化と公法・私法の再編―グローバル化の下での法と統治の新たな関係」）335 頁以下（本書第 13 章）。

88）　世界人権宣言 16 条 3 項は家族を「社会の自然的かつ基礎的な単位である」としつつも、明確な定義をおいていない。また、ヨーロッパ人権裁判所によるヨーロッパ人権条約 8 条の「家族生活」の認定は各国の国内法と必ずしも一致しておらず、非婚パートナーのように国内法上有効な婚姻ではなくても成立する場合がある（川崎・前掲注 35）103 頁）。一夫多妻制や非婚パートナーの取扱いとの関係で、「家族」を如何に法的に定義していくべきか、は今後重要な論点となるだろう。家族呼び寄せにおけるドイツ連邦行政裁判所の「家族」理解について参照、Günter Renner, FG 50 Jahre Bundesverwaltungsgericht, S. 435f. この点、憲法上、民法上、外国人法上の「家族」について、法領域ごとに「家族」概念を相対的・流動的に捉え、複数の基準を組み合わせて対処するとしても、法領域ごとの独立性がどこまで維持され得るのかについては今後の展開を注視すべきところであろう。

滞在国とにまたがる越境的な法領域を創出するのである。

こうしたグローバル化のインパクトによってドイツの移民法制が大きな変革を迫られていることに疑いはない。しかしながら、この変革は直ちに国家の制御能力の低下を帰結するものではないし、国家の枠を超えて移動する移民の権利保護に対して常に肯定的に作用しているとも言えない。国際社会学は移民現象と国民国家の関係性を考察し、超国家化や脱国家化といった現象を逆手にとって国民国家が自身の論理を強化する再国家化の現象を看取するが[89]、グローバル化と〈法〉の関係においても、〈国家〉と〈社会〉と〈法〉の乖離が進むと同時に、〈国家〉と〈社会〉と〈法〉とを新たな形で結合させようとする動きが同時的に進行していると見ることができるのではないか。例えば、出生地主義を導入した国籍法改正はドイツ〈社会〉の構成員を再び国籍に結びつけて国家に包摂する試みであったと見ることができるし[90]、多層的権利保障を滞在法の解釈に結実させる連邦行政裁判所の営みは、超国家レベルでの権利保障をも国家法のレベルに落とし込む試みとして〈国家〉と〈法〉を再度結合するものと理解できる。また、教会アジールをめぐる問題からは、国家の庇護認定手続を不十分であるとしてこれに対抗する市民社会の運動、すなわち国家の問題解決能力不足による〈社会〉を媒介とした〈法〉と〈国家〉の結合の弱まり、そして教会アジールを制度化して再び国家の側に取り込もうとする形での〈国家〉と〈社会〉そして〈法〉の再結合の試みを見て取ることができる。「近代以降、国家は〈法〉が規律対象とする〈社会〉として認識される領域を再帰的に構成し、〈法〉が安定的に機能する前提条件を提供することによって、（いわば社会を媒介項として）法と密接に結びついてきた」[91]と言

89）　昔農英明はドイツの難民保護政策において、脱国家化・超国家化のプロセスと再国家化のプロセスが相互作用的に進行していることを明らかにした（昔農・前掲注67）7頁）。こうした国際社会学における移民研究の蓄積は、法の機能条件を視野に入れた移民法制の動態的な考察を豊かにする点で貴重である。

90）　ただし、滞在法は定住許可の制度によってきわめて強固な滞在権を保障しており、必ずしも帰化を国家への包摂の最終段階としてはいないとの見方もある。バスト（Jurgen Bast）は移住法以後のドイツ移民法制について、帰化を滞在権強化の段階的プロセスに組み入れていない。ドイツは定住許可を付与される定住者を〈社会〉の構成員とする方向に向かっているのかもしれない。Vgl. Bast（Anm. 4）S. 222ff.

91）　藤谷・前掲注87）339頁。

えるとすれば、グローバル化時代において国家はこの再帰的プロセスを新たな形で実現しようとしているのかもしれない[92]。

【附記】 本章は、「グローバル化時代の移民法制と家族の保護―家族呼び寄せ指令とドイツの新移民法制」社会科学研究（東京大学）65巻2号（2014）157～183頁に大幅な加筆・修正を加えたものである。加筆にあたっては移民の参加と排除に関する日仏研究会における議論から多くの示唆を得た。本章は、JSPS科研費（課題番号：25780001）および財団法人野村財団社会科学助成の研究成果の一部である。

92）そうであるとするならば、近代法の形成における国家と社会の関係についての比較法的・歴史的な視座は有益なものとなろう。参照、広渡清吾『比較法社会論』（日本評論社・2009）、村上淳一『近代法の形成』（岩波書店・1976）、同「ヨーロッパ近代法の諸類型―英・仏・独における国家と社会」平井宜雄編著『法律学―社会科学への招待』（日本評論社・1979）41頁以下。

第10章　インターネットにおける非国家的秩序の様相
――ICANNと国家との関係を中心に

横溝　大

Ⅰ　はじめに

本章の目的は、インターネットに関するICANN（Internet Corporation for Assigned Names and Numbers）による非国家的規範秩序の様相を、国家との関係という視点から分析することにある。

1990年代急激な発展を遂げたインターネットは、ドメイン名とIPアドレスの対応を管理するドメインネームシステム（以下「DNS」という）を基盤に一定の階層構造によって成り立っており[1)]、IPアドレスやトップレヴェルドメイン（TLD）[2)]の割当ての調整等のDNSの管理運営は、国際機関にではなく、ICANNというカリフォルニア州法に基づき1998年に設立された非営利法人に委ねられている。ICANNは、ドメインネームの割当てに関する準則を作成し、かつ、一定の事項に関する紛争に関し独自の一定程度実効的な紛争解決システムを有している。このような特徴から、

1)　ドメインネームシステムについては、松尾和子＝佐藤恵太編『ドメインネーム紛争』（弘文堂・2001）3頁以下〔坪俊宏〕参照。

2)　ドメイン名を構成する最も右側のラベル。“.com”、“.net”、“.org”のようなgeneric TLD（gTLD: 分野別TLD）と、“.jp”、“.us”、“.au”のようなcountry code TLD（ccTLD: 国コードTLD）とに分けられる。同上・6頁以下。

ICANN は、とりわけ法的多元主義の観点から、非国家的主体による私的規範秩序の形成の好例としてしばしば言及される[3)]。

だが、インターネットの普及に伴い社会・経済におけるドメインネームの重要性は一段と増しており、また、ICANN の活動は既存の各国法秩序に影響を与えずにはおかない。ドメインネームによる商標権侵害[4)]はもちろんのこと、".health" や ".xxx" といった TLD を追加することは、公衆衛生や公序良俗に関する各国の公共政策に少なからぬ影響を及ぼし得る[5)]。このように、ICANN の扱う事項が単に技術的な問題に止まらず、一定の実体的価値にも及んでおり、各国の公共政策や法規範と抵触する可能性がある以上、国家やそれが構成する既存の国際法秩序は、ICANN の活動に無関心ではいられない筈である。それでは、ICANN と国家および国家法（さらには国際法）との関係はどのようになっているのだろうか。言い換えれば、ICANN は、国家法秩序および国際法秩序に対し、実際にはどの程度自律性を有しているのだろうか。

このような問題意識から、本章では、以下の二つの側面について ICANN と国家との関係を分析する。すなわち、規範形成（II）および紛争解決（III）という二つの側面である。これらの分析を通じて、ICANN と国家との関係は、それぞれの側面において異なり、また、時々刻々と変化しており、複雑な様相を呈していることが見て取れるだろう。また、ICANN が、確かに今後さらに国家法秩序からの自律性を増していく可能

3) 例えば、Gunther Teubner, "Societal Constitutionalism: Alternatives to State-Centered Constitutional Theory?", in Christian Joerges / Inger-Johanne Sand / Gunther Teubner, *Transnational Governance and Constitutionalism* (Hart Publishing, 2004), p.3, p.21. ICANN が作成する準則の中核を "lex domainia" と表現することすらある。Simone Vezzani, "ICANN's New Generic Top-Level Domain Names Dispute Resolution Procedure Viewed Against the Protection of the Public Interest of the Internet Community: Litigation Regarding Health-Related Strings", *The Law and Practice of International Courts and Tribunals,* Vol. 13 (2014), p.306, p.338.

4) いわゆるサイバースクワッティングの問題につき、松尾＝佐藤編・前掲注 1) 25 頁以下〔町村泰貴〕。

5) Vezzani, *supra* note 3, pp.307–308; Caroline Bricteux, "Le pouvoir de réglementation des Etats usr le DNS", *Working Paper du Centre Perelman de Philosophie du Droit,* 2011/05, 〈http://wwwphilodroit. be〉, p.77（なお、本章における HP の最終確認日はすべて 2015 年 8 月 18 日である）.

性もある一方で、国家法秩序によりその組織形態に大きな変更を迫られる可能性をも内包している存在でもあることが理解されるだろう。

II　ICANNによる規範形成と国家

DNSの形成やICANN設立の経緯から、ICANNに対するアメリカの影響力は従来突出していた。DNSやICANNの活動の規模が世界的になり、その重要性についての認識が高まるに従い、アメリカの関与が限定的になって行く一方、各国の関与は強まって行く。以下では、ICANNの成立に至る過程を確認した上で（1)、国家との関係（2）について見ていくこととする。

1　ICANNの成立[6)]

(1) 前　史　インターネットの起源は、アメリカ防衛省高等研究計画局（Advanced Research Project Agency: ARPA）の資金援助による大学研究プロジェクトの成果であるARPANETが、1969年にアメリカの三つの大学と一つの研究機関とを結んで開始されたことに求められる。その後、1983年にDNSが発表された後[7)]、1988年、DARPA（ARPAからの改称）と南カリフォルニア大学（Information Sciences Institute: ISI）との契約により、DNSに関連する機能の管理、とりわけIPアドレスの割当の調整およびルートシステムの管理がISIに委ねられることとなった[8)]。ISIは組織を再編し、Internet Assigned Numbers Authority（IANA）の名称を用いるようになった。

---

6)　以下の記述は、基本的に以下の文献に負っている。A. Michael Froomkin, “Wrong Turn in Cyberspace: Using ICANN to Route Around the APA and the Constitution”, *Duke Law Journal*, Vol. 50, No. 1 (2000), p.17, pp.50-92; Bricteux, *supra* note 5, pp.10-33; 松尾＝佐藤編・前掲注1）1頁以下〔坪〕。また、日本ネットワークインフォーメーションセンター（JPNIC）「ICANNの歴史」〈https://www.nic.ad.jp/ja/icann/about/history.html〉も参照。

7)　DNSの意義については、松尾＝佐藤編・前掲注1）2頁〔坪〕。

8)　1988年までは、ポステル（Jon Postel）博士が唯一の管理者だった。Bricteux, *supra* note 5, p.15.

1990年代に入り、インターネットが商業化すると、IANAは様々な批判に曝されるようになった。すなわち、IANAの権限の不明確さ[9]、ポステル（Jon Postel）博士個人に対する権限の集中、アメリカが有する権限の大きさに対する批判である[10]。また、Network Solutions Inc.（NSI）は、アメリカ国立科学財団（National Science Foundation: NSF）との契約に基づき、ルートサーバーAおよびgTLD（".com", ".org", ".net", ".edu"）の登録を管理していたが、NSFからの資金援助終結に伴い、ドメイン名登録を有料化し、そのため、NSIの独占に対する批判も高まった[11]。さらに、ドメインネームの商業的価値が高まるに伴い、著名な商標等を登録して商標権者に高額で売り付けようとする等のいわゆるサイバースクワッティングが増加し問題化したため、世界知的所有権機関（WIPO）等により、効率的な新たな紛争解決手続の導入が強く求められるようになった[12]。

(2)　ICANNの設立　　このような状況の中、アメリカ商務省電気通信情報局（National Telecommunications and Information Administration: NTIA）は、1998年1月30日、「インターネットの名前およびアドレスの技術的管理の改善についての提案」（Improvement of Technical Management of Internet Names and Addresses; Proposed Rule）というグリーン・ペーパーを発表した[13]。そこでは、ネットワークの安定性、競争性、民間のボトムアップによる調整、インターネット・コミュニティの代表という四つの原則が示されるとともに、ドメインネームおよびIPアドレスの管理・割当てを保障する民間の非営利法人の設立が提案された。ただし、2000年9月までのアメリカ政府による政策についての監督が条件付けられるともに、新法人はアメリカ法によりアメリカに本拠を置いて設立されることが前提とされ、また、その理事会のメンバーは世界からの利害関係者から構成されるものの、各国政府や国際機関の高官は排除されるべきであるとされた。

---

9)　Froomkin, *supra* note 6, pp.54-57.
10)　Bricteux, *supra* note 5, pp.15-16.
11)　Bricteux, *supra* note 5, p.17.
12)　*Ibid.*
13)　〈http://www.ntia.doc.gov/ntiahome/domainname/dnsdrft. htm〉なお、日本ネットワークインフォーメーションセンター（JPNIC）による翻訳が以下のHPにある。〈https://www.nic.ad.jp/ja/translation/icann/bunsho-green.html〉

このグリーン・ペーパーに対しては、アメリカ政府の役割に対し激しい批判が寄せられることとなった。とりわけ、EUはこの提案を、アメリカによる電子商取引市場の戦略的支配であると見なし、その国際的なフォーラムにおける調整方法の必要性についての認識および実現手段の欠如を激しく批判した[14)]。

このような批判を受けて、NTIAは、1998年6月5日、「インターネットの名前およびアドレスの管理についての政策声明」（Statement of Policy on the Management of Internet Names and Addresses）というホワイト・ペーパーを公表した[15)]。当該文書では勧告のみがなされており、法的拘束力のある内容は含まれていない。そこでは、DNS管理のための民間セクター創設は維持されたものの、アメリカ政府の役割は後退した。また、各国政府や国際機関の代表については、インターネット・ユーザーとしてまたは投票権のないアドヴァイザーとしての役割以外に理事会への参加を制限されている。

以上の結果、1998年9月30日、カリフォルニア州法人として設立されたICANNは、DNS運営の民間パートナーとして選択するようアメリカ商務省（Department of Commerce: DOC）に求め、DOCはこれを認めて、1998年11月25日、覚書（Memorandum of Understanding）を締結した[16)]。

2　国家との関係

(1)　アメリカ　　ICANNの設立は、DNSに関する民営化であるにもかかわらず、アメリカ政府のDNSに関する支配的地位の明確化に寄与したものとしばしば評される[17)]。アメリカのICANNに対する政策的監督は、

---

14)　Council of the European Union European Commission, Internet Governance “Reply of the European Community and its Member States to the US Green Paper”, March 16, 1998, *available at* 〈http://www.ntia.doc.gov/legacy/ntiahome/domainname/130dftmail/03_20_98.htm〉.

15)　〈http://www. ntia. doc. gov/ntiahome/domainname/6_5_98dns. htm〉なお、JPNICによる翻訳が以下のHPにある。〈https://www.nic.ad.jp/ja/translation/icann/bunsho-white.html〉

16)　〈https://www.icann.org/resources/unthemed-pages/icann-mou-1998-11-25-en〉

17)　Jonathan Weinberg, “Governments, Privatization, and ‘Privatization’: ICANN and the GAC”, *Michigan Telecommunications and Technology Law Review,* Vol. 18, No. 1 (2011), p. 189, p.193.

以下の三つの法技術によってなされていると言われる。すなわち、いわゆるIANA機能に関する契約、アメリカ商務省とICANNの間に交わされた覚書、そしてアメリカ商務省と（NSIを買収した）ヴェリサイン（VeriSign）との間の契約である[18]。以下では、これらの契約に基づくアメリカの権限とその変容を確認しよう。

まず、IANA機能に関する契約[19]は、対価ゼロの一方当事者のみが履行義務を負うICANNと商務省との間の契約であり、ICANNがIANAの技術的機能[20]を果たすことを認めるものである。当該契約は最も重要であり、当該契約がなければ、ICANNは、インターネットにおける識別システムの調整について階層的権威をほとんど持たない[21]。そこでは、DNSルートゾーンファイルへのいかなる変更も商務省により監査され承諾を得なければならないとされている[22]。ただし、インターネット関連10団体が2013年10月7日に発表した「今後のインターネット協力体制に関するモンテビデオ声明」（Montevideo Statement on the Future of Internet Cooperation）[23]において、「すべての政府を含む、すべてのステークホルダーが対等の関係で参加する環境に向けて、ICANNとIANA機能のグローバル化の加速を呼びかける」と述べたことを踏まえ、2014年3月14日、アメリカ商務省電気通信情報局（NTIA）は、インターネットのドメインネームシステム（DNS）に関して担っていた同局の役割を、グローバルなマルチ

18）Milton L. Mueller, *Networks and States: The Global Politics of Internet Governance*（The MIT Press, 2010）, pp.62-63.

19）"Contract Between ICANN and the United States Government for Performance of the IANA Function". 同契約は何度も締結されているが、以下のHPから入手可能。〈https://www.nic.ad.jp/ja/icann/about/documents.html〉

20）IANA機能とは、技術的プロトコルパラメータ割当ての調整、DNSルートゾーン運営に関する管理機能、IPアドレスブロックの割振り、その他、アメリカ商務省の要請に基づく業務の四つにより構成される。日本ネットワークインフォーメーションセンター「ICANNとIANA機能を規定するさまざまな取り決め」ドメイン名を中心としたインターネットポリシーレポート2014年2月号5頁（以下のHPから入手可能〈https://www.nic.ad.jp/ja/in-policy/policy-report-201402.pdf〉）。

21）Mueller, *supra* note 18, p. 62.

22）*Ibid.*

23）翻訳は以下のHPで閲覧可能（各団体から発表された原文も当該HPから閲覧できる）。〈https://www.nic.ad.jp/ja/topics/2013/20131008-01.html〉

ステークホルダーコミュニティに移管する意向を明らかにした[24]。その結果、当該契約も2015年9月で終了することとなる[25]。

次に、ICANNと商務省との間の覚書は、前述したホワイト・ペーパーに基づき、DNS運営体制の確立・安定化のために、2000年9月30日までの移行期間の間、ICANNに商務省との協働を義務付けるものである[26]。だが、当該覚書は6回にわたり改定され、ICANNは長く商務省の監督の下に置かれることとなった。すなわち、ICANNは、商務省により業務を他の法人に移行される可能性の下で、進行状況につき商務省に定期的に報告書を提出せねばならなかったばかりでなく[27]、DNS運営の目標と優先順位につき、アメリカ政府の利益を反映したものに従うこととなったのである[28]。当該覚書は、その後、2002年から2005年まで続いた世界情報社会サミット（World Summit on the Information Society: WSIS）において、アメリカという単一の政府の監督の下にある超国家的な私的アクターにグローバルなレジームの決定権限が委任されている点が批判され、その結果[29]、2006年には「アメリカ商務省とICANNとの間の共同プロジェクト合意書」（Joint Project Agreement Between the U.S. Department of Commerce and the Internet Corporation for Assigned Names and Numbers: JPA）[30]に名称が変更され、商務省によるICANNへの管理権限は緩和されICANNの責任メ

24）“NTIA Announces Intent to Transition Key Internet Domain Name Functions”, *available at* 〈http://www.ntia.doc.gov/press-release/2014/ntia-announces-intent-transition-key-internet-domain-name-functions〉. 翻訳は以下のHPで閲覧可能。〈https://www.nic.ad.jp/ja/translation/ntia/2014/20140314.html〉。なお、日本ネットワークインフォーメーションセンター「米国商務省電気通信情報局がインターネットDNS機能の管理権限を移管する意向を表明」〈https://www.nic.ad.jp/ja/topics/2014/20140317-02.html#1〉も参照。

25）本章校正時点（2015年10月19日）において、IANA契約は1年間延長され、未だ終了されていないようである。参照、“An Update on the IANA Transition”〈http://www.ntia.doc.gov/blog/2015/update-iana-transition〉.

26）原文は、以下のHPから閲覧可能。〈https://www.nic.ad.jp/ja/icann/about/documents.html〉

27）Bricteux, *supra* note 5, p. 36.

28）Mueller, *supra* note 18, p. 63.

29）WSISにおける議論については、Mueller, *supra* note 18, pp.55–80; Bricteux, *supra* note 5, pp.41–49.

30）〈https://www.icann.org/en/system/files/files/jpa-29sep06-en.pdf〉

カニズムへと移行した[31]。さらに、JPA は期間満了の際更新されず、代わって 2009 年 9 月 30 日、「アメリカ合衆国商務省および ICANN による責務に関する約定」(Affirmation of Commitments: AoC)[32]が取り交わされた。AoC では、ICANN から商務省に対する報告書の提出が自主的評価システムに変更され、また、アメリカ政府の ICANN に関する関与が、アメリカ以外の各国政府と同様に政府諮問委員会（Government Advisory Committee: GAC）を通じて行われることになる等、商務省の ICANN に関する関与は大きく後退した[33]。

第三に、商務省と VeriSign との契約である。VeriSign は、マスタールートサーバーと ".com" および ".net" の TLDs を扱うアメリカ企業であり、ドメインネーム事業における支配的供給者であり、DNS の基盤の重要な部分の提供者でもある[34]。当該契約は、VeriSign が ICANN のプロセスを通じてなされる技術的な協働に関するあらゆる決定を実行するとともに、ルートゾーンファイルに関するアメリカ政府の指示に従うことを要求している[35]。

このように、アメリカ政府の ICANN に対する影響力は、次第に減少する傾向にある。

⑵　**アメリカ以外の各国政府**　　前述の通り、各国政府および国際機関の

31）　Bricteux, *supra* note 5, p.52. 他方で、JPA において他の国家との関係についても変化が生じたことについては後述。

32）　"Affirmation of Commitments by the United States Department of Commerce and the Internet Corporation for Assigned Names and Numbers", 〈https://www.icann.org/resources/pages/affirmation-of-commitments-2009-09-30-en〉. 翻訳は以下の HP で閲覧可能。〈https://www.icann.org/resources/pages/affirmation-of-commitments-2009-09-30-ja〉

33）　日本ネットワークインフォーメーションセンター・前掲注 20）4 頁。AoC を詳細に分析したものとして、A. Michael Froomkin, "Almost Free: An Analysis of ICANN's 'Affirmation of Commitments'", *Journal on Telecommunication and High Technology Law,* Vol. 9 (2011), p.187.

34）　Mueller, *supra* note 18, p.63.

35）　*Ibid*. "VeriSign Cooperative Agreement", *available at* 〈http://www.ntia.doc.gov/page/verisign-cooperative-agreement〉. なお、VeriSign は、IANA 機能が ICANN から移管された後も、当該サービスを提供し続けるようである。"Verisign/ICANN Proposal in Response to NTIA Request", *available at* 〈root_zone_administrator_proposal-relatedtoiana_functions-ste-final.pdf〉.

高官がICANN理事会の構成員になることは排除された[36]。アメリカ以外の各国政府のICANNへの関与は、政府諮問委員会（GAC）[37]を通じてなされる。GACは、ICANNの活動のうち、ICANNの政策と各種法律・国際協定との間に相互関係が認められる事項や、公共政策問題に影響を与えるおそれのある事項について検討・助言する役割を負っている[38]。

ICANNに対するアメリカ政府の関与が次第に減少していくのと対照的に、ICANNの意思決定におけるGACの役割は次第に大きくなっていく。2002年には、投票権のないリエゾンを他のICANN構成組織へ派遣することが認められ、ICANN内の政策形成過程に最初から参加することができるようになる[39]。また、公共政策に関する事項について、理事会は適切な時期にあらゆる提案を通知し、GACからの回答を考慮しなければならないともされた[40]。

さらに、2005年、新gTLDの追加をめぐりICMレジストリ（ICM Registry）という民間会社から“. xxx”というドメイン名の申請がなされた際、GACは一旦申請を認めた理事会に対し、再考を促すべく多くの政府からの懸念を伝え、その承諾を撤回させるに至った[41]。そして、2009年のAoCでは、ICANNの活動の査察の構成員にGACの会長が含まれることとなった[42]。

36）1998年11月6日附属定款5条5項。〈https://www.icann.org/resources/unthemed-pages/bylaws-1998-11-06-en〉

37）同上・7条3項a)。

38）同上。

39）11条2項f）およびg)。〈https://www.icann.org/resources/unthemed-pages/bylaws-2002-12-15-en〉

40）同上・11条2項h）およびk)。

41）ただし、当事者からのパネルへの異議申立てにより、最終的に申請は認められた。当該事例については、The Berkman Center, Accountability and Transparency at ICANN, Individual Report, Final Report, October 20, 2010,〈https://www.icann.org/en/system/files/files/review-berkman-final-report-20oct10-en.pdf#search= 'reviewberkmanfinalreport20oct10en'〉, pp. 93–115.

42）AoC9項。さらに、その後のGACの権限拡大につき、「GAC早期警告」ドメイン名を中心としたインターネットポリシーレポート2012年12月号1頁以下（以下のHPで閲覧可能〈https://www.nic.ad.jp/ja/in-policy/policy-report-201212.pdf〉）、および、「新gTLD申請に対するGAC勧告」ドメイン名を中心としたインターネットポリシーレポート2013年6月号1頁以下（以下のHPで閲覧可能〈https://www.nic.ad.jp/ja/in-policy/policy-report-201306.pdf〉）も参照。

このように、GAC を通じた各国政府の ICANN への関与の幅が増加したのは、公共政策に関する利害関係者としての各国政府の立場が理解されたことに因るが、このような GAC の関与の増大には批判もある。すなわち、GAC による ICANN の意思決定への関与は、諮問というインフォーマルな形式で行われるため、その働きかけに対し法的なチェックをすることができないことや[43]、GAC の内部に透明性がなく、構成員の見解がどのように意見集約されているかがわからないといった点[44]が批判されているのである[45]。

このように、GAC を通じた（アメリカも含めた）各国政府の ICANN への関与の度合いは、高まっているということができよう。

3　小　　括

以上、ICANN と国家の関係につきその変容を確認した。当初 DNS の管理・運営に関して大きな権限を維持していたアメリカが次第に関与の度合いを弱める一方、各国政府が GAC を通じてインフォーマルに関与の度合いを強めているという構図が見て取れた。

それでは、紛争解決の側面においては、ICANN はどの程度国家法秩序から自律性を獲得しているのだろうか。次に、この点を見ていこう。

III　紛争解決における自律性

ICANN の紛争解決手続については、ドメイン名と商標権等との抵触を扱う統一ドメイン名紛争処理手続（Uniform Domain Name Resolution Policy: UDRP）が知られている。ICANN の内部手続であり、商標権者には裁判所への訴え提起という方法が開かれているにもかかわらず、多くの紛争が WIPO 仲裁・調停センター等における UDRP で解決されており、その意

43） Mueller, *supra* note 18, p.243.

44） Weinberg, *supra* note 17, p.206. そこでは、GAC において欧米カナダが主導的役割を果たしているとされている。

45） なお、The Berkman Center, *supra* note 41, pp.29–39; Bricteux, *supra* note 5, pp.67–69.

味で、UDRP は一定の実効性を備えた紛争解決処理手続ということができる[46]。

だが、UDRP に関してはすでに先行研究もあるので詳細はそれに譲り[47]、本節では、近時創設されたドメイン申請に関する紛争解決手続について論じることとする。

1　新 gTLD 紛争解決手続の概要[48]

2011 年 6 月に発行され、2012 年 6 月に最終的改訂が行われた新 gTLD 申請者ガイドブックにおいては[49]、その Module 3 において、新 gTLD 紛争解決手続（New gTLD Dispute Resolution Procedure）が定められている。新 gTLD の申請を行うことにより、申請者は当該紛争処理手続の利用に合意したこととなる[50]。UDRP の場合と同様、当該手続も仲裁的性質を有しない ICANN の内部手続であり、したがって、国家裁判所の管轄に影響を及ぼすものではなく、異議を有する者が gTLD の公序違反性を理由に民事訴訟を開始することを妨げない[51]。

新 gTLD に対する異議申立ては、①文字列混同による異議（String Confusion Objection）、②既存の法的権利による異議（Existing Legal Rights Objection）、③限定的公益による異議（Limited Public Interest Objection）、および、④共同体による異議（Community Objection）の四種類があるが[52]、このうちとりわけ注目されるのは、集団的利益の保護を目指す③と④であ

46)　グラーフ＝ペーター・カリエス（福井康太訳）「オンライン紛争解決（ODR）―グローバル市場における消費者救済」阪大法学 56 巻 3 号（2006）831 頁、835 頁。

47)　松尾＝佐藤編・前掲注 1）45 頁以下、79 頁以下〔町村泰貴〕。その他、Julia Hörnle, *Cross-border Internet Dispute Resolution* (Cambridge, 2009), pp. 186-214; Joachim Zekoll, "Online Dispute Resolution: Justice without the State?", *Max Planck Institute for European Legal History Research Paper Series,* No. 2014-2, *available at* 〈http://ssrn.com/abstract=2398976〉, pp.9-18.

48)　なお、「新 gTLD 申請の最新状況について」ドメイン名を中心としたインターネットポリシーレポート 2012 年 10 月号 1 頁以下も参照（以下の HP で入手可能）。〈https://www.nic.ad.jp/ja/in-policy/policy-report-201210.pdf〉

49)　〈http://newgtlds.icann.org/en/applicants/agb/〉

50)　Vezzani, *supra* note 3, p.312.

51)　*Ibid.*, p.313.

52)　Module 3 of the Guidebook, Article 2 (e).

る。

限定的公益による異議とは、「新 gTLD になり得る文字列が国際法上の原則の下で承認された道徳や公序に関する一般的に受け入れられた法規範に反するという異議」であり[53]、共同体による異議とは、「文字列が明示的または黙示的に向けられている共同体の相当数から当該申請に対し重大な異議があるという異議」である[54]。これらの異議は、いずれも国際商業会議所（ICC）の国際鑑定センター（International Center for Expertise）により扱われ[55]、ICC の鑑定規則（Rules for Expertise）が、必要であれば ICC により補足されつつ適用される[56]。その救済は、申立ての認容・却下、および、勝者となった当事者に対する事前支払の返金に限定される[57]。限定的公益による異議の申立ては、いかなる自然人および法人に対しても開かれているのに対し、共同体による異議は、明確に定義される共同体と関連する確立した機関に限定されている[58]。さらに、独立異議申立人（Independent Objector: IO）という制度が置かれており、IO は、いずれの根拠による異議についても申し立てることができる[59]。IO は、グローバルなインターネットを利用する公衆の利益のみにおいて行動し、いかなる gTLD 申請者からも独立し無関係でなければならない[60]。

---

53)　Module 3 of the Guidebook, Article 2 (e) (iii). なお、なぜ「限定的」という形容詞が付いているかは明らかではない。Alain Pellet, “Les transformations de la gouvernance mondiale”, in Société française pour le droit international, *Colloque de Nancyè L’Etat dans la mondialisation* (Pedone, 2012), p.563, p.564. そのような法規範の例としては、世界人権宣言、市民的および政治的権利に関する国際規約、女子に対するあらゆる形態の差別の撤廃に関する条約、あらゆる形態の人種差別の撤廃に関する国際条約、女性に対するあらゆる形態の暴力の撤廃に関する宣言、経済的、社会的および文化的権利に関する国際規約、拷問および他の残虐な、非人道的なまたは品位を傷つける取扱いまたは、刑罰に関する条約、移民労働者とその家族の権利の保護に関する条約、奴隷条約、集団殺害罪の防止および処罰に関する条約、子どもの権利に関する条約が挙げられている。Guidebook, Article 3. 5. 3.

54)　Module 3 of the Guidebook, Article 2 (e) (iv).

55)　Module 3 of the Guidebook, Article 3 (c) (d).

56)　Module 3 of the Guidebook, Article 4 (b) (iii) and (iv).

57)　Module 3 of the Guidebook, Article 21 (d).

58)　Guidebook, Article 3. 2. 2.

59)　Guidebook, Article 3. 2. 5.

60)　*Ibid*.

2　具体的事例

それでは、実際にはどのような申請が問題となっているのだろうか。

限定的公益に関しては、公衆衛生に関する文字列がIOにより問題とされ、“.health”、“.healthcare”、“.med”、“.medical”、“.hospital” について異議申立てがなされた[61)]。このうち、前四者については、健康への権利に当該申請が反することにつきIOの証明が不十分であるとして異議申立ては却下されたが、“.hospital” については、健康・生命を危険に曝す原因になり得るとして異議申立てが認められている[62)]。

共同体による異議に関しても、公衆衛生がやはり問題とされ異議申立てがなされたが、こちらにおいては、“.health” はグローバルな健康共同体を代表しないとして申立ては退けられたものの、“.med” および “.medical” については異議申立てが認められた[63)]。

このように、現在のところこれらの異議申立ては公衆衛生に関するものが中心であり[64)]、またパネルにおける判断は必ずしも一貫していない。とはいえ、ICANNの紛争解決手続におけるこのような国際規範の取込みを積極的に評価し、これらの規範が当該手続において、国際商事仲裁に関して一部の論者が熱心に主張する超国家的公序（transnational public policy）と同様の役割を果たすものであると指摘する者がいることは、注目されてよいだろう[65)]。

3　小　　括

ICANNの紛争処理手続は、国際仲裁における場合のように国家の裁判所による紛争解決の途を塞いでおらず、訴訟と競合する可能性が存在する

61）Vezzani, *supra* note 3, p.319.

62）*Ibid.,* pp.321-322.

63）*Ibid.,* pp.326.

64）ただし、“.mutualfunds”、“.retirement”、“.ira”、“.broker” といった金融セクターに関する異議申立てもなされていることにつき、Caroline Bricteux, “La contribution de l'ICANN à l'émergence d'un standard global de la liberté d'expression”, *Centre Pelerman de philosophie du droit, Working Paper,* no. 2014/5, available at 〈www.philodroit.be〉, p.19. また、申請に際しては、GACからも広範なセーフガード勧告が出ている点を考慮せねばならないだろう。前掲注42）。

65）Vezzani, *supra* note 3, p.342.

ものの、その手続の迅速性や便宜から、対象とする紛争について訴訟に対し優位に立っているように見受けられる。また、新 gTLD 申請に伴う紛争処理手続において国際法上の法規範を援用する試みは、国家を中心的アクターとする国際社会が形成してきた既存の国際法規範を非国家的アクターである ICANN が尊重しようとする動きとして興味深い。

Ⅳ 結　語

以上、インターネットに関する ICANN による非国家的規範秩序の様相を、国家との関係という視点から分析した。規範形成の側面では、当初 DNS の管理・運営に関して大きな権限を維持していたアメリカが次第に関与の度合いを弱める一方、各国政府が GAC を通じてインフォーマルに関与の度合いを強めているという構図が見て取れた。また、紛争解決の側面では、新 gTLD 申請に関する異議申立手続において、国際法規範に基づく判断の試みがなされている現状を紹介した。

DNS の管理・運営が各国の公共政策に影響を及ぼすものである以上、各国は ICANN を中心とした DNS の管理・運営に無関心でいることはできず、国家から完全に自律した非国家的規範秩序をこの領域に見出そうとするのは、やはりあまり有益ではないだろう[66)]。むしろグローバル・ガヴァナンスの観点から、どのような組織や紛争解決手続のあり方がインターネットをめぐる様々な利害を調整するのに相応しいかを検討することのほうが適切であるように思われる。その際には、効率性等の実効性という観点だけではなく、参加や透明性、また手続保障といった正統性の観点からも検討がなされるべきだろう。

【付記】 本章は、基盤研究（B）（平成 24～27 年度）「グローバル化に対応した公法・私法協働の理論構築―消費者法・社会保障領域を中心に」（代表 藤谷武史）の研究成果の一部である。

66) アメリカを始めとした様々な利害関係者の相互作用の中で、ICANN が次々にその組織形態を変え、安定しないということも、ICANN という組織の自律性の弱さを感じさせる。

第11章　国際消費者法への展望

原田大樹

Ⅰ　はじめに

消費者法はこれまで、契約規制と安全規制の二本柱の構造を発展させてきた[1)]。契約規制は、消費者と事業者との間で結ばれる契約の締結過程や内容に注目し、業法による分野ごとの規制や消費者契約法による一般的な規制を行い、その実効性を主として民事効により担保する手法である。これに対して安全規制は、消費者が参加する市場において、事業者によって提供される財・サービスにより消費者の生命・健康・財産等の法益が侵害されることのないように、不適格な事業者を排除したり、危険な財・サービスの提供を禁止したり、事業者に検査義務や品質保持義務を課したりし、その実効性を主として行政法的な執行手段（制裁としての刑事罰を含む）で担保する手法である。

市場のグローバル化は消費者市場にもグローバル化をもたらしている。インターネットを用いた遠隔地間の契約はもはや日常化し、消費者の相手方となる事業者は必ずしも日本国内に拠点を持たないことも珍しくなくな

1）　本章と同様の類型論を「ミクロ消費者法」「マクロ消費者法」と性格付ける見解として参照、大村敦志『消費者法〔第4版〕』（有斐閣・2011）48頁。平田健治「消費者保護とEU法」阪大法学（大阪大学）56巻4号（2006）883～924（884）頁は、消費者法が保護する利益に注目し、経済的利益と身体的安全とに分け、この類型はEU消費者法でも当てはまるとする。

っている。このような越境消費者契約の拡大は、前述の二本柱構造にも大きな影響をもたらし得る。契約規制の面では、業法規制を海外の事業者に対しては国内と同程度には及ぼせなくなる。また、日本国内での消費者保護目的の契約規制が越境消費者契約に適用されるかどうかは抵触法の問題となることから、消費者保護立法の適用対象に空隙が生じることとなる。安全規制の面では、市場が国内にとどまらなくなることにより、事前規制（参入規制・販売規制）の実効性が大きく低下するほか、改善命令や回収命令に代表される事後規制に関してもそのエンフォースメントが海外の事業者に対しては十分に担保されず、規制の有効性が失われる可能性がある。

このように、国家の枠組みを前提に構築されてきたこれまでの消費者法は、消費者市場のグローバル化によってその実効性を失う可能性がある。そこで、このような問題を解決する法的なスキームとして、いくつかの制度構想を挙げることができる。あくまで国家を単位とする解決にこだわるのであれば、輸出入規制の実効性を高める工夫や抵触法的な解決の充実が考えられるし、国際社会を単位とする解決を目指すなら、消費者取引ルールそのものを国際的に統一する方向性もあり得る。ただし、国際消費者法と称することができるこうした領域において、語るべき法的素材が現状では多くないことも事実である。それは、日本の消費者市場においてはなおグローバルな市場統合の程度が弱く、それゆえ法的な制度設計を要する社会問題がまだ表面化していないからかもしれない。

しかし、問題が顕在化するのを待って理論化を図るのでは、現状を追認する議論に流れがちである。法律学がグローバル化に対処するに当たって、理論先行[2)]の重要性を共有する本章では、より消費者市場統合が進んだ段階においてどのような法制度や法理論が必要とされるかを分析することを目指したい。その手がかりとして、日本に比べて市場統合が進んでいるEUの状況や経験を参照する。具体的には、EUにおける消費者法と規制連携（Regulierungsverbund）に注目し（II）、国際消費者問題を法的に解決するスキームの方向性と、その理論的な含意を提示することとする（III）。

2)「将来を見据えて許容条件を設定しておく」（斎藤誠「グローバル化と行政法」磯部力他編『行政法の新構想I 行政法の基礎理論』（有斐閣・2011）339〜374（356）頁）ことの重要性は、グローバル化対応の法律学を構想する上で常に念頭に置かれるべきである。

II　消費者法と規制連携

1　EU 消費者法

(1)　**独自の政策目的としての消費者保護**　欧州統合のプロジェクトにおいて、消費者保護という政策目的には、はじめから光が当てられたわけではなかった。そもそも欧州統合は、関税を撤廃して財の移動を自由化し、共通市場を形成することが主目的であり、消費者はそうした市場統合の受益者として二次的に位置付けられるにすぎなかった。ローマ条約においてはいくつかの条文で消費者への言及がなされているものの、それらはいずれもこの種の位置付けにすぎない。しかし、1970 年代中盤以降、消費者保護が独自の政策目的として認識されはじめ、1992 年のマーストリヒト条約では消費者保護が独自の政策目的として一次法上も明確化されることとなった。現在では EU 運営条約 169 条が消費者政策についての規定を置いている[3)]。

(2)　**ネガティブ・ルール**　EU 消費者法においてしばしば指摘されることは、「ネガティブ・ルール」と「ポジティブ・ルール」の 2 種類の規範が存在することである。ネガティブ・ルールとは、加盟国間での財やサービスの自由な移動を阻害するような国内ルールを禁止する規範のことを指し、EU 運営条約 34 条の輸入に関する量的制限の禁止がその代表例である。これに対してポジティブ・ルールとは、加盟国間で共通に適用される消費者保護ルールのことであり、EU の規則・指令等によって加盟国の法制度のハーモナイゼーションを図ることを指す。

EU 消費者法におけるネガティブ・ルールの基盤になっているのは、EU 運営条約 34 条による量的な輸入制限禁止とその例外である同条約 36 条の規定である（サービス分野に関しても同条約 56 条が類似の構造を予定している）。そして、ネガティブ・ルールの発展に大きく貢献してきたのは、欧

---

3)　Sebastian Krebber, Art. 169 AEUV, in: Christian Calliess/Matthias Ruffert (Hrsg.), EUV/AEUV, 4. Aufl. 2011, S. 1831 Rn. 5 は、消費者保護の目的として、個人の被る損害の回避と並んで、私的自治の機能する前提条件の確保・経済的利益の保護を挙げている。

州司法裁判所である。この分野の確立した先例として常に引用されるCassis de Dijon判決[4]をはじめ、欧州司法裁判所は様々な判決を通じでネガティブ・ルールの内容を具体化してきた。そして、EU運営条約34条・36条上では消費者保護を理由とする国内規制措置の残存は規定されていないものの、欧州司法裁判所のCassis de Dijon判決では、国内規制措置が許容される場面として消費者保護の利益を例示した点が注目される。同判決は結論として、西ドイツ（当時）のアルコールに関する輸入規制措置を違法と判断したものの、一般論としては消費者保護の利益によって自由貿易を制約する可能性を認めた。換言すれば、国際的な市場統合にブレーキをかける要素として消費者法が位置付けられ、国家固有の役割の中に消費者保護という機能が残される可能性が示されたのである。

他方で、Cassis de Dijon判決は、加盟国のうちの一つがある商品の流通を適法なものと認めた場合、他の加盟国でもそれが適法に流通することが承認されることを原則とする相互承認という考え方を採用した。これは、EU域内での行政連携・規制連携の基本的な考え方の土台となっている。

⑶ **ポジティブ・ルール**　これに対してポジティブ・ルールは、より高いレベルの消費者保護を目指すものであり[5]、EUが出す指令が各国の立法指針として機能し、各国立法者による国内法化が予定されている。ネガティブ・ルールとは別にポジティブ・ルールが必要とされる理由は、市場統合の深化にある。加盟国によって消費者保護の内容に相違があると、競争と市場統合の阻害要因となり得る。そこで、単に加盟国の国内規制を除去して共通ルールを形成するのみならず、ヨーロッパ内で共通に適用されるべき再規制（Reregulation）の内容をも生み出すことが、ハーモナイゼーションの重要な構成要素と認識されている[6]。

ポジティブ・ルールの実現に大きな役割を果たしているのが、各国の立法者である。そもそもEUレベルの指令は個別の消費者保護領域ごとにア

---

4) Case 120/78 Rewe-Zentral v. Bundesmonopolverwaltung für Branntwein [1979] ECR 649. 同判決の評価につき参照、鹿野菜穂子「EU消費者法の展開」社会科学研究年報（龍谷大学）40号（2010）43〜54（47）頁。

5) Vanessa Mak, Two Levels, One Standard?, in European Consumer Protection 21-42, 24 (James Devenney & Mel Kenny eds., 2012).

6) Stephen Weatherill, EU Consumer Law and Policy 64 (2ed. 2013).

ドホックに立法されており（例えば広告規制・製品安全・訪問販売・電子取引など）[7]、一定の体系性を伴ってはいない。これらを国内で通用する具体的なルールにするのは国内立法者であり、その際には加盟国によって異なる取扱いが起こり得る[8]。換言すれば、消費者利益をはじめとする多様な利益を国内立法者が調整する機会が保障され、その結果の一つとして加盟国の差異が相対的に存続しやすいという特色を有している。他方で、ポジティブ・ルールの実現に当たっても、裁判所の役割を見落とすことはできない。特に欧州司法裁判所は、加盟国の形成余地に配慮しつつも、ハーモナイゼーションを促進させる方向での判例法理を展開してきている。

2　EU の規制連携

(1)　規制の概念　　ドイツ法において規制（Regulierung）の概念は多義的に用いられている。日本における規制の用語は、規制行政と給付行政の二分論に見られるように、国家が一定の政策目的を持って私人の権利・自由に介入する作用一般を指すことが多い[9]。ドイツ法でも規制の概念を広義に用いる場合にはこの意味で使用される[10]。これに対して、ヨーロッパ法を経由し、ドイツの実定法令の中で用いられている Regulierung の概念を重視した狭義の用法も存在する[11]。ドイツ法に Regulierung の概念がもたらされた契機は、テレコミュニケーション等の民営化であった。イギリスのテレコム民営化の際に用いられた手法がヨーロッパ法を経由してドイ

7)　詳細につき参照、鹿野菜穂子「EU 消費者法」庄司克宏編『EU 法 実務篇』（岩波書店・2008）205～228（213～219）頁。

8)　ドイツにおける国内法化の状況につき参照、寺川永「ドイツにおける EU 消費者権利指令の国内法化」関西大学法学論集（関西大学）64 巻 5 号（2015）1367～1422 頁。

9)　広義の規制概念につき参照、原田大樹『自主規制の公法学的研究』（有斐閣・2007）8～12 頁、同「立法者制御の法理論」同『公共制度設計の基礎理論』（弘文堂・2014）178～234（215～216）頁［初出 2010］。

10)　代表的な例として、Martin Eifert, Regulierungsstrategien, in: Wolfgang Hoffmann-Riem u. a. (Hrsg.), Grundlagen des Verwaltungsrechts Bd. 1, 2. Aufl. 2012, S. 1319-1394, 1323 Rn. 5. これよりやや狭い例として、Jürgen Müller/Ingo Vogelsang (Hrsg.), Staatliche Regulierung, 1979, S. 342 は「一般的に適用される市場経済のルールの確定や実現に止まらない営業の自由・契約の自由に対する全ての権力的な介入」を国家規制と定義し、一般的なカルテル禁止を規制に含めない立場を採る。

11)　Hans Christian Röhl, Soll das Recht der Regulierungsverwaltung übergreifend geregelt werden?, JZ 2006, S. 831-839, 831.

ツ法に流入したため[12]、ドイツの実定法制でRegulierungの概念が用いられているのは、郵便・テレコム・鉄道といったかつての国家独占事業が中心となっている。そこで民営化対応法[13]としてRegulierungを理解する立場が有力となった。これは、国家独占が民営化によってなくなった後に、独占的な事業者が競争を阻害している状況を改善したり、国家によって運営されていた際に認められていた給付責任が民間事業者となっても担保されるようにしたりする法制度を指す[14]。

現在の狭義のRegulierungの概念はこれよりももう少し広い具体的範囲を指すことが多い[15]。具体的な領域で言えば、民営化対応法の領域にエネルギー（電力・ガス）と金融市場規制が加わる。エネルギー分野は確かに自然独占ではあるものの、ドイツにおいては国家が事業を独占していたことはなく、市町村等の事業が支配的な分野であった。また金融市場規制に関しては民営化の文脈との関係がほとんどない。それにもかかわらずこれらも含めてRegulierungの概念にまとめる背景には、この概念を国家による市場機能の保全作用とする見解が有力化している事情がある[16]。以下では、特に断らない限りこのような意味で「規制」の語を用いることとする。

⑵　**連携の概念**　　EUと加盟国とが相互に協力し合う構造は「連携」

12）　Martin Bullinger, Regulierung als modernes Instrument zur Ordnung liberalisierter Wirtschaftszweige, DVBl. 2003, S. 1355–1361, 1356; Vincent Brenner, Der privatrechtsgestaltende Verwaltungsakt im Regulierungsrecht, 2014, S. 39.

13）　Jörn Axel Kämmerer, Privatisierung, 2001, S. 489–495.

14）　Matthias Ruffert, Regulierung im System des Verwaltungsrechts, AöR 124 (1999), S. 237–281, 250; Gabriele Britz, Kommunale Gewährleistungsverantwortung, Die Verwaltung 37 (2004), S. 145–163, 149; Friedrich Schoch, Gewährleistungsverwaltung, NVwZ 2008, S. 241–247, 245.

15）　ただし、理論的に考えれば、国家の保障責任を背景とする民営化対応法としての規制の方が、規制・給付の二分論を超越している点では観点のより広い議論とも言える。このような観点から、社会的な競争をこれから可能にする法を狭義の規制とし、さまざまな規制戦略を用いた保障国家の行政作用を広義の規制とする見解として、Claudio Franzius, Bedarfsplanung als spezifisches Regulierungsrecht, VSSR 2012, S. 49–73, 58がある。

16）　Michael Fehling, Regulierung als Staatsaufgabe im Gewährleistungsstaat Deutschland, in: Hermann Hill (Hrsg.), Die Zukunft des öffentlichen Sektors, 2006, S. 91–111, 97は、「規制とは、市場の部分的機能不全の絶え間ない修正や、市場過程における公益への要求の実現を通して、競争の促進と法的な形成を図ることをいう」とする。また、Christian Bumke, Kapitalmarktregulierung, Die Verwaltung 41 (2008), S. 227–257, 229は、市場への刺激・構造化・強化・保護を行う国家の措置・行動（市場競争を指向する活動）を規制と定義する。

(Verbund) と呼ばれている[17]。この概念はEUとは直接関わらない場面でも用いられ（例：欧州人権裁判所と各国の憲法裁判所との間の「憲法連携」)、また必ずしも法執行と結びつく必要もない（例：国際的なソフトローと国内の法令との「規律連携」）ものの、ここでは最も典型的な、EUと加盟国との執行協力の場面を念頭に置く。

EUにおける行政連携は、いくつかの下位概念に分けられ得る。その類型論として、効果的で統一的な法執行を図る「執行連携」、一般的・抽象的なレベルでのEU法の法律による具体化を誘導する「誘導連携」、EU法の法執行監督における協力関係を指す「監督連携」、環境法などの計画策定で見られる「計画連携」、ほとんどの法執行場面で観察され得る「情報連携」とともに、以下で詳しく取り上げる「規制連携」(Regulierungs-verbund) が挙げられる[18]。規制連携は、エネルギー・テレコム・郵便・鉄道のような、サービス提供に当たって一定のインフラ施設・ネットワークが必要となるネットワーク市場において、競争が機能し、維持されるようにする行政活動に見られる連携構造で、様々な連携の要素が存在する複合的な性格を持つとされている[19]。そこで、政策基準の定立とその執行の二つの局面に分けて、規制連携構造の特色を検討する。

(3)　規制連携構造の特色　**(a)　政策基準内容の平準化**　規制連携が必要とされる理由は、EU法の執行における一貫性確保と加盟国での法執行の柔軟性確保という二つの相反する要請を調和させることにある（「柔軟性と一貫性のジレンマ（Flexibilitäts-Kohärenz-Dilemma)」[20]の解消)。ただし、政策基準内容の平準化の程度は、政策分野によって異なっている。欧州全体で民営化・市場の自由化を促進してきたテレコム規制においては、EU法の政策基準が詳細で、欧州委員会をはじめとするEUの機関の権限が強い。これに対して鉄道規制の場合には、EU域内の相互乗り入れのための鉄道

---

17)　概念定義につき、原田大樹「グローバル化時代の公法・私法関係論」(本書第1章所収）参照。

18)　Wolfgang Kahl, Der Europäische Verwaltungsverbund, Der Staat 50 (2011), S. 353-387, 360-365.

19)　Kahl (Anm. 18), S. 363; 370.

20)　Gabriele Britz, Vom Europäischen Verwaltungsverbund zum Regulierungsverbund?, EuR 41 (2006), S. 46-77, 76.

システムの共通化が主要内容で、EU法の政策基準は技術的色彩が強く、参入規制や契約条件の規制は詳細さを欠く[21]。

EU法が政策を強く規定するテレコム規制においても、EU法がすべてを決めてしまっているわけではない。むしろ、EU法が定めているのは、規制行政機関の組織と手続、政策の実体的な基準とEU内での一貫性ある執行を確保するためのEUの機関の権限であり[22]、その枠内での制度化にはなお広い判断の余地が残されている。規制連携に特徴的な構造は、その具体化を国内の立法者ではなく、独立した国内規制行政機関に大幅に委ねていることである[23]。ここで独立性とは、被規制者からの独立と、他の国内機関（執政府・他の行政機関）からの独立の両方の意味を含む[24]。

EUレベルでの政策基準内容の平準化は、分野によっては著しく強化される傾向にある。その代表例として、エネルギー規制（電力・ガス）がある。ドイツでは伝統的にエネルギー供給事業者が個別の供給に至るすべての作用を一貫して担う垂直統合モデルが採られ、その地域独占の構造が一般に見られてきた。もちろん、1935年に制定されたエネルギー事業法（Energiewirtschaftsgesetz）の下でも民間の事業者は存在したものの、その多くは広域的な供給事業者であり、地域における供給は市町村の公営企業局（Stadtwerke）か市町村が契約を結んだ事業者が独占する構造が通例であった[25]。これに対して1990年代以降、EC/EUはこの分野においても競争を確保する政策を推進し、エネルギー事業者が公的組織か民間組織かによらず発送電分離を進めてきた。とりわけ、2009年に出された指令である第三次エネルギー市場統合パッケージ[26]では、いくつかのモデルを示し

21）Britz（Anm. 20）, S. 68.

22）Hans-Heinrich Trute, Der europäische Regulierungsverbund in der Telekommunikation, in: Lerke Osterloh u. a.（Hrsg.）, Staat, Wirtschaft, Finanzverfassung: FS Peter Seimer, 2004, S. 565–586, 568; Karl-Heinz Ladeur/Christoph Möllers, Der europäische Regulierungsverbund der Telekommunikation im deutschen Verwaltungsrecht, DVBl. 2005, S. 525–535, 528.

23）Hans-Heinrich Trute/Roland Broemel, Die Regulierung des Zugangs in den Netzwirtschaften, ZHR 170（2006）, S. 706–736, 731.

24）Röhl（Anm. 11）, S. 835.

25）Georg Hermes, Kommunale Energieversorgung zwischen hoheitlicher Aufgabenwahrnehmung und wirtschaftlicher Betätigung Privater, Der Staat 41（1992）, S. 281–304, 282–287.

26）RL 96/92/EG; RL 98/30/EG; VO（EG）Nr. 713/2009.

て加盟国に発送電分離の実現を義務付け[27]、ドイツのエネルギー事業法もこれに伴って改正されている[28]。

(b) 政策基準執行の強化　EUレベルの政策基準を加盟国が執行する分散的な執行モデルとしては、国家の行政機関を用いない自主規制[29]のほか、次の二つが挙げられる。第一は、ある加盟国の行政機関の決定・判断を他の加盟国がそのまま受け入れる静態的な執行協力である。国境を越える執行活動の中でも以前から注目を集めてきたトランスナショナル行政行為はこの類型に属する[30]。また、金融市場規制において、独立した法人格なしに他の加盟国に金融機関が進出する場合、許認可や監督作用のほとんどを当該金融機関の本店所在地の加盟国が監督する母国主義（Herkunftslandprinzip）・所在地主義（Sitzlandprinzip）も、同様の方法と位置付け得る。静態的な執行協力においても各国間の情報交換は行われ得るものの、行政上の決定権限は一つの加盟国の行政機関に集約される。これは、国境を越える経済活動を促進する上では大きな意味を持つ[31]。

第二は、ある加盟国の行政機関の決定・判断に際して、欧州委員会等のEUの機関が判断指針を示したり、決定に対する拒否権を行使したり、加盟国の所管行政機関同士での事後的な審査（ピア・レビュー）が行われたりする動態的な執行協力である。この協力構造の中で重要な役割を果たすことが多いのが、EUレベルに設置されるエージェンシー（Agentur）である。エージェンシーは、欧州委員会の代表や加盟国の所管行政機関の代表のほか、専門家等から構成され、様々な連携任務に携わっている[32]。規

27）その詳細につき参照、Winfried Rasbach, Unbundling-Regulierung in der Energiewirtschaft, 2009, S. 63-177.

28）Martin Kment（Hrsg.）, Energiewirtschaftsgesetz Kommentar, 2015, S. 112f. Rn. 1f.

29）指名機関（Benannte Stelle）を用いたEUの製造物安全規制はこの類型に属する。その詳細につき参照、原田大樹「多元的システムにおける正統性概念」同・前掲注9）『公共制度設計の基礎理論』49～94頁［初出2012］。

30）Matthias Ruffert, Der transnationale Verwaltungsakt, Die Verwaltung 34（2001）, S. 453-485, 455; Jens Hofmann, Rechtsschutz und Haftung im Europäischen Verwaltungsverbund, 2004, S. 40-48; Jens-Peter Schneider, Strukturen des Europäischen Verwaltungsverbunds, in: ders/Francisco Velasco Caballero（Hrsg.）, Strukturen des Europäischen Verwaltungsverbunds, 2009, S. 9-28, 21.

31）Nadine Ruppel, Finanzdienstleistungsaufsicht in der Europäischen Union, 2015, S. 36.

32）エージェンシーは執行細則の策定に携わることもある。金融市場規制における執行細則

制連携においては加盟国行政機関が独立行政機関であることが多く、EUレベルのエージェンシーと合わせると、EUと国家の二つのレベルで独立性の高い行政機関が連携する構造がしばしば観察される。

以上のような執行における連携のトレンドをよく示していると考えられるのが、EUにおける金融市場規制の執行体制である[33)]。EUの金融市場規制に関する指令は従来、母国主義と相互承認原則の二つを基本としていた。受入れ国の監督権限は、支店に対する流動性監督等に限られていた。このような静態的な執行協力を大きく変更する要因となったのが、2008年の金融危機であった。これを受けて2011年に金融市場ごとに三つのEUエージェンシー（ESAs: European Supervisory Authorities）が設立され、事業者単位の規制（ミクロ・プルーデンシャル規制）を担当することとされた（欧州銀行監督機関（EBA: European Banking Authority）、欧州保険・年金監督機関（EIOPA: European Insurance and Occupational Pensions Authority）、欧州証券・市場監督機関（ESMA: European Securities and Markets Authority））。さらに、金融システムの安定性を確保するマクロ・プルーデンシャル規制を担当する機関として、欧州システミック・リスク理事会（ESRB: European Systemic Risk Board）も設立されている。三つのエージェンシーには欧州委員会、加盟国の規制行政機関、欧州中央銀行、欧州システミック・リスク理事会の代表者が参加している。しかしこの欧州金融監督制度（ESFS: European System of Financial Supervising）でも監督システムが分権的で国境を越える金融機関の活動に対応しづらいことから、2012年に一元的銀行監督制度（SSM: Single Supervisory Mechanism）の導入が合意され、金融システム上重要な150行を欧州中央銀行が直接監督し、それ以外は母国が監督することとされた[34)]。この欧州銀行同盟は破綻した銀行に対して

の策定・監督手続（Lamfalussy手続）につき、Ruppel (Anm. 31), S. 46ff. が詳細な分析を行っている。

33)　Christoph Ohler, Finanzmarktregulierung und -aufsicht, in: Matthias Ruffert/Jörg Gundel (Hrsg.), Europäisches sektorales Wirtschaftsrecht, 2013, S. 611–669, S. 640ff. Rn. 61ff.

34)　Thomas Groß, Ist die Wirtschaftskrise ein Katalysator für das Entstehen unabhängiger Behörden?, Die Verwaltung 47 (2014), S. 197–219, 210f.; Alexander Wellerdt, Organisation of Banking Regulation 68 (2015); 杉山修司「ユーロ圏銀行監督一元化の枠組み」金融財政事情64巻6号（2013）32～35（32）頁。ユーロ圏と非ユーロ圏での金融監督構造の違いについては、庄司克宏「欧州銀行同盟に関する法制度的考察」法学研究（慶應義塾大学）87巻6号

直接資金注入を行う欧州安定メカニズム（ESM）と結びついており、このことが、従来はユーロ圏の通貨政策を担当していた欧州中央銀行に監督権が与えられる原因にもなった[35]。このように、国境を越えた規制執行が喫緊の課題になる場面においては、静態的な執行協力から動態的な執行協力への構造転換が見られる。

III　国際消費者法への展望

1　政策目的――消費者法と国家

(1)　国家の独自性――市場統合と対立する政策目的　国際消費者法という領域は成立し得るのか。成立するとした場合に国内の消費者法とはどのような関係に立つのだろうか。この問いを考える出発点として、政策目的の観点を取り上げることとする。EUの消費者法がネガティブ・ルールとポジティブ・ルールの二層構造になっており、ネガティブ・ルールの判断基準の形成に大きな役割を果たした欧州司法裁判所のCassis de Dijon判決が示す通り、国内消費者法は、国内市場の越境的な統合、すなわち市場のグローバル化の制約要素となり得る。消費者の利益を国家が保護するために一定の規制措置を採ることは、それが自由貿易の障壁をある程度正当化する可能性がある。確かに、荒れ狂うグローバル市場の荒波から消費者の利益を守る防波堤としての国家というイメージは、国内公法学にとってはなじみやすいものかもしれない[36]。

しかし、消費者の利益を保護することが国際社会に対して国家の独自性を本当に示し得るのかは、その利益の性質に照らして慎重な検討を要する。集団的な利益としての消費者利益は、その拡散性と均質性に特色付けられている。消費者利益には環境利益のような地域固有の特殊性が乏しく、ま

(2014) 94～137 (106～112) 頁が詳細である。

35)　Matthias Ruffert, Mehr Europa?, Zeitschrift für Gesetzgebung 2013, S. 1-20, 17.

36)　より幅広い利益を想定した論攷として参照、棟居快行「グローバル化が主権国家にもたらすもの」長谷部恭男他編・高橋和之先生古稀記念『現代立憲主義の諸相（上）』（有斐閣・2013) 695～713 (712) 頁。

た消費者の選好という点でも地縁的な結びつきはそれほど強くない[37]。きわめて単純に定式化すれば、より良い財やサービスをより安く手に入れることは各国の消費者に共通する利益であって、特定の国の消費者のみに固有の利益とは言い難い。例えば、1990 年前後の日米構造協議が生産者利益偏重から消費者利益重視への転機の一つとなったように[38]、市場のグローバル化という「外圧」がむしろ消費者利益の実現と親和的である可能性もないわけではない。

これに対しては、例えば製品・食品等の安全基準のように、要求すべき水準が各国によって異なる場面が、国家＝消費者利益の守護者の具体例として挙げられ得る。あるいは、消費者に対する持続的な財・サービス提供も消費者の利益に含まれると考えれば、自国産業の維持発展＝生産者・提供者の利益保護もまた消費者の利益に資するものとして、グローバル市場との対抗関係に立つと言えるかもしれない。しかし、これらは消費者利益としてどこまでの射程を想定するか、あるいは狭義の消費者利益に対抗的な利益との衡量・調整をどう図るかという問題とも捉え得る。

⑵　**執行手段保持者としての国家――市場統合と共通する政策目的**　そうすると、狭義の消費者利益の実現という政策目的のみに注目すれば、国際的なレベルでの実体ルールの平準化や収斂に向かうことが、理論的には想定されるかもしれない。他方で国家は依然として執行手段の（ほぼ唯一の）保持者である。消費者が契約の法的効力を否認し、それを貫徹するには、裁判所による判断や執行が必要となる。また市場に不適切な財やサービスが流入しないようにするためには、行政機関による恒常的な監視や法執行が不可欠である。この場合に、どのような条件の下で国家の執行手段を用いて消費者の利益を保護するかは、当該国家の保有する法執行手段およびその実効性を踏まえ、国家権力の行使を正統化する政治・行政過程の中で

---

37)　消費者利益の特色につき参照、原田大樹「政策実現過程の複線化」同・前掲注 9)『公共制度設計の基礎理論』281～318（283～286）頁［初出 2011］、仲野武志「不可分利益の保護に関する行政法・民事法の比較分析」民商法雑誌 148 巻 6 号（2013）551～571（564～568）頁、島村健「環境法における団体訴訟」論究ジュリスト 12 号（2015）119～130（122～125）頁。

38)　福田耕治「EC からみた日本の構造問題と消費者利益」季刊行政管理研究 51 号（1990）29～41 頁。

決定されることになる。ここに、消費者保護と市場統合とが政策目的として重なり合う場面でもなお、国家独自の消費者法が成立する余地があるように思われる。

政策実現手段の観点から国際消費者法と国内消費者法を切り分ける際には、次の二点に留保が必要かもしれない。第一に、国際的な民間レベルでの法執行手段が充実すれば、この議論は成り立たなくなる。例えば現在でも、国際的な消費者契約（インターネットを経由するクレジット決済の契約が代表例である）では、民間 ADR による紛争解決のスキームが成立し、クレジットカード会社が決済という手段で「執行」するシステムが存在する[39)]。このような国際的な民間レベルにおける「法執行」が発展すれば、執行手段保持者としての国家という要素を強調して固有の消費者利益を国家が国際社会に対して貫徹する理論的な前提が解消するかもしれない[40)]。第二に、国家の執行権限が国際的なレベルに条約等によって吸い上げられても、この議論が成り立たなくなる可能性がある。例えば欧州銀行同盟のように、銀行に対する監督権が欧州中央銀行の権限となると、法執行手段の独占に依拠した差異化は難しくなるかもしれない。しかしこの場合には、第一の事例よりも、監督作用に対する民主政的正統化の要請が強く働く[41)]。欧州銀行同盟の場合には、一方では欧州中央銀行の独立性を維持する必要があり、他方では銀行監督の民主政的な正統化を図る必要があることから、欧州中央銀行の欧州議会・閣僚理事会さらには国内議会に対するアカウンタビリティ確保義務（Rechenschaftspflicht）が EU 規則[42)]で規定されている。

---

39)　穂積金兵衛「電子商取引紛争解決のための ODR 仲裁」国際商事法務 33 巻 11 号（2005）1482～1493 頁、松尾善紀「インターネット取引被害とクレジット決済代行業者に対する規制について（上）（下）」消費者法ニュース 85 号（2010）147～153 頁、86 号（2011）117～124 頁。

40)　ただし、こうした自主規制の背景に国家が関与を行っていないかという点は、常に批判的な検討の対象とされるべきである。ICANN と国家との関係につき参照、横溝大「インターネットにおける非国家的秩序の様相」（本書第 10 章所収）。より一般的には、原田・前掲注 9)『自主規制の公法学的研究』239～240 頁。

41)　Christian Waldhoff / Peter Dietrich, Einführung einer gemeinsamen Bankenaufsicht auf EU-Ebene, EWS 2013, S. 72-80, 79.

42)　VO (EU) Nr. 1024/2013 (20 条：欧州議会・閣僚理事会に対するアカウンタビリティ、21 条：加盟国議会に対するアカウンタビリティ).

2　政策実現手段――消費者私法と規制連携

政策実現手段の観点から国際消費者法と国内消費者法との交錯を想定する場合、本章が検討してきた消費者私法と規制連携は、二つの基本的なモデルを提示するものとなり得る。

(1)　消費者私法と規制連携　**(a)　消費者私法による対応可能性**　EU消費者法におけるポジティブ・ルールに見られるように、各国間の実体私法を収斂させる方向で国際的な枠組みが形成され、国内立法者がこれを国内法化するという方法で、国際消費者法は成立し得る。実体私法統一の試み[43]は国際的なレベルでもEU内でも行われており、EU内では売買契約法などの立法化がなされている[44]。

消費者私法による国際消費者法の形成は、単純な法統一のモメントのみを伴っているわけではない。国際的な規範形成と国内の立法者とは一定の緊張関係を保っており、国内法化の段階で制度化のバリエーションが生まれることもあり得る。また私法の場合には、任意規定として国際的な規範を立法化するという選択肢が行政法に比べて利用しやすく、またその実践的な意味も大きい[45]。さらに、欧州司法裁判所のような国家のレベルを超える司法機関が存在する場合には、国際的な規範の一般条項・不確定概念等を手がかりにして、判例による継続的で柔軟なルール生成がなされる可能性もある。EU消費者法のネガティブ・ルールの発展はこうした司法間調整の一つの結果であり、消費者私法によって形成される国際消費者法は、司法調整[46]の重要な参照領域としての意味も持つと思われる。

(b)　規制連携の消費者保護機能　規制連携の目的は、市場の機能不全を解消し、統合された市場における自由競争を確保することにある。その

---

43)　実体私法統一の議論状況につき参照、曽野裕夫他『私法統一の現状と課題』（商事法務・2013）。

44)　Günter Hirsch, Internationalisierung und Europäisierung des Privatrechts, Beitrage zum Transnationalen Wirtschaftsrecht 69 (2007), S. 1-14.

45)　小塚荘一郎「法の統一と『国民国家の法』」飯田秀総他編・落合誠一先生古稀記念『商事法の新しい礎石』（有斐閣・2014）499～528（517）頁は、欧州共通売買法が選択的ルールとして立法されたことで、国家の統治権を離れたところで法ルールを形成する試みとなっていることを指摘する。

46)　司法調整の概念につき参照、原田大樹「多元的システムにおける行政法学」同・前掲注9)『公共制度設計の基礎理論』8～48（41）頁［初出2010］。

ため、規制連携の本来の目的には消費者の保護は含まれておらず、消費者利益の位置付けは間接的なものにとどまってはいる[47)]。しかしそれは、規制連携の目的から消費者利益の保護が排除されていることを意味しない。規制連携では、個別の消費者取引における消費者利益の保護という射程を超えて、市場の統合と市場機能の維持を図ることが目指されているため、消費者の個別の利益との関わりが薄い場合でも国家ないしEUの介入が正当化され得る[48)]。このような包含関係に着目すれば、規制連携の消費者保護機能を適切に認識できるものと思われる。

さらに、ドイツ国内実定法としての規制法と消費者利益との関係を観察すれば、そこには消費者の利益を保護する興味深い法技術をいくつか発見することができる。第一は、民事効を伴う契約規制の積極的な投入である。例えばテレコミュニケーション法では、43条以下で消費者との契約に関する規制を定め、これらの規定から消費者にとって不利な方向で逸脱することを禁止している（同法47b条）。テレコミュニケーション法そのものには民事効の規定はないものの、約款規制に関するBGB 307条1項の規定によって、こうした契約内容は民事上無効となる[49)]。第二は、消費者の参加手続である。例えばエネルギー事業法66条は行政手続への参加を規定し、同条2項3号では「その利益が行政上の決定によって著しく害され、申請により規制行政機関が手続に参加した自然人または団体」がその対象として挙げられ、しかも「多数の消費者に行政上の決定が影響を与え、それにより消費者の利益が全体として著しく害されれば、公的財源により補助されている消費者センター（Verbraucherzentralen）または他の消費者団体の利益が著しく害される」とされている。立法者がこのような規定をわざわざ置いたのは、規制行政機関による決定が個々の消費者に与える利益侵害の程度がわずかなものであったとしても、その利益を集積した消費者センターやその他の消費者団体に手続参加権を認めるためであった[50)]。

47）Claudio Franzius, Schutz der Verbraucher durch Regulierungsrecht, DVBl. 2010, S. 1086–1094, 1092.

48）WEATHERILL, *supra* note 6, at p. 65.

49）Martin Geppert / Raimund Schütz (Hrsg.), Beck'scher TKG-Kommentar, 4. Aufl. 2013, §47b Rn. 5.

50）BT-Drucks. 15/3917, S. 70f. さらに、テレコム法における団体訴訟につき参照、山本隆司

第三は、規制内容の試行錯誤を促進する手法である。例えばエネルギー事業法では、認可に有効期限を設定するとともに、撤回権留保を法律上予定している（同法23a条）。また、認可の内容の事後的変更を明文で許容し（同法29条2項）、認可と同種の規制を一般的・抽象的に及ぼす独自の行為形式として準備された確定（Festlegung）（同条1項）にも同様の変更可能性を許容している。さらには、立法そのものを状況に合わせて適合させていく手法として、独占委員会（Monopolkommission）による鑑定意見の連邦政府への提出（同法62条）と、連邦政府による連邦議会に対する報告書提出（同法63条1項）等の報告書提出義務を定めている。これらは、単なる制度の評価義務を超えて、同法の規制戦略の立法による変更を促進する意味を持つものとされており[51]、換言すれば裁判所を使わない試行錯誤の仕組みを埋め込んでいると考えられる。自然独占の市場で価格を引き下げるためには、事業者側に知識を創造させイノベーションを促進させる必要があり、このような構造的特色が、変更に対して親和的な法制度の背景の一つとされている[52]。

⑵　国際消費者法における公法・私法の相互関係　**ⓐ　消費者私法と規制連携の共通性**　国際消費者法を構成する二つの基本的なモデルである消費者私法と規制連携には、次の二つの共通性が認められる。第一は、政策目的の共通性を背景に各国の国内法相互間の交換可能性が認められることである。政策実現手段の面では、消費者私法に関しては民事裁判制度が、規制連携ではEUの規則・指令に基づいて国内で設定された共通の行政組織・行政手続が、規範内容の実現の共通の基盤として位置付けられ、それが決定を相互に受け入れる前提となる信頼関係を構築することとなる。

第二は、規範の内容形成や内容の具体化の際に試行錯誤が重視されていることである。個別の紛争解決における試行錯誤の蓄積が一定のルール化に繋がるのは、民事法ではなじみのある光景である。他方で規制法・規制連携においても、エネルギー事業法では行政上の基準策定・個別決定や法

「団体訴訟に関するコメント」論究ジュリスト12号（2015）156～163（158）頁。

51）　Gabriele Britz, Energie, in: Michael Fehling/Matthias Ruffert (Hrsg.), Regulierungsrecht, 2010, S. 429-499, 468 Rn. 85.

52）　Röhl (Anm. 11), S. 837; Britz (Anm. 51), S. 462 Rn. 68.

律の改正における変更可能性が重視されている。また、規制連携ではEU法の枠内で各国の規制行政機関の具体化の余地が残されており、その裁量行使の準則がヨーロッパレベルで作成されたり、各国のベスト・プラクティスがEUのエージェンシーや行政機関ネットワークによって共有されたりしている[53]。柔軟性と一貫性の調和という規制連携の中心的な価値は、試行錯誤を必然的に伴うものとさえ言える。

(b)　**消費者法における公法・私法の差異**　それでは逆に、消費者私法と規制連携との相違点として、どのような要素が考えられるだろうか。国内消費者法の議論に目を移すと、かつては宅建業法事件最高裁判決[54]の判旨に見られたように、私益と公益とで両者を区分する見解が強かったように思われる。しかし、ミクロとマクロで守備範囲を画することが正当であるとしても、私益と公益には重なり合いが認められるとすれば、保護法益の性質を基準とする切り分けは適切ではないように思われる。そこで次に考えられるのは、紛争の事前と事後という時間軸の視点である[55]。安全規制のような市場参入をコントロールする事前規制が公法の領域、契約規制のような契約の履行・損害賠償といった事後的な紛争解決を担当するのが私法の領域という区分の方法である。しかし、一方で規制緩和・規制改革の文脈の中で事前規制（許認可）から事後規制（下命・制裁）へと行政法上の手法の重点が移動し、他方で団体訴訟[56]に見られるように民事法の領域でも紛争の前の段階で機能する手法が実定法上発達してくると、こうした区分による説明も困難になってきているように思われる。

そこで、本章が注目した政策実現手段の観点からの切り分けを図るとす

---

53)　Trute/Broemel (Anm. 23), S. 732; Gabriele Britz, Verbundstrukturen in der Mehrebenenverwaltung, in: Jens-Peter Schneider/Francisco Velasco Caballero (Hrsg.), Strukturen des Europäischen Verwaltungsverbunds, 2009, S. 71-100, 89.

54)　最判平成元年11月24日民集43巻10号1169頁（宅地建物取引業法の「免許制度も、究極的には取引関係者の利益の保護に資するものではあるが、前記のような趣旨のものであることを超え、免許を付与した宅建業者の人格・資質等を一般的に保証し、ひいては当該業者の不正な行為により個々の取引関係者が被る具体的な損害の防止、救済を制度の直接的な目的とするものとはにわかに解し難く、かかる損害の救済は一般の不法行為規範等に委ねられているというべきである」）。

55)　「予防司法としての行政法」という考え方につき参照、山田幸男『行政法の展開と市民法』（有斐閣・1961）136〜155頁。

56)　原田大樹「団体訴訟の制度設計」論究ジュリスト12号（2015）150〜155（154）頁。

れば、政策基準ないし法規範の実現が裁判所（国際的なレベルでは仲裁廷のような紛争解決機構も含む）により担われるか、行政機関により担われるかという、主体説的な線引き[57]が適当であるように思われる。その際には、事件を受動的に処理する裁判所と、能動的に社会管理作用を営む行政機関という差異が、二つのモデルの特性に大きな影響を与え得る。事件を自ら探さない裁判所が法執行を担う構造においては、私人が事件を持ち込まない限り私的な関係での処理が継続する。また裁判所では、類似の紛争を解決することの積み重ねで紛争解決に係る一定の「相場」が形成される。こうした構造の下では、予見可能性とルールの創造力とが均衡しやすく、消費者法における契約規制に求められる紛争解決態様との整合性が高い。これに対して解決すべき問題を自ら探す（ことができる）行政機関が法執行を担う構造においては、市場に対する恒常的な監視・監督が実現できる（はずである）。他方で私人のイニシアティブに依らず紛争事例に対する一定の判断・決定が下され得ることから、私人の権利・利益に対する介入の程度が強く、それゆえ主として授権の連鎖に基づく正統性の調達がより強く求められることになる。こうした特性を持つ行政機関は安全規制を担当する基盤を有していると言える。

IV　おわりに

本章では、EU における消費者法と規制連携を素材に、国家のレベルを超えた消費者法が成立する可能性と、成立した場合の国内消費者法との関係を検討してきた。自由貿易体制の拡大が国際的な公益であることを前提とした場合には、これと対抗的な国家の代表すべき消費者利益を観念することが消費者利益の性質から見て難しく、国際消費者法と国内消費者法との境界線はむしろ、執行手段保持者としての国家という側面に由来する。

57）　行政法学の守備範囲論において主体説の契機を強調する見解として参照、大橋洋一『行政法Ⅰ〔第2版〕』（有斐閣・2013）9頁。ただし、同「行政法の対象と範囲」高木光＝宇賀克也編『行政法の争点』（有斐閣・2014）4～7（6）頁は、民営化との関係で主体説の修正の可能性にも言及する。

そのような観点からすると、国際消費者法は、裁判所が政策基準ないし法規範のエンフォースメントを担当する消費者私法と、行政機関が法執行を担当する規制連携の二つの基本的なモデルによって構成され得る。

国家を超えるレベルに行政機関と裁判所が設置されているEUにおいては、こうした図式を比較的容易に延長することができ、それゆえEU消費者法を語る基盤がすでに存在している。これに対して国際消費者法の舞台においては、なおどちらの機関も明確な実体を持たず、その萌芽が認められるにすぎない。しかし、こうした執行手段の制度化が現実味を帯びれば、本章が提示した二つの基本的なモデルが、制度設計を整序する道具としての意味を持つものと思われる。

【附記】　本章は、JSPS科研費（課題番号25380039；24330008；60114526；25285012；60436508）の助成を受けたものであり、また、Humboldt-Stipendium für erfahrene Wissenschaftler およびKulturwissenschaftliches Kolleg Konstanzの助成に基づく在外研究（2015年3月～9月）の研究成果の一部でもある。

第3部
グローバル化と公法・私法関係論の展望

▶▶▶▶▶▶▶

第12章 私法理論から法多元主義へ

――法のグローバル化における公法・私法の区分の再編成

浅野有紀

Ⅰ　はじめに

グローバリゼーションは、国家を超えた人々の活動を促進している。さらに、グローバリゼーションは、国家の枠内で活動している人々に対しても、このような国家を超えた人々の活動の影響が及ぶことを余儀なくしている。婚姻や養子縁組みから、経済的取引、労働、インターネットにおけるコミュニケーションやスポーツに至るまで、現代人の取り結ぶ社会関係や活動は、今や多様な渉外的要素を含み、従来に比べて格段に短期間の内に国家の枠を超えた影響を相互に及ぼし合うものと化している。

このようなグローバリゼーションが法に及ぼす影響と変化は様々であろうが、本章では特に二つの影響と変化に焦点を絞りたい。第一は国家法の相対化であり、第二はその結果としての法の多元化である。

第一の国家法の相対化は、国境を越えた人々の活動やそれらの活動の影響がもはや国家法のみによっては規制され得なくなり、各活動領域の自主的・慣習的規範によって補完され、あるいは代替されることを意味する。これらの補完的あるいは代替的規範を、人々の活動を一定の方向に導き調整するものとして、仮に法、あるいは少なくとも法のようなものとして考えることができるとすれば、法（のようなもの）の多元化が生じることになる。本章では、こうした非国家法的規範を法として、あるいは法に近似の機能を果たすものとして理解する法多元主義の理論を展開することとしたい[1)]。

法多元主義は、国家法と非国家法の併存が招来する法の多元化を、単なる現状の記述ではなく、従来の国家法中心の法観に代わる、グローバル化時代の新しい法観として理論化しようとする試みである[2)]。それは、多元的な法状態が、法の本来的あり方に決して反するものではなく、人々の多様な活動から生じる紛争のそれぞれにふさわしい解決の場所を提供するものとして、むしろ法の機能を高めるものであることを論じようとする。

本章では、このための論証の出発点を、私法の基礎理論に求め、私法理論から法多元主義へ至る道のりを辿ることとしたい（**II 2**）。ここで言う私法理論の特徴は、それが各国の民法や商法や商慣習法や各領域での自治的規範などの実質私法のみならず、国際私法＝抵触法も含むことである。本章が依拠する論者の議論によれば、私法理論に内在する非国家法的要素と非国家法的思考は、実質私法とともに、他国の私法の適用を要求する国際私法＝抵触法において共通して見られる。特に、現在グローバル化によって拡大している、国境を越えた私的活動は、実質法的私法とともに、異なった私法間の抵触を処理する国際私法＝抵触法によって支えられており、この両者の一体性は実践的にも強まっている。

また、補助的な議論として、法多元主義と文化多元主義との関係についても確認しておきたい（**II 3**）。多元主義の概念は様々な文脈で使用され、特に法多元主義と文化多元主義の関係は、曖昧な直観としては想定されながら、それがどのような関係であるかが明確に論じられることは少ないように思われるからである。

このようにして、法多元主義の理論的根拠を検討した後に、この法観から捉えられる新たな法のあり方における具体的な特徴を論じる。それは二つの点に分けて論じられる。一つは公法・私法の協働であり、もう一つは法の抵触への対応である。

---

1)　Ralf Michaels, “The Re-State-ment of Non-State Law: The State, Choice of Law, and the Chalenge from Global Legal Pluralism”, 51 The Wayne L. Rev. (2005), p.1211.

2)　Paul Schiff Berman, “Global Legal Pluralism”, 80 Southrn California L. Rev, p.1196.

すでに述べた通り、本章では法多元主義の理論的由来を私法理論に求めるのであるが、そこで議論の視野から一端省かれた公法の位置付けが改めて問われなければならないであろう（III 1）。公法は、本章の視点からは特に国家法、国家との関係の深いものとして理解されるが、多くの非国家法の出現を見ている現代においても国家は消滅するわけではなく、その機能は変化しても重要性には変わるところがない。そこで法多元主義における公法の位置付けが問題となるが、私見によればこれについては、法化理論を主要な背景とした公私（≒公法私法）協働論が大きな示唆を与えてくれている[3)]。本章における見通しは、私法の紛争解決手法は、現在では法多元主義に引き継がれ、そこにおける多元的な各法領域においては私法的な自主規制と、行政国家において培われた行政的規制のノウハウが混在して用いられるに至っているというものである。

次に法の抵触に関してであるが、法多元主義を積極的に評価することができるとしても、その場合における最も困難な問題の一つは、そのような法の多元的併存と断片化による法の抵触や欠缺である。本章ではこの問題について、抵触法である国際私法の方法論と思考法の重要性が増してきていると考え、国際私法的思考から導き出される問題の緩和に対する示唆を論じたい（III 2）。

II　私法理論から法多元主義へ

1　問題の整理

グローバル化は個人や企業やNGOなどによる国境を越えた活動の活発化を伴い、これに対しては従来の国家法による規制が実効性を持たず、経済や福祉などの活動領域に応じた各集団活動における自主規制や当事者自治に委ねられる部分が拡大しており、特にこれらの活動領域が情報や先端技術に関わるなど高度な専門性と自律性を有する場合には公的な規制が追

---

3)　法化理論と公私協働論の関係については、浅野有紀「法多元主義における公私協働」学習院大学法学会雑誌48巻2号（2013）45頁以降において、本章のための予備的考察といえるものを行っている。

い付かず、自主規制の役割が増大することとなる[4)]。

近代主権国家の確立以前には、教会のカノン法、商人法など人々の異なった活動領域に応じた非国家法が国家法と併存競合する、法多元主義的状況が存在していた。中世の再来とも言われる現代の多元的「法」状況は、経済、インターネット、福祉、スポーツ、先端技術などの活動領域に応じた自主規制の発展として見られ、これらの自主規制の実効性は、例えば、経済領域においては国際商業会議所（ICC）の活動、インターネット領域においてはInternet Societyによるインターネット・プロトコールの進化の管理やICANNによるドメイン名とIPアドレスの管理、スポーツ領域においては国際サッカー連盟（FIFA）や国際オリンピック委員会（IOC）などの運営などによって担保され、その多くが民間団体であるとともに国家を超えた影響力を有している[5)]。

本章では、このような、多様な活動領域ごとの、私人あるいは民間団体による自主規制の拡大に焦点を当て、これらの自主規制を、現代のグローバル社会における紛争解決のための必要かつ実効性のある手段であり、従来の国家法を補完し時にはそれに代替する役割を果たすものと見て、非国家「法」と考える立場に立ちたい。つまり、これらの自主規制は法あるいは法に準じた紛争解決の機能を果たすものと考える。このように非国家法と国家法の併存を認め、非国家法の役割を肯定的に捉える立場はしばしば法多元主義と呼ばれている。

法多元主義は、植民地における宗主国法と固有法の併存・相互浸透の研究のための視座として文化人類学に一つの起源を有しているが[6)]、その理論的な基礎は、社会学における「生ける法」と「国家法」の対比や、法哲学における法実証主義と自然法論の対比にも見出すことができると言われ

4)　例えばインターネット上のコミュニケーションに対して諸国家がそれぞれの法規制を及ぼすことから生じる不都合については、Andrea Slane, “Tales, Techs and Territories: Private International Law, Globalization, and the Legal Construction of Borderlessness on the Internet”, 71 Law & Contemp. Prob. (2008), pp.133-140.

5)　川村仁子「非国家主体による『規範』の形成と制度化の研究に向けて―国際法規範の重層化に関する予備的研究」東洋法学56巻2号（2013）237～240頁。

6)　Brian Z. Tamanaha, “The Folly of the ‘Social Scientific’ Concept of Legal Pluralism,” 20 J.L. & Soc'y 2 (1993), p.192.

ている。法多元主義の歴史的背景はこのように様々であるが、現在これが注目を集めているのは、主に前述のようなグローバル化を背景とする非国家法の増大を記述し、理論付けるためである。

現在の法多元主義は、二つに分類可能である。垂直的法多元主義と水平的法多元主義とも表現され得るが[7]、本章では共同体的法多元主義と機能的法多元主義と呼ぶこととする[8]。共同体的法多元主義とは、従来の国家以外に、国際社会やEUなどの国家を超えた共同体、スコットランドやバスク地方などのように国家内の民族共同体がそれぞれの法を有して、超国家法、国家法、国内共同体の法が重なった層を形成している場合を指す。これに対して、機能的法多元主義は、人々の活動領域に応じて形成されている非国家法に焦点を当てる。前述の経済、インターネット、福祉、スポーツ、先端技術などの活動領域に応じた自主規制の発展はこれに該当する[9]。これらは、共同体的多元主義に見られる法のように、主に一定の場所を基礎とした人々の共同生活を全体的に秩序付けるものではなく、人々の各活動領域に応じて、活動の目的・機能を促進・実現するために形成される規範である[10]。従来の植民地における法多元主義は、前者の共同体的多元主義に関わるものであり、EUや国際社会の重要性が増していることからは、こちらも大きな関心の的ではあるが、現代のグローバル化社会における特徴はむしろ後者の機能的多元主義に強く表れており、本章の検討も機能的多元主義を念頭に置く[11]。

---

7)　Ex. Brian Z. Tamanaha, "The Rule of Law and Legal Pluralism in Development", 3 HAGUE J. ON THE RULE OF LAW (2011), p.5.

8)　この分類は、井上達夫『世界正義論』（筑摩書房・2012）334頁以降における超国家体規範（＝国際法など）／脱国家体規範（私的団体の自主規制など）の区別とも重なるが、この分類においては、国家内の民族共同体の自治規範はいずれに含まれるのかは明らかではない。

9)　現代法の特徴として、各活動領域の規制手段として技術化、専門化することを意味する法の機能主義化が生じる原因を説明するものとして Peer Zumbansen, "Transnational Legal Pluralism", 6 CLPE RESEARCH PAPER 1 (2010), pp.25-30.

10)　Berman, *supra* note 2, at p.1182.

11)　このような動向は Michaels, *supra* note 1, p.1213 においては、'law in the world moves from segmentary differentiation between states to functional differentiation between regimes' と表され、Peer Zumbansen, "Comparative, Global and Transnational Constitutionalism: The Emergence of a Transnational Legal-Pluralist Order", GLOBAL CONSTITUTIONALISM 1: 1 (2012) p.18 においては、従来の法的政治的境界区分から 'specialized, sectorial and functional regulatory regimes' の間での境界区分が強調されるようになったと言われている。

法多元主義に対しては、第一に、非国家法には国家法のような民主政的正統性がなく、また国家法のような透明性やアカウンタビリティが存在せず、当事者間や業界内での交渉力等の差が濫用される危険があるため、これらを法として扱うことには慎重でなければならないとの批判が存在する[12)]。また第二に、非国家法を認めてしまうと、多様な社会規範の中で、どこまでが法でどこからは法ではない、単なる社会規範や当事者間での取り決めであるのかが不明になり、法の概念が成り立たなくなるとの懸念が表明されている[13)]。第三に、法が多元的に併存しているとなれば、その間に法の抵触、齟齬が生じてくるのではないかという問題があるとされる。

第一の批判については、国家法においても常に国家による権力の濫用の危険は存在する。むしろ、発展途上国における多国籍企業の活動などにおいては、腐敗した国家法の適用を回避するために国際商事仲裁を利用することが有効である場合も考えられる[14)]。三権分立や民主主義などは国家権力による恣意的法利用の危険に備えるために編み出された制度である。法が人々の行為を律し、制約するものである限り、過度に自由を抑圧し不当な取扱いを行う危険は常に避けられない。重要であるのは、これに対処する手段を見出す努力によって法に伴う危険を抑えることである。非国家法においては、もしそれが紛争解決のために有用な手段を現実に提供しているのであれば、これに国家法における正統性に代わるような恣意制限の有効な方法を伴わせることが必要であるが、非国家法の有用なあり方の可能性を最初から否定することは得策ではないと思われる。本章では、非国家法の法理論上の基礎付けとその具体的あり方を検討する以降の議論において、その恣意的利用や濫用を制限する手段の必要性を念頭に置きつつ論じていく。

---

12)　多元的法システムにおける正統性問題を、強制・任意の適合性評価制度について扱ったものとして原田大樹「多元的システムにおける正統性概念」行政法研究1号（2012）49頁参照。

13)　Franz von Benda-Beckmann, "Who's Afraid of Legal Pluralism?", 47 J. LEGAL PLURALISM & UNOFFICIAL L. (2002), p.37.

これに対し、法多元主義においては「法」の概念や定義にこだわる必要はなく、人々の行為を導く規範としての実効性に着目すれば足りるとし、その基本的な記述的性質を指摘するのは Berman, *supra* note 2, at p.1166, pp.1177-1178.

14)　Tamanaha, *supra* note 7, at p.12.

第二の批判については、拙稿「法多元主義と私法」において、ハート（H.L.A. Hart）の「法の概念」を前提とし、その法理論を再構成する形でグローバル化時代の法多元主義における法の概念を論じるダニエルス（Detlef von Daniels）の議論を検討した。ここでは、義務賦課ルールとしての法の本質の重視、法の制度化としての権能付与ルールの非国家法的解釈、ダニエルスによって加えられた新たな連携ルールという三つのルールによる非国家法の構造を分析し、非国家法においても法の概念が無限定になるものではないことを示すことを試みた[15)]。この議論の一部については、本章の**III 2**において再度言及する。また、本章では、これに加えて、次節で私法理論による法多元主義の基礎付けを試みたい。

第三の批判については、初めにも述べた通りに、法多元主義においては、法の抵触、齟齬は法多元主義に必然的に伴う困難である。これについては、**III 2**で改めて論じることとしたい。

2　私法理論から法多元主義へ

国家法と非国家法の併存を認める法多元主義は、規範の分断化を招来し、法の概念を崩壊させると批判される。いわく、法の多元的併存は合法性の要件である「法の無矛盾性」を充たさず法の不存在を招来する、あるいは法の支配の条件であるインテグリティを備えていない、と。

しかし、機能的法多元主義における法の意味、その法的性質は私法理論によって十分に説明されると考える。

非国家法と私法が概念上親しいものであろうことは、私法が私的自治や契約の自由や任意規定や慣習法の容認などの要素を含むものであることから、また従来の公法・私法の区分が国家法や国家権力の介入に対する私的自治領域の防波堤としての意義を有していると考えられてきたことから容易に理解されるものであるが[16)]、現代の機能的法多元主義に見られる、人々の各活動領域に応じた法規制および自主規制という考え方には、一段

15)　浅野有紀「法多元主義と私法」平野仁彦＝亀本洋＝川濵昇編『現代法の変容』（有斐閣・2013）127頁。

16)　David B. Goldman, *Globalisation and the Western Legal Tradition* (Cambridge University Press, 2007), pp.288-292.

と深い私法的思考とのつながりが見出される。

私法はそもそも、政治的領域と市民の生活領域、近代私法においては中でも市民の経済活動の領域を他から分断する考えを前提とする。例えば民法においては、不法行為法で犯罪や事故などの被害者に対する損害賠償を認めるが、これは刑法における犯罪者の処罰とは区別されている。これは紛争の経済的側面に議論を限定し、他の、道徳的側面や政治的側面を一応切り離すことによって、解決を容易にする機能を有する。社会的紛争は多面的な要素を含んでいるのに対して、法は決して万能ではないため、紛争の局面を限定することが法的思考の基本的な技術となる。国家や共同体を全体として統合し、秩序付けるような価値観や政策の追求と実現を担う公法と比べて、私法的思考にはそれが顕著に表れているのである。

人間の活動領域を分断し、紛争局面を限定することによって解決を見出すという私法の方法論は、社会的紛争の実態から乖離するという批判をしばしば生む。先の不法行為法の例を使えば、損害賠償方法を金銭賠償にほぼ限定するという手法は、特に我が国においては慰謝料の算定が概して低額にとどまるという事情と相俟って、責任を認め謝罪を求める被害者の感情とは合致しないことが指摘されてきた。また、不法行為法の過失責任主義は行為のもたらす社会配分的影響を考慮の外に置く原理であり、一方では企業のような経済力や交渉力において優位な行為者の行為責任をも限定して不利な被害者の救済を放置することにつながり、他方では、過失さえあれば、善意であろうが相互扶助行為であろうが、生じた損害に対して全責任を問われるおそれがある。そのため、ボランティア、学校の課外活動、近隣での子どものあずけ合いから医療・薬の開発行為まで、広範にわたる人々の活動に対する萎縮効果を生むとされる[17]。

しかし、経済的損害や過失行為への限定という方法は、社会に生じるすべての紛争の全面的解決が人間業では不可能なことを自覚しながら、法が自己に見合った機能を果たすために不可欠な方法でもある。

Knop, Michaels, Riles（以下 Knop ら）は、このような私法の紛争解決技術

17）浅野有紀「社会保障法制度の再構築」井上達夫編『現代法哲学講義』（信山社・2009）176頁。

を「かのように（as if）の技術」と呼ぶ[18)]。ファイヒンガー（Hans Vaihinger）の「かのように」の哲学から借用したこの理解は、法を、事実とは異なることをあえて意図する知識体系であり、だからこそ反駁ができないものであると見る[19)]。幾何学において、我々は直線などの線を想定するが、そのような無限に細い一次元の線というものは実在しない。にもかかわらず、この線というものがある「かのような」の想定が幾何学の知識を可能にする。これと同じことが法的思考におけるフィクションについても言える。法のフィクションは科学仮説とは異なっており、事実に照らして証明されるものではない。「かのように」の思考は、真でも偽でもなく、むしろ真と偽の間の緊張関係を表現し、それをかいくぐるための微妙かつ両義的な技術なのである[20)]。不法行為法においては、人命を金銭に換算可能である「かのように」あえて扱い、過失の有無を責任の要件である「かのように」みなし、契約法においては、合意をする人々が対等で合理的である「かのように」見なす。これらは、紛争の道徳的な側面や情緒的な側面、心理的な側面や社会関係の実態の一部を法的紛争からあえて切り離すことによって、個別事例の判断を容易にし、紛争解決の実効性を確保するための思考技術なのである[21)]。

「かのように」の法思考は、我々がそれを用いることによって、複雑で価値対立を含む解決不可能な問題を、技術的に対処可能な特定の問題領域に限定する。しかし、それが「かのように」の思考技術であること、真と偽の緊張関係の表現形態であることを忘れれば、既存の法が適用される限り正義が実現されたとする盲目的な形式主義に陥ってしまうであろう。法における限定的思考、形式主義的思考は、もし異なった方法で扱われれば解決不可能な問題に対して、少なくともその特定の事例に限っては、定式

18）「かのような」法的推論とは、フラー（Lon L. Fuller）がファイヒンガーの哲学から借用したものである。Karen Knop / Ralf Michaels / Annelise Riles, “From Multiculturalism to Technique: Feminism, Culture, and the Conflict of Laws Style”, 64 Stan. L. Rev. (2012), p.645.

19）ファイヒンガーの「かのように」の哲学と法学、特にケルゼン（Hans Kelsen）の法学との関係については、中山竜一『20世紀の法思想』（岩波書店・2000）8頁、21～22頁。

20）Knop / Michaels / Riles, *supra* note 18, pp. 645-646.

21）紛争解決のために価値対立をあえて捨象する民法の方法論について、吉田克己「民法が担う価値・民法をめぐる価値」法学セミナー687号（2012）14～17頁。

化し、評価し、解決するための言語的ツールを与えることにその目的があり、それは価値観や政策の問題を無視しているのではなくむしろ明確に意識しているがための方法論でなければならないとKnopらは言う[22]。したがって、「かのように」の思考は、常に別の「かのように」の可能性に対しては開かれたものでなければならない。

以上のような「かのように」の思考は、実質私法のみならず国際私法においても見られるものであるとKnopらは論じている。渉外的要素を含む私人間の紛争において、取引、婚姻、相続などの分野に分けて、適用される準拠法を選択する国際私法の方法論は、活動領域の分断による紛争解決という側面をより鮮明に打ち出すものである。ある社会的紛争を、取引、婚姻、相続などのうちどの私法領域に含まれるものと見るかの判断は性質決定と呼ばれる。

この国際私法上の性質決定について、Knopらは次のような、一部架空の事例を素材にして論じている。

それは、日本の同族会社の経営者であるToruが、アメリカ・カリフォルニア州の子会社の株をカリフォルニア州在住の娘であるYoshikoに、契約書作成の上、贈与したという事例である。Toruによれば、子会社の株の議決権は贈与後もToruが行使し、贈与したということの意味は、当面は名義のみを書き換え、Toruの死亡の際には、Yoshikoにその株を与えるということであり、そのことは口頭で確認されていた。Toruの意図は、自らの死亡後に、日本の親会社を継ぐ息子とYoshikoとの間で争いが生じることを避けることや、税金対策のために贈与契約の方法を用いることにあった。他方Yoshikoはそれを完全な贈与であるとし、子会社の経営権は自分にあることを主張している。彼女は、贈与契約締結後も、しばらくの間は自社の経営に対する父親の介入を受け入れていたが、それは家族関係への配慮のためであって法律的な権利義務関係として認めていたわけではないとし、子会社の経営難を立て直すために会社所有の不動産を売却したり資金の借入れを行う必要があるが、そのためには投資銀行などの利害関係者に自らが権利者であることを明確にしなければならない状況

22）　Knop / Michaels / Riles, *supra* note 18, p.647.

にあると言う。

この事例に適用される準拠法の候補としてはカリフォルニア州法か日本法が挙げられる。カリフォルニア州法においては、契約書に明記されていない条件付贈与は認められない。贈与は贈与であり、渡したものを後で取り返すような行為に対して法は否定的である。しかし、一方的な贈与は経済的には非合理的であるため懐疑的に見られ、「引渡し（delivery）」が行われなければ効果を生じない。他方、日本法においては、贈与契約も口頭で有効である。また、社会慣習上、相続人などへの株の譲渡において、経営者である被相続人などが議決権を留保することが広く認められており、判例でも、会社の代表取締役が新株発行の際に被用者の一部に引受けの名義人となることを依頼した上で払込みなどは自らが行った場合に、代表取締役が実質的な株主であることが認められている[23)]。このような場合、同族会社における親子間などの株の贈与契約は、相続時の遺言の代替物に帰着するとみなされ得る[24)]。平成 17 年の会社法制定以前の商法第二編 201 条において、「仮設人の名義」による株式引受けや「他人と通じて其の名義を以て株式を引き受けたる者」の存在が前提とされていたことは、Toru の主張するような「名義のみ」の株式譲渡が日本の会社経営の慣行として認められていたことを示唆するものである。Knop らは、このような日本法の背景として、同族会社が戦前の「イエ」の代替物であることを指摘する。GHQ がイエ制度を廃止した後の新商法で同族会社の法人化が劇的に増加したことがそれを物語っているとされる[25)]。「イエ」である同族会社は、世代を超えて存続するべき「イエ」集団の所有物であり、その経営権は現在の家長に当たる年長の統率者が掌握し、その死亡や隠居によって次世代が承継者となる。このように見れば、同族会社における株の贈与は、個人間の取引というよりはむしろ世代間の相続の問題と理解されるべきことになる。

この紛争の背景には、女性の社会的地位の日米における差異の問題も隠されているかもしれないと Knop らは指摘する。Toru が Yoshiko に議決

23） 最判昭和 42 年 11 月 17 日民集 21 巻 9 号 2448 頁。
24） Knop / Michaels / Riles, *supra* note 18, at pp.613-614.
25） *Ibid.*, p.619.

権の行使を認めないのは、女性経営者に対する偏見が存在するからであるかもしれない。日本では女性経営者の比率は欧米に比べ少ないが、妻や母親が実権を握ることは広く認められている現象である。しかし、それは「障子戸の後ろから」支配している場合であって、表立っての支配は好まれない。相続前の娘に対する経営権の譲渡は、息子に対する場合よりも抵抗が強いかもしれないが、そのような女性差別的な日本の慣習と父親の干渉の不当性についての憤りがYoshikoの異議の中には含まれているかもしれない[26]。

このような状況において、国際私法のとる手段は、性質決定である。もし、この紛争が贈与と性質決定されれば、問題となるのはToruが有効な贈与を行ったか否か、「引渡し」があったか否か、そしてそこからいかなる権利義務関係が生じるか、である。そして、贈与契約であるならば、当事者の意思か契約締結地の確定により日本法かカリフォルニア州法が準拠法として適用されることになるであろう。Knopらの事例では、Toruがカリフォルニア州の裁判所にYoshikoに対する訴えを提起しており、書面も明確に贈与契約の形式をとっていることから、贈与と性質決定され、カリフォルニア州法が適用されればToruが敗訴となる可能性が大きいことが示唆されている[27]。もし、この紛争が会社法の問題と性質決定されれば、株式譲渡書面が、Yoshikoに完全な議決権を与えるのか、何らかのそれより限定された権利を与えるのかが問題となる。この場合には日本の会社法が準拠法となるかもしれない。さらには、もし、この紛争が相続と性質決定されれば、ToruがYoshikoの現在と将来の議決権と財産を左右するどのような権限を持っているのかが問題となる[28]。相続であれば被相続人の国籍やドミサイルが準拠法選択の大きな要素となるであろう。

このような性質決定には、前述の「かのように」の思考が国際私法に固有の形で表れているとKnopらは指摘する。実際の紛争は、贈与でもあり、相続でもあり、日本的同族会社経営の手法でもあるという多面的な側面を有していると言える。そしてそこには、イエ制度の歴史的変遷や女性の社

26）*Ibid.*, pp.621-622.
27）*Ibid.*, pp.611-612.
28）*Ibid.*, p.634.

会的地位という文化的、価値観的な要素が反映しており、欧米の個人主義的価値観との対照が見出される。しかし、国際私法においては、紛争を性質決定によって切り分ける（slice[29]）という方法によって、一定の準拠法を確定しそれを適用することによって解決を導き出すのである。この性質決定は「自省的（reflexive[30]）」な判断構造を持っているとされる。つまり、ある社会的紛争が相続の問題であるか贈与の問題であるか会社経営の問題であるかを決めるアルキメデス的視点は存在せず、判断者自身の視点を用いざるを得ないということである。ある問題が相続問題と判断されるか契約の問題と判断されるかは、カリフォルニア州の裁判所と日本の裁判所では異なるかもしれないが、訴訟の係属した裁判所においては自己の視点から性質決定をせざるを得ない。この時、裁判所の立場は、もし言葉にしたならば、「我々はこの交渉を相続と呼ぶが、にもかかわらず、これを所有権の問題と構成することも完全に正当であるかもしれないことを認識している」ということになるであろう。それが国際私法の方法論である[31]。このとき性質決定は、真の言明を行っているのではなく、紛争の複雑さと価値観の対立を回避して暫定的な紛争解決を行うべく、まるで紛争が相続の事例である「かのように」、判断しているのである。

このような国際私法の手法は、併存する私法の背後にある各国の政治的対立や文化的価値観の対立を無視するものであると批判されてきた。しかし、Knop らは、国際私法は、私法の多元的併存状況の中で、その対立を全面に押し出せば紛争が激化し、解決が不可能であるからこそ、「各国私法が平等であるかのように」扱うという技術的知恵を生み出したのであることを強調する[32]。

以上で、複雑かつ多面的で価値観の対立を含む社会的紛争を、解決可能な局面に分断することにより個別的に解決するという法的思考が、私法と国際私法に顕著に見られるものであることを Knop らの議論に依拠して明

29）*Ibid.*, p.636.
30）*Ibid.*, p.634.
31）*Ibid.*, p.635.
32）法多元主義の観点から国際私法の新たな理論化を試みる近時の動向については、Ralf Michaels, “After the Revolution-Decline and Return of U.S. Conflict of Laws”, 11 Yearbook of Private International Law (2009), pp.26–27 を参照。

らかにした。生活領域、経済的取引領域、その中でも物権行為、契約、不法行為などを区分し、家族関係においても婚姻、親子、相続などの領域に分けて法を適用する手法は、私法と国際私法の両者に見られる。人々の活動が国境を越えて拡大している今日において、新たに生じてくる問題を活動領域ごとに区分し、他の領域とは一応切り離し、そこで用いられている規範群をとりあえず利用することによって、個別的に暫定的な紛争解決を行おうとする機能的法多元主義は、このような私法の方法論の正統な継承者である。

国際的な企業活動の背後には、アメリカの覇権主義や、先進国と発展途上国の格差の問題が伏在している。自由貿易と保護貿易の価値対立の問題も伏在している。国際的なNGOの救済活動や医療活動には、キリスト教的価値観や西欧優位主義が含意されているかもしれない。しかし、今の時点でそのような問題を全面的に解決することは不可能であり、かつ紛争を放置することもできないとすれば、手持ちの技術で解決可能な部分に個別的に対処するしかなく、それ以外の広く複雑な問題群についてはあたかも存在しない「かのように」判断せざるを得ない。

国家法であれ、自主規制であれ、手持ちの紛争解決の基準を用いて、暫定的に人々の各活動領域を持続させていくこと、それが機能的法多元主義の方法論であり、実効性の源でもある[33]。そのような法的思考は、共同体における秩序や価値観の影響が実際には存在しているにもかかわらず、紛争を私人間での活動の産物として当事者間の問題に切り詰め、さらに一定の活動領域に分断し、そこで適用される法を選択して個別的に解決するという、私法の方法論の嫡流として理解されるのである。

私法と機能的法多元主義の方法論の共通性は、そこにおける困難も共通であることを意味する。「かのように」の思考法が真実や完全な正義の実現ではない暫定的なものであることを忘れ、活動領域の分断が技術的なものであることを忘れ、これを実体化して固定化してしまえば、紛争の実態と法的解決の齟齬は拡大していき、法への信頼は失われることとなるであ

33)　グローバル化に対応する近時の国際私法理論において、国際私法の対象となる法規範には非国家法が含まれるとする傾向については、横溝大「抵触法と国際法との関係に関する新たな動向―抵触法と国際法の合流について」法律時報85巻11号（2013）30〜31頁。

ろう。法は万能ではないが、かといって無能であってはならず、そのためには、真実とフィクションの緊張関係を常に意識し続けなければならず、切り捨てられた問題の存在と、別様の「かのように」の思考の可能性に対して開かれたものでなければならない[34]。

以上、私法と法多元主義の法技術の同一性を示し、グローバル化による人々の活動領域の拡大と多様化に伴う、私法理論から法多元主義の理論への展開の道筋について説明した。最後に、私法と活動領域の分断思考との関係性を補足するように思われるプライヴァシーの概念について付け加えて本節を終えたい。

人々のプライヴァシーは、従来、個人の生活領域において家庭などの最も私的な領域を他の領域から区別して遮断することで守られるものとされてきた。しかし、プライヴァシーは家庭生活の平穏のためにのみ必要とされるわけではない。プライヴァシーは、個人の活動領域の分断により初めて十分に保たれる。人は多くの活動に従事するが、職場での顔と趣味のサークルでの顔、別の趣味のサークルでの顔、家庭での顔、インターネット上の（見えない）顔が、各々他の顔から遮断されて、違う相貌を持ち得ることが現代的なプライヴァシーの意義である。これらの各々の顔を使って、行為者は多くの異なった自己を演出するが、この演出には各々の領域での作法や暗黙のルールが制限を課している[35]。このようなプライヴァシーの理解は、個人がまるで服を取り換えるように、活動の場によって自己のアイデンティティを変えることで、人格の統一性を軽視する側面があると言われる[36]。しかし、人格や主体の統一性の概念もまた近代の法的フィクションである。国家も個人も統一的人格である「かのように」扱う近代的自我のフィクションに対して、活動領域が拡大し多様化する現代世界にあっては、各活動領域に応じて人々が違う顔を持つ「かのように」扱う、別のフィクションのほうが説得力を増してきていると言えるのではないだろう

34）　多元分散型統御の観点からの同様の見解としては、藤谷武史「《多元分散型統御》とは何か？—法（政策）学への貢献の可能性」新世代法政策学研究（北海道大学）20 号（2013）168〜169 頁。

35）　*Cf.* Erving Goffman, *The Presentation of Self in Everyday Life,* (Anchor Books, 1959), pp.106-140.

36）　長谷部恭男『憲法の円環』（岩波書店・2013）20 頁。

か。現代社会は、個人のあり方についても、社会関係のあり方についても、活動領域の分断思考による多機能化が進行しており、そこには統一的価値観や包括的視点の欠如というリスクが伴っている。しかし、それは自由な行動を可能にするプライヴァシーの確立の一つの方法であったり、そうでなければ解決不可能な紛争に対する暫定的な解決を提供する方法であったりもする。法多元主義は人々の活動領域とそこにおける価値観と紛争が多様化する、新しい時代の法理論である。

3　法多元主義と文化多元主義

2 では法多元主義を私法理論から基礎付けたが、ここでは法多元主義の理解の補助として、その文化多元主義との関係に触れておきたい。

Knop らの挙げた事例は、渉外的紛争が相続の問題とされるか贈与契約の問題とされるか会社法の問題とされるかという法的性質決定の背後に、日本におけるイエ制度の変遷に対する評価や女性の社会的地位の各国における差異の問題を伏在させているものであった。

ここでは特に女性の社会的地位をめぐる問題に焦点を当てる。

フェミニズム法理論は現在行き詰まりを迎えていると Knop らは論じている。それはフェミニズム法理論が文化の問題に足元をすくわれているからであると言われる[37]。

フェミニズム法理論は、法における性的不平等を告発しその是正を図ることを目的としてきた。その対象範囲は、西欧社会における歴史的な性差別から、非西欧社会での性差別、またグローバル化に伴い、西欧社会に住む非西欧社会的出自を有する人々の間での性差別に広がってきた。しかし、西欧のフェミニストが性差別的であるとみなす、非西欧的な社会的規範や習俗は、非西欧的文化の産物であって、文化の尊重はグローバル社会における相互尊重の最も重要な要素の一つでもある。そこで、フェミニズム理論は、性的平等か文化の尊重かという二者択一の前で、なす術なく立ち止まることになってしまっているというのである。

初期のフェミニズムは、文化よりも性的平等を優先する方法を採用して

37）　Knop / Michaels / Riles, *supra* note 18, at p.596.

きた。しかし、これに対して、文化相対主義の立場からは、西欧の民主主義や性的自由も一つの文化にすぎず、他の文化を優位な視点から批判することはできないと反論される。このような文化相対主義によれば、纏足とハイヒールは単なる文化の違いであって、いずれがより性差別的であるとは言えない、とされる[38]。

スカーフを着用するイスラム教徒の女性が、自らの意思で着用しているのか、男性や社会からの強制によって着用しているのかで対応を分けようとしても、それは容易なことではない。なぜなら、文化はアイデンティティの構成要素となっており、自由意思で文化に従うことを選択したり、そこから脱却したりすることはできないからである。

こうして、フェミニズム法理論は、女性を抑圧する差別と見えるものの前で、多文化主義の壁に阻まれて、問題を解決することができないでいる。

このフェミニズムが立たされた隘路において、国際私法的な法的思考が、意外な解決方法を提供するとKnopらは論じる。そもそも、他の文化の受容がどの範囲まで可能であるかという問題は、国際私法が直面する、外国の法がどのようにして、どの範囲まで受容可能であるかという問題設定と類似している。

前述のToruとYoshikoの親子間での株式譲渡の事例は、性差別対文化という価値の対立図式に取り込まれることなく、国際私法の手法によって解決される。それは、事例が贈与か相続かあるいは会社経営か、のいずれの問題とみなされるか、という別の問題枠組みに移し替えられる。贈与とされ、カリフォルニア州法が準拠法となれば、女性経営者に抵抗を示す日本のイエ制度的文化に対してYoshikoは実質的に性的平等を達成できる。逆にこの問題が相続の問題とされ、日本法が準拠法となれば、日本の文化的慣行が有利に取り扱われることになるであろう。いずれにせよ、性的平等と文化の相互尊重という対立する価値観の前で、なす術もなく立ちすくむことは避けられるのである。

このような方法は、性差別の問題についての本質的な解決にはつながらないという反論がなされるかもしれない。しかし、二つのメリットを指摘

38)　*Ibid.*, pp.599-601.

できるであろう。一つには、裁判では、各当事者は自らの意図したところとその要求を性質決定の場において主張することができることである。Toruは経営権の維持と死後の株の譲渡、Yoshikoは完全な経営権の把握の必要性を主張できる。性差別か文化かという二者択一図式においては、女性が自由意思により性差別的文化に従っているのか、彼女が本当に望んでいるのは何かを知ることは、文化のアイデンティティ規定的性質から困難であるとされた。しかし、国際私法の枠組みにおいては、問題を別の法律問題の形で具体化することにより、当事者の意思と要求を確定することが容易になる。

二つ目には、国際私法の営みこそ、多文化交流の実例の積み重ねとなることである。人々は、国際私法の法的思考を目の当たりにし、準拠法選択の結果、時には自らの予想とは異なった法的結論が出る場に立ち会うことによって、世界における異なった価値観の併存を自ずと知ることになる[39)]。また、このような異文化との接触は、自文化の変化やその解釈の変更をもたらすものである。

フェミニズム法理論が挙げる性差別対文化の対立問題の事例の中に、インディアンのマリシート族の女性が、非インディアンの男性と結婚したことにより、マリシート族としての権利と地位を喪失したことが問題となったものがある。部族の一員としての権利は、インディアン男性が非インディアンの女性と結婚した場合には保持できるとされていた。このような部族的権利の得喪は、カナダのインディアン法により認められていたが、女性は、このカナダ国家法による部族法の内容理解が誤っていることを主張した。その主張によれば、もともとは母系社会的であった部族法が、植民地化以降西欧社会との接触によって父系社会的に変更されたというのである。したがって、もともとの部族法は女性差別的ではなかったというのである[40)]。

これは性差別的な他文化との接触により、そうではない文化が差別的に

39)　このような交流は、例えば同性婚の有効性に関する外国の法、他州の法の承認などにおいて、仮に承認を拒否する場合でも裁判手続が進行する中で生じることについては、Michaels, *supra* note 32, at p.28.

40)　Knop / Michaels / Riles, *supra* note 18, at p.602.

なったという事例であるが、文化が決して固定的なものではなく、作り上げられるものであって、外からの影響を受けるものであることを示しているとされる。

国際私法の法実践は、性差別か文化か、人権か文化かという困難な二者択一を迫ることなく、価値対立の問題を「解決し」、自ずと異なった文化の間の交流と、相互の文化の変容をもたらすものである。

このように見ると、法多元主義と文化多元主義の関係は、次のように論じることができるのではないだろうか。法多元主義は、文化多元主義において時には先鋭化する価値対立を回避し、あたかも多様な文化が世界に共存し得る「かのように」扱う技術をその内に備えている。そして、その「かのように」の実践を継続していくことによって、接触し合う相互の文化の変容による摺り合わせの希望がないわけでもないということである。その意味で、法多元主義は文化多元主義の緊張緩和策であり、文化多元主義の維持策でもある。他方、文化多元主義は、法多元主義に対して、その理論的対象が国家法のみならずより文化的、慣習的な自治的規範を含むものであることを示唆する。すなわち、文化多元主義と法多元主義の関係性は、そこで念頭に置かれる法が国家法に限定される理由はなく、非国家法をも含むことを示している。

さらには、文化的多元主義を共同体的法多元主義の一表現として見ることができるかもしれない。この時、本章の依拠する機能的法多元主義は、共同体的法多元主義における価値対立の緊張を、機能的法多元主義の問題枠組みに置き直すことによって、緩和し暫定的な解決をもたらす役割を果たすものと言えるであろう。

III　法多元主義における法の具体的あり方

1　公法の位置付け

機能的法多元主義は、グローバリゼーションによる国家法の相対化および国家法／非国家法の併存状況において、人間の活動領域を分断化してその活動領域に適用される法によって個別的に紛争解決することを主張し、その法的思考と方法論の源を私法理論に見出すものであった。そこでは、法多元主義と非国家法、私法の関係が強調された。実際、このような形での法の多元化は非国家法化であり、自主規制の拡大であり、その意味で一種の私法化とも言うことができる。

グローバリゼーションにおける法の私法化は、各国の政治と政策におけるネオリベラリズムの導入と密接な関わりを有している[41]。グローバル化の政治的な要因は、冷戦の終了とアメリカの覇権、そしてネオリベラリズムの出現であると言われている。ネオリベラリズムは、国家の市場への介入、福祉国家、官民共同という、先進諸国でおよそ30年続いた国家政策を、自由市場の自主規制メカニズムに国家が自らを適合させていくという方向に転換させた、とされる[42]。したがって、機能的法多元主義における公法の位置付けを考察する際には、ネオリベラリズムにおいて論じられている公法のあり方を参照することが有益であろうと思われる。

まず、重要であるのは、グローバル化においてネオリベラリズムを少なくとも部分的に採用した諸国においても、国家や公法の役割が減少しているわけでは決してないことが指摘されている点である[43]。ネオリベラリズムへの動きが生じて以降も、先進国のGDPに対する比率での国家支出は増加していると言われている。そもそも、従来市場介入を継続的に行い続けてきた国家は、すでに経済の構成要因に組み込まれているため、ネオリベラリズムの政策をその反対者に抗しても遂行する際には、その道具として法を用いる必要があり、例えば労働組合を弱体化させるなどの国家の権限を強化する必要があるとされる[44]。

また、ネオリベラリズムは、実際の政策においては、福祉国家の再編という課題を掲げていた従来の法化論と微妙な関係を有するものであることが指摘されている。

---

41)　John Glenn, Globalization: North-South Perspective, (Routledge, 2007), pp.2-3.

42)　*Ibid.*, p.12, pp.17-21.

43)　近年のトランスナショナルな法理論における「私法的枠組み（private law framework）」の共通傾向にもかかわらず、国家の行政的手段や制度化などの公法的要素の重要性には変化がないことについて、Christoph Möllers, “Transnational Governance without a Public Law?”, in C. Joerges / I.-J. Sand / G. Teubner eds. Transnational Governance and Constitution (Hart 2004) p.329.

44)　*Ibid.*, p. 19.

法化論は、福祉国家における行政国家化現象に対して、「生活世界の植民地化」「官僚制による民主主義の侵食」という懸念を表明しつつ、しかしながら福祉国家の理念である市民の実質的平等や生存権の保障を手放すことなく、進むべき道を模索するものであった。

しかし、このような福祉国家の見直しを目的として1970年代、1980年代に盛んに議論された法化論は、グローバル化が急速に進展し出した1990年代頃から、福祉国家の縮小をアジェンダとして掲げるネオリベラリズムの論調に取り込まれ、埋没するに至ったと言われている[45]。グローバル化によって、財政赤字と国際的競争力の観点から福祉国家の維持が困難になった各国は、国家の縮小と自由市場の活用というネオリベラリズムの処方箋を受け入れることによって、行政国家の拡大とそれによる人々の自立の喪失という法化論の問題意識に対処する代替的方法を見出した。

では、ネオリベラリズムにおける統治や福祉の方法論とはどのようなものか。江口厚仁はこれについて、以下のように分析している。

まず、ネオリベラリズムが支持する、市場競争を通じて活力を向上させている社会とは、雇用と生活環境の流動化した社会であり、それは構造的な雇用不安と生活不安を伴う。また、ネオリベラリズムの受容においては、経済や災害や治安の問題に対して、政府は包括的で有効な対策を打ち出せないというイメージが社会に拡大する。こうした不安の高まりは、格差社会における体感治安の悪化を招き、正常者と異質者の区別、そして後者の監視・排除の要請へと高まっていく。

このような状況に対応して、ネオリベラリズムにおいては「福祉国家的介入主義のツールとしての法＝法の政策化を後退させつつ、それに代わって国家の負担を軽減する（しかし統治能力は後退させない）新たな法の作動形式が探求されていく」と江口は言う[46]。それは、具体的には、福祉の局面では生活支援型給付を削減する一方で、自立支援型給付に資源を振り向け、職業訓練、資格取得の支援などを行う。治安の局面では監視と予防を主軸とするセキュリティ国家／セキュリティ社会への転換が図られる。しかし

---

45)　江口厚仁「序章 法化論―未完のプロジェクト」江口＝林田幸広＝吉岡剛彦編『圏外に立つ法／理論―法の領分を考える』（ナカニシヤ出版・2012）6〜9頁。

46)　江口・前掲注45) 24頁。

ここでは従来の警察行政の拡充ではなく、監視カメラなどのテクノロジーや、地域社会における住民パトロールや通報システム、防犯アーキテクチャの整備による官民協働型の体制整備が図られる。統治の局面においては、政府、行政による直接的な社会介入の非効率性、財政や実効性の限界を理由として、官民協働型の統治システムが模索される。民営化、NPOとの連携、環境・都市計画などの政策課題における市民参加の促進などがその方法論である、とされる[47]。

江口は、ネオリベラリズムの、「自立した市民たち（政府の統制―保護主義から自己決定―自己責任主義へ）による、法の支配の原理（事前規制から事後規制へ）に準拠した、自発的な公共空間の創出（ガバメントからガバナンスへ）という物語は、括弧書きの部分を外して読めば、左派リベラルの福祉国家見直し論とほとんど重なる論調」であるが、その内実は対極的であるとする[48]。ネオリベラリズムの方法論は、自立型支援を受けても自立できないような異質者への不寛容と排除、競争に参加し勝たねばならないという自己責任論の脅迫性、効率的な監視と統治の追求をもたらし、法化論が本来追求しようとしていた、人々の共同生活の再建という理念に逆行し、掘り崩しかねないと懸念する。そして、法化論の本来の問題意識を取り戻すべきことを主張する。

以上の議論において、本章の観点からは、次の二つの点が重要である。

第一に、ネオリベラリズムと法化論の両者における問題意識と方法論の微妙な重なりが指摘されていることである。共通するのは、国家とその行政のみが法と秩序の主役ではなく、人々が自ら法的営為の主体となることを積極的に評価する姿勢であり、その方法論としては、自主的な秩序形成や官民協働が挙げられている。また、ネオリベラリズムにおいても福祉は異なった形であれ存続せざるを得ない。しかし、江口の指摘するように、新たな福祉のあり方を考察し続けるためには、現代行政国家の行く末を案じる法化論の課題を部分的に引き継いでいることをネオリベラリズムがより自覚的に認識する必要があるであろう。

47）江口・前掲注45）26～27頁。
48）江口・前掲注45）38～39頁。

方法論に関しては、ネオリベラリズムの支持する民営化によっても、現代の国家は、近代の夜警国家に逆戻りするのではなく、民間の活用や市民参加を重視しつつ、行政のノウハウや専門的知識を織り込む手法を模索する。そこには、福祉や環境や治安などの生活に直接関わる領域において、人々の側からの国家に対する要請が依然強く存在することを前提に、それに対する行政や立法府の新たな応答が見出される。

実は、このような行政や立法府の応答の手段は、ネオリベラリズムの唱えられる以前から、行政国家化現象においてすでに培われてきたものを前提としている。

近代立憲主義国家は、憲法を頂点とし、国民の代表である立法府が一般的な法を制定し、行政はそれに基づいて行われ、裁判所は個別事例においてそれを適用するという、段階的には立法府を第一段階とする三権分立を理念型とした。また、法の一般性は、形式的平等と国家の非介入の領域としての自由市場を想定していた。しかし、このような自由主義的近代国家観は、実質的平等の実現をもその役割とし、マクロ経済的視点から市場への介入を行う現代福祉国家においてはすでに通用しなくなっていた。

現代国家がその役割を果たすために用いる手段は行政法的規制である。このような規制としての法は、三権分立による立法とは異なった姿をとる。法は社会工学の技術であるという新たな考え方によって、従来法の範疇の外に置かれていた社会領域を法化するために用いられた法規制は、機能主義的なものである[49)]。

法が、労働政策や食品の安全対策など対象とする一定領域に関わる社会改革の手段として用いられるとき、それは改革される社会領域の様々な具体的条件を前提とし、試行錯誤も含めてその条件に適合した手段を選択しなければならないことを意味する。それは単に、行為が合法か違法かを判断し、一定の定められた権利を擁護するのとは異なり、社会関係や人々の行動パターン全体を視野に入れた複雑で制度的な、技術的な判断を必要とする。これは法における各領域での専門的要素の増大につながると同時に、断片化をもたらすこととなる。断片化された各法領域では、導入された

49)　Zumbansen, *supra* note 9, at p.26.

法規制と社会関係とが一体化しつつ、状況に応じて刻々と変化していく。その変化に応じて、また新たな法規制がなされ、新たな一体化が生じる[50]。

つまり、行政国家化においては、法の機能的多元主義化が生じる。そして行政国家の規制は、「国家」法ではあるが、その法的あり方は、立法府による一般的法定立とは異なったものである。

このように、国家は、特に行政は、福祉国家運営や行政国家の発展において多様な規制手段を培ってきた。その規制手段は、領域ごとの断片化という、機能的法多元主義に共通する要素を有している。グローバル化に直面し、国家は一部ネオリベラリズム的な政策を導入し、国家の役割を自ら限定し、民営化を行い、あるいは自主規制に委ねたが、それでもなお、その役割は公私協働に形を変えて存続している。

グローバル化における機能的法多元主義においては、人々の活動領域ごとの法が形成される。それが国家の手を離れて非国家法による時、そのあり方は私的自治を支持するネオリベラリズムの方法論とも重なり得る。しかしネオリベラリズムにおいても、その各法領域の内では、自主規制や慣習のような私法的なものと、国家の行政規制あるいはそれを支える立法的影響が必要に応じて出会い、混在する。私法理論を理論的出発点とした機能的法多元主義にあっても、具体的な現象としてそこに公法的なものが読み込まれてくることについて、ドグマティックに否定する根拠が存在するわけではない。むしろ、私法の活動領域分断的な解決手法は、現在では機能的法多元主義に引き継がれ、そこでの各活動領域の規制においては私法的な自主規制と、行政的規制のノウハウに表される公法的規制が組み合わされて用いられることを認め、そのような複合的な手法の可能性と問題点を個別具体的に示していくことが課題となろう。

さらに、我々の行く末は、まだネオリベラリズムの示すレール上にのみあると決まったわけではない。ネオリベラリズムと法化論が共有する、時代の問題状況への処方箋は、まだ多様であり得るはずである。例えば、法化論における熟議の理念を、公私協働の具体的あり方において反映する方法が探求されるべきであるかもしれない。

---

50)　*Ibid.*, p.36.

あるいは次のように言えるかもしれない。グローバル化において、機能的法多元主義は、法適用については私法的方法論を用いるが、法定立については私法的なものと公法的・行政規制的なものが協働する。また、これは法関与主体の多元化と法領域の多元化が同時進行するという現代法の描写でもある[51]。

第二に、江口が論じるように、このような重なり合いにもかかわらず、ネオリベラリズムの異質者排除や自己責任論は、法化論における人々の共同体への包摂という理念を裏切る面があるということである。このことが意味するのは、ネオリベラリズムと連携した機能的多元主義の採用のみでは解決しない問題領域が存在するということである。このような問題領域とは、人々の共同体への包摂や価値観の共有や連帯の領域であろう。これは、機能的法多元主義が念頭に置く問題領域とは異なり、共同体的法多元主義の関心領域であり、また、人々の共同体である国家の、全体としての行く末を決定するべき公法の独自の問題領域であろう[52]。

以上より、機能的法多元主義における公法の位置付けについては、機能的法多元主義においても、国家や公法の位置付けが視野から放逐されるわけでは決してないこと、その理由と公私協働の現代的必然性を論じた。このような公私協働の具体的なあり方については多様であろうし、ネオリベラリズムの手法には論者も指摘するような問題点があろう。本章ではこれらの具体的な方法論については能力不足により論じることができず[53]、単にネオリベラリズムと法化論の微妙な問題意識の重なり合いにおける公私協働の必要性を論じたのみである。

また、機能的法多元主義の視野には収まらない政治選択や価値選択の問題については、私法的、機能的多元主義的方法論は相応しい解決方法では

51)　このような主体の多元化と法領域の多元化の同時進行における連動と差異については藤谷・前掲注 34) 127 頁。ここでは、主体の多元化はそれでも国内的一元的秩序を想定するのではないか、これに対し、法領域の多元化はそうではないと論じられている。

52)　多元的システムにおける公法の係留点としての国家の独自性を論じるものとして、原田大樹「多元的システムにおける行政法学―日本法の観点から」新世代法政策学研究（北海道大学）6 号（2010）120〜121 頁、139〜140 頁。

53)　浅野・前掲注 3）においては、具体的な方法論の例としてコーポレート・ガヴァナンスの事例を検討した。

なく、公法の独自の役割が存在していることを確認した[54]。

2　法の抵触問題への対処

機能的法多元主義であれ、共同体的法多元主義であれ、法多元主義の立場に立つ場合には、併存する法間での抵触が問題となる。

ここでは以前、拙稿「法多元主義と私法」(注15）参照）で論じたことのある、ダニエルスの理論について再度確認をしておきたい。

ダニエルスは、ハートの『法の概念』を、グローバル化における多元主義的法のあり方を説明するために再構成することを試みた。そこでは、義務賦課ルールとしての一次的ルール、制度化としての二次的ルールの結合により、法システムが成立する。ダニエルスの議論の特徴は、二次的ルールによる制度化が、国家法化に限られないことである。法の制度化は、法を用いる際の実践的必要から、裁判類似の制度であったり、インターネット上のコミュニケーションによる緩やかな立法類似の制度であったり、それ以外の何らかの機関の存在であったりと多様な形を取り得る。そしてそのような何らかの制度化を経て成立した法システムは、その性質上、自己以外にも他の法システムが存在することを前提とし、認識せざるを得ないと言う。なぜか。

ダニエルスによれば、それは制度化における承認のルールの確立に伴う結果である。

一次的ルールとしての義務賦課ルールは、人々に、遵守するべきルールを直接的に指示する。これに対して、承認のルールは、ルールの源泉を問うことにより、法システムの適用範囲と、権限の範囲に限界があることを認識させる。適用範囲の限界とは、例えば「議会における女王が制定した」という承認のルールが、自ずから「Great Britainにおいて」という適用範囲を意識させることである。法は常に集団のものであるから、義務

54)　現代の国家においては、グローバル化によって国家の市民に対する統治能力が揺らいでいると同時に、現実には国家の市民生活に対する関与の拡大現象が見られることを指摘し、リベラリズム的な「国家からの自由」を唱えるだけでは問題に対処できないこと、社会国家化における国家権力の法的統制の方法を新たに考察していく必要があることを論じるものとして、塩津徹「国家と法哲学」創価法学42巻1・2号（2012）135頁。

賦課ルールの段階でも適用範囲は集団に限定されているが、承認のルールはそれを意識化する作用を伴う。次に権限の範囲の限界は、承認のルールが機関の権限を認めると同時に権限踰越（ultra virus）の事例についても定めるものであることから生じる。機関を作ればルールの影響を受ける人々からの反動のターゲットが絞られることから、権限の限界が意識されるようになるのである[55]。

このような法システムによって意識される二つの限界は、承認のルールが「何ものかが常に、与えられた承認のルールの外に、あるいはそれを超えて存在している[56]」ことを意味することに由来する。システム論として、より一般的に言うならば、システムの性質として、その自己言及性は、環境としての他のシステムの認知を前提とする。

そこで、他のシステムとの関係を意識して、その関係を調整しようとする、いわば第三次的ルールの契機が生じる。この第三次的ルールの発想こそ、本章ですでに言及した国際私法的法思考に通じるものである。

すでに論じた通り、国際私法は、私法の多元的併存状況の中で、その対立を全面に押し出せば紛争が激化し、解決が不可能であるからこそ、「各国私法が平等であるかのように」扱うという技術的知恵である、と論じた。ここでは、法の抵触に対して、性質決定による準拠法選択という、一見価値中立的である「かのような」技術を用いることによって対処する。それは、抵触があるにもかかわらず、併存する法が互換的である「かのように」見立て、いずれかの法を選択する技術である。

機能的な法多元状態においても、このような国際私法的な法抵触への対処法が基本的に可能かつ重要であろう。

機能的法多元主義による人々の活動領域の分断により、紛争解決は容易とはなるが、その分断は紛争の多面的実態を正確に反映するものではないために、正義の実現は常に不十分となる危険をはらむこととなる。しかし、機能的法多元主義は、人々の活動領域を分断するものであるというその方法論の明確な自覚を通して、分断されてしまった他の領域が存在すること

55）　Detlef von Daniels, *The Concept of Law from a Transnational Perspective* (Ashgate, 2010), p.132.

56）　*Ibid.*

を意識させる。その思考方法においては、判断者は「我々の判断としてはこの問題を A の活動領域の問題としてそこでの法を適用するが、別の判断者がこれを B の活動領域の問題としてそこでの法を適用する可能性は否定されない」と、暫定的な解決の提案をすることになる。もちろん、このような判断の暫定性を強調しすぎれば、判断の説得力は失われ、実効性も失われることになるため、それは暗黙の前提であらざるを得ない。すなわち、法の抵触問題においては、常にこのような不確実性が存在し、しかも個別事例を解決するためには、このような不確実性が存在しない「かのように」判断しなければならないという難しい技が要求されることとなる。

このような判断技術が利用され得る場は裁判の場である。そのため、機能的法多元主義においては、裁判あるいは仲裁など何らかの第三者の判断に基づく紛争解決のための場所の存在が決定的に重要であろう[57]。従来の国家の裁判所であれ、商事仲裁であれ、スポーツ仲裁であれ、ICANN の異議申立手続であれ、多様な紛争解決機関が存在する必要がある[58]。そして、そのような紛争解決機関においては、スポーツやインターネットなど一見その活動領域の分断が自明で恣意性がないように見え、紛争解決においては自らの領域の規範を適用すればよいだけに思われる場合でも、活動領域の分断の偏向性、一面性を常に意識するという、本章で強調した私法的・国際私法的思考法が意識されるべきである。

もちろん、このように論じても、他の可能性を意識するだけで実際には特定領域の法を選択的に適用せざるを得ないのだから、実際には無意味であるとの反論がなされるであろう。しかし、前述のように、活動領域の技術的分断の意義を意識し続けることは、伝統的な文化が他の文化との接触の中で変化するように、長期的には異なった活動領域における規範の相互変容をもたらす可能性がある。また、多元的法領域の併存という事実それ自体が、特定の活動領域における法の暴走を抑制する可能性もある。視野

57)　Berman, *supra* note 2, at pp.1197-1201 における dialectical legal intercourse や jurisdictional redundancy は、主に裁判を念頭に置いたものである。

58)　国際法の分野においても、国際経済紛争、海洋紛争、人権紛争、環境紛争などの個別分野ごとに相対的に独立した紛争解決制度の多様化が見られることについては、宮野洋一「国際紛争処理制度の多様化と紛争処理概念の変容」国際法外交雑誌 97 巻 2 号（1998）112 頁。

の内に存在する法が、特定の国家の、全活動領域にわたる法しかないのであれば、それを別の観点から考察する可能性自体が存在しない。

以上のように、機能的法多元主義における法の抵触への対処としては、国際私法の方法論に見られる活動領域の分断による表面上の価値中立性の装いと、紛争解決のために分断を維持しつつその意味を問い続ける反省的思考、その方法論が発揮される場所としての紛争解決の場の必要性を挙げることができる。

IV　おわりに

本章では、人々の活動領域の分断による個別的紛争解決の追求という法的思考が、私法と国際私法の基本にあること、グローバル化における、従来の一元的な国家法の相対化とその結果としての法多元主義、特に、経済、インターネット、福祉、スポーツ、先端技術などの活動領域の分断に基づく機能的法多元主義は、この私法的法思考の正統な嫡流であることを論じた。これは、法が共同体や人生の問題における価値観や世界観を含む多様な問題の一義的解決に対しては無力である場合が多いことから、問題を分断し、紛争の局面を絞ることによって、そうでなければ不可能な解決を可能にすることを目的とする。他面、国家や共同体における価値観や政策の統合を図り、進むべき方向を明示していく役割の多くは、従来の公法に独自に残された仕事と言えるのかもしれない。

ドゥオーキン（Ronald Dworkin）は、グローバリゼーションに直面する現代社会において、もはや国家法のみを中心に語ることは不可能であると論じた。いまや世界には国家を超えた法や秩序が多く存在するに至っている。とはいえ、それらは隙間だらけ、穴だらけである。そこで彼が提唱した方法論は、紛争が生じ、それに対する確立した国際法などが存在しない場合には「世界裁判所があると想定して、そこでの正しい答えが何であるかを考えよ」というものであった[59]。周知のように、これは、彼が、国内

59)　Ronald Dworkin, “A New Philosophy for International Law”, 41 PHILOSOPHY & PUBLIC AFFAIRS 1 (2013), p.14.

法秩序において法の欠缺や不確定要素が存在する場合に、法の前提する価値観、政治哲学も含めた全法的知識を総動員して、賢明な裁判官が正しい答えを導き出すとしたものを、国際的法秩序の場に置き換えたものである。

このドゥオーキンの方法論もある意味では「かのように」の思考と言えるかもしれない。あたかも、世界裁判所がある「かのように」思考せよ、と。しかし、この「かのように」思考の欠点は、他の「かのように」の思考の可能性に対して開かれていない点にある。世界裁判所が正しい答えを導出するならば、それ以外の答えの可能性は存在しないであろう。本章で論じた機能的法多元主義の思考は、実際には紛争をある特定の活動領域における法へと係属して一定の判断を導き出すための技術であるが、理論の前提としては常に別の法システムへの係属の可能性を否定しないものであった。グローバリゼーションの進む未来の世界像は不確実さに充ちている。多様な問題解決方法が併存することはその不確実性を増大させるかもしれない。しかし、その不確実さが、多様な価値観を有する人々の現時点での共存を可能にし、活動領域の多様性を促進する要因でもある。未来が存在するということは、未来が不確実であるということとほぼ同義であり、そこでは問題の解決も不確実であるが、かといって思考停止もできずに我々は進まざるを得ないというのが、本章の理解する機能的法多元主義の信条である。

【附記】　本章は、社会科学研究（東京大学）65巻2号（2014）89〜112頁掲載の同題の論文に若干の加筆修正を加えたものであり、基盤研究（B）「グローバル化に対応した公法・私法協働の理論構築—消費者法・社会保障領域を中心に」（代表 藤谷武史）による研究成果の一部である。

第13章　グローバル化と公法・私法の再編

──グローバル化の下での法と統治の新たな関係

藤谷武史

Ⅰ　はじめに──本書の課題設定の意味

本書は、〈現代の「グローバル化」現象は、我々の法ないし法学のあり方に反省を迫り、その再構成を促すものである〉という主題を提示し、理論・実証の両面からその具体化作業を行ってきた。本書の母体となった共同研究がこの作業の導きの糸として採用したのが、「公法と私法の関係（両者の相違を前提とした協働）」という枠組みである。もっとも、〈グローバル化と法〉という問題にアプローチする上で、公法・私法二元論を議論の出発点に据える方法は自明とは言えず、むしろ一定の論証を要する。「グローバル化」は（定義上）あらゆる国における法（学）に共通の課題であると（一応は）言えるのに対して、法秩序を公法と私法に区分する思考枠組みはそうではないし、仮に公法／私法という区分を持つとしてもその意味は法域ごとに異なるからである[1)]。

この問題に対する本書の応答は、本書の序論および第1章においてすでに一定程度示されたところである。第一に、まさに公法／私法関係論が

1)　See, *e.g.*, Mark Freedland/Jean-Bernard Auby (eds.), *The Public Law/Private Law Divide: Une entente assez cordiale?* (Oxford: Hart Publishing, 2006)（公法私法二元論の英仏比較）.

（その批判者も含め）長きにわたって法秩序観を規定してきた[2]という日本法に固有の文脈がある。「グローバル化」という概念はグローバル化される客体（ここでは法ないし法学）を予定するところ、それら客体はグローバルでない固有の文脈に埋め込まれた（embedded）存在であるから、グローバル化が「新たな変数」（本書第1章I）として各国の法秩序に影響を及ぼす局面も、したがって当該の法秩序ないし法学にとっての「グローバル化」という問いが持つ意味も、「グローバルに」一様であるとは限らない（むしろ、そうではない可能性のほうが大きい）。昨今、（例えば、本書第2章が詳細な分析を加える「グローバル行政法」論のように）〈グローバル化と法〉に関する法理論が世界的に活況を呈しているが、こうした議論が各国家の（および非国家的な）法実践に「接続」され実効性を持ち得るかは、各法域に固有の制度的・理論的文脈を認識しつつなお普遍的な言葉で語るという難題を法学が能くなし得るかに懸かっている、ということは改めて強調しておく必要があろう。となれば（日本語で主に日本法に身を置く読者に向けて書かれる）本書が公法／私法関係論を〈グローバル化と法〉の議論の出発点に措くという選択は、唯一ないし最善ではないとしても、一定の合理性を有すると言えるのではないか。

第二に、公法／私法という対比を議論の出発点に措く積極的意義として、「グローバル化」による〈国家を単位とする法秩序〉の相対化が持つ意味を法学的に把握する上で、公法学に特有の現状認識・対応策と私法学に特有のそれとを比較照応することが発見論的な有用性を持つことを指摘できる。本書序論は、両者の対比から抽出された諸要素を〈分散〉と〈統合〉という二つのモメントから整理し、今後の「グローバル化に対応した公法・私法の再編」作業のためのロードマップを提示した。翻って本章は、本書序論で提示された見通しを支える基礎理論の探求を自らの任務とする。これによって「公法」「私法」という区分そのものが重要なのではなく、この区分の背後に明示的・黙示的に存在する――グローバル化の下で改めて認識されるべき――法の認識枠組みをめぐる緊張関係を析出することが

2）　公法学の視点からの議論の整理として、山本隆司「私法と公法の〈協働〉の諸相」法社会学66号（2007）16頁が有益である。

できれば、本章の企図はひとまず達せられる。

本章の構成は以下の通りである。まず、「グローバル化と公法・私法の再編」という問題設定の背景——法（学）にとっての「グローバル化」の意味——を再確認する。法多元主義の観点からの「グローバル化」の諸理論と法理論的対応の紹介は本書第3章で行われているが、本章は我々の法（学）という営為とグローバル化の関係、に着目する。その考察の結果、近代以降の法学がひとまず前提として観念し得た、〈国家〉と〈社会〉と〈法〉の相互関係を相対化・流動化させることが、法（学）にとってのグローバル化の本質であることが示されるであろう（II）。

次に、IIIにおいて、本書各章がそれぞれの関心から掘り下げた考察からも示唆を得つつ、法の〈正統性〉と〈多元性〉を、グローバル化に直面した法（学）の課題を論じるための鍵概念として析出し、IIで確認した〈国家〉と〈法〉と〈社会〉の相互関係という構図の中に位置付ける。ここで重要な意味を持つのが、〈統治／規制〉の手段としての法[3]という契機である。グローバル化しつつ公私の境界を越えていく〈統治／規制〉を我々はなお〈法〉に繋ぎ止めておくことができるか、しかし〈法〉自体が主権国家を離れることで変質せざるを得ないのではないか、そのような〈法〉に引き続き法としての権威——人々が、それが〈法〉であるという理由で、それに従う（べきとされる）という意味での——を期待することができるか。本章は、これらの問いに対して（本書に収録されたすべての論文とともに）、「公法・私法の再編」という視角から光を当てることになろう。

3）　行政規制という意味での狭義の規制ではなく、私法をも含めた「規制」の語を用いている。例えば参照、松尾陽「規制形態論への前哨—規制の分散化と規制作用の静態的分析」近畿大学法学60巻1号（2012）119頁、藤谷武史「《多元分散型統御》とは何か？—法（政策）学への貢献の可能性」新世代法政策学研究（北海道大学）20号（2013）113頁。

II　グローバル化の法（学）に対するインパクト

1　本章における「グローバル化」の意義

「グローバル化」は多義的な概念であり、それを用いる者が持つ前提や関心に従い、様々な意味を与えられ得る。国内法の視点から「グローバル化」のインパクトを論じる本章においては、【国家の単位で仕切られた（＝国境と国籍によって外部とは区別された）〈社会〉と、当該社会に妥当しこれを規律する〈法〉秩序、の一対一対応が崩れたと認識される状況】を、狭義の「グローバル化」と捉えることにしたい。この定義は、「国際化（internationalization）」との対比はもちろんのこと、後述するように、一般に「グローバル化」と呼ばれる事象（「広義の『グローバル化』」）との差異化も意識している。

⑴　**「国際化」と「グローバル化」の差異**　まず、「国際化」（*inter*-nationalization）が、自国と対等な国際法主体である他の主権国家との「国家間」の相互作用（その端的な表れとしての国際条約に基づく国連等の国際機関）に注目する概念であるのに対して、「グローバル化」は、国家法秩序の内部と外部の峻別（国内法と国際法の棲み分けと言ってもよい）自体の相対化（国際レジームにおける自律的な二次法形成が、批准手続なく国内法に影響するなど）や、私的主体によるグローバル・デファクト・スタンダード形成を国家法秩序が事実上不可避的に受容する等の公私の境界の相対化、に光を当てる概念である（この文脈でしばしば *trans*-national の語が用いられる）。すなわち、グローバル化の下で相対化され方法論的に反省を迫られているのは、（国際化の下ではなお維持されていた）法学における国家中心の思考枠組み――方法論的国家主義（methodological nationalism）[4]――ということになる。

⑵　**広義のグローバル化と狭義のグローバル化**　次に、経済的社会的諸事象の総体としての「グローバル化」は、交通手段の容易化・安価化、冷

4）　See, *e.g.*, Ralf Michaels, Globalization and Law: Law Beyond the State, in *Law and Social Theory* (Reza Banakar / Max Travers eds., Hart Publishing, 2013).

戦終結後の国際政治的・軍事的安定性の高まり（その裏側での非国家暴力組織によるテロの脅威の増大)、物流ネットワークの高度化・高速化、関税および非関税障壁の低減ないし撤廃、経済のサービス化・ヴァーチャル化（特にインターネットの展開およびそれに対応した経済構造の変化)、(それらを背景にした）国境を越えたバリューチェーンの拡大深化、出入国管理法制の緩和（相互主義に基づく査証免除など）等々、物理的、経済的、政治的、法的その他の諸要因の複合的な帰結として現れている。しかし、国境を越えた人・モノ・情報・資本の移動がいくら活発になったとしても、それらが主権国家単位で形成・適用される各国法（の組み合わせ）および（主権国家を当事者とする）国際条約によって規律されているのであれば、近代以降の法にとってはことさら大きな変化とは言えない。例えば、クロスボーダー取引については当然のように複数国の法の適用が問題となるが、各国法平等の考え方に基づき、法律関係ごとに適用される準拠法を選択・決定する各国国内法としての抵触法規範を媒介として、したがって国家法の枠内で、処理がなされてきた[5)]（グローバルな経済活動を国家法単位へと分節した上での規律)。他方で、伝統的な国際公法は、国家（および国際条約で明示的に法主体性を与えられた国際組織）のみを権利義務の主体とすることで、各国家単位の〈法〉が各々の〈社会〉を規律する構造と併存し、むしろこれを強化してきた。

ただし、広義の「グローバル化」が法にとって無関係というわけでもない。広義の「グローバル化」現象の結果、法が規律する対象である〈社会〉を、国境・国籍といった〈国家〉の単位で切り分けて規律することが、事実上困難ないし非現実的になることを意味するからである。事実レベルでの変化が、ある法規範に対する人々の支持（ひいてはその実効性）の変化をもたらし、それが規範レベルでの変容を促すという構図である。

例えば、国境を越えて濃密な取引ネットワークを形成する商人たちは、取引を繰り返す中で（＝広義のグローバル化)、相互に合理的と思われる慣

---

5)　国内法としての抵触法（国際私法）という考え方の成立については、横溝大「国際私法—国際社会における他の法秩序との調整」南野森編『法学の世界』(日本評論社・2013) 240 頁、243～246 頁、および同「抵触法と国際法との関係に関する新たな動向—抵触法と国際法との合流について」法律時報 85 巻 11 号（2013）26 頁、桜田嘉章＝道垣内正人編『注釈 国際私法 第 1 巻』(有斐閣・2011) 27 頁以下〔横溝大〕。

習を形成し、実践の中で次第にこれに従うべきとの規範性を認めるようになるかもしれない。このとき、どの国家法も、この取引ネットワークの広がりやその利益状況と一対一に対応していない。この結果、「この新たな（機能的）部分社会に（どの国家法よりも）適切に対応する自生的な法（*lex mercatoria* とも呼ばれる）が存在するのであるから、この非国家法が適用されるべきである」との主張[6]が、一定の説得力を以て認識される状況が生じる（＝狭義のグローバル化）。同様のことは、競技大会で世界中を転戦するアスリートとそれを取り巻く運営者・スポンサー等からなるスポーツ組織の規範（例：ドーピング検査とスポーツ仲裁裁判所）[7]や、インターネット上の慣行から生じた自生的ルールなど、国境を越えた取引・活動が行われる様々な領域に見られる。あるいは、越境労働者という形での（国家単位の法によって規律された）人の移動という「事実」（＝広義のグローバル化）が、その労働者が出身国に残してきた家族構成員との間に、「国境および移民法制によって分断された家族」という新たな法カテゴリーを作り出し、国家法が規律対象とする〈社会」〉（その構成要素の一つである「家族」）の広がりと整合しなくなる状況（＝狭義の「グローバル化」）を作り出す、という例もある[8]。

以上の例が示唆するように、人々の活動や関係性（本章ではそれらが織りなす複合体をきわめて大雑把に〈社会〉と呼んでいる）のうちの重要な部分が国境単位で完結しなくなると、これら活動や関係性を規律する法が相変わらず国家単位で形成され適用され続けることの妥当性が自明視されにくくなる[9]。特に、既存の国家法の内容（それが適用された場合の帰結）に不満を持

6）　あるいは取引社会のニーズを最も満たす国家法を自由に準拠法指定することを認めよ、という議論も有力に主張されるようになる。自生的非国家法の主張、自由な準拠法指定、等を、私法が国家法単位に分断されている現状に対する私的アクターの対抗策として位置付けるものとして参照、Florian Rödl, Private Law Beyond the Democratic Order? On the Legitimatory Problem of Private Law "Beyond the State", in *Beyond the State: Rethinking Private Law* (Nils Jansen / Ralf Michaels (eds.), 2008).

7）　スポーツ法（*lex sportiva*）は、グローバル化の下での法多元主義の重要な素材を提供している。参照、横溝大「抵触法の対象となる『法』に関する若干の考察―序説的検討」筑波ロー・ジャーナル6号（2009）3頁。

8）　大西楠・テア「グローバル化時代の移民法制と家族の保護―家族呼び寄せ指令とドイツの新移民法制」社会科学研究（東京大学）65巻2号（2014）157頁および本書第9章を参照。

9）　もちろん、グローバル化以前から、国内社会の文化的・価値的多元性を念頭に、国家単位

つ人々は、この法の権威を疑い、これに挑戦する動機を強めることになるだろう。

2　国家・社会・法の関係

以上のような変化は、法にとって重大な意味を持つものだろうか。そもそも近代国家成立以前にも「法」は存在したのであり、法の存立にとって国家は必然的要素ではない、とも言える。法理論的にも、国家と法の関係はかなりの程度相対化の余地がある[10)]。しかし、少なくとも以下の二点において、近代法は国家と密接な関係を有する（有してきた）と考えられる。

(1)　法の規律対象／機能条件としての〈社会〉と国家　第一に、法が規律対象とする〈社会〉自体が、（統治機構としての）国家に先立つ実在として存在するとは限らず、むしろ国家の存在と活動（統治作用）を通じて一つの単位（共同体としての国家）として統合される側面を否定できないように思われる[11)]。もちろん、国家以前に存在する共通の言語や文化によって生じる自然的な単位もあり得るが、人間社会が広範囲かつ高度に組織化されるためには、共通の歴史や象徴という人為的な「物語」の助けも借りつつ、ある領域的・人的範囲が観念的なまとまりとして意識され、かつ、現実にも、その範囲が様々な利害調整や問題解決の単位（unit）として実際に機能する（例えば、領域や国籍は所得再分配制度の適用範囲を画する）という経験的事実の積み重ねによって、構成員間に共通の利害関係が生成・強化されるとともに、当該単位への帰属意識＝アイデンティティが再確認され、それがさらに、人々が当該単位を通じた問題解決への期待を強める[12)]、という再帰的なプロセスの作用が不可欠であると考えられる[13)]。こうした領

での統一的な法の妥当性に疑問を示す立場は存在した。本書第 12 章が、機能的法多元主義との対比で「共同体的法多元主義」と呼ぶ立場である。

10)　那須耕介「グローバル化は法概念の改訂を求めているか？」社会科学研究（東京大学）65 巻 2 号（2014）113 頁。

11)　国家の統一化機能（およびこれに対抗する諸学説）について参照、石川健治「国家・国民主権と多元的社会」樋口陽一編『講座憲法学 2　主権と国際社会』（日本評論社・1994）。

12)　例えば、20 世紀前半の先進各国における社会保障制度の拡充が、国民国家の維持・国民と国家の一体感の醸成に寄与したとの指摘もある。原田大樹『例解　行政法』（東京大学出版会・2013）231 頁。

13)　これが再帰的（自己増幅的）プロセスであることの端的な例を、税制（特に所得再分配

域的・人的範囲（社会）が集団的な〈問題把握―解決〉の単位として人々に認識されていることが、その領域的・人的範囲内における法の等しい適用を要請する（「法の下の平等」）とともに、法の一律的受容を促す契機としても働くであろう。すなわち、近代以降、国家は〈法〉が規律対象とする〈社会〉として認識される領域を再帰的に構成し、〈法〉が安定的に機能する前提条件を提供することによって、（いわば社会を媒介項として）法と密接に結びついてきたと言えるのではないか[14]。

⑵　法の正統性の淵源としての〈社会〉と国家　　第二に、名宛人の個別の同意に拠らない強制の契機を伴うことに法の重要な存在意義が存するところ[15]、個人の尊厳や自由を前提とするならば、かかる強制が事実上受容

的な累進所得税）の拡充が、国家単位での総力戦を支えるために正当化された戦時財政を契機として実現し、それが戦後の福祉国家を支えた、という先進各国の経験に見出すことができる。逆に、国家が問題解決の単位としての機能を著しく低下させてもなお、人々が「国家という単位」にアイデンティティを感じ、その単位での「社会」として統合され続けるかには、疑問の余地無しとしない（なお参照、「鼎談 いま考える『憲法』」論究ジュリスト13号(2015) 12頁〔樋口陽一発言〕「先進国が、多様な人たちを体制内化させるための資源をもはや持たないのではないか」と指摘）。他方で、国家が実質的（実利的？）機能を低下させつつある現代にこそ、かえって国家の象徴的契機が過度に強調されそれによる人々の動員が企てられる、という逆説を、我々は目撃しつつあるように思われてならない。

もちろん、本文の記述は、「社会」の在立にとっておよそ国家という概念が必要不可欠であるという主張ではないことに注意されたい（何らかの自律的秩序を（ゲームの均衡として）成り立たせるに足りる共通知識が構成員の間に存在する領域を「社会」と呼ぶこともできよう。この意味での「社会」の存立は国家の介在に必ずしも依存しない。なお参照、藤田友敬＝松村敏弘「自律的秩序の経済学」藤田編『ソフトローの基礎理論〈ソフトロー研究叢書〉(第1巻)』(有斐閣・2008) 13〜41頁)。これは単に、近代以降、強力な財政基盤と行政機構に支えられた国家が他を圧倒する問題解決能力を示したことが、「国家」という単位で社会が統合された（と認識された）背景にあったというにすぎない。これに対して、グローバル化の下、ある種の課題については国家という単位ではうまく対応できなくなっている（しかし別の多くの問題については　引き続き国家が対応している）という状況があり、これは国家法の機能、ひいては法の権威や正統性にも関わる、というのが、以下の本文での議論である。

14)　法典化の持つ政治的含意についても贅言を要しまい。例えば参照、大村敦志『法典・教育・民法学―民法総論研究』(有斐閣・1999)、金山直樹『法典という近代―装置としての法』(勁草書房・2011)。

15)　本文は規範的な側面から「強制」を論じているが、機能主義的な観点からは別の問題提起も可能である。すなわち、①法が「αであるべき」ことを命じている（規範的に強制している）が人々はこれをほとんど遵守していない（事実状態としては強制されていない）という状況、逆に、②法は「α」を命じていない（精々が「勧奨」に留まる）のに人々がそれに沿った行動をとらざるを得ない（事実状態としてαが実現する）という状況、は、「法がα

され・規範的にも許容される根拠を与える、法の権威・正統性はいかにして調達されるか、という問題が生じる。近代法の主要部分が、社会が政治的に統合された単位としての国家の統治機構を通じて、その社会の集団的自己決定を擬制することが許されるような手続（民主政）を通じた政治的決定（立法）という形で産出されており、それが前段落で述べた国家の統治作用の基礎となってきたことは言うまでもない。国家と社会が一対一に対応するという暗黙の想定が、（私法も含めた）法の正統性問題の前景化を妨げるという意味において、国家およびそれが産出する法は、それが規律する社会から正統性を調達してきた[16)]。しかるに、この意味での国家法（の正統性）が、グローバル化の下で相対化されることは、見やすい道理である。

しかし、前記の民主政的正統化のみに法の権威ないし正統性が依存するかは、まったく別の問題である[17)]。むしろ興味深いのは、実質的には司法作用によって形成される私法規範が、必ずしも民主的正統性に依存しない形で、法としての権威を以て受け止められてきたという経験的事実であり[18)]、国家と（私）法の必然的結合を疑うグローバル法多元主義は、こうした認識を自らの論拠の一つとする。本章も、国家や民主的手続は、法の

を明示的に命令すること＝強制」という理解ではうまく捉えられないようにも思えるところ、「強制」はいかなる意味で法の本質的特徴なのか（サンクションなき法や、公的な「勧奨」「誘導」の意味は何か）、逆に個人の自由を制限するがゆえに正当化を要する「強制」とは何か、という問題は、（本章の論題であるグローバル化をはじめとする）統治における法の位置を考える上では重要になると思われる。機能主義的観点からこれらの問題への手がかりを与える業績として参照、飯田高「フォーカルポイントと法（一）（二）一法の表出機能の分析に向けて」成蹊法学63号（2006）275頁、65号（2007）421頁、同「サンクションのない法の効果」太田勝造＝ダニエル・フット＝濱野亮＝村山眞維編『法社会学の新世代』（有斐閣・2009）。

16）「正統性」には、規範的概念としての側面と、歴史事実的・記述的「正統性」概念としての側面があるが、両者の厳密な区分はしばしば困難である。参照、藤谷武史「ガバナンス（論）における正統性問題」東京大学社会科学研究所編『ガバナンスを問い直す』（東京大学出版会・2016年刊行予定）。

17）「民主政的正統化」の概念、および正統性と正統化の関係については、本書第1章も参照のこと。

18）See, *e.g.*, Ralf Michaels / Nils Jansen, Private Law Beyond the State? Europeanization, Globalization, Privatization, in Jansen / Michaels, *supra* note 6, pp.69–118; also, Nils Jansen / Ralf Michaels, Private Law and the State: Comparative Perceptions and Historical Observations, in Jansen / Michaels, *supra* note 6, pp.15–67.

正統化に重要かつ主要な回路ではあるものの、必然的なものとまでは考えない（後述III 2)。ただし、前記(1)に述べた意味での国家の統治作用が介在することである領域的・人的範囲が〈社会〉として統合され、その内部では利益状況が均質化している（と人々に認識される[19]）のであれば、「その社会に適用されるべき法とは、当該国家において（民主的正統性を備えた立法者か、少なくとも国家機関としての裁判所によって）形成された法であって、それ以外の法（当事者が任意に選択した外国準拠法や非国家法規範）ではない」という議論が一定の説得力を持つことは否定し難いように思われる。この意味で、共通の利益状況にある社会に等しく適用されるべき問題解決手段（司法[20]）としての法は、その正統性を社会から調達している。そして、かかる〈社会〉が一つの単位として存在する（と認識される）背後には、前記(1)に述べた国家の統治作用を通じた〈社会〉統合の契機がある。このような意味で、司法作用の局面においても、法（の正統性）は間接的に国家の存在と結びついていることになる。

(3) **小　括**　以上の考察から導かれることは、①法の存立・機能や正統性にとって、国家の存在は論理必然的要請ではない（少なくとも本章は、規範理論として「国家に依らない法」が成り立つ可能性を排除するものではない）ものの、②法の規律対象たる〈社会〉の形成――法が機能する前提条件の提供――について国家が事実上大きな役割を果たしていること、および③直接的な民主政的正統化の契機（立法）のみならず、国家の統治作用を通じて、司法が機能する前提となる共通の社会的利害状況が生成・強化され、これが（司法作用を通じて形成される）法規範の正統性の契機を、間接的に提供していること、の二点を踏まえれば、④近代以降の時代において、国

19)　我々がある関係や紛争を規律する法規範の内容（誰がいかなる権利や義務を有するか）を問題にする際には、その当事者のみならず、当事者と同様の状況にある者にも同じ法規範が適用されたとしてその結果が（論者の評価基準に照らして）正当か、という評価を行うのが普通であると思われるところ、かかる評価の前提知識としての共通の文脈・状況が妥当する一定の領域的・人的範囲（本章に言う〈社会〉）を想定せざるを得ない、というのがここでの議論である。

20)　公式の裁判所の判決のみならず、その影の下での和解や交渉など、広く、法の紛争解決作用全般を念頭に置く。これらの作用が社会秩序を保ち、統治作用の一翼を担うことは言うまでもない。See, Daniel Markovits, *Adversary Advocacy and the Authority of Adjudication*, 75 Fordham L. Rev. 1367 (2006).

家と法は、単なる偶然的な関係性を超えた結びつきを有すると考えられる、ということである。

そして、上記①〜④の論理からは、⑤国家の統治作用が、問題解決能力（実効性）を低下させ、〈社会〉を一つの単位として統合する働きを弱めれば、【国家≡社会≡法】の結合[21)]も弱まり、国家と法の結びつきも相対化される、ということが示唆される。これが、法にとっての「（狭義の）グローバル化」の本質である、というのが、本章の立場である。

3　グローバル化が【国家≡社会≡法】連関に及ぼす影響

すでに多くの論者が指摘するように、人・モノ・情報・資本の移動、さらにはそれらを組み合わせた活動のクロスボーダー化は、個々の国家による問題解決の可能性を著しく限定しつつある。同時に、地球温暖化や（いわゆる失敗国家の領域を温床とする）海賊行為や国際テロ活動のように、ある国家の管轄内での統治作用の成否が他の国々にも不可避的に波及する程度が高まりつつある。本章の枠組みに拠れば、これらの事象は、かつて国家の領域とおおむね一致して（させられて）いた〈共通の問題把握―解決〉の単位（unit）としての〈社会〉が、国境を越えた広がりを持つようになった（あるいは、実態との乖離が覆い隠せなくなってきた）ことを意味する。「政策実現過程のグローバル化」は、少なくとも一面において、かかる状況を前にした国家や利害関係者たる私的諸主体が、統治作用の実効性を担保するために選択した不可避的な対応であったと理解できる[22)]。しかしこの動きは、**2**(1)で述べた〈国家―社会〉の再帰的プロセスが弱まることを意味し、その上に成り立っていた国家と法の結合関係を動揺させる。

なお、（広義の）グローバル化とは、国家と区別された社会が一体性を

21)　繰り返しになるが、この結合関係は論理的・規範的なものというよりは、国家の統治作用が人々にとって実効性を以て受容され認識されることを媒介として成立する事実的・機能的なものである。

22)　以上につき、藤谷武史「市場のグローバル化と国家の制御能力―公法学の課題」新世代法政策学研究（北海道大学）18号（2012）267頁。ただし、例えば1980年代以降の国際的な資本移動の自由は、ブレトン・ウッズ体制の終焉と各国の通貨法的規制の緩和・後退がもたらしたものであり（参照、曽野和明「国際経済秩序と外国為替―公的規律の弛緩と通貨法の後退」ジュリスト1254号（2003）80頁）、ここでも（社会のグローバル化が国家に先行するというよりは）国家と社会の再帰的な関係が指摘できる。

保ちつつ国家の領域を超えていく状況としてではなく、従来は国家ごとの「縦割り」で統合されていた社会が、「縦割り」内部に包含されていた多様な活動領域が固有のダイナミズムに従って展開する中で機能分化[23]して生じた各々の「(機能的) 部分社会」[24]として、各々に異なる速度と深度でボーダレス化していく状況として認識されるほうが、正確であろう。したがって、急速に「グローバル化」が進む機能領域がある一方で、相変わらず国家の単位に従う（従わざるを得ない）機能領域も存在する。例えば我々が生きる多次元的な生[25]のうち、かつては共同体的社会によって支えられ、今日ではそれを肩代わりした国家という単位に強く依存する社会保障制度によって支えられる生の側面は、国家から切り離されて存在することが著しく困難である（なお、本書第8章も参照）。

さて、機能分化されボーダレス化する各領域（部分社会）の内部では、国家の単位とは必ずしも関わりなく利害状況が共有され、それに対応する何らかの「統治」作用を発展させることになる。その組織的基盤には、国際経済法や国際環境法のように国際条約を基礎としつつ派生的な法規範・決定（二次法の形成）をなし得る国際レジームや、国家の規制当局者間のネットワークを通じたグローバルな政策決定（例：金融の領域におけるバーゼル銀行監督委員会や証券監督者国際機構（IOSCO）の役割）、私的主体による規範形成（例えば国際会計基準審議会（IASB）や国際スワップデリバティブ協会（ISDA）の役割）など、多様な存在形態があることが知られている[26]が、本章の関

23）　トイブナー（Gunther Teubner）によれば、こうしたサブシステムへの分化（と国家法システムによる統御の限界）は、グローバル化を待つまでもなく、経済・技術等のサブシステムの性質上、必然的な趨勢であるとされる（例えば参照、グンター・トイブナー（村上淳一訳）「グローバル化時代における法の役割変化—各種のグローバルな法レジームの分立化・民間憲法化・ネット化」ハンス・ペーター・マルチュケ＝村上淳一編『グローバル化と法』（信山社・2006））。こうした見解に対して「国民国家が持つ認識論的な文脈付与機能」を指摘するのがメラースであるが（Christoph Möllers, Transnational Governance without a Public Law?, in *Transnational Governance and Constitutionalism*, p. 329 (Christian Joerges *et al.* eds., 2004)、本章は、国家がそのような認識論的機能を有してきたことを承認しつつ、その機能は国家という単位で行われる統治作用の実効性（およびそれによる再帰的プロセス）に依存する（国家に論理必然的に備わったものではない）、という考え方に立つ。

24）　もっとも、グローバルな価値・秩序を観念する側からすれば、国家単位の区切りこそ「部分社会」だと評価されるであろう。

25）　本書第12章**II 2**で紹介するプライヴァシー論を参照。

心から指摘すべきは、機能領域ごとの〈問題把握―解決〉の仕組み（およびそれと共進化（coevolution）する、当該領域において公／私を横断する形で形成される専門家集団による認識共同体（epistemic community）の存在[27]）が、かかる「単位」への求心力（および、問題解決の単位としての国家の相対的地位低下）をもたらす[28]、ということである。すなわち、公法学から着目される「政策実現過程のグローバル化」（本書第1章[29]）と、私法理論が指摘する「グローバル化の下での機能的法多元主義の進展」（本書第3章）は、単に「法のグローバル化」現象の二つの側面（公法的側面と私法的側面）として同時進行しているのみならず、相互補強的なプロセスとして作用していることに注意を要する。

かくして、法以外の領域におけるグローバル化の諸現象は、それに伴い生起する諸課題の解決という不可避的な対応を通じて、法にとっての「グローバル化」をもたらす（繰り返しになるが、両者は一方向的関係ではなく、再帰的共進化の関係にある）。統治／規制の単位としての【国家≡社会≡法】という結合関係が弛緩し、従前通りの【国家≡(国家)法】連関がなお存在する一方で、多元的な【(機能的)部分社会≡(機能的・自生的)非国家法】連関も台頭し、両者が併存・拮抗・衝突する状況が（領域ごとの濃淡を伴ってモザイク状に）生じる、ということである。この状況を、法（に準拠して行われる統治作用）をもたらす決定の単位という観点から捉えれば「政策実現過程のグローバル化」ということになるし、規範の側面から捉えれば、「国家法秩序と非国家法規範の間での多元的な抵触関係の発生」（機能的法多元主義論の問題設定）ということになる。

---

26)　参照、原田大樹「政策実現過程のグローバル化と国民国家の将来」公法研究74号(2012) 87～99頁。

27)　Peter M. Haas, Introduction: Epistemic Communities and International Policy Coordination, *International Organizations,* 46 (1), 1992, pp.1-35.

28)　こうして機能領域ごとに規範・価値が再帰的なプロセスを以て発展するとともに自己準拠性を強める状況は、国際法理論の側からは「国際法の断片化」として把握されることになる。参照、小森光夫「国際法秩序の断片化問題と統合への理論課題」世界法年報28号(2009) 3頁、佐俣紀仁「国際法における『断片化』概念の多様性に関する一考察―『断片化』概念の現状とその問題点」植木俊哉編『グローバル化時代の国際法』（信山社・2012）99頁。

29)　さらに、原田大樹『公共制度設計の基礎理論』（弘文堂・2014）。

このような意味での「グローバル化」の下での法の変容を、法学はどのように把握し、いかなる処方箋を用意し得るであろうか。次節では、「公法・私法の再編」という本書の枠組みから得られた示唆を手がかりに、ささやかな見通しを示すこととしたい。

III 「公法・私法の再編」という問題枠組みからの示唆

1 「グローバル化」の法学的把握

(1) **前提——「グローバル化」は法学が扱うべき問題か？**　元来、法システム（実定法秩序およびそれを対象とする法学）は、法システムの外部と内部を峻別する傾向がある[30)]。法実証主義の立場からは、前述した「(狭義の)グローバル化」も、法にとっては単なる「事実」にすぎない、という醒めた評価を受けるであろう。例えば、クロスボーダーの経済取引に対応して私的に形成された規範は、国家法秩序の観点からはせいぜい慣習法として国家法を補完する地位を認められるか、事実たる慣習として契約解釈等の参考資料とされるかにすぎない。あるいは、バーゼル合意のような各国規制当局者の超国家的（*trans*-national）ネットワークで合意形成された政策は、国際法および国内法上の拘束力を伴わない事実上の存在にすぎず、国家法秩序に取り込まれて法的効果を持ち得るのは、もっぱら各国内法秩序が各当局者に与えた権限（必要に応じて立法措置がなされる）の賜物にすぎない。このような見方を徹底すれば、グローバル化は国家法秩序の実践および認識に何ら影響を及ぼすものではない、ということになる[31)]。しかし、このような見方にはいくつかの問題点がある。

第一に、法学が、法の機能や帰結をまったく度外視して法論理的整合性のみを問題とすべきであるとの極端な立場を採るのでない限り、法がそれ

---

30)　本章の依拠する理解としては、参照、藤谷武史「『法政策学』の再定位・試論—『新世代法政策学』の基礎理論の探求」新世代法政策学研究9号（2010）181～215頁、同・前掲注3)、さらに、青木昌彦（藤谷武史訳）「戦略的相互作用と個人予想を媒介する認知的メディアとしての制度」新世代法政策学研究（北海道大学）9号（2010）1～48（40～42）頁。

31)　これに対して、本書第5章が扱う、公法規制的な国際法規範と国内法秩序（特に憲法秩序）の衝突は、法実証主義者も黙殺することが許されない、真正の規範抵触である。

以外のシステム（市場、企業組織、家族、環境……）との相互作用の中で作動していることを視野に入れざるを得ず[32]、実定法律と判例以外の規範をも連続的に把握する視点は、むしろ実定法学が現実社会に対するレレヴァンスを保つ上で不可欠と言える。重要な政策決定がますますグローバルなレベルで行われ、国家の枠組みを超えた機能的部分社会で形成される私的規範にますます多くの人々が従う状況を踏まえれば、（仮に引き続きこれらが法理論上は「法」としての規範的地位を認められないとの立場を採るにせよ）国家法のあり方に影響を与える存在として少なくとも考察の対象に含める必要がある。

第二に、前記**Ⅱ3**で論じたように、狭義のグローバル化現象の進展は、ある取引や関係性を規律する法としての国家法の自明性を（まさに法を論じる人々の間で）失わせるという意味で、国家法の規範的地位にも間接的に影響を及ぼす。その端的な例として、抵触法学における当事者自治原則の影響力の広がり[33]を挙げることができよう。何らかの客観的連結点を基礎に置くはずの抵触法において、「当事者の意思」を連結点として認めることは、（契約自由の延長では説明できないはずの[34]）ドラスティックな変化である。もちろん、任意の外国法の準拠法選択を認めることは、非国家法規範の準拠法適格性とは論理的に独立の問題であり区別されなければならないが、当事者の自由意思や予測可能性、規範内容の合理性（機能性）といった観点が、客観的に連結されるはずのある国家法から離れる論拠とされ得る点で両者は共通の基盤を有すると思われる。法がシステムである以上、〈法規範〉と〈法外の規範〉の境界は常に存在しなければならないが、その境界線がどこに引かれるかは、それを論じる人々（法律家・法学者など）の間での支配的な認識と実践の変遷に伴い、変動し得るものなのである。

32） このような理解については、藤谷・前掲注3）（特に134～136頁と165～166頁）において示した。

33） 参照、中野俊一郎「当事者自治原則の正当化根拠」立命館法学2011年5・6号（2011）301頁。

34） 桜田＝道垣内編・前掲注5）179～180頁〔中西康〕。さらに参照、Ralf Michaels, *Party Autonomy-A New Paradigm without a Foundation?*〈Japanese Association of Private International Law, June 2, 2013, http://www.pilaj.jp/data/2013_0602_Party_Autonomy.pdf〉

(2)「グローバル化」への感受性――各法分野の問題枠組みとの不可分性　以上の叙述と表裏をなすのが、「(狭義の) グローバル化」が法学の側でいかなる論点として認識され、位置付けられるか、という問題である。以下に述べるように、公法と私法が、ともにグローバル化の影響を受けつつも、その異なる側面に着目して議論を発展させてきた理由は、まさにこの点に関わる（本書序論も参照）。

(i)　本章に言う「(狭義の) グローバル化」が最も明白な形で認識されてきたのが、抵触法の理論および実務における、前述した準拠法選択における非国家法規範の地位や、外国国家行為承認執行の局面において、国家以外の共同体ないし組織（例：ICANN、WIPO仲裁センターなど）が下した判断を国内裁判所が承認執行するか否か、の問題であった[35)]。これは、抵触法が元来、(グローバル化以前から国境を越えて存在した) 個別の事件・紛争への対処のために、国家法システムが外部（外国法・国家行為）に対して開かれた「窓」の機能を規律する規範体系であり、こうした問題を認識せざるを得ない感受性を備えていたということに起因すると思われる。

これに対して、本書第4章が「抵触法における新たなアプローチ」として紹介したグローバルな統治の一翼を担う抵触法という構想は、統治／規制作用を媒介とした【国家≡社会≡法】の結合関係をさらに相対化・流動化させる契機を含むと同時に、政治的＝公的領域から区別された私的領域の法としての私法[36)]という観念にも反省を迫る。さらに、この構想に与

35)　横溝・前掲注7)。

36)　もちろんこうした見解に対しては、リアリズム法学／機能主義（functionalism）からの批判もあり、今日では純粋な意味での「私法＝公共政策から自律的な領域」を信奉する論者は少ないであろう。とはいえ、「私法とは単に私人にイニシアティブを与えるという設計を施された政策＝規制法（public law in disguise）にすぎない」と言い切ることにも躊躇を覚える向きは多いのではないか。政策に回収されない私法の独自性を擁護するものとして、例えば参照、Ernest J. Weinrib, *The Idea of Private Law* (Revised Edition, 2012). なお、Hanoch Dagan, The Limited Autonomy of Private Law, in Jansen / Michaels, *supra* note 6, pp.387-410は、両極を斥けた中庸（middle-ground）を志向する。これに対するトイブナーのコメントは、公的領域（国家）／私的領域（社会）や公法／私法という二元的構成自体が不十分であり、社会が複数のセグメントへと断片化し、法に反映されるべき観点も多数性（multiplicity）を帯びることを踏まえた二値編成複合性（polycontextuality）に置き換えられるべき、と主張する（Gunther Teubner, State Policies in Private Law?, in Jansen / Michaels, *supra* note 6, pp.411-419）。なお、policontextualityの訳語については、グンター・トイブナー（綾部六郎・尾﨑一郎訳）「二値編成複合性の立憲化―国民国家を超えた社会的

する論者が国際法と（国内法としての）抵触法の峻別を批判することが示すように[37]、国際公法における立憲化（constitutionalization）を志向する理論動向[38]とも親和性が高い。

(ii) 他方、公法の観点からは、ドイツの「国際的行政法」論（本書第1章）、米国を中心とした「グローバル行政法」論（本書第2章）が、各々異なる枠組みから「グローバル化」を主題化していることが紹介された。グローバルに展開する各機能領域の下で公私の境界を超えて発展した様々な〈問題把握―解決〉のメカニズムが、一方では伝統的に国家が担ってきた統治／規制作用の実質的部分を部分的に代替し、他方では国家を機能領域へと断片化（disaggregate）しつつ「グローバルな政策実現過程」の一部として取り込みつつある、という状況を、国内公法・国際公法を横断する形で構想される新たな公法理論[39]が取り組むべき課題として認識する点では両者は共通しつつ、国家を不可欠の要素とするか否かにおいて袂を分か

立憲主義について」新世代法政策学研究（北海道大学）10号（2011）181頁脚注1を参照のこと。

37） 横溝・前掲注5)「抵触法と国際法との関係に関する新たな動向」。

38） 特に人権が統合ないし架橋のための原理として挙げられる。例えば参照、寺谷広司「断片化問題の応答としての個人基底的立憲主義—国際人権法と国際人道法の関係を中心に」世界法年報28号（2009）42頁（個人権を基軸とする立憲主義の立場から、国家をも法関係と捉え直す視点を示す）、福永有夏「世界銀行の開発政策と『立憲化』」世界法年報30号（2011）81頁（世界銀行による「人権」の立憲化アプローチに懐疑的な姿勢を示す）。国内公法の側から国際人権法と国内憲法の一元的理解を示唆する議論として参照、山元一「グローバル化世界における公法学の再構築—国際人権法が憲法学に提起する問いかけ」法律時報84巻5号（2012）9頁。

39） 原田・前掲注29)（特に第4章）。国際公法からも、人や物や資本や情報の流れのグローバル化の下で国際関係と国内関係の区別が曖昧化し、「従来国家単位で形成されてきた国内社会が相互に浸透し始めるとともに、そこに国際制度が様々な形で介在するようになってきている」上に、個人や企業、NGOといった非国家主体が国際法の形成・実現過程に関与するようになり、そうしたイニシアティブを反映した「国家間の正式の合意以外の様々な自生的な規範が国際社会の秩序を創造しまたそれを支えるようになっている」結果、伝統的な国際法の存立基盤自体が問われ得る状況として認識される（奥脇直也「グローバル化・法制度化・国際法—国際法はグローバリゼーションを生き残れるか」（マルチュケ＝村上編・前掲注23）所収））。ヨーロッパにおける「グローバル行政法」論の中心的な論者であるCasseseも、国家レベルの規制者とグローバルな規制レジームが連続的に存在し作動する点にグローバル行政の特徴があると指摘する（Sabino Cassese, *Administrative Law without the State? The Challenge of Global Regulation,* 37 N.Y.U J. Int'l L. & Pol. 663, 680 (2005).

つ[40)]。

およそ公法学の関心は、国家という概念を媒介するか否かはさておき、統治（主体・作用）の法的な把握と統制にあるから、グローバル化による統治の変容は、公法学における何らかの応答を迫らざるを得ない。前記**II 3**でも触れたように、グローバル化に触発された統治／規制作用のダイナミズムの下で、国家の〈相対化〉と〈断片化〉は相補的に進行する。「主権国家／グローバル市場」の二項対立論が喚起するイメージとは異なり、国家は決して〈退場〉せず、依然として重要な存在であり続ける。ただし、そこでいう国家は、統一性を持った単位としてではなく、機能領域ごとに（公／私、国内／国際を横断する形で）作動する統治／規制のメカニズムに組み込まれた構成要素としての存在に甘んじるのであるが[41)]。このように国家の中心的位置付けが揺らぐと、国家の概念を基軸とする体系を構築してきた大陸法系の公法学[42)]は、原理的なレベルからの再構築を迫られることは想像に難くない。また、英米法系のように「国家」概念に依存しない公法（学）も、政府の民主的統制と法の支配という立憲主義（constitutionalism）の理念が、国家機構（司法審査制度や行政手続法制）を前提とした制度構想にその具体化を負うことから、やはりグローバル化への対応を迫られることになる。各々の公法学の体系に応じて異なる対応策が志向されることは、本書第1章、本書第2章が詳細に論じたところである。論者ごとの多様なニュアンスがあることを念頭に置きつつ、あえて図式的に示すならば、国家中心の公法≒立憲主義の成果を重視し可能な限り国家中心の枠組みを維持する方向で対応策を模索する陣営[43)]と、超国家的なレベルにおける公法的価値（国家レベルでの人権保障・民主政の機能的等価物）の

---

40)　両者の対比についてはさらに参照、興津征雄「書評：原田大樹著『公共制度設計の基礎理論』」季刊行政管理研究147号（2014）54頁。

41)　See, Anne-Marie Slaughter, *A New Global Order* (Princeton, 2004), p.5 ("States still exist in this world; indeed, they are crucial actors. But they are "disaggregated."").

42)　参照、石川健治「承認と自己拘束—流動する国家像・市民像と憲法学」岩村正彦他編『岩波講座現代の法1 現代国家と法』（岩波書店・1997）31～64頁、駒村圭吾「国家なき立憲主義は可能か」ジュリスト1422号（2011）21～28頁。

43)　See, *e.g.*, Dieter Grimm, The Achievement of Constitutionalism and its Prospects in a Changed World, in Petra Dobner / Martin Loughlin (eds.), *The Twilight of Constitutionalism?* (Oxford, 2010), pp.1-22.

実現を探究する陣営[44]とが、将来構想を競い合う構図が浮かび上がる。

(3) 「グローバル化」への対応――公法／私法の相違？ 以上の限定的なスケッチが示唆することは、グローバル化がもたらす〈国家を単位とする法秩序〉の非自明化を前に、公法学・私法学それぞれの内部で自らの基盤を再構成する動きが台頭している、という現状である。問題認識の端緒において確かに公法（統治の法的統制と設計）と私法（個別紛争の解決）は異なるものの、グローバル化を前にした再編成のバリエーションは、むしろ公法／私法というカテゴリーを超えて観察される。その相違は、国家と法の関係の捉え方における論者間の相違に由来する、というのが本章の見立てである。

とはいえ、〈法〉の存立にとって〈国家〉は論理必然的な前提ではなく、統治／規制作用によって構成される〈社会〉を媒介項として結びつく、というのがⅡで示した理解であった。となれば、グローバル化への法学の対応を分ける上で、国家がいかなる意味を持つのか、言い換えれば、各々の議論は〈国家〉という単位に何を期待しているのか、あるいは従来〈国家〉に結びつけられてきた機能や属性のうちの何を救い出すことで「国家に特別な地位を認めない法秩序構想」が可能となる、と考えているのかという問いが、意味を持つことが予想される。以下では、〈法の正統性〉と〈法の多元性〉という二つの契機に着目しつつ、法にとっての〈国家〉の役割をめぐる（公法／私法を横断する）対立軸を明らかにしたい[45]。

---

44) See, *e.g.,* Ulrich K. Preuss, Disconnecting Constitutions from Statehood: Is Global Constitutionalism a Viable Concept? in Dobner / Loughlin, *id.*, pp.23-46; see also, Gráinne de Búrca, *Developing Democracy Beyond the State,* 46 COLUM. J. TRANSNAT'L L. 102 (2008); Joshua Cohen / Charles F. Sabel, *Global Democracy?*, 37 N.Y.U. J. INT'L L. & POL. 763 (2006); Daniel C. Esty, *Good Governance at the Supranational Scale: Globalizing Administrative Law,* 115 YALE L. J. 1490 (2006).

45) この二つの契機は、本書第1章が指摘する連携（およびその代替的選択肢としての抵触法的解決）問題と正統性問題という整理に直接の示唆を得たものであるが、さらに、第12章が機能的法多元主義への疑問として非国家法の民主的正統性の欠如と法の抵触／齟齬の懸念が挙げられることを指摘した上で、私法理論の内部にこの懸念に応答する潜在性を見出すこと、第4章が非国家法規範も含む様々な規範が（グローバル・ガヴァナンスの一翼を担う規範として）抵触法上調整の対象として承認されるための条件として、一定の正統性を要求すること、第2章が、国家レベルの民主政とは異なり単一の公衆（本章の言葉では「（政治的側面における）社会」と言えよう）を前提にできないグローバル行政法における正統性調達の試みを、グローバル行政に関心を持つ構成母体（constituency）の多元性を踏まえつつ、

2　法の正統性と実効性

(1)　**民主政による正統化とその限界**　国家による統治／規制作用が民主的正統性に基礎付けられなければならないという発想は、公法学においてはほぼ異論の余地なく受け入れられているように見える。もっとも、「民主政的正統化」の概念によって何がどの程度要求されるかは、「民主政」という概念自体がきわめて多様な展開可能性を内包することもあり、公法学の内部ですら様々な考え方があり得る[46)]。各国の実定憲法上の原理としての「民主政」(およびそれに基礎付けられた解釈論上の道具概念としての「民主的正統性」) は、各々の文脈において、こうした政治哲学的／内容的正当性に関する論争を棚上げする機能を持つ[47)]。ただし、「国民」という単位に力点を置くこの思考様式の文脈依存性には注意を要するし、そもそも国家中心の実定法秩序の自明性を疑う議論に対しては十分な応答を提示できない[48)]。さらに、私法においては (それが統治／規制作用を担うことは現在では否定されないにもかかわらず[49)]) 議会立法形式での民主的正統性調達の意

法秩序相互の抵触法的調整 (キングズベリー)、各構成母体の動態的な秩序形成としての多元主義 (クリシュ) と結びつけて論じること、などに共通して見出される。

46)　例えば、米国連邦法における行政への委任の許容性に関する議論につき参照、藤谷武史「『より良き立法』の制度論的基礎・序説―アメリカ法における『立法』の位置づけを手がかりに」新世代法政策学研究 (北海道大学) 7号 (2010) 149～213頁。また、「上からの民主化」と「下からの民主化」を対比して論じる、毛利透「行政権民主化論の諸相」樋口陽一他編『国家と自由・再論』(日本評論社・2012) 327～344頁も参照。「下からの民主化」については、本書第2章が詳細に検討を加えるアカウンタビリティの概念とも交錯する。See also, Phillip P. Dann / Marie von Engelhardt, Legal Approaches to Global Governance and Accountability: Informal Lawmaking, International Public Authority, and Global Administrative Law Compared, in *Informal International Lawmaking* (Joost Pauwelyn / Ramses A. Wessel / Jan Wouters, eds., 2012).

47)　林知更「憲法原理としての民主政―ドイツにおける展開を手がかりに」長谷部恭男他編・高橋和之先生古稀記念『現代立憲主義の諸相』1頁、28頁は、民主政原理の「内容的契機を捨象したその形式的構造を法学的に抽出する試み」として、ドイツ連邦憲法裁判所の「民主的正統化」論の基礎となったベッケンフェルデ (Ernst-Wolfgang Böckenförde) の民主政論を理解する。

48)　参照、林・前掲注47) 11頁以下 (さらに参照、林知更「国家論の時代の終焉？―戦後ドイツ憲法学史に関する若干の覚え書き (二・完)」法律時報77巻11号 (2005) 61頁 (特に66～69頁)、毛利透「行政権開放の諸形態とその法理」日本法哲学会編『法哲学年報2010 市民／社会の役割と国家の責任』(有斐閣・2011) 61～73 (64) 頁。

49)　この点で興味深いのが、マルコヴィッツ (Daniel Markovits) が主張する〈民主的政治過程の実践自体が、それに参加する市民に集合的決定に対する自己決定の感覚 (author-

義はさらに相対化される[50]。

加えて、従来、国家という単位が民主的正統性の調達において特権的な地位を享受し得た背景には、前記Ⅱ2で述べたように、国家による統治作用が問題解決手段としての実効性を持つことによってある領域的・人的範囲に共通の利益状況を創出し、民主政の基体となるべき「社会」を構成するという再帰的プロセスが作動していたことにも注意が必要である（仮に国家以外の単位がヨリ優れた問題解決能力を示す場合には、その単位の下に新たな「社会」が統合されることも、理論的には排除されない）。

この点、欧州統合に伴う「民主主義の赤字」の文脈で提唱された「機能主義的な正統化論」「アウトプット正統性」の概念[51]は、これが民主的正統性を代替し得るという主張であれば乱暴にすぎる議論と評さざるを得ないが[52]、前記の再帰的プロセスの本質を突くものであると考えれば、傾聴

---

ship）を与え、彼らの間に政治的決定が正統性を有するとの認識を醸成することで、価値対立の中での共生を可能にする〉という、民主政治的正統性の実践理論（practical theory of democratic political legitimacy）である（Markovits, *supra* note 20, p.1377-1378）。この考え方によれば、正統性の淵源は「国民」その他の社会的実在と政治共同体の範囲の一致などではなく、民主的参加と呼ばれるある種の態様の実践そのものに求められることになる。マルコヴィッツはこの考え方を応用し、両当事者があえて対決的に主張をぶつけ合う訴訟に、法秩序の正統性（ここでも、哲学理論的な正統性ではなく、社会に安定をもたらす実践的なそれである）の源泉を見出すことができる、と主張する。

50） Rödl, *supra* note 6 は私法にも民主的正統化要求が及ぶとするが、ジャンセン（Nils Jansen）とミヘルス（Ralf Michaels）は、コモンロー諸国に限らず、私法の発展は公衆の意思ではなく法曹によって主導されてきた（法典化は多くの場合、既存の法の Restatement であるとする）として、私法と民主的正統性の結びつきは相対的なものにすぎないとする（Michaels / Jansen, *supra* note 18, at 108.）。

51） See, *e.g.*, Fritz W. Scharpf, *Governing Europe: Effective and Democratic?* (Oxford, 1999).

52） 遠藤乾「ポスト・ナショナリズムにおける正統化の諸問題―ヨーロッパ連合を事例として」日本政治学会編『日本政治学年報 2001 三つのデモクラシー―自由民主主義・社会民主主義・キリスト教民主主義』（岩波書店・2002）123 頁、133 頁。なお、原田論文も補完的正統化要素の一つに「成果・結果」を挙げているが（本書第１章Ⅲ1⑵）、専門家による「討議」や基本法の客観法的側面に導かれた制度設計の指針としての「正統性」であるとされており、単に「人々の要求を充たす」という意味での直接的な「帰結」とは異質のものであると思われる。

そもそも、統治の帰結（内容的正しさ）に争いがあるか、少なくとも事前に帰結の善し悪しが明らかではない場面でも人々がそれにさしあたり従うべきことを要求する点に、「正統性」概念の固有の意義があるのであるから、帰結による正統化は常に「後付け的」なものでしかあり得ないのではないか。また、統治作用が正統性に欠けると認識されると、人々の自発的遵守を損ない実効性を低下させる、という側面もある（参照、城山英明『国際行政論』

に値する要素を含むと言える[53]。実際、国家は、政策課題のグローバル化に対応して統治能力を維持するために、自ら地位の相対化を受け入れている。また、例えば「政策実現過程のグローバル化」の典型例として挙げられるバーゼル銀行監督委員会における政策形成は、これを国内法化し実効性を持たせる段階では国内行政における委任立法と大差ない仕組みであり、これをことさらに問題視する必要はない、との議論もあり得る[54]。

(2)「開かれた正統性」概念から多元性へ　こうした一筋縄ではいかない状況を踏まえて、本書第1章は、正統性概念を国家活動に限定せず「ある社会的システムやその活動が正当なものと認識され、通用力を有する性質」と再定義し、「正統性を論証するための手段であり過程」として正統化論を位置付けた上で、〈自律的で個別的な意思形成とその集積による方法〉と〈制度的で集団的な意思形成による方法＝民主政的正統化〉を両極に、様々な回路による正統化を包摂し整序するための「開かれた正統性」概念を提唱する。この枠組みの下では、裁判所による解決も正統化の回路として位置付けられるが、これは、対審構造を本質とする訴訟による法秩序の正統性創出機能を指摘する議論や、非国家法の正統性を「恣意制限の必要性」から検証する議論[55]など、私法における（国家の民主政的正統化の回路によらない）考え方との架橋を可能にするものと思われる。これら私法学における議論では、法の正統性は確かに重要ではあるものの手続規範的概念であり、実質的価値の実現（公共善への到達や、恣意的な権利侵害からの防御）のための手段として位置付けられる。これに対応して、（公法規制の

（有斐閣・2013）第11章）。この点、Jens Steffek, "The Legitimation of International Governance: A Discourse Approach" *European Journal of International Relations*, 9 (2), 2003, pp. 249-275は、超国家的な統治がその影響を受ける人々に対してその統治の合理性を説明できること、に正統性の淵源を求めようとする。

53)　もちろん、人々の事後的承認・受容、というのが事実認識レベルの問題であるのに対して、公法学が問題とする正統性は規範的カテゴリーであるから、両者は接続し得ない、というのが模範解答であるが、こと正統性問題に関しては、事実と規範の境界は曖昧なものかもしれない、というのが、本章が縷々述べてきたことである。

54)　神田秀樹「金融危機後の金融規制に関する国際的なルール形成」法律時報84巻10号（2012）24頁、30頁。むしろ問題は「ルールがその目的を達成したか」（同29頁）であるところ、「金融危機後であっても、一般的にはバーゼル委員会の評判はそう悪くはない」（同30頁）とされる。

55)　本書第12章Ⅱ1参照。

みならず、私法による紛争解決や非国家的法規範の形成・適用など）様々な態様での統治／規制作用の特性に応じた正統性の回路が構想される必要があろう[56]。特に、グローバル化の文脈のように、「上からの（民主的）正統化」が困難な場面において、本書第12章が指摘する、あえて局面を限定された紛争の個別的解決という（司法／私法に結びつきやすいが、行政／公法にも応用不可能ではない）法的決定のモードの持つポテンシャルが注目されることになる。ただし、この方法は意図的に ad hoc な法形成を志向する面もあり、法規範の個別化・非体系化・相互衝突を促進し、かえって法による統治の実効性を損なう面もある。かくして、正統性の問題は、次項に検討する多元性の問題と連絡することになる。

3 法の機能的多元性とその縮約／統合の契機の意味

(1) 社会および法の多元性に親和的な枠組み 本章はここまで、「(狭義の）グローバル化」現象として、法の非国家化と機能的分化が相互促進的に進行する状況を指摘してきた。ただし、これがグローバル化に特有の現象であるとは限らない。むしろ、20世紀の行政国家現象の文脈において、国家がその任務領域を絶えず拡大し続ける中で、古典的な法以外の様々な規制手段（例えば、情報伝達や市場設計）が法制度に取り込まれ動員された結果、福祉国家内部においてすでに、専門領域ごとに公／私、法／非法が入り混じる、（ある意味での）法多元主義的状況が生じていたとの重要な指摘[57]に留意する必要がある。その意味では、本書第2章が検討を加えた

---

56) See, *e.g.,* Eyal Benvenisti, Towards a Typology of Informal International Lawmaking Mechanisms and their Distinct Accountability Gaps, in *Informal International Lawmaking* (*supra* note 46)。逆に、常に国家の側が正統性において優れるとも限らず（立法者の能力や質に対する懐疑的な議論については参照、藤谷・前掲注 46)、むしろグローバルな審級があることによって国内法過程の透明性を高めるというシナリオも考え得る（Cohen / Sabel, *supra* note 44 は、グローバル・レベルにおけるアカウンタビリティ確保のメカニズムが、かえって国内行政過程に対する規律付けとして働き（他国との比較に晒され、説明を求められる)、国内レベルでの民主的プロセスを活性化する可能性（democratizing destabilization effect）を指摘する)。

57) 浅野有紀「法多元主義における公私協働」学習院大学法学会雑誌48巻2号（2013）45頁。また、本来私法的な発想である（法律による行政の原理とはなじみにくい）法の一般原則が行政法において重視されるようになっていることも（参照、山本・前掲 2)、現代行政の直面する社会の複雑性（ゆえに事後的な調整に開かれておく必要がある）と関連すると言えよ

「グローバル行政法」論が、行政国家の法的統制のための概念を再構成して（国内行政と超国家的行政の連続体として観念される）グローバル行政の法的統制を試みていることには、一定の合理性があるとも言える。

現代の法がそのような性質を帯びざるを得ないとすると、統治／規制作用が扱う問題が複雑・多面的な価値対立を含む性格のものであることを認識し、あえて（問題の切取り方自体が暫定的かつ仮構的なものであることを自覚しつつ）限定的な紛争解決を与えるという、本書第12章が示唆する法的決定のモードは、魅力的に映る。こうした決定のモードは、本章Ⅱで用いた説明方法によれば、最小限の単位での【社会≡法】連関（同じ当事者が同時にいくえにも重なる多元的な連関の中にあることをむしろ前提とする）を観念し、その内部で暫定的な解決を与えるものとして理解できる。この場合に要請される正統性は、最小限のもの（例：対審構造の中で当事者が争点設定し主張立証を尽くし、裁定を受け入れる）になると思われ、国家的な民主政という大がかりな装置に依存する必要性も小さくなる（したがって、超国家的・非国家的文脈でも応用可能となる）[58]。あえて一般的な規範体系へと統合せず、社会の機能分化に反映した暫定的決定を併存させ続ける（抵触法的アプローチがその切分けを行って多元性を維持するインフラとして位置付けられる）ことに、その妙味がある[59]。ただしその場合にも、裁定の公正さを確保し実力行使の排除を可能にする最小限の「公」的要素は必要である[60]。

うか。

58)　メラースは、（憲法裁判所と対比された）通常裁判所の判決が受容される（正統性を持つ）上で、訴訟手続メカニズムによって判決が扱う争点の個別化がなされていること（「そうした訴訟手続によって、裁判所は、当事者の一方または第三者による影響を受けることなく、自らの判決においてまさにこの〔事案毎に個別化された〕利害関心に向き合ったことを明確にすることができる。敗訴した当事者も、そうした訴訟手続が終わってから、結果に抵抗を示すことは難しい」）が重要であると指摘する。クリストフ・メラース「連邦憲法裁判所の合法性・正統性・正統化」マティアス・イェシュテット＝オリヴァー・レプシウス＝メラース＝クリストフ・シェーンベルガー（鈴木秀美他監訳）『越境する司法―ドイツ連邦憲法裁判所の光と影』（風行社・2014）264頁。

59)　また、こうした抵触法的アプローチは、複数の公法規制間にも適用可能であり、むしろ国家法規制の不整合こそがグローバル・ガヴァナンスの問題を惹起するという認識からは、このような手法が積極的に要請されることになる。See, Annelise Riles, *Managing Regulatory Arbitrage: A Conflict of Laws Approach,* 47 Cornell Int'l L. J. 63 (2014).

60)　このような要素は憲法に拘束された国家でなければ提供し得ないと考えるか、それとも国家以外の（現在は「私的」と呼ばれる）組織や秩序がこれを備え得ると考えるかは、一つ

(2) 立法による多元性の〈縮約〉、およびその正統化の必要性 しかしながら、法的決定のモードは事後の個別紛争解決だけではない[61]。当然ながら、事前に一般的抽象的な規範を示し（＝広義の、すなわち行政等による規範定立も含めた、「立法」作用）、予測可能性を高め秩序を作り出す機能も重要である。従来、こうした機能は「公法規制」に属するとされることが多かったように思われるが、もちろん公法／私法の体系の区別は本質的ではなく、事前／事後、個別的／一般的、という決定のモードが持つ意味こそが重要である。（私法も含めた）ある法規範が一般的・対世的に適用されることを前提とする場合、（不特定多数に影響し得るという意味で）公共的課題について（文言に不可避的に伴う解釈の余地を残しつつも基本的には）一義的な選択が行われ、その結果、他にあり得たはずの諸々の問題把握や価値選択の可能性[62]は、あらかじめ捨象される。いわば（広義の）立法とは、拮抗する複数の価値や世界観を〈調停〉し、多元性を〈縮約〉する作用である[63]。

従来、この〈調停／縮約〉機能を担ってきたのが、民主的政治過程、特に公開の議会における討議を経て法律が議決されるという手続であることが、法の正統化を考える上で重要な意味を持つ。もちろんこれは、現実の議会審議が「特殊利益から中立的な」「熟議」によって「質の高い」決定を可能にする、といった理想論とはまったく異なる。むしろ、①あらゆる法案は単一の場所（議会）を経由しなければならず、そこでの審議・議決

の分かれ目である。後者に立つ論者として参照、Gunther Teubner, Fragmented Foundations: Societal Constitutionalism Beyond the Nation State, in Dobner / Loughlin, *supra* note 43, pp.327-341。

61） また、個別の事案への対応の蓄積が、訴訟に関わる各当事者のインセンティヴのゆえに、望ましくない均衡状態へと至る可能性もある。消費者法を例にこのようなメカニズムを活写した示唆的な業績として、森田果「消費者法を作る人々―法形成におけるインセンティヴ構造の解明に向けての一試論」新世代法政策学研究（北海道大学）15号（2012）259頁。

62） 本書第12章**Ⅱ 2**が紹介する、一つの社会的紛争に含まれる問題把握の可能性の豊穣さを想起されたい。

63） ここに改めて、裁判官（あるいは広く、法規範を適用して行われる個別的な裁定）の正統性の問題が現れることになる。本書第12章が紹介する「国際私法の手法」は、眼前の問題をまったく別の規範枠組みで把握し得る可能性を留保しつつ、限定して解決を与えることによって正統性問題を回避するが、その選択を行う「性質決定」ルールは裁判官が裁量的に創造できるわけではない。本書第4章が、抵触法は普遍主義的アプローチではなく、各法秩序固有の抵触法として協調してグローバル・ガヴァナンスに寄与すべき、としていることは、以上の観点と整合的であると思われる。

を経て初めて法律としての効力を与えられる、②したがって、公開の場における、法案の提案者と価値観を共有しない反対者からの仮借のない異論・批判に晒される可能性が緊張関係をもたらす、という二点において〈統合〉の契機に立脚する制度であること、に依存する（無論これ自体、ある種の理念型にすぎないが、「熟議による質の確保」よりは現実味があると考える）。「民主政原理＝自己統治」という理念が民主的手続のアウトプットを「聖化」するのではなく、異論を持つ相手を公的言語に基づき説得しようと努めなければならないこのプロセスの性質そのものが、その成果物たる法律に、かろうじて正統性を付与すると考えるべきではないか[64)]。

となれば、超国家的な行政ネットワークにおける事実上の規範形成が、統治単位としての国家をバイパスしその実質的な機能的分化をもたらす状況は、たとえそれが多くの場合には当該機能領域の公私の専門家による迅速かつ優れた意思決定を可能にするとしても[65)]、あるいはグローバル行政法が提唱するような様々なアカウンタビリティ確保の仕組みが担保されたとしても、機能的分化が公的言説による批判の契機からの遮断を意味する限りにおいて、なお問題をはらむと考えられる[66)]。確かに、グローバル化

64）　このような観点から興味深く指摘されるのが、医薬品ネット販売規制を定める厚労省令の違法を宣言した最高裁判決（最判平成25年1月11日民集67巻1号1頁）である。同判決は、規制の実体的当否は問わず、官僚機構と専門家による「閉じた」政策決定を公開の民主的政治過程へと投げ返す役割を果たしたと理解できる。これは、複雑な現代社会の課題に対応する上で実質的立法作用が議会以外の専門家の手に委ねられざるを得ない現実を踏まえつつ、なお議会に固有の（狭義の）「立法」作用の規範的意味を再確認するものと言えよう。本文に述べた発想を敷衍したものとして、藤谷武史「統治における立法の位置―公法学の観点から」日本法哲学会編『法哲学年報2014 立法の法哲学―立法学の再定位』（2015）33頁。

65）　官僚機構の民主的統制と同じ問題である。前掲注39）で指摘した国内行政過程がグローバルなレベルと一体化する現象は、脱国家化（de-nationalization）である以上に、脱民主化（de-democratization）の側面が強い。また、超国家的なレベルのほうが利益団体の影響力が（一層不透明な形で）働きやすいという指摘もある（See, *e.g.*, Benvenisti, *supra* note 56)。

66）　Pierre-Hugues Verdier, *Transnational Regulatory Networks and Their Limits,* 34 Yale J. Int'l L. 113 (2009) は、Transnational Regulatory Network（TRN）の機能的な利点を承認しつつも、機能分化したTRNに伴う固有のバイアスを指摘する。また、Carol Harlow, *Global Administrative Law: The Quest for Principles and Values,* 17 Eur. J. Int'l L. 187 (2006) も、グローバル行政法の手続化・専門化・司法化の戦略は、多元性の否定と政治の矮小化の危険をはらむ、と警鐘を鳴らす。さらに、Ming-Sung Kuo, *Taming governance with legality? Critical reflections upon global administrative law as small-c global constitutionalism,* 44 N.Y.U. J. Int'l. & Pol. 55 (2011) は、キングズベリー（Benedict Kingsbury）の「公際法」構

する政策実現過程において、アカウンタビリティは唯一の現実的解答であるかもしれないが、それが代替しようとしている国家法秩序には、利害関係人の意見の単なる反映を超える要素が含まれていたことは看過されてはならないであろう。

(3) **グローバル・レベルでの〈統合〉に伴う実体的問題**　前記(2)の議論は、グローバル化による、社会および法の、多元的機能領域への分化（断片化）がもたらす脱民主政化（de-democratization）の問題点を指摘するものであったが、こうした手続的課題のみならず、機能諸領域間の抵触・競合による事実上の統合がもたらす実体的課題も指摘しなければならない。

具体的には、国境を越えた経済活動条件の平準化を中核的価値とする国際経済法（WTO、EU 法、投資協定など）や、人類普遍的な人権的価値を前提とする国際人権法などによる、上からの統合の契機である[67]。これは前に述べた多元性に伴う難点を解消するどころか、むしろ増幅させる。例えば、事業者・労働者・消費者等々の多元的利益（それは我々の生の多面性に深く関わる）のバランスの取り方は、各国が経路依存的に発展させてきた法制度に依存する（それに伴って、いわゆる「法分野」の区切りも経路依存的である）。ここで仮に一つの機能領域の価値体系が統合原理としてグローバルに貫徹される場合、単に（例えば消費者法や競争法といった）個別法領域の平準化にとどまらず、法秩序ごとの多様な制度的補完性[68]をそれぞれに異

想が、個々に機能分化されたグローバル行政領域ごとの利害関係人や当事者に対する「公」的性質を掲げるところ、これは実は「正統性概念の私化（privatization of legitimacy）」を意味するものであるとしてその問題点を指摘する。

これに対して、キングズベリーとステュワート（Richard B. Stewart）の議論は、（準）司法的な手続による権利救済のメカニズムに、本文に述べた批判的契機の最小限の要素を見出そうとするように読める（Benedict Kingsbury / Richard Stewart, Legitimacy and Accountability in Global Regulatory Governance: The Emerging Global Administrative Law and the Design and Operation of Administrative Tribunals of International Organizations, in *International Administrative Tribunals in a Changing World* (Spyridon Flogaitis, ed., 2008)。なお、同論文では、正統性（Legitimacy）の概念とアカウンタビリティの概念がほとんど互換的に用いられている。

67) 前者について、本書第 11 章 **Ⅱ 1** も参照。

68) 制度的補完性の概念については、青木昌彦『比較制度分析に向けて〔新装版〕』（NTT 出版・2003）を参照。

なる形で攪乱することになる。

こうした点を捉えて、国内法の観点からは秩序破壊者としてのグローバル化が警戒され批判されることになる。確かに、（国際経済法分野においてしばしば指摘されるが）、グローバル化が人為を超えた必然的趨勢である（からグローバルな規範体系も必然的に受容しなければならない）といった議論は、政治性を隠蔽するイデオロギーである。しかし他方で、既存の経路依存的な国内法秩序のあり方もまた、必然的なものであるかは疑ってみる余地はあろう。昨今のグローバル化は、先進国における高齢化（例：貯蓄＝年金基金が運用先を必要とする）や情報技術の飛躍的発展（例：ソーシャルメディアがもたらす、政治や金融へのインパクト）のような、法や政治以外の要因によっても加速しているのであり、そのすべてを拒絶することはできない。となれば、国家単位で編成されてきた〈社会〉の構造が変容しつつある中で、法も対応して（例えば、国内法における「法分野」の区切りの再編等の）変容を必要とする面は否定できないであろう[69]。

IV　おわりに――国家の脱中心化と機能的再定位

以上、本章の検討は、「グローバル化の下での公法・私法の再編」が、法の〈正統性〉と〈多元性〉という二つの契機によって、公法・私法を横断する形で構想されることを示すものであった。この構想の下では、国家は、規範的・論理的に正当化される特権的地位を享受するのではなく、法における正統性の調達および多元性の調停という両契機にとって鍵になる属性を（少なくとも従来は）備えてきたという経験的事実に基づいて、特殊な地位を与えられるにすぎない。

法の〈正統性〉の契機に関しては、法を（民主的に）正統化する機能は国家に特有のものと考えられてきたが、実は【国家≡社会≡法】連関を媒介する統治／規制作用に依存したものであり、社会が機能分化しつつ国家が管轄し得る領域的・人的範囲を超える場合には、正統性の事実的基盤

69）関連して、本書第8章も参照。

を失うことが指摘される[70]。もちろん、それに代わる機能的部分社会の側に十分な正統化メカニズムが備わっていないことが多い以上、曲がりなりにも民主政的正統化の仕組みに立脚することができ[71]、多様な法的決定のモードの性質に応じた正統化の回路を用意する責務を果たすことが期待し得るのは少なくとも当面は国家のみ、ということになりそうである。

この場合、国家の側には、機能分化した部分社会に対応して形成され実効性を持つ非国家的法規範を、正統化要件を課しつつ自らに接続することを許容するが（この場合、国家も統治の実効性を高めることができる）、要件が満たされない場合には（自らの統治の実効性を犠牲にしつつも）当該非国家法規範の自国法秩序への接続を拒否する、という選択肢が留保されている。特に基本的人権に関わる問題については、後者の選択肢を採らざるを得ない場面もあると思われる（防御壁としての憲法の機能）[72]。比喩的に言えば、国家があえて「頑固に」振る舞い、統治の実効性を得るために安易に正統性要求の水準を引き下げてしまわないことによって、超国家的／公私混合的な「単位」における規範形成に対して牽制的に作用し、国家が担ってきた公法的要素をこれらの単位が備えるように誘導するというシナリオもあり得る[73]。国家は超越的な立場から権限を配分するのではなく、自らも 1

---

70)　ここに、私法学における有力な思想系譜に連なる（広中俊雄博士の）市民社会優位の公法・私法一元論（国家を市民社会の管理に服する制度と捉える）を接続することもできようか。参照、広渡清吾「市民社会論の法学的意義―『民法学の方法』としての市民社会論」戒能通厚＝楜澤能生編『企業・市場・市民社会の基礎法学的考察』（日本評論社・2008）。

71)　城山・前掲注 52) 245 頁は、グローバル・ガヴァナンスにおける最終的なアカウンタビリティ確保メカニズムとして、選挙による民主的正統性を備えた国家が結局は登場せざるを得ない場面があると指摘する。

72)　ただし、本書第 5 章が示唆するように、国家の憲法が常に優位に立つと考えるのも妥当性を欠く場合がある。その意味では、この「防御壁」も暫定的でありその後の検証・調停に開かれたものと考える必要があろう。

73)　例えば、私人に私的秩序（あるいは外国法秩序）への離脱可能性があることが、国家法規範の濫用・懈怠に対する牽制の契機として働き、翻ってそれが非国家法規範の自己規律を高める場合がある。このような相互牽制の興味深い例として、日本スポーツ仲裁機構「報告書 諸外国におけるスポーツ紛争及びその解決方法の実情に対する調査研究」(2014) 61 頁〔濱本正太郎〕が紹介する、非国家法的なスポーツ仲裁の発展が「国家裁判所では扱い得ない紛争類型があり、それへの対応を求められたからではな」く「むしろ、国家裁判所が次々にその守備範囲を広げていく中で、それへの対抗として仲裁制度が整備されて」きた事実を指摘できる。そこでは、国家裁判所が（日本のように「法律上の争訟」に自己限定することなく）領域拡張的に活動することで、「何もしなければ紛争は国家裁判所に付託されるので、

プレイヤーとして他の規範形成諸主体に影響を与え、自らも逆に掣肘されつつ、諸規範の抵触にその都度対応していく、ということになるのであろう。

法の〈多元性〉の契機に関しては、広義のグローバル化現象を前にした統治／規制作用の実効性の要請が、法の機能分化を不可避の趨勢とすることを踏まえつつ、法多元主義的アプローチの利点と課題が示された。多元性がもたらす規範抵触の問題は多くの論者が指摘しており、広義の抵触法的処理の有用性が説かれている。本章はこれを承認しつつも、多元性を所与としつつなお一般的な規範命題を立てる場合（「立法」）における多元性の〈調停／縮約〉の契機——特に、国家の公的手続（それを「政治」と呼ぶかどうかはともかく）を媒介としたそれ——の重要性を指摘した。ただし、この〈調停／縮約〉は、国家法の妥当性や優位性を終局的に宣言するものではなく、一定の手続を経た決定にその限りでの法規範としての地位を与えるものにすぎない。その過程で、法となるべき提案が、公的言説による批判の契機に晒され、それを通過するという手続自体が、その成果物たる法（律）に、多元的価値が拮抗する世界において、一般的規範としての強制性を主張するための、最小限の正統性を付与する[74]。

その構成員が従うべき特定の価値秩序を提示するものではなく、その内部における多元的で多様な価値の追求を可能にする共生の場を提供するものである、というリベラルな「国家」像は、（その限界に対する正当な指摘にもかかわらず）今なおその役割を終えていないと言うべきであろう。相互に拮抗・矛盾し容易に決着を見ない多元的諸価値間の対立は、容易に「力こそ正義」という状況に転じ得る。こうした価値のいずれからも距離を保障された議論と（暫定的な）決定の場としての国家、という理念[75]に

それを避けるためには仲裁制度を整備するしかない」状況を作り出し、「スポーツ競技団体が内部の紛争処理制度を充実させる（そこで不服当事者が納得すれば国家裁判所に行かずにすむ）と共に、仲裁機関の管轄権を広く受け入れつつある（国家裁判所よりは、まだましである）」という発展をもたらしている。

74）　と同時に、個別的事案に即した（事案限りの）妥当性の観点から、国際法源（特に人権法）が国内法秩序との不整合性を保ちつつ適用されることが許容される、ということがあり得るかもしれない。

75）　Martti Koskenniemi, “The Wonderful Artificiality of States”, *Proceedings of the American Society of International Law* (1994), pp.22-29.

は、なお棄てがたい魅力がある。もちろん、現実の国家がその期待に応えているかはまったく別の問題であるし、かかる機能が国家以外の仕組みによって担われ得るか否かも、開かれた問題である。ともあれ、法のグローバル化の下で我々が固執すべきは、「国家」そのものではなく、法が元来向き合う必要のある〈正統性〉と〈多元性〉の契機について、国家が果たしてきた機能であるということは言えそうである。

【附記】　本章は、「グローバル化と公法・私法の再編―グローバル化の下での法と統治の新たな関係？」社会科学研究（東京大学）65巻2号（2014）207～229頁に大幅な加筆・修正を加えたものであり、基盤研究（B）「グローバル化に対応した公法・私法協働の理論構築―消費者法・社会保障領域を中心に」（代表 藤谷武史）の研究成果の一部である。

事項・人名索引

あ

い

う

え

お

か

き

く

け

こ

さ

し

は

ひ

ふ

へ

ほ

み

よ

り

●編著者紹介●

浅野有紀（あさの　ゆき）

1969 年生まれ。1991 年京都大学法学部卒業、1994 年同大学大学院法学研究科修了（博士（法学））。金沢大学法学部助教授、近畿大学助教授、教授、学習院大学大学院法務研究科教授を経て、現在、同志社大学大学院司法研究科教授。

『法と社会的権力』（岩波書店・2002）、「社会保障制度の再構築」井上達夫編『現代法哲学講義』（信山社・2009）、「権利と法秩序―自己決定権論の一側面」民商法雑誌 134 巻 4 号（2006）、「法多元主義と私法」平野仁彦他編『現代法の変容』（有斐閣・2013）

原田大樹（はらだ　ひろき）

1977 年生まれ。2005 年九州大学大学院法学府博士後期課程修了（博士（法学））。九州大学法学研究院講師、助（准）教授、京都大学大学院法学研究科准教授、コンスタンツ大学客員研究者を経て、現在、京都大学大学院法学研究科教授。

『自主規制の公法学的研究』（有斐閣・2007）、『例解　行政法』（東京大学出版会・2013）、『演習　行政法』（東京大学出版会・2014）、『公共制度設計の基礎理論』（弘文堂・2014）、『行政法学と主要参照領域』（東京大学出版会・2015）

藤谷武史（ふじたに　たけし）

1976 年生まれ。1999 年東京大学法学部卒業。同年より同大学大学院法学政治学研究科助手（租税法専攻）。2009 年ハーバード大学 S.J.D. 課程修了（S.J.D.）。北海道大学大学院法学研究科助（准）教授、シカゴ大学客員准教授を経て、現在、東京大学社会科学研究所准教授。

「非営利公益団体課税の機能的分析―政策税制の租税法学的考察（一）～（四・完）」国家学会雑誌 117 巻 11・12 号（2004）、118 巻 1・2 号（2005）、118 巻 3・4 号、5・6 号（2005）、「市場介入手段としての租税の制度的特質」金子宏編『租税法の基本問題』（有斐閣・2007）

横溝　大（よこみぞ　だい）

1970 年生まれ。1993 年東京大学法学部卒業、1997 年同大学大学院法学政治学研究科博士課程中退。金沢大学法学部助教授、北海道大学大学院法学研究科助教授、名古屋大学大学院法学研究科准教授を経て、現在、名古屋大学大学院法学研究科教授。

『国際私法（Legal Quest）』（共著、有斐閣・2014）、「紛争処理における私的自治」国際私法年報 15 号（2014）、「グローバル化時代の抵触法」社会科学研究 65 巻 2 号（2014）、「私訴による競争法の執行」日本経済法学会年報 34 号（2013）、「抵触法と国際法との関係に関する新たな動向」法律時報 85 巻 11 号（2013）、「知的財産の国際的保護と公衆の健康保護のための国家政策」同志社法学 357 号（2012）

●著者紹介●

大西楠・テア（おおにし　なみてあ）

1982 年生まれ。2005 年東京大学法学部卒業、2007 年同大学院法学政治学研究科修士課程修了。東京大学大学院法学政治学研究科助教、研究拠点形成特任研究員を経て、現在、駒澤大学法学部講師。

「『帝国監督』と公法学における利益法学―トリーペルによる連邦国家の動態的分析（一）（二）」法学協会雑誌 131 巻 3 号（2014）、132 巻 1 号（2015）、「ドイツにおける外国人の地方参政権―基本法 28 条 1 項 3 文と外国人参政権違憲判決の法理」国家学会雑誌 121 巻 5・6 号（2008）

興津征雄（おきつ　ゆきお）
1977年生まれ。2000年東京大学法学部卒業、2002年同大学大学院法学政治学研究科修士課程修了、2005年パリ第2大学DEA課程修了。神戸大学大学院法学研究科助教授、パリ第13大学招聘教授、ニューヨーク大学グローバル・リサーチ・フェローを経て、現在、神戸大学大学院法学研究科准教授。
『違法是正と判決効―行政訴訟の機能と構造』（弘文堂・2010）、『ヨーロッパという秩序』（共編著、勁草書房・2013）、「行政訴訟の判決の効力と実現―取消判決の第三者効を中心に」岡田正則他編『現代行政法講座II』（日本評論社・2015）

小畑　郁（おばた　かおる）
1959年生まれ。1982年京都大学法学部卒業、1987年同大学大学院法学研究科学修指導認定退学。神戸商船大学商船学部講師、助教授、金沢大学法学部助教授などを経て、現在、名古屋大学大学院法学研究科教授。
『ヨーロッパ地域人権法の憲法秩序化』（信山社・2014）、「降伏と占領管理の中の秩序思想」酒井哲哉編『日本の外交3 外交思想』（岩波書店・2013）、「移民・難民法における正義論批判」世界法年報34号（2015）

村西良太（むらにし　りょうた）
1980年生まれ。2002年九州大学法学部卒業、2007年九州大学大学院法学府博士後期課程修了（博士（法学））。九州大学大学院法学研究院助教・准教授を経て、現在、大阪大学大学院高等司法研究科准教授。
『執政機関としての議会』（有斐閣・2011）、「多国間の政策決定と議会留保」法政研究80巻1号（2013）、「憲法と行政立法―日本国憲法下における『行政に固有の立法権』の可能性について」松井茂記＝長谷部恭男＝渡辺康行編・阪本昌成先生古稀記念『自由の法理』（成文堂・2015）

【編著者】
浅野　有紀　同志社大学大学院司法研究科教授
原田　大樹　京都大学大学院法学研究科教授
藤谷　武史　東京大学社会科学研究所准教授
横溝　　大　名古屋大学大学院法学研究科教授

【著　者】
大西楠・テア　駒澤大学法学部講師
興津　征雄　神戸大学大学院法学研究科准教授
小畑　　郁　名古屋大学大学院法学研究科教授
村西　良太　大阪大学大学院高等司法研究科准教授

グローバル化と公法・私法関係の再編

2015（平成27）年12月30日　初　版1刷発行

編著者　浅野有紀・原田大樹・藤谷武史・横溝大
発行者　鯉 渕 友 南
発行所　株式会社 弘 文 堂　101-0062 東京都千代田区神田駿河台1の7
TEL 03(3294)4801　振 替 00120-6-53909
http://www.koubundou.co.jp
装　丁　後藤トシノブ
印　刷　三 陽 社
製　本　牧製本印刷

ISBN 978-4-335-35655-1

オンブズマン法〔新版〕《行政法研究双書 1》	園部逸夫 枝根 茂
土地政策と法《行政法研究双書 2》	成田頼明
現代型訴訟と行政裁量《行政法研究双書 3》	高橋 滋
行政判例の役割《行政法研究双書 4》	原田尚彦
行政争訟と行政法学〔増補版〕《行政法研究双書 5》	宮崎良夫
環境管理の制度と実態《行政法研究双書 6》	北村喜宣
現代行政の行為形式論《行政法研究双書 7》	大橋洋一
行政組織の法理論《行政法研究双書 8》	稲葉 馨
技術基準と行政手続《行政法研究双書 9》	高木 光
行政とマルチメディアの法理論《行政法研究双書10》	多賀谷一照
政策法学の基本指針《行政法研究双書11》	阿部泰隆
情報公開法制《行政法研究双書12》	藤原静雄
行政手続・情報公開《行政法研究双書13》	宇賀克也
対話型行政法学の創造《行政法研究双書14》	大橋洋一
日本銀行の法的性格《行政法研究双書15》	塩野 宏監修
行政訴訟改革《行政法研究双書16》	橋本博之
公益と行政裁量《行政法研究双書17》	亘理 格
行政訴訟要件論《行政法研究双書18》	阿部泰隆
分権改革と条例《行政法研究双書19》	北村喜宣
行政紛争解決の現代的構造《行政法研究双書20》	大橋真由美
職権訴訟参加の法理《行政法研究双書21》	新山一雄
パブリック・コメントと参加権《行政法研究双書22》	常岡孝好
行政法学と公権力の観念《行政法研究双書23》	岡田雅夫
アメリカ行政訴訟の対象《行政法研究双書24》	越智敏裕
行政判例と仕組み解釈《行政法研究双書25》	橋本博之
違法是正と判決効《行政法研究双書26》	興津征雄
学問・試験と行政法学《行政法研究双書27》	徳本広孝
国の不法行為責任と 公権力の概念史《行政法研究双書28》	岡田正則
保障行政の法理論《行政法研究双書29》	板垣勝彦
公共制度設計の基礎理論《行政法研究双書30》	原田大樹
国家賠償責任の再構成《行政法研究双書31》	小幡純子
条解 行政手続法	塩野 宏 高木 光
条解 行政事件訴訟法〔第4版〕	南博方原編著／高橋滋 市村陽典・山本隆司編
条解 行政情報関連三法	高橋滋・斎藤誠 藤井昭夫編著